NOUVELLES

y² 38083.

Poitiers — Typ. de A. Dupré.

NOUVELLES

PAR

THÉOPHILE GAUTIER

NOUVELLE ÉDITION REVUE ET CORRIGÉE

PARIS

CHARPENTIER, LIBRAIRE-ÉDITEUR

19, RUE DE LILLE

—

1852

FORTUNIO.

PRÉFACE.

Depuis bien longtemps l'on se récrie sur l'inutilité des préfaces, — et pourtant l'on fait toujours des préfaces. Il est bien convenu que les lecteurs (pluriel ambitieux) les passent avec soin, ce qui paraîtrait une raison valable de n'en pas écrire; — mais cependant que diriez-vous de quelqu'un qui vous arrêterait au coin d'une rue, et, sans vous saluer préalablement, s'accrocherait au bouton de votre habit pour vous raconter tout au long ses affaires intimes : la maladie de sa femme, les succès de son petit garçon fort en thème, la mort de son petit chien, le renvoi de sa servante et la perte de son procès?

En homme bien élevé, l'on doit saluer son public et lui demander au moins pardon de la liberté grande que l'on prend de l'interrompre dans ses plaisirs ou ses ennuis pour lui débiter des histoires plus ou moins saugrenues. — Faisons donc la révérence au public, personnage éminemment respectable dont on a abusé de tant de manières.

Nous pourrions bâtir une théorie dans laquelle nous démontrerions que notre roman est le plus beau du monde et qu'il ne se peut rien voir de mieux conduit et de plus intéressant. Il est plus facile de faire les règles sur l'œuvre que l'œuvre sur les règles, et bien des grands hommes prennent ce parti; — mais nous préférons ne parler ni d'Aristote, ni d'Horace, ni de Schlegel, et laisser en repos l'Architectonique, l'Esthétique et l'Ésotérique, et toutes les majestueuses désinences en *ique* qui donnent une physionomie si rébarbative aux préfaces du jour.

Assurément bien des esprits chagrins, embusqués au tournant de quelque feuilleton, demanderont quel est le sens et le but de ce livre.—Il ne manque pas, en ce siècle de chiffres, de mathématiciens qui diraient après avoir entendu *Athalie :* « Qu'est-ce que cela prouve? » — Question beaucoup plus légitime après la lecture de *Fortunio.*

Hélas! *Fortunio* ne prouve rien, — si ce n'est qu'il vaut mieux être riche que pauvre, quoi qu'en puissent dire M. Casimir Bonjour et tous les poëtes qui font des antithèses sur les charmes de la médiocrité.

Fortunio est un hymne à la beauté, à la richesse, au bonheur, les trois seules divinités que nous reconnaissions. — On y célèbre l'or, le marbre et la pourpre. Du reste, nous en prévenons les femmes de chambre sensibles, l'on y trouve peu de doléances sur les âmes dépareillées, la perte des illusions, les mélancolies du cœur et autres platitudes prétentieuses qui, reproduites à satiété, énervent et amollissent la jeunesse d'aujourd'hui. — Il est temps d'en finir avec les maladies littéraires. Le règne des phthisiques est passé. — Le spiritualisme est une belle chose sans doute; mais nous dirons avec le bonhomme Chrysale, dont nous estimons fort la bourgeoise raison :

Guenille si l'on veut; ma guenille m'est chère.

Beaucoup de gens pourront crier à l'invraisemblance et à l'impossibilité; mais ces gens-là courront le risque de se tromper souvent : le roman de *Fortunio* est beaucoup plus vrai que bien des histoires. — Si quelques magnificences semblent exorbitantes et fabuleuses aux esprits économes de l'époque, nous pourrions au besoin désigner les endroits, et le masque qui couvre la figure des personnages n'est pas tellement impénétrable qu'il ne laisse transparaître les physionomies.

Selon notre habitude, nous avons copié sur nature les appartements, les meubles, les costumes, les femmes et les chevaux, avec curiosité, scrupule et conscience; nous avons très-peu arrangé et seulement quand les nécessités de la narration l'exigeaient impérieusement. Tout cela ne veut pas dire que *Fortunio* soit un bon livre, ni même un livre amusant; mais au moins toutes les formes extérieures y sont étudiées de près, et rien n'y est peint de convention.

L'on peut voir par ce peu de lignes la maigre sympathie que nous avons pour les romans à grandes prétentions.

Si cependant l'on voulait à toute force donner un sens mythique à *Fortunio*, Musidora, dont la curiosité cause indirectement la mort, ne serait-elle pas une Psyché moderne, moins la pureté virginale et la chaste ignorance? Nous avons fait Fortunio assez beau, assez comblé de perfections pour représenter convenablement l'Amour; et d'ailleurs tout le monde en cette vie n'est-il pas à la poursuite d'un Eldorado introuvable?

Les saint-simoniens seraient bien maîtres d'y voir la réunion symbolique de l'Orient et de l'Occident, depuis longtemps préconisée; mais, comme dit Fortunio : « Quel gaz remplacera le soleil? »

CHAPITRE PREMIER.

George donnait à souper à ses amis, non pas à tous, car il en avait bien deux ou trois mille, mais seulement à quelques lions et à quelques tigres de sa ménagerie intime.

Les soupers de George avaient une célébrité d'élégance joyeuse et de sensualité délicate qui faisait regarder comme une bonne fortune d'y être invité; mais cette faveur était difficilement accordée, et bien peu de noms pouvaient se vanter d'être inscrits habituellement sur la bienheureuse liste. Il fallait être grand clerc en fait de belle vie, éprouvé au feu et à l'eau, pour être admis dans le sanctuaire.

Quant aux femmes, les conditions étaient encore plus exorbitantes : la beauté la plus parfaite, la corruption la plus exquise, et vingt ans tout au plus. On pense bien qu'il n'y avait pas beaucoup de femmes au souper de George, quoique au premier coup d'œil la seconde des conditions semble assez facile à remplir; cependant il y en avait quatre ce soir-là, quatre superbes créatures, quatre pur sang, des anges doublés de démons, des cœurs d'acier dans des poitrines de marbre, des Cléopâtres et des Imperias au petit pied, les monstres les plus charmants que l'on puisse imaginer.

Malgré toutes les raisons du monde qu'avait le souper d'être fort gai, il était peu animé : bons compagnons, chère transcendante, vins très-vieux, femmes très-jeunes, des bougies à faire pâlir le soleil en plein midi, tous les éléments avec quoi se fabrique ordinairement la joie humaine se trouvaient réunis à un degré bien rare à rencontrer; pourtant un crêpe de grise langueur s'étendait sur tous les fronts. George lui-même dissimulait mal une contrariété et une inquiétude visibles que le reste des convives semblait partager.

On s'était mis à table à la sortie des Bouffes, c'est-à-dire sur le minuit. Une heure allait sonner à une magnifique pendule de Boule, posée sur un piédouche incrusté d'écaille, et l'on ne venait que de prendre place.

Un siége vide indiquait un absent qui avait manqué de parole.

Le souper avait donc commencé sous l'impression désagréable d'une attente trompée et de mets qui n'étaient plus aussi à point; car il est en cuisine comme en amour une minute qui ne revient pas et qui est extrêmement difficile à saisir. Il fallait assurément que ce délinquant fût un personnage très-vénéré parmi la bande, car George, gourmand à la manière d'Apicius, n'aurait pas attendu deux princes un quart d'heure.

Musidora, la plus piquante des quatre déesses, poussa un délicieux soupir, semblable au roucoulement d'une colombe malade, qui voulait dire : « Je vais passer une nuit funèbre et m'ennuyer horriblement; cette fête débute mal, et ces jeunes gens ont l'air de croque-morts. »

— Que Dieu me foudroie! fit George en brisant dans ses doigts un verre de Venise de la plus grande richesse, épanoui comme une clochette sur son pied tourné en vrille et traversé de spirales laiteuses. La clochette rompue répandit sur la nappe, au lieu de rosée, quelques larmes d'un vieux vin du Rhin plus précieuses que des perles d'Orient. — Une heure, et ce damné de Fortunio qui ne vient pas!

La belle enfant se trouvait assise à côté du siége vacant destiné à Fortunio, ce qui l'isolait complétement de ce côté.

On avait réservé cette place à Fortunio comme une place d'honneur, car Musidora appartenait au plus haut rang de l'aristocratie de beauté; et, assurément, pour être reine, il ne lui manquait qu'un sceptre : elle l'aurait peut-être obtenu dans un siècle de poésie, dans ce temps fabuleux où les rois épousaient des bergères. Il n'est pas sûr d'ailleurs que Musidora eût accepté un roi constitutionnel. Elle paraissait s'amuser fort peu; elle avait même bâillé une ou deux fois assez ostensiblement : personne ne lui convenait parmi les convives, et, sa coquetterie n'étant pas intéressée, elle restait froide et morne comme si elle eût été entièrement seule.

En attendant que Fortunio vienne, jetons un coup d'œil sur la salle et les convives qu'elle renferme.

La salle est d'un aspect riche et noble; des boiseries de chêne relevées d'arabesques d'or mat revêtent les parois du mur; une corniche précieusement sculptée, soutenue par des enfants et des chimères, règne tout autour de la salle; le plafond est traversé par des poutres brodées d'ornements et de ciselures qui forment des caissons où l'on a dessiné des figures de femmes, sur fond d'or, dans le goût gothique, mais avec un pinceau plus souple et plus libre. Dans les entre-deux des fenêtres sont posés s crédences et des buffets de brèche antique portés par s dauphins d'argent aux yeux et aux nageoires d'or, dont les queues entortillées forment de capricieuses volutes.

Tous ces buffets sont chargés de vaisselle armoriée et de flacons de formes étranges contenant des liqueurs inconnues ; d'amples et puissants rideaux de velours nacarat doublés de moire blanche, frangés de crépine d'or, retombent sur les fenêtres à vitrage de couleur, garnies de triples volets qui empêchent aucun bruit de transpirer du dehors au dedans et du dedans au dehors ; une grande cheminée, aussi de bois sculpté, occupe le fond de la pièce ; deux cariatides à la gorge aiguë, aux hanches onduleuses, aux grands cheveux échappés par nappes, deux figures vivantes, dignes du ciseau de Jean Goujon ou de Germain Pilon, remplacent les chambranles et soulèvent sur leurs épaules un linteau transversal délicatement ouvré et couvert de feuillages d'un fini précieux. Au-dessus, une glace de Venise taillée à biseau, très-étroite et placée dans le sens de sa largeur, scintille dans une bordure magnifique. Une forêt entière flambe dans la gueule de cette vaste cheminée, garnie à l'intérieur de marbre blanc, où deux grands dragons de bronze, avec des ailes onglées, font l'office des chenets ordinaires. Trois lustres de cristal de roche, chargés de bougies, pendent du plafond comme les grappes gigantesques d'une vigne miraculeuse ; douze torchères de bronze doré représentant des bras d'esclaves jaillissent de la boiserie, tenant chacun au poing un bouquet de fleurs bizarres d'où les jets blancs de la bougie s'élancent comme des pistils enflammés ; et, pour suprême magnificence, en guise de dessus de portes, quatre Titien fabuleusement beaux, dans tout leur éclat passionné, dans toute l'opulence de leur chaude couleur d'ambre, des Vénus et des maîtresses de prince étendues fièrement dans leur divine nudité sous l'ombre rouge des courtines et souriant avec la satisfaction de femmes sûres d'être éternellement belles.

Le comte George y tenait extrêmement, et il aurait donné vingt salles à manger comme celle que nous venons de décrire plutôt qu'un seul de ses cadres ; dans la misère, si la misère eût pu atteindre le comte George, il aurait mis en gage le portrait de son père, la bague de sa mère, avant de vendre ses chers Titien. C'était la seule chose qu'il possédât dont il eût été orgueilleux.

Au milieu de cette grande salle, imaginez une grande table couverte d'une nappe damassée où le blason du comte George est tissu dans la trame avec la couronne et la devise de sa maison; un surtout ciselé, figurant des chasses au tigre et au crocodile par des Indiens montés sur des éléphants, occupe le milieu; des assiettes du Japon et de vieux Sèvres, des verres de toutes formes, des couteaux de vermeil et tout l'attirail nécessaire à manger et à boire délicatement et longtemps, remplissent le reste de l'espace. Placés autour de cette table, quatre anges damnés, Musidora, Arabelle, Phébé et Cinthie, délicieuses filles paternellement dressées par le grand George lui-même, et nommées les *incomparables;* le tout entremêlé de six jeunes gens dont aucun n'était vieux, contre l'usage habituel, et dont les visages, lisses et reposés, exprimaient l'indolente sécurité et l'aplomb praticien de gens qui ont deux ou trois cent mille livres de rentes et les plus beaux noms de France.

George, en qualité de maître de la maison, se prélasse sur un grand fauteuil de cuir de Cordoue; les autres ont des chaises plus petites, de la forme dite aujourd'hui mazarine, en ébène et revêtues de lampas cerise et blanc d'une exquise rareté.

Le service est fait par de petits nègres tout nus, à l'exception d'une trousse bouffante de soie ponceau, avec des colliers de verroterie et des cercles d'or aux bras et aux jambes, comme l'on en voit dans les scènes de Paul Véronèse. Ces négrillons circulent autour de la table avec une agilité de singe et versent aux convives les vins les plus précieux de France, de Hongrie, d'Espagne et d'Italie, contenus non dans d'ignobles bouteilles de verre, mais dans de beaux vases florentins d'argent ou de vermeil, d'un travail admirable, et, malgré leur prestesse, ils ont peine à suffire à leur service.

Pour rehausser cette élégance et ce luxe tout royal, faites tomber sur ces cristaux, ces bronzes, ces dorures, une neige de lumière d'une si vive blancheur que le moindre détail s'illumine et flamboie étrangement, un torrent de clarté mate qui ne laisse à l'ombre d'autre place que le dessous de la table, une atmosphère éblouissante traversée d'iris et de rayons prismatiques, à éteindre des yeux et des diamants moins beaux que ceux des incomparables Musidora, Arabelle, Phébé et Cinthie.

A droite de George, à côté de la chaise vide de Fortunio, est placée Musidora, la belle aux yeux vert de mer : elle a dix-huit ans tout au plus. Jamais l'imagination n'a rêvé un idéal plus suave et plus chaste; on la prendrait pour une vignette animée des *Amours des anges*, par Thomas Moore, tant elle est limpide et diaphane. La lumière semble sortir d'elle, et elle a plutôt l'air d'éclairer que d'être éclairée elle-même; ses cheveux, d'un blond si pâle qu'ils se fondent avec les tons transparents de sa peau, se tournent sur ses épaules en spirales lustrées; un simple cercle de perles, tenant de la ferronnière et du diadème, empêche les deux flots dorés qui coulent de chaque côté du front de s'éparpiller et de se réunir; ils sont si fins et si soyeux, que le moindre souffle les soulève et les fait palpiter.

Une robe d'un vert très-pâle, brochée d'argent, rehausse la blancheur idéale de sa poitrine et de ses bras nus, autour desquels s'enroulent en forme de bracelets deux serpents d'émeraudes avec des yeux de diamant d'une vérité inquiétante. C'est là toute sa parure.

Son visage pâle, où brille dans son printemps une indicible jeunesse, est le type suprême de la beauté anglaise : un duvet léger en adoucit encore les moelleux contours, comme la fleur sur le fruit, et la chair en est si délicate, que le jour la pénètre et l'illumine intérieurement.

Cet ovale d'une pâleur divine, accompagné de ses deux grappes de cheveux blonds, avec ses yeux noyés de vaporeuse langueur, et sa petite bouche enfantine que lustre un reflet humide, a un air de mélancolie pudique et de plaintive résignation bien singulière à pareille fête : en voyant Musidora, l'on dirait une statue de la Pudeur placée par hasard dans un mauvais lieu.

Cependant, à l'observer attentivement, on finit par découvrir certains tours d'yeux un peu moins angéliques, et par voir frétiller au coin de cette bouche si tendrement rosée le bout de queue du dragon; des fibrilles fauves rayent le fond de ces prunelles limpides, comme font des veines d'or dans un marbre antique, et donnent au regard quelque chose de douceureusement cruel qui sent la courtisane et la chatte; quelquefois les sourcils ont un mouvement d'ondulation fébrile qui trahit une ardeur profonde et contenue, et la nacre de l'œil est trempée de moites lueurs comme par une larme qui se répand sans déborder.

La belle enfant est là, un bras pendant, l'autre étendu sur la table, la bouche à demi ouverte, son verre plein devant elle, le regard errant; elle s'ennuie de cet ennui incommensurable que connaissent seuls les gens qui de bonne heure ont abusé de tout, et il n'y a plus guère de nouveau pour Musidora que la vertu.

— Allons, Musidora, dit George, tu ne bois pas ; et, prenant le verre qu'elle n'avait pas encore touché, il le lui porta à la bouche, et, appuyant le bord contre ses dents, il lui infiltra la liqueur goutte à goutte.

Musidora le laissa faire avec la plus profonde insensibilité.

— Ne la tourmentez pas, George, dit Phébé en se levant à demi ; quand elle est dans ses tristesses, il n'y a pas moyen d'en tirer un mot.

— Pardieu! répondit George en reposant le verre, puisqu'elle ne veut ni boire ni parler, pour l'empêcher de devenir tout à fait insociable, je m'en vais l'embrasser.

Musidora détourna la tête si vivement, que les lèvres de George n'effleurèrent que sa boucle d'oreille.

— Ah! fit George, Musidora devient d'une vertu monstrueuse, elle ne se laissera bientôt plus embrasser que par son amant; je lui avais pourtant inculqué les meilleurs principes. Musidora vertueuse, Fortunio absent; voilà un piteux souper!

Puisque ce Fortunio tant désiré n'est pas encore arrivé, et que sans lui nous ne pouvons commencer notre histoire, nous demanderons au lecteur la permission de lui esquisser les portraits des compagnes de Musidora, à peu près comme on remet un livre d'images ou un album plein de croquis à quelqu'un qu'on est obligé de faire attendre. Fortunio, qui sera, s'il vous plaît, le héros de ce roman, est un jeune homme habituellement fort exact, et il faut quelque motif grave qui l'ait empêché et retenu chez lui.

Phébé ressemble à la sœur d'Apollon, à la chasteté près, et c'est pour cela qu'elle en a pris le nom, qui est pour elle un madrigal et une ironie.

Elle est d'une taille haute et souple, et elle a dans son habitude de corps la désinvolture guerrière de la chasseresse antique; son nez mince, coupé de narines roses et passionnées, se joint à son front presque sans sinuosité; ses longs sourcils effilés, ses paupières étroites, sa bouche ronde et pure, son menton légèrement relevé, ses cheveux aux ondes crépelées, la font tout à fait ressembler à une médaille grecque.

Elle porte un costume d'une originalité piquante : une robe de brocart d'argent taillée en forme de tunique et retenue aux épaules par de larges camées, des bas de soie de la plus vaporeuse finesse, rosés par la transparence de la chair, et des souliers de satin blanc dont les bandelettes entrelacées simulent on ne peut mieux le cothurne; un croissant de diamants placé sur des cheveux noirs comme la Nuit, et un collier d'étoiles complètent cette élégante et bizarre parure.

Phébé est l'amie, ou, si l'on veut, l'ennemie intime de Musidora.

Cinthie, qui trône au bout de la table entre deux beaux

jeunes gens, dont l'un est son amant passé, et l'autre son amant futur, est une véritable Romaine d'une beauté sérieuse et royale; elle n'a rien de la grâce sémillante et de la coquetterie, toujours au vent, des Parisiennes; elle est belle, elle le sait, et se repose tranquillement dans la conscience de ses charmes tout-puissants, comme un guerrier qui n'a jamais été vaincu.

Elle respire lentement et régulièrement, et son souffle a quelque chose du souffle d'un enfant endormi; ses gestes sont d'une sobriété extrême, ses mouvements rares et cadencés.

En ce moment-ci, elle tient son menton appuyé sur le dos de sa main, d'une forme et d'une blancheur incomparables; son petit doigt, capricieusement relevé, le pli de son poignet, la pose de son bras, rappellent ces grandes tournures maniérées qu'on admire aux tableaux des vieux maîtres; des cheveux de jais, où frissonnent des reflets bleuâtres, séparés en bandeaux tout simples, laissent à nu des oreilles petites, blanches, vierges de piqûres et un peu écartées de la tête, comme celles des statues grecques.

Des tons chaudement bistrés adoucissent la transition du noir violent de sa chevelure à la riche pâleur de son front; quelques légers poils follets couchés sur ses tempes modèrent la précision de ses sourcils sévèrement arqués, et des teintes blondes, qui redoublent d'intensité à mesure qu'elles montent vers la nuque, dorent harmonieusement le derrière de son cou, où se dessinent grassement, dans une chair souple et drue, les trois beaux plis du collier de Vénus. Ses épaules, fermes et mates, ont l'air de ces marbres que Canova lavait avec une eau saturée d'oxyde de fer pour en atténuer la crudité éclatante et leur ôter le lustre criard du poli.

Le ciseau de Cléomène n'a rien produit de plus parfait, et les plus suaves contours que l'art ait caressés ne sont rien auprès de cette réalité magnifique.

Quand elle veut regarder de côté, elle le fait sans tourner la tête, en coulant la prunelle dans le coin de son œil, de façon que le cristallin bleuâtre, lustré par un plus large éclair, s'illumine d'un éclat onctueux dont l'effet est inexprimable ; puis, quand elle a vu, elle ramène lentement ses prunelles fauves à leur place, sans déranger l'immobilité de son masque de marbre.

Dans l'orgueil de sa beauté, Cinthie repousse toute toilette comme un artifice indigne ; elle n'a que deux robes : une robe de velours noir et une autre de moire blanche ; elle ne porte jamais ni collier ni boucles d'oreilles, pas même une simple bague. Quelle bague, quel collier pourraient valoir la place qu'ils couvriraient? Un jour elle répondit avec une fierté toute cornélienne à une femme qui l'avait priée de lui montrer ses chiffons et ses bijoux, et qui, étonnée de cette simplicité excessive, lui demandait comment elle faisait les jours de gala et de cérémonie?

— J'ôte ma robe, et je défais mon peigne.

Ce soir-là, elle avait sa robe de velours noir posée sur la peau sans chemise et sans corset : elle était en demi-toilette.

Pour Arabelle, je ne sais trop qu'en dire, sinon que c'était une charmante femme. Une grâce souveraine arrondissait tous ses mouvements, et ses gestes étaient si doux, si harmonieusement filés, qu'ils avaient quelque chose de rhythmique et de musical.

C'était la Parisienne par excellence : on ne pouvait pas dire qu'elle fût précisément belle, et cependant elle avait dans toute sa personne un ragoût si irritant et si hautement épicé de minauderies et de façons particulières, que ses amants eux-mêmes eussent soutenu qu'il n'y avait pas au monde une femme d'une beauté plus parfaite.

Un nez un peu capricieux, des yeux d'une grandeur médiocre, mais étincelants d'esprit ; une bouche légèrement sensuelle, des joues d'un rose timide encadrées dans des touffes soyeuses de cheveux châtains, lui faisaient le minois le plus adorablement mutin qu'on puisse imaginer. Pour le reste, petit pied, mains frêles, les reins bien cambrés, la cheville fine et sèche, le poignet mince; tous les signes de bonne race.

Je vous épargnerai la description de son costume. Contentez-vous de savoir qu'elle était habillée à la mode de demain.

— Ah çà! décidément Fortunio nous fausse compagnie, s'écria l'amphitryon en avalant une consciencieuse rasade de vin de Constance. J'ai envie, quand je le rencontrerai, de lui proposer de se couper un peu la gorge avec moi.

— Je suis de votre avis, dit Arabelle, mais il n'est pas aisé de rencontrer le seigneur Fortunio; il n'y a que le hasard qui soit assez adroit pour cela. — J'avais affaire à lui, non pas pour lui couper la gorge, au contraire, et je n'ai jamais pu le trouver, quoique je l'aie cherché d'abord dans tous les endroits où il pouvait être, ensuite dans ceux où il ne pouvait pas être : j'ai été aux bois, aux Bouffes, à l'Opéra, que sais-je? à l'église! pas plus de Fortunio que s'il n'eût jamais existé. Fortunio, c'est un rêve, ce n'est pas un homme.

— Qu'avais-tu donc de si pressé à lui demander? fit Musidora en laissant tomber sur Arabelle un regard indolent.

— Les pantoufles authentiques d'une princesse chinoise qui a été sa maîtresse, à ce qu'il m'a conté un matin qu'il était un peu gris, et dont il avait promis de me faire cadeau après m'avoir baisé le pied, parce que, disait-il, j'étais la seule femme de France qui les pourrait chausser.

— Pourquoi ne pas avoir été le trouver chez lui? dit Alfred, l'amant en expectative de Cinthie.

— Chez lui? c'est bien aisé à dire et malaisé à faire.

— En effet, il doit sortir beaucoup; c'est un homme très-répandu, ajouta l'amant réformé.

— Vous ne m'avez pas comprise; pour aller chez lui, il faudrait savoir d'abord où il demeure, répliqua Arabelle.

— Il doit cependant demeurer quelque part, à moins qu'il ne perche, ce qui est encore possible, dit George; quelqu'une de vous, adorables princesses, sait peut-être sur la branche de quel arbre miraculeux le bel oiseau a fait son nid?

— Si je le savais, messer Georgio, je ne serais pas ici, je vous le jure, et vous pouvez m'en croire, dit la silencieuse Romaine.

— Bah! dit Alfred, est-ce que l'on a besoin de logis? les dames du temps entendent l'hospitalité d'une si large manière.

— Laquelle de vous, mesdames, sert de maison à Fortunio?

— Ce que tu dis n'a pas le sens commun, et où mettrait-il ses habits et ses bottes? reprit George gravement; il faut toujours bien un hôtel pour loger ses bottes. — Du reste, nous avons soupé chez Fortunio il n'y a pas longtemps; tu y étais, si je ne me trompe.

— C'est vrai, dit Alfred; à quoi songeais-je donc?

— J'y étais aussi, reprit Arabelle, et même son souper valait beaucoup mieux que le vôtre, George, quoique vous vous piquiez d'être un adepte en haute cuisine; mais qu'est-ce que cela prouve, sinon que Fortunio est le plus mystérieux des mortels?

— Il n'y a rien de mystérieux à donner à souper à vingt personnes.

— Assurément non; mais voici où le mystérieux commence: je me suis fait conduire à l'hôtel où Fortunio nous a reçus, et personne n'a eu l'air de savoir ce que je voulais dire; Fortunio était parfaitement inconnu. Je fis prendre des informations qui furent d'abord infructueuses, mais enfin je finis par découvrir qu'un jeune homme, dont on ignorait le nom et dont le signalement se rapporte parfaitement à celui de Fortunio, avait acheté l'hôtel deux cent mille francs qu'il avait payés comptant en billets de banque, et qu'aussitôt le marché conclu, une nuée de tapissiers et d'ouvriers de toute sorte avait envahi la maison et l'avait mise dans l'état où vous l'avez vue, avec une rapidité qui tenait de l'enchantement. De nombreux domestiques en grande livrée, un chef de cuisine suivi d'une légion d'aides et d'officiers de bouche, portant dans de grandes mannes couvertes de quoi ravitailler une armée, étaient arrivés, on ne sait d'où, le soir même du souper. — Le matin, tout disparut; les domestiques s'en allèrent comme ils étaient venus : Fortunio sortit et ne revint pas; il ne resta dans l'hôtel que le vieux concierge pour ouvrir de temps en temps les fenêtres et donner de l'air aux appartements.

— Si Arabelle n'avait bu que de l'eau pendant le repas, je pourrais peut-être croire ce qu'elle dit, interrompit Phébé; mais tout ceci m'a l'air aussi fou, aussi désordonné que les globules de vin de Champagne qui montent à la surface de mon verre; elle nous prend pour des enfants et nous débite des contes de fées avec un sérieux déplorable.

—Vraiment, lunatique Phébé, c'est là votre avis? reprit Arabelle avec ce petit ton sec que les femmes seules savent prendre entre elles; mon conte est pourtant une histoire beaucoup plus vraie que d'autres.

— Laissez dire Phébé, Arabelle, et continuez, interrompit Musidora, dont la curiosité s'était à la fin éveillée.

— J'ai essayé par tous les moyens, c'est-à-dire par le seul moyen avec lequel on puisse corrompre quelqu'un ou quelque chose, de corrompre le vertueux dragon de ce château enchanté. Je lui donnai beaucoup d'argent; mais cette consciencieuse canaille, qui avait peut-être peur que je ne lui reprisse ses louis, ne put cependant rien me dire, attendu qu'il ne savait rien; excellente raison d'être discret. Au reste, ce digne homme, profondément affligé de n'avoir aucun secret à trahir, m'offrit obligeamment de me faire voir l'intérieur de la maison, espérant que j'y trouverais peut-être quelque indice. J'acceptai. Précédée du vieillard, qui m'ouvrit les recoins les plus occultes, je visitai tout avec un soin extrême; je ne vis rien qui pût m'éclairer dans mes doutes; pas le moindre chiffon de papier, pas un mot, pas un chiffre. J'allai chez le marchand qui avait vendu les meubles, et qui est un des plus célèbres ouvriers de Paris; il n'avait pas vu Fortunio : c'était un homme entre deux âges, avec une figure d'intendant et un moral d'usurier, qui avait fait toutes les emplettes; il ne le connaissait d'ailleurs aucunement. Nous avons tous été les dupes d'une hallucination, et nous avons cru sérieusement souper chez Fortunio.

— Ceci est étrange, fort étrange, excessivement étrange! marmotta l'élégant Alfred, qui depuis longtemps n'avait plus besoin de miroir pour y voir double. Ha! ha! voilà des créanciers qui doivent être bien attrapés!

— Bah! c'est qu'il aura déménagé ou qu'il aura été à la campagne; il n'y a rien de mystérieux là-dedans, fit George.

— Qu'est-ce que Fortunio? dit Phébé.

— Pardieu, c'est Fortunio, interrompit Alfred; que t'importe?

— Un excellent gentilhomme; il est tout ce qu'il y a de plus marquis au monde; mon père a beaucoup connu le sien : il a des armoiries à ne déparer les panneaux d'aucune voiture, ajouta George par manière de réflexion.

— Il est très-beau, dit la Cinthia, aussi beau que le saint Michel du Guide à Rome, dont j'ai été amoureuse étant petite fille.

— Personne n'a de meilleures manières, et de plus il est spirituel comme Mercutio, continue Arabelle.

— On le dit éperdument riche, plus riche que tous les Rothschild ensemble, et généreux comme le Magnifique du conte de la Fontaine, reprit Phébé.

— Quelle est donc la maîtresse de cet heureux personnage, qui paraît avoir eu une fée pour marraine? dit Musidora.

— On ne sait; car à toutes ces vertus Fortunio joint une discrétion parfaite; mais ce n'est assurément aucune de vous, car elle l'aurait crié sur les toits, répondit George. Ce sera toi si tu le veux, ou si tu le peux, car le Fortunio paraît solidement cuirassé contre les flèches de l'amour, et les rayons de tes yeux de chatte, si aigus et si brûlants qu'ils soient, ne me paraissent pas de force à entamer son armure.

— Un jeune pair d'Angleterre, qui avait six cent mille livres de rentes, s'est brûlé la cervelle pour moi, fit dédaigneusement la Musidora.

— Oui, mais tu te jetteras par-dessus le pont pour Fortunio, avec ta plus belle robe et un chapeau tout neuf.

— C'est donc un démon, votre Fortunio? N'importe, je parie le rendre amoureux de moi à en perdre la tête, et cela avant six semaines.

— Si ce n'était qu'un démon, ce serait peu de chose, et tu en viendrais aisément à bout; tromper le diable n'est qu'un jeu pour une femme.

— C'est donc un ange!

— Pas davantage; au surplus tu vas juger toi-même, car on vient d'ouvrir la porte de l'hôtel, et j'entends le bruit d'une voiture dans la cour. Ce ne peut être que lui.

Je parie mon attelage de chevaux gris pommelé contre une de tes papillotes que tu ne trouves pas une petite porte grande comme un trou de souris pour te glisser dans le cœur de Fortunio.

— J'irai donc à Longchamp dans une calèche attelée à la d'Aumont, dit la petite en se frappant joyeusement dans les mains.

— Monsieur Fortunio! — cria, d'une voix glapissante qui domina un moment le bruit des conversations et le cliquetis de la vaisselle, un grand mulâtre bizarrement vêtu.

Toutes les têtes se tournèrent subitement de ce côté, les fourchettes qui étaient en l'air n'achevèrent pas leur chemin : le repas fut suspendu.

Fortunio s'avança vers le fauteuil de George d'un pas ferme et vif, et lui donna une poignée de main.

— Ha! ha! bonjour, Fortunio! — pourquoi diable es-tu venu si tard?

— Vous m'excuserez, mesdames, j'arrive de Venise, où j'étais invité à un bal masqué très-brillant chez la princesse Fiamma; j'avais oublié de le dire à George lorsqu'il m'a rencontré à l'Opéra et m'a prié de venir à son sabbat. J'ai eu à peine le temps de changer d'habit.

— Ah! si tu vas au bal à Venise, il n'y a plus rien à dire; mais je crois, ô Fortunio, l'avoir aperçu au boulevard de Gand il n'y a pas huit jours. Vous mentez comme une épitaphe ou comme un journal officiel, mon jeune ami.

— En effet, j'étais au boulevard de Gand avec de Marcilly; qu'y a-t-il là d'étonnant?

— Oh! rien; — à moins de posséder le manteau voyageur de Faust, d'avoir trouvé le moyen de diriger les ballons ou de chevaucher sur des aigles, cette ubiquité me paraît peu probable.

— Bah! dit Fortunio en faisant sauter sa bourse avec un geste plein d'insouciance, à cheval sur ceci on fait plus de chemin que si l'on avait l'hippogriffe entre les jambes. Ça, je voudrais bien boire un coup, la langue me pèle faute d'humidité; Mercure, apporte-moi la coupe d'Hercule!

La coupe d'Hercule était un grand vase ciselé aussi vaste que la mer d'airain, supportée par douze bœufs, dont il est parlé dans l'Ecriture, et que les plus rudes buveurs ne soulevaient qu'avec appréhension.

— Mercure, verse-moi dans ce dé à coudre une goutte d'un liquide quelconque; car la soif m'étrangle comme une cravate trop serrée.

Mercure lui versa de haut, comme les pages des tableaux de Terburg, le contenu d'une urne antique magnifiquement travaillée et dont les anses étaient formées par deux amours cherchant à s'embrasser.

Le jeune Fortunio empoigna la lourde coupe d'une main ferme et la vida d'un seul trait. Ce beau fait d'armes lui valut l'admiration universelle.

— Oh! Mercure, ne reste-t-il pas encore un peu de cette piquette dans la cave de ton maître? Je voudrais bien en boire une autre gorgée.

Mercure, atterré, hésita un instant, regardant les yeux de George pour savoir s'il devait obéir ; mais les yeux de George, enveloppés d'un nuageux brouillard d'ivresse, ne disaient exactement rien.

— Eh bien ! brute, faut-il te répéter deux fois les choses ? Si j'étais ton maître, je te ferais corroyer tout vif et pendre un peu par les pieds, en attendant mieux.

Le nègre Mercure courut vite prendre un autre vase sur un autre buffet, le renversa au-dessus de la coupe, puis se retira d'un air craintif et se tint à quelque distance, debout sur un pied, comme un héron dans un marais, attendant l'événement avec une sorte d'anxiété respectueuse.

Le brave Fortunio tarit l'immense cratère avec une facilité qui prouvait de longues et patientes études sur la manière de humer le piot, comme dirait maître Alcofribas Nasier.

— Maintenant, messieurs, je suis au pair ; j'ai rattrapé le temps perdu, et nous pouvons souper tranquillement. Vous aurez peut-être cru que j'étais venu tard de peur de boire, et vous aurez conçu sur mes mœurs les plus horribles soupçons. Maintenant je dois être dans votre esprit aussi pur qu'un agneau de trois mois ou qu'une pensionnaire qui va faire sa première communion.

— Oh ! oui, dit Alfred, innocent et vertueux comme un voleur qu'on mène pendre.

La prétention que Fortunio ait étalée de souper tranquillement était vraiment exorbitante, et rien au monde n'était plus impossible assurément. Jupiter serait descendu par le plafond avec son aigle et ses carreaux, que l'on n'y aurait fait aucune attention.

Musidora est à peu près la seule qui ait sa raison ; la présence de Fortunio l'a fait sortir de sa torpeur de marmotte ; elle est maintenant aussi éveillée qu'une couleuvre que l'on aurait longtemps agacée avec un brin de paille ; ses prunelles vertes scintillent singulièrement ; les narines de son petit nez se gonflent, les coins malicieux de sa bouche se relèvent, son dos ne s'appuie plus au coussin du fauteuil; elle se tient droite en arrêt, comme un cavalier debout sur ses étriers, qui s'apprête à frapper et qui assure son coup. L'attelage gris-pommelé de George lui trotte et lui piaffe dans la cervelle, et elle se voit déjà couchée sur les coussins de la calèche et faisant voler sous les roues tourbillonnantes la poussière fashionable du bois de Boulogne.

D'ailleurs Fortunio seul lui plaît bien autant que les quatre chevaux de George, et l'attelage n'est plus que d'une importance secondaire dans la périlleuse conquête qu'elle tente. Elle cherche au fond de son arsenal l'œillade la plus assassine, le sourire le plus amoureusement vainqueur pour le lui décocher et lui percer le cœur d'outre en outre; en attendant qu'elle porte le coup décisif, elle observe Fortunio avec une attention profonde, voilée sous des façons badines; elle guette tous ses mouvements; elle l'entoure de lignes de circonvallation et tâche de l'enfermer dans un réseau de coquetteries; car Fortunio est un type vivant de cet idéal viril rêvé par les femmes et que nous avons le tort de réaliser si rarement, aimant mieux abuser outre mesure de la permission qu'on nous a accordée d'être laids.

Fortunio paraît avoir vingt-quatre ans tout au plus; il est de taille moyenne, bien cambré, fin et robuste, l'air doux et résolu, l'épaule large, les extrémités minces, un mélange de grâce et de force d'un effet irrésistible; ses mouvements sont veloutés comme ceux d'un jeune jaguar, et sous leur nonchalante lenteur on sent une vivacité et une prestesse prodigieuses.

Sa tête offre le type le plus pur de la beauté méridionale; son caractère est plutôt espagnol que français, plutôt arabe qu'espagnol. Le pinceau ne tracerait pas un ovale plus parfait que celui de sa figure; son nez mince, légèrement aquilin, d'une arête brusque et comme coupée au ciseau, relève la pureté toute féminine des autres traits du visage et lui donne quelque chose de fier et d'héroïque ; des sourcils d'un noir velouté, se fondant en teintes bleuâtres vers les extrémités, se dessinent fermement au-dessus de longues paupières, qu'à leur couleur orangée on pourrait croire teintes de *henné* à la manière orientale. Par une bizarrerie charmante, les prunelles de ses yeux étincelants sont d'un bleu céleste, aussi limpide que l'azur d'un lac dans les montagnes ; un imperceptible cercle brun les entoure et fait ressortir leur éclat diamanté ; la bouche a cette rougeur humide et vivace qui accuse une beauté de sang de plus en plus rare. La lèvre inférieure, un peu large, respire toutes les ardeurs de la volupté ; la supérieure, plus fine, plus serrée, arquée en dedans à ses coins avec une expression de dédain humoristique tempérée par la bienveillance du reste de la physionomie, indique de la résolution et une grande puissance de volonté. Une moustache, qui ne semble pas avoir été coupée beaucoup de fois, estompe les angles de cette bouche de ses ombres douces et soyeuses. Le menton, délicatement bombé, frappé au milieu d'une mignonne fossette, s'unit par une ligne d'une rondeur puissante à un col athlétique, à un col de jeune taureau vierge du joug. Pour le front, sans avoir l'élévation prodigieuse et les proportions triomphales d'un front de poëte à la mode, il est large et noble, les tempes pleines sans le plus léger pli, et des lueurs satinées sur les portions habituellement recouvertes par les cheveux ; le ton du front est beaucoup plus blanc que celui du reste de la face, où un soleil plus ardent que le nôtre a déposé des couches successives d'un hâle blond et doré, sous lesquelles pointent des demi-teintes rosées et bleuâtres qui ravivent de leur fraîcheur la sécheresse un peu fauve de cette belle nuance bistrée si chérie des artistes. Des cheveux noirs comme l'aile vernie du corbeau, longs et faiblement bouclés, retombent autour de ce masque pâle dans le plus savant désordre. L'oreille est petite, incolore, et semble avoir été anciennement percée.

Autant que le hideux costume moderne peut permettre

de l'apercevoir, ses formes sont admirablement proportionnées, rondes et vigoureuses à la fois : des muscles d'acier sous une peau de velours ; quelque chose dans le goût du Bacchus indien que l'on voit au Musée des Antiques, et qui peut lutter de perfection harmonieuse avec la Vénus de Milo elle-même ; car rien au monde n'est plus beau que la grâce mariée à la force. — Sous l'éblouissante blancheur de son linge l'on devine une poitrine large et profonde, solide et polie comme du marbre, où il doit être bien charmant pour une femme de reposer sa tête ; des bras aussi bien modelés que ceux de l'Antinoüs, terminés par des mains d'une perfection inimitable, se font parfaitement deviner à travers une manche fort juste.

Quant au reste du costume, nous ne le décrirons pas : la description d'un gilet, d'un habit et d'un pantalon modernes ferait reculer d'horreur de plus hardis que nous. Vous pouvez seulement vous imaginer ce qu'il devait être en pensant aux chefs-d'œuvre des plus lyriques tailleurs de Paris, que vous avez admirés sur le dos de quelque merveilleux au concert, à la promenade ou ailleurs ; seulement, ajoutez-y mentalement une élégance divine, je ne sais quel laisser-aller aristocratique et nonchalant, une modestie pleine de sécurité et d'aplomb, une grâce distraite, des manières que vous n'avez certainement vues chez aucun merveilleux ; de plus, à l'index de la main gauche, un diamant d'une grosseur énorme, d'une eau à rivaliser avec le Régent et le Sancy, et qui lançait à droite et à gauche de folles bluettes de lumière.

Musidora était en proie à la plus violente émotion, quoiqu'elle eût l'apparence d'une grande liberté d'esprit.

Un instinct délicat, un sentiment profond de la beauté l'avait jusqu'alors préservée d'aimer. A travers la folle vie de courtisane, elle avait conservé une ignorance complète de la passion. Ses sens, excités de trop bonne heure, ne lui disaient rien ou peu de chose, et toutes les liaisons qu'elle nouait et dénouait si facilement n'étaient que d'intérêt ou de pur caprice. — Comme à toutes les femmes qui en ont beaucoup vu, les hommes lui inspiraient un dégoût profond. Une courtisane connaît mieux un homme en une nuit qu'une honnête femme ne le connaît en dix ans ; car l'on n'est vrai qu'avec elles. — A quoi bon se gêner? Aussi l'être qui résiste à ce terrible laisser-aller et qui paraît aimable encore dans ce déshabillé complet est-il prodigieusement et frénétiquement aimé.

La petite Musidora trouvait les hommes profondément méprisables, et de plus fort laids. Le dehors de la boîte ne lui plaisait guère plus que le dedans. Ces figures insignifiantes ou difformes, terreuses ou apoplectiques, infiltrées de fiel ou martelées de rouge, bleuies par la barbe, sillonnées de plis profonds, ces cheveux rudes et sauvages, ces bras noueux et velus la ravissaient médiocrement. La délicatesse excessive de son organisation lui rendait ces défauts beaucoup plus sensibles; un homme, qui n'était qu'un homme pour la robuste Cinthia, lui semblait un sanglier. Musidora, quoiqu'elle eût dix-huit ans, n'était réellement pas une femme, ce n'était pas même une jeune fille, c'était un enfant; un enfant, il est vrai, aussi corrompu qu'un colonel de dragons, et logeant sous sa frêle enveloppe une malice hyperdiabolique ; avec son air candide, elle aurait dupé des cardinaux et joué sous jambe M. le prince de Talleyrand. Elle avait donc de merveilleux avantages sur toutes ses rivales; car son indifférence et sa froideur bien connues lui faisaient comme une espèce de virginité que chacun eût été glorieux de lui ravir. Au milieu de sa prostitution, elle avait tout le piquant d'une jeune fille sévèrement gardée ; courtisane, elle avait eu l'art de créer un obstacle et de mettre, pour l'irriter, une barrière au-devant du désir. Cependant elle fut moins heureuse cette fois dans ses tentatives de séduction : malgré toutes ses chatteries et ses gentillesses, Fortunio ne s'occupa d'elle que comme tout homme bien né s'occupe d'une femme placée à côté de lui : il avait toutes ces petites attentions demi-familières que l'on a pour une jolie femme et qui ne tirent point à conséquence.

Musidora faisait tous ses efforts pour l'attirer dans une sphère plus intime et lui arracher quelques-unes de ces phrases de galanterie un peu ardentes auxquelles on peut à la rigueur donner le sens d'un aveu et d'une déclaration tacite. Mais Fortunio, en poisson rusé, jouait prudemment à l'entour de la nasse et n'y entrait pas; il répondait évasivement aux questions insidieuses de Musidora, et, au moment où elle croyait le tenir, il lui échappait par une brusque plaisanterie.

Musidora tenta toute espèce de moyens : elle lui fit de fausses confidences pour en obtenir de vraies ; elle l'interrogea sur ses voyages, sur sa vie, sur ses goûts. Fortunio buvait, mangeait, riait, disait un oui ou un non, et lui fuyait entre les doigts, plus fluide et plus mobile que du vif-argent.

— Vraiment, George, dit Musidora en se penchant de son côté, cet homme est comme un hérisson ; on ne sait par où le prendre.

— Prends garde d'embrocher ton cœur à l'un de ses piquants, ma petite reine, répondit George.

— Quelle vie a-t-il donc menée et de quelle argile est-il donc pétri ? fit Musidora inquiète.

— Le diable seul le sait, répliqua George en faisant un geste d'épaules intraduisible.

— Fortunio, Fortunio, s'écria Arabelle en se dressant à l'autre bout de la table, et les pantoufles de ta princesse chinoise, quand me les donneras-tu ?

— Ma belle dame, elles sont chez vous, délicatement posées au pied de votre lit sur la peau de tigre qui vous sert de tapis.

— Vous riez, Fortunio ; jamais vous n'avez été dans ma chambre à coucher, et hier soir il n'y avait assurément pas de pantoufles au pied de mon lit.

— Vous n'avez sans doute pas bien regardé, car je vous

assure qu'elles y sont, dit Fortunio en avalant une magnifique rasade.

Arabelle sourit d'un air incrédule.

— Est-ce vrai, dit Musidora avec un accent de coquetterie jalouse, que ces pantoufles vous viennent d'une princesse chinoise?

— Je crois que oui, répondit Fortunio. — Elle s'appelait Yeu-Tseu.—Une charmante fille ! Elle avait un anneau d'argent dans le nez et le front couvert de plaques d'or. Je lui faisais des madrigaux où je lui disais qu'elle avait la peau comme du jade et les yeux comme des feuilles de saule.

— Était-elle plus jolie que moi? interrompit Musidora en tournant sa figure du côté de Fortunio, comme pour lui faciliter la comparaison.

— C'est selon. Elle avait de petits yeux bridés, retroussés par les coins, le nez épaté et les dents rouges.

— Oh ! le monstre ! Elle devait être hideuse !

— Point du tout; elle passait pour une beauté incomparable; tous les mandarins en raffolaient.

— Et vous l'aimiez? dit Musidora d'un ton piqué.

— Elle m'adorait, et je la laissais faire.

— Savez-vous, monsieur Fortunio, que vous êtes prodigieusement fat?... ou bien vous vous moquez de nous. Vous avez acheté ces babouches sur le quai Voltaire, chez quelque marchand de curiosités.

— Moi, nullement, je vous jure ; vous m'interrogez, je vous réponds ; quant aux pantoufles, elles n'ont pas été achetées; qui est-ce qui n'a pas été un peu en Chine? Voulez-vous que je vous fasse servir un doigt de vin de Xérès; il est fort bon.

— Ce n'est pas la peine, dit Musidora avec le plus gracieux sourire, passez-moi votre verre.

Fortunio le lui tendit sans paraître étonné d'une si formelle faveur. Musidora le porta à ses lèvres par le côté qu'avait effleuré la bouche de Fortunio.

Quand Musidora eut bu, Fortunio remplit le verre et le

vida avec simplicité, comme si une jeune et charmante femme ne venait pas d'y tremper familièrement son petit bec rose de colombe.

Musidora ne se rebuta pas, et, par un mouvement d'une combinaison supérieure, fit sauter son soulier de satin et posa son pied sur celui de Fortunio ; un bas de soie plus aérien qu'une toile d'araignée permettait de sentir toute la perfection et le poli d'ivoire de ce pied de Cendrillon.

— Croyez vous, Fortunio, que je ne chausserais pas la pantoufle de votre princesse? dit Musidora, les joues allumées du rose le plus vif, en pressant légèrement avec son pied le pied de Fortunio.

— Elle serait trop large pour vous, répondit tranquillement Fortunio, et il se remit à boire sans plus de façons.

Ceci eût pu passer pour un compliment sans la mine indolente de Fortunio ; aussi Musidora n'en tira aucun augure favorable, et, voyant que tous ses efforts n'aboutissaient à rien, elle changea de batteries et se mit à jouer l'indifférence (sans toutefois retirer son pied) et ne causa plus qu'avec George. La froideur n'y fit pas plus que la galanterie : Fortunio ne lui adressait la parole que de loin en loin et par manière d'acquit. Cependant Musidora crut s'apercevoir que Fortunio serrait imperceptiblement son genou, mais elle reconnut bientôt son erreur.

Pendant toute cette stratégie, il n'est pas besoin de dire que le reste de l'assemblée buvait considérablement et se livrait à la plus triomphante bacchanale que l'on puisse imaginer. Le fashionable Alfred demandait la tête des tyrans et l'abolition de la traite des noirs, au grand ébahissement des négrillons, étonnés d'une philanthropie si subite.

Deux compagnons avaient précieusement glissé de leur chaise sous la table et ronflaient comme des chantres à vêpres ; les autres gloussaient et piaulaient je ne sais quelle chanson sur un ton lamentable et funèbre, occupation agréable qu'ils interrompaient de temps en temps pour se raconter à eux-mêmes leurs bonnes fortunes, car personne n'était dans le cas d'écouter.

Les femmes, qui avaient résisté plus longtemps, se laissaient enfin entraîner au tourbillon général ; Arabelle même était si grise, qu'elle oubliait d'être coquette.

Phébé, les deux coudes appuyés sur la nappe, regardait avec une fixité stupide une des figures du surtout, qu'elle ne voyait pas.

Quant à la Romaine, elle était admirable de quiétude heureuse : elle dodelinait doucement de la tête et semblait marquer la mesure d'une musique entendue d'elle seule ; un sourire nonchalant voltigeait sur sa bouche entr'ouverte comme un oiseau autour d'une rose, et les longs cils noirs de ses yeux demi-fermés jetaient une ombre de velours sur les pommettes de ses joues colorées d'une imperceptible vapeur rose ; elle avait ses deux mains posées l'une sur l'autre, comme les mains de la Romaine dans le magnifique portrait de M. Ingres, et contrastait singulièrement par son calme parfait avec la turbulence générale.

Pour Musidora, la gorgée de vin de Xérès qu'elle avait bue commençait à lui porter à la tête ; une légère sueur lui perlait sur le front ; la fatigue l'envahissait en dépit d'elle ; quelques grains du sable d'or du sommeil commençaient à lui rouler dans les yeux ; elle s'endormait comme un petit oiseau qui a chaud dans le duvet de son nid ; de temps en temps elle soulevait ses paupières alourdies pour contempler Fortunio, dont le magnifique profil se découpait fièrement sur un fond d'éblouissante lumière, puis elle les refermait sans cesser pour cela de le voir ; car les commencements de rêve qu'elle ébauchait étaient tout pleins de Fortunio. Enfin elle laissa pencher sa tête comme une fleur trop chargée de pluie, ramena machinalement devant ses yeux deux ou trois boucles de ses beaux cheveux blonds comme pour s'en faire des rideaux, et s'endormit tout à fait.

— Ah ! fit George, voilà Musidora qui a mis la tête sous son aile. Regarde quel adorable petit museau ; elle dormirait au milieu d'un concerto de tambours; c'est une fort jolie fille, mais je préfère mes Titien. Entre nous, vois-tu, Fortunio, je n'ai jamais aimé que cette belle fille qui est là-haut couchée au-dessus de cette porte, dans son lit de velours rouge; vois cette main, ce bras, cette épaule: quel admirable dessin! quelle puissance de vie et de couleur! —Ah! si tu pouvais ouvrir une heure ces beaux bras et me presser sur cette poitrine qui semble palpiter, je jetterais avec plaisir toutes mes maîtresses par la fenêtre. Pardieu, je me sens une envie du diable de décrocher le tableau et de le faire porter dans mon lit.

—Là, là, Georgio carissimo, piano, piano, vous me faites de la peine, vous allez gagner une pleurésie à vous échauffer ainsi dans votre harnois; conservez-vous à vos respectables parents, qui veulent faire de vous un pair de France et un ministre.—Vous avez tort de médire de la nature, qui a bien son prix; — tu parles de l'épaule de cette femme peinte; voilà là-bas Cinthie, qui ne dit rien et laisse errer ses yeux au plafond, en pensant peut-être à son premier amour et à sa petite maison de briques du quartier des Transleverins, et qui a de plus belles épaules que tous les Titien de Venise et d'Espagne. Approche, approche, Cinthia; montre-nous ta poitrine et ton dos, et fais voir à ce faquin de George que le bon Dieu n'est pas aussi maladroit qu'il veut bien le dire.

La belle Romaine se leva, défit gravement l'agrafe de sa robe, qui glissa jusque sur sa taille cambrée, et laissa voir un sein d'une pureté de contour admirable, des épaules et des bras à faire descendre un dieu du ciel pour les baiser.

—Je te conseille fort, mon ami George, de lui donner la place que tu destinais tout à l'heure à ton tableau; il ne lui manque que le cadre. En disant cela, Fortunio promenait la main sur le dos de la Cinthia, mais avec le même sang-froid que s'il eût touché un marbre. On eût dit un sculpteur qui passe le pouce sur les contours d'une statue pour s'assurer de leur correction.

— Remonte ta robe, nous t'avons assez vue.

La Romaine fut lentement se rasseoir à sa place.

Quant à George, il répétait toujours : « J'aime mieux mes Titien. »

Les bougies tiraient à leur fin; les nègres, harassés de fatigue, dormaient debout, en s'appuyant le dos contre les murs; la table, si bien servie, était dans le plus affreux désordre, tachée de vin, ruisselante de débris; les élégants édifices de sucrerie croulaient de toutes parts, largement éventrés; les merveilles du dessert, les fruits, les ananas, les fraises du Chili, les assiettes montées avec un soin si curieux, tout cela était détruit, renversé et gaspillé; la nappe avait l'air d'un champ de bataille. Cependant quelques convives acharnés luttaient encore avec le désespoir du courage malheureux, et s'efforçaient de vaincre l'ivresse et le sommeil, mais ils avaient perdu toute leur verve et leur entrain; ils pouvaient à peine faire du bruit et n'avaient plus la force de casser les porcelaines et les cristaux, moyens violents usités pour ranimer une orgie languissante.

George lui-même verdissait d'une manière sensible et venait d'entrer dans cette période malsaine de l'ivresse où l'on se met à parler morale et à célébrer les charmes de la vertu. — Fortunio seul, toujours frais, l'œil limpide, la lèvre rouge, l'air calme et reposé d'une dévote qui va faire ses pâques, l'esprit aussi libre que lorsqu'il était entré, jouait nonchalamment avec son couteau de vermeil et paraissait tout prêt à recommencer.

— Eh bien! dit Fortunio, l'on ne boit donc plus? Quelle maigre hospitalité! J'ai soif comme le sable quand il n'a pas plu de quinze jours.

On apporta une immense jatte de punch d'arack tout allumé; les jolies flammes dansaient à la surface, en agitant joyeusement leurs basquines d'or; c'était comme un bal de feux follets.

George remplit son verre et celui de Fortunio, sans éteindre la liqueur enflammée, puis il saisit le bol avec son trépied et le jeta sur le plancher, et dit avec un geste d'ineffable mépris : — Il vaut mieux le jeter que de le profaner en le versant à de pareilles brutes. Faisons-les rôtir, puisqu'elles ne veulent pas boire ; nous le pouvons en toute sûreté de conscience, ce sont des oies.

La liqueur se répandit sur le parquet toute flambante, et les petites langues bleues de la flamme commencèrent à lécher les pieds des dormeurs et à mordre les bords de la nappe. La lueur de ce petit incendie improvisé pénétra sur-le-champ à travers les paupières le plus invinciblement fermées, et tout le monde fut bien vite debout, même les deux respectables convives coulés à fond dès le commencement de la tempête, et qui eussent été cuits infailliblement tout vifs, si Mercure le nègre et Jupiter le mulâtre ne les eussent aidés à sortir des lieux souterrains et ténébreux où ils gisaient.

— Où est Fortunio ? demanda Musidora en écartant ses cheveux.

— Fortunio ? dit George, il était là tout à l'heure.

— Il est parti, dit respectueusement Jupiter.

— Qui sait quand on le reverra ; il est peut-être allé déjeuner avec le grand mogol ou le Prêtre-Jean. — Ma petite reine, j'ai bien peur que tu ne sois obligée d'aller à pied ou en carrosse de louage, comme une fille vertueuse. — Si tu le trouves, tu seras bien habile.

— Bah ! dit Musidora, en tirant à demi de son sein un petit portefeuille à coins d'or ; j'ai son portefeuille.

— Ah çà ! tu es donc un vrai diable en jupons ? Voilà une fille bien élevée ; — jamais des parents ordinaires n'auraient l'idée de vous faire apprendre à voler !

CHAPITRE II.

Musidora ne se réveilla que sur les trois heures de l'après-midi, heure raisonnable. Elle étendit nonchalamment son joli bras vers le cordon de moire placé au chevet de son lit ; mais sa main blanche retomba.

Le lit de Musidora était extrêmement simple : il ne ressemblait en rien aux lits des bourgeoises enrichies, qui ont l'air de reposoirs pour la Fête-Dieu ; c'était frais et charmant comme l'intérieur d'une coque de clochette sauvage.

Deux rideaux de cachemire blanc et de mousseline des Indes, superposés, tombaient en bouillons nuageux d'une large rosace argentée, fixée au plafond, autour d'une élégante gondole de bois de citronnier très-pâle, avec des pieds et des incrustations d'ivoire ; des draps de toile de Hollande d'une finesse idéale, un vrai brouillard tissu, laissaient transparaître légèrement le rose doux de l'étoffe qui enveloppait les matelas gonflés par la plus soyeuse laine du Thibet : cette précieuse toison, qui est probablement la véritable toison d'or que Jason allait conquêter sur la nef Argo, paraissait à peine assez précieuse à Musidora pour remplir de simples matelas ; son petit orgueil de démon était intérieurement flatté de penser qu'il y avait la corruption de vingt honnêtes filles dans sa couchette, et que devant une ou deux aunes de cette laine tissue et teinte les plus fiers scrupules s'humanisaient subitement. Cela l'amusait de conclure ainsi sur beaucoup de déshonneurs en probabilité. Un double oreiller garni en point d'Angleterre cédait avec mollesse sous sa petite tête noyée dans ses blonds cheveux, répandus autour d'elle comme les flots de l'urne d'une naïade ; un couvre-pied de satin blanc, rempli par le précieux duvet que l'eider arrache de ses ailes pour réchauffer ses chers petits, s'étendait sur elle comme une tiède tombée de neige, et l'on entrevoyait vaguement sous l'ondulation de l'étoffe un charmant petit monticule formé par son genou à demi soulevé.

Voilà de quelle façon Musidora, la belle enfant, était couchée. — Pour ce lit seulement, l'Afrique avait donné les dents les plus grosses de ses éléphants ; l'Amérique, son bois le plus précieux ; Mazulipatnam, sa mousseline ; le Cachemire, sa laine ; la Norwége, son duvet ; la France, son industrie. Tout l'univers s'était mis en quête, et chaque partie du monde avait apporté son plus extrême luxe.

Il n'y a au monde que les courtisanes qui ont passé leur enfance à manger des pommes crues pour cracher au front de la richesse avec cet aplomb insolent. Héliogabale et Séguin n'éprouvaient pas plus de plaisir à souiller l'or et à le rendre misérable, que cette frêle jeune fille qui a nom Musidora.

Cependant, tout ceci n'empêche pas le lit de l'enfant d'être, comme nous l'avons dit plus haut, de la plus virginale simplicité. Le reste de la chambre est aussi ruineusement simple.— Les murs sont tendus de satin blanc relevé de torsades roses et argent, ainsi que le plafond ; un tapis blanc, épais comme un gazon, semé de roses que l'on serait tenté de croire naturelles, couvre le parquet de bois des îles ; les portes, coupées dans la tenture avec une si grande précision que l'on a peine à les deviner, ont des serrures et des gardes de cristal d'Irlande admirablement taillé.— La pendule se compose d'un bloc de jaspe oriental avec un cadran de platine niellé. — Une pendule dont aucun tailleur ne voudrait. — A côté du lit, au lieu de veilleuse, une petite lampe étrusque, de la tournure la plus authentique, en terre rouge, avec de ravissants dessins de chimères ailées et de femmes à leur toilette, pose sur un élégant guéridon. — Quelques fauteuils, un sofa, pièce indispensable, fait sur le modèle du sofa de Crébillon fils, une table de mosaïque ; voilà tout l'ameublement.

Musidora ouvrit sa petite bouche aussi grande qu'elle put sans parvenir à produire un bâillement bien formidable ; ses dents perlées brillaient comme des gouttelettes de rosée au fond d'un coquelicot et produisaient l'effet le plus charmant du monde ; — un bâillement de Musidora était plus gracieux que le sourire d'une autre femme.

Elle abaissa ensuite les franges de ses paupières soyeuses, se coucha sur le côté gauche, puis sur le côté droit, et, voyant qu'elle ne pouvait plus conserver l'espérance de se rendormir, elle laissa échapper un soupir flûté et languissamment modulé, aussi plein de rêverie et de pensée qu'une note de Beethoven.

Elle allongea une seconde fois son bras vers sa sonnette.

Une porte imperceptible cachée dans le mur s'entr'ouvrit, et par l'étroit hiatus se glissa dans la chambre une grande fille svelte et bien tournée, coquettement mise avec un madras chiffonné à la façon des créoles.

Elle vint sur la pointe du pied jusqu'au pied du lit de sa maîtresse, et attendit ses ordres en silence.

— Jacinthe, relevez un peu les draperies des fenêtres, et venez me mettre sur mon séant.

Jacinthe releva les embrasses des doubles rideaux.

Un joyeux et pétulant rayon de soleil entra vivement dans la chambre, comme un garçon mal élevé, mais accoutumé à être bien reçu partout à cause de sa bonne humeur.

— Butorde, pendarde, tu veux donc m'aveugler et me rendre plus noire que le museau d'un ours ou les mains d'une danseuse de corde! fit Musidora d'une voix mourante: éteins bien vite cet affreux soleil.

— Bien. Maintenant accommode mes oreillers.

Jacinthe en prit deux ou trois, qu'elle fit sauter sur ses bras et qu'elle arrangea par molles assises derrière le dos de sa voluptueuse maîtresse.

— Que désire encore madame? dit Jacinthe, voyant que Musidora n'avait pas fait le geste dont elle la congédiait habituellement.

— Dites à Jack de m'apporter ma chatte anglaise, et faites-moi préparer mon bain.

La porte s'écarta imperceptiblement, et Jacinthe disparut comme elle était entrée.

CHAPITRE III.

Nous croyons qu'il n'est pas inutile de consacrer un chapitre spécial à la chatte de Musidora, charmante bête qui vaut bien après tout le lion d'Androclès, l'araignée de Pélisson, le chien de Montargis et autres animaux vertueux ou savants dont de graves historiens ont éternisé la mémoire.

On dit ordinairement : Tel chien, tel maître; on pourrait dire aussi : Telle chatte, telle maîtresse.

La chatte de Musidora était blanche, — mais d'un blanc fabuleux, — bien autrement blanche que le cygne le plus blanc ; le lait, l'albâtre, la neige, tout ce qui sert à faire des comparaisons *blanches* depuis le commencement du monde eût paru noir à côté d'elle ; dans les millions de poils imperceptibles dont sa fourrure d'hermine était composée, il n'y en avait pas un seul qui n'eût l'éclat de l'argent le plus pur.

Figurez-vous une grosse houppe à poudrer où l'on aurait ajusté des yeux. Jamais la femme la plus coquette et la plus maniérée n'a mis dans ses mouvements la grâce et le fini parfait que cette adorable chatte met dans les siens. — Ce sont des ondulations d'échine, des gonflements de dos, des airs de tête, des tournures de queue, des façons d'avancer et de retirer la patte inimaginables.

Musidora la copie tant qu'elle peut, mais en reste bien loin. — Cependant, si imparfaite que soit l'imitation, elle a fait de Musidora une des plus gracieuses femmes de Paris, — c'est-à-dire du monde, car rien n'existe ici-bas que Paris.

Un petit nègre, entièrement vêtu de noir pour rendre le contraste plus frappant, est chargé du soin de cette blanche et discrète personne : il la couche tous les soirs dans son berceau de satin bleu de ciel et va la porter le matin à sa maîtresse quand elle la demande; il est chargé aussi de donner la pâture à madame la chatte, de la peigner, de lui laver les oreilles, de lui lisser les moustaches et de lui mettre son collier, collier de vraies perles fines et d'un très-grand prix.

Quelques vertueux mortels seront sans doute indignés d'un tel luxe pour un simple animal, et diront qu'il vaudrait bien mieux, avec tout cet argent, donner du pain aux pauvres. — D'abord on ne donne pas de pain aux pauvres, on leur donne un sou, — et encore assez rarement ; car, si tout le monde leur donnait un sou tous les jours, ils seraient bientôt plus riches que des nababs. — Ensuite, nous ferons observer aux honnêtes philanthropes distributeurs de soupes économiques que l'existence de la chatte de Musidora est aussi utile que quoi que ce soit.

Elle fait plaisir à Musidora et l'empêche de souffleter deux ou trois servantes par jour. — Premier bienfait.

Ce petit nègre, qui n'a d'autre travail que le soin de cette bête, serait sans cela à griller au soleil des Antilles, où il serait fouaillé du matin jusqu'au soir et du soir jusqu'au matin. — Au lieu de cela, il est bien nourri, bien habillé, et n'a pour toute besogne qu'à être noir à côté d'une chose blanche. — Second bienfait.

La délicieuse chatte n'a pas de plus grand plaisir que d'aiguiser ses griffes sur la tenture intérieure de son petit boudoir bleu de ciel. Il faut donc lui en faire un neuf à peu près tous les mois. Cela suffit pour payer la pension de deux enfants du tapissier de Musidora. — La France devra donc à une simple chatte blanche un avocat et un médecin. — Troisième bienfait.

Quatrième bienfait. — Trois petits paysans se ramassent de quoi acheter un homme, s'ils tombent à la conscription, en prenant à la glu de petits oiseaux pour le déjeuner et le dîner de la chatte, qui ne voudrait pas les manger s'ils n'étaient tout vifs et tout sautillants.

Cette mignonne et voluptueuse bête, presque aussi

cruelle qu'une femme qui s'ennuie, aime à entendre pépier son dîner dans son ventre, et il n'y a rien d'assez vivant pour elle. C'est le seul défaut que nous lui connaissions.

Quant au collier, il a été donné à Musidora par un général de l'empire, qui l'avait volé en Espagne à une madone noire, sous la forme d'un bracelet, et il a passé sans intermédiaire du bras très-blanc de la jeune fille au col encore plus blanc de la jeune chatte. Nous trouvons un collier de perles beaucoup plus convenable au col velouté d'une jolie chatte qu'autour du cou rouge et pelé d'une vieille Anglaise.

Ceci paraîtra peut-être un hors-d'œuvre à quelques-uns de nos lecteurs; nous sommes tout à fait de l'avis de ces lecteurs-là. — Mais sans les *hors-d'œuvre* et les *épisodes* comment pourrait-on faire un roman ou un poëme, et ensuite comment pourrait-on les lire?

CHAPITRE IV.

Lorsque le négrillon eut apporté la chatte blanche et l'eut posée à côté de sa maîtresse, sur l'édredon neigeux, Musidora, tout à fait réveillée, commença à se souvenir d'un certain Fortunio qu'elle avait vu la nuit précédente au souper de George.

Les traits de cette image charmante, estompés par le sommeil, se dessinèrent avec netteté au fond de sa mémoire; elle le revit beau, souriant, calme au milieu de ce bruit insensé, aussi inaccessible à l'ivresse qu'à l'amour.

Elle se rappela le pari qu'elle avait fait d'entrer tambours battants, enseignes déployées, dans la forteresse de ce cœur imprenable avant six semaines, et de se chauffer les pieds sur les propres chenets de cet élégant vagabond dont personne ne connaissait le véritable domicile.

La calèche attelée de quatre chevaux gris-pommelé avec ses postillons en casaque de satin, son bruit de fouets et ses éclairs de vernis, lui passa devant les yeux comme un tourbillon.

Elle frappa de joie dans la paume de ses petites mains, tant elle était sûre du succès : « Ne sera-t-il pas curieux, se dit-elle en riant intérieurement, de promener le Fortunio dans la calèche même qu'il m'aura fait gagner ? »

Et, pour ouvrir les hostilités, elle étendit sa main sous l'oreiller et en tira le portefeuille volé, qu'elle avait vainement essayé d'ouvrir la veille.

— J'en viendrai bien à bout, dit-elle en le retournant dans tous les sens ;—une femme qui sent un secret derrière une si mince cloison, et qui ne la forcerait pas !—J'aurais dénoué le nœud gordien sans avoir besoin d'épée comme ce brutal d'Alexandre.

Musidora se dressa tout à fait sur son séant, et, avec une activité de belette qui cherche un trou pour fourrer son museau pointu et entrer en quelque resserre pleine de lait et d'œufs frais, elle se mit en quête du secret qui devait ouvrir ce mystérieux portefeuille, où se trouvaient sans doute de précieuses indications sur notre héros.

Elle palpa avec ses doigts, plus subtils que des tentacules d'insecte ou des cornes de colimaçon, toutes les nervures et toutes les rugosités de la peau ; elle pressa l'une après l'autre les turquoises et les chrysoprases dont les deux surfaces extérieures du portefeuille étaient constellées ; elle appuya de toute sa force et jusqu'à le faire ployer son pouce frêle et mince sur les fermoirs pour vaincre la résistance des ressorts ; — autant eût valu essayer d'ouvrir un coffre-fort cerclé de fer.

L'enfant mettait dans sa recherche une telle activité, qu'une légère sueur commençait à baigner son front velouté ; depuis bien longtemps elle n'avait autant travaillé.

Enfin, désespérant de pouvoir ouvrir le fidèle portefeuille, elle sonna Jacinthe, et se fit donner des ciseaux pour couper un morceau de la couverture et parvenir à retirer par là les lettres et les papiers qui se pouvaient trouver dedans.

Mais la peau du portefeuille ne fut pas même rayée par la pointe des ciseaux fins anglais de Musidora.

C'était une peau de lézard ou de serpent dont Musidora avait pris les écailles imbriquées pour une gaufrure ou une symétrie pratiquée à dessein, plus dure que le cuir d'un paysan ou d'un buffle et qui rendait toute incision impossible.

Pourtant, Musidora toucha par hasard le point secret qui faisait ouvrir le portefeuille ; — la couverture s'écarta avec un mouvement brusque et sec comme celui des joujoux à surprise.

L'enfant, effrayée, laissa tomber le portefeuille sur ses genoux, s'attendant à en voir sortir un génie irrité, comme des fioles magiques des contes arabes, ou un aspic assis en spirale sur le bout de sa queue. — Pandore ne regarda pas dans une attitude plus craintive la boîte dont le couvercle, soulevé par elle, laissait échapper à travers une noire fumée tous les maux de la terre.

Cependant, voyant qu'il n'en sortait rien, elle se rassura et le reprit pour en faire l'examen et procéder à l'inventaire de ses découvertes.

Un parfum exotique et bizarre, plein de senteurs enivrantes, ne ressemblant en rien à aucune odeur connue, se répandit dans toute la chambre et mordit voluptueusement le nerf olfactif de la belle curieuse.

Elle s'arrêta un instant pour aspirer cet arome étrange, puis plongea ses doigts chercheurs dans les différents plis du portefeuille, qui étaient faits d'une soie chinoise ventre de carpe mêlée de reflets dorés et verdâtres.

La première chose qu'elle en tira fut une large fleur singulièrement découpée et dont la couleur semblait avoir disparu depuis longtemps. Cette fleur était la pavetta indica dont parle le docteur Rumphius dans son *Hortus malabaricus*.

Il n'y avait rien là de très-indicatif relativement au seigneur Fortunio.

Musidora amena ensuite une petite tresse de cheveux bleus, entremêlée de fils d'or et terminée à chaque bout par un sequin d'or percé.

Puis une feuille de papier de Chine, toute couverte de caractères bizarres, entrelacés en façon de treillage sur un fond de fleurs argentées. — Il y a tout lieu de croire que c'était quelque épître plaintive de la princesse Yeu-Tseu au volage Fortunio.

Musidora ne savait trop que penser de ce portefeuille si fantastiquement garni ; toutefois, espérant faire quelque trouvaille plus européenne et plus intelligible, elle vida les deux autres capsules. Il n'en sortit qu'une aiguille d'or rouillée et rougie à sa pointe, et un petit morceau de papyrus, historié d'une grande quantité de barbouillages qui avaient l'air de l'écriture de quelque nation orientale.

La petite, désappointée, lança de colère le portefeuille au beau milieu de la chambre. Hélas! dit-elle en regardant avec un air de commisération profonde ses jolis doigts tout froissés encore du travail inutile qu'elle leur avait donné, hélas! je n'aurai pas la calèche, je n'aurai pas Fortunio. — Jacinthe, emporte-moi dans mon bain.

Jacinthe entoura sa maîtresse d'un grand peignoir de mousseline, la prit sur les bras et la souleva comme un enfant malade.

CHAPITRE V.

Musidora est assurément fort contrariée, mais nous le sommes bien autant qu'elle.

Nous comptions beaucoup sur le portefeuille pour donner à nos lecteurs (qu'on nous pardonne cet amour-propre) des renseignements exacts sur ce problématique personnage. Nous espérions qu'il y aurait dans ce portefeuille des lettres d'amour, des plans de tragédies, des romans en deux volumes et autres, ou tout au moins des cartes de visite, ainsi que cela doit être dans le portefeuille de tout héros un peu bien situé.

Notre embarras est cruel! Puisque Fortunio est le héros de notre choix, il est bien juste que nous prenions intérêt à lui et que nous désirions connaître toutes ses démarches; il faut que nous en parlions souvent, qu'il domine tous les autres personnages et qu'il arrive mort ou vif au bout de nos deux cents et quelques pages. — Cependant nul héros n'est plus incommode : vous l'attendez, il ne vient pas; vous le tenez, il s'en va sans mot dire, au lieu de faire de beaux discours et de grands raisonnements en prose poétique, comme son métier de héros de roman lui en impose l'obligation.

Il est beau, c'est vrai; mais, entre nous, je le crois bizarre, malicieux comme une guenon, plein de fatuité et de caprices, plus changeant d'humeur que la lune, plus variable que la peau d'un caméléon. A ces défauts, que nous lui pardonnerions volontiers, il joint celui de ne vouloir rien dire de ses affaires à personne, ce qui est impardonnable. Il se contente de rire, de boire et d'être un homme de belles manières. Il ne disserte pas sur les passions, il ne fait pas de métaphysique de cœur, ne lit pas les romans à la mode, ne raconte, en fait de bonnes fortunes, que des intrigues malaises ou chinoises, qui ne peuvent nuire en rien aux grandes dames du noble faubourg; il ne fait pas les yeux doux à la lune entre la poire et le fromage, et ne parle jamais d'aucune actrice. — Bref, c'est un homme médiocre à qui je ne sais pourquoi tout le monde s'obstine à trouver de l'esprit, et que nous sommes bien fâché d'avoir pris pour principal personnage de notre roman.

Nous avons même bien envie de le laisser là. Si nous prenions George à sa place?

Bah! il a l'abominable habitude de se griser matin et soir

et quelquefois dans la journée, et aussi un peu dans la nuit. Que diriez-vous, madame, d'un héros qui serait toujours ivre, et qui parlerait deux heures sur la différence de l'aile droite et de l'aile gauche de la perdrix?

—Et Alfred?
—Il est trop bête.
—Et de Marcilly?
—Il ne l'est pas assez.

Nous garderons donc Fortunio faute de mieux : les premières nouvelles que nous en aurons, nous vous les ferons savoir aussitôt. — Entrons donc, s'il vous plaît, dans la salle de bain de Musidora.

CHAPITRE VI.

La salle de bain de Musidora est de forme octogone, revêtue jusqu'à moitié de sa hauteur en petits carreaux de porcelaine blanche et bleue.

Des peintures en camaïeu vert clair, représentant des sujets mythologiques, tels que Diane et Calisto, Salmacis et Hermaphrodite, Hylas entraîné par les nymphes, Léda surprise par le cygne, entourées de cadres très-travaillés, avec des roseaux et des plantes marines, sculptés et rehaussés d'argent, sont placées au-dessus des portes couvertes de portières de perse à petites fleurs ; des coquillages, des madrépores et des coraux sont rangés sur la corniche et complètent cette décoration aquatique.

Les fenêtres, vitrées de carreaux bleu d'azur et vert pâle, ne laissent pénétrer dans cette retraite mystérieuse qu'un jour tamisé et voluptueusement affaibli, en sorte que l'on se pourrait croire dans le propre palais d'une ondine ou d'une naïade.

Une belle cuve de marbre blanc, supportée par des griffes dorées, occupe le fond de la salle ; en face est disposé un lit de repos.

Musidora vient d'être apportée par Jacinthe jusqu'au bord de la baignoire; pendant que deux belles filles plongent leurs bras roses dans l'eau tiède et fumante pour que la chaleur soit bien égale à la tête et aux pieds, Musidora se promène dans la chambre, montée sur deux petits patins à la mode turque, et se plaint d'une voix mourante de la lenteur et de la maladresse de ses gens avec une aussi gracieuse impertinence qu'une duchesse du meilleur temps. Enfin elle s'approche de la baignoire, garnie d'un linge d'une finesse admirable, lève lentement sa petite jambe ronde et polie, et trempe la pointe de son pied dans l'eau.

—Jacinthe, soutenez-moi, dit-elle en se laissant aller en arrière sur l'épaule de la suivante agenouillée; je me sens défaillir.

Puis, prenant une voix brève dont la sécheresse ne s'accordait guère avec ses fondantes et précieuses manières:

—Vous voulez donc me faire brûler toute vive et me rendre pour huit jours rouge comme un homard?—Je suis sûre que j'ôterai la peau de mon pied ce soir avec mon bas, dit-elle en s'adressant aux deux filles de service.— Vous ne saurez donc jamais faire un bain?

On refroidit le bain.

Musidora hasarda alors son autre jambe, s'agenouilla, les bras croisés sur la poitrine, pareille à l'antique statue de la Pudeur, et finit par s'allonger dans l'eau comme un serpent qu'on force à se dénouer. Alors ce fut une autre plainte: le linge était si gros qu'il l'écorchait et lui gaufrait le dos et les reins; on n'en faisait jamais d'autre; — c'était exprès; — que sais-je? moi: — tout ce que la mauvaise humeur et la curiosité désappointée peuvent inspirer à une jolie femme volontaire et qui n'a jamais été contrariée de sa vie.

Cependant la molle tiédeur du bain assoupit un peu cette colère nerveuse, et Musidora laissa flotter nonchalamment ses beaux bras sur l'eau; quelquefois elle les relevait et s'amusait avec une curiosité enfantine à voir l'eau se diviser sur sa peau et rouler à droite et à gauche en perles transparentes.

Jacinthe entra et vint se pencher à l'oreille de Musidora.
— C'était Arabelle qui demandait à voir Musidora.

— Dites-lui qu'elle entre, fit Musidora en soulevant son corps de manière à le ramener du fond de l'eau à la surface, pour que ses perfections submergées ne fussent plus séparées du regard que par une mince couche de cristal ; car elle savait qu'Arabelle avait dit qu'elle était maigre, et elle n'était pas fâchée de lui donner un éclatant démenti.
— En effet, Musidora, par un privilége spécial à ces vivaces organisations, avait à la fois les formes très-frêles et très-potelées.

— Eh bien ! divine, comment allez-vous ? dit l'Arabelle en embrassant la Musidora.

— Passablement ; — ma santé devient bonne ; depuis quelque temps j'engraisse. Et la vindicative petite fille se souleva encore plus ; — les pointes de sa gorge et un de ses genoux sortirent tout à fait de l'eau. — N'est-ce pas ? à me voir habillée, l'on me dirait plus maigre ? continua-t-elle en fixant ses yeux de chatte sur l'Arabelle, qui ne put s'empêcher de rougir un peu.

— Sans doute, vous êtes grasse comme un petit ortolan roulé dans sa barde de lard. — C'est une charmante surprise que vous gardez là à vos favorisés. — On est ordinairement trompé en sens inverse. — Mais vous ne savez pas ce qui m'amène ?

— Non, et vous ? dit Musidora en souriant.
— D'abord, le plaisir de vous voir.
— Et puis quoi ? car ce serait un pauvre motif.
— Je viens vous annoncer une chose absurde, inimaginable, folle, impossible, et qui renverse toutes les idées reçues ; — si je croyais au diable, je dirais que c'est le diable en personne.

— Auriez-vous en effet vu le diable ? Arabelle ; présentez-moi à lui puisque vous le connaissez, dit Musidora d'un air demi-incrédule; il y a longtemps que j'ai envie de me rencontrer avec lui.

— Vous savez bien les pantoufles de la princesse chinoise que Fortunio m'avait promises? eh bien! je les ai trouvées, comme il me l'avait dit, sur la peau de tigre qui est au pied de mon lit. Toutes les portes étaient fermées, et celle de ma chambre à coucher ne s'ouvre qu'avec une combinaison connue de moi seule; n'est-ce pas étrange? — Fortunio est un démon en habit noir et en gants blancs. — Comment a-t-il fait pour passer par le trou de la serrure avec ses pantoufles?

— Il y a peut-être quelque porte dérobée dont un de tes amants congédiés lui aura donné le secret, fit la Musidora avec un petit sourire venimeux.

— Non, cette chambre est celle où je serre mes diamants et mes bijoux; elle n'a qu'une issue que j'avais soigneusement fermée en sortant pour aller au souper de George. Comprends-tu cela? En attendant, voici les pantoufles.

Arabelle tira de sa poitrine deux petits souliers bizarrement brodés d'or et de perles, du caprice le plus chinois, de la gentillesse la plus folle que l'on puisse imaginer.

— Mais ce sont de vraies perles et du plus bel orient, dit Musidora en examinant les babouches; c'est un cadeau plus précieux que tu ne le penses. — Regarde ces deux perles; celles de Cléopâtre n'étaient ni plus pures ni plus rondes.

— Le seigneur Fortunio est vraiment d'une magnificence tout à fait asiatique; mais il est aussi invisible qu'un roi oriental; il ne se montre qu'à ses jours. Je crains, ma chère Musidora, que tu ne perdes ton pari.

— J'en ai bien peur aussi, Arabelle. — J'avais feint de m'endormir et profité d'un moment de distraction de Fortunio, qui ne se défiait pas de moi, pour lui enlever son portefeuille, dont les angles se révélaient à travers son habit. D'abord le maudit portefeuille ne voulait pas s'ouvrir, et j'ai bien passé deux heures à trouver le mystérieux *sésame* qui devait faire tourner les ressorts sur eux-mêmes et me livrer les précieux secrets, si soigneusement gardés; mais, comme si Fortunio eût deviné mes intentions, je n'ai trouvé qu'une fleur desséchée, une aiguille et deux chiffons de papier noircis du plus affreux grimoire. N'est-ce pas la plus sanglante dérision du monde?

— Ne pourrait-on pas voir le portefeuille? dit l'Arabelle.

— Oh! mon Dieu si; je l'ai jeté de colère au milieu de ma chambre. Jacinthe, va le chercher.

Jacinthe revint avec l'hiéroglyphique portefeuille.

L'Arabelle le flaira, le retourna, le visita dans les plus intimes recoins et n'y put rien découvrir de neuf; elle resta pensive quelques instants, le tenant toujours entre ses blanches mains, et, après une pause :

— Musidora, dit-elle, il me vient une idée; ces papiers doivent être écrits dans une langue quelconque; il faut aller au Collége de France : il y a là des professeurs pour toutes les langues qui n'existent pas; nous trouverons bien parmi ces messieurs, qu'on dit si savants, l'explication de l'énigme.

— Jacinthe! Marie! Annette! venez vite me tirer de cette cuve où je moisis depuis une mortelle heure; il me pousse déjà des lentilles d'eau sur les bras, et mes cheveux deviennent glauques comme ceux d'une nymphe marine, dit la Musidora en se dressant tout debout dans sa baignoire. — Les gouttes d'eau étincelantes suspendues à son corps lui faisaient comme un réseau de perles.—Elle était charmante ainsi. — Avec sa peau légèrement surprise par les baisers de l'air, ses cheveux pâles allongés par l'humidité, pleurant sur son dos et ses épaules, et son visage doucement rosé de la moite vapeur du bain, elle avait l'air d'une sylphide sortant, au premier rayon de lune, du cœur de la campanule qui lui a servi de refuge pendant le jour.

Les servantes accoururent, épongèrent sur son corps

les derniers pleurs de la naïade, l'enveloppèrent précieusement dans un large peignoir de cachemire, sur lequel on jeta encore un grand châle turc, lui mirent aux pieds d'élégantes pantoufles fourrées en duvet de cygne, et Musidora, appuyée sur l'épaule de la camériste Jacinthe, passa dans son cabinet de toilette avec son amie Arabelle.

On la peigna, on la parfuma, on lui mit une chemise garnie d'une admirable valencienne, on la chaussa, on lui passa pièce à pièce tous ses vêtements sans qu'elle s'aidât le moins du monde; mais, lorsque les femmes de chambre eurent fini, elle se leva, se plaça debout devant la glace de la psyché, et, comme un maître qui pose çà et là quelques touches sur l'ouvrage exécuté d'après ses dessins par un de ses élèves, elle dénoua un bout de ruban, fit prendre une autre forme à un pli, passa ses doigts effilés dans les touffes de ses cheveux pour en déranger la trop exacte symétrie, et donna de l'accent, de la vie et une tournure poétique à l'œuvre morte de ses femmes.

Cela fait, l'on déjeuna à la hâte, et Jack vint annoncer que la voiture attendait madame.

Nous ne commencerons pas le chapitre suivant et nous ne monterons pas en voiture sans avoir dit quelle était la toilette de Musidora.

Musidora avait une robe de mousseline des Indes blanche, à manches très-justes, un chapeau de paille de riz avec une gerbe de petites fleurs naines d'une délicatesse et d'une légèreté idéales ;— une *baute* vénitienne en dentelles noires, gracieusement jetée sur les épaules, un peu serrée à la taille, faisait ressortir admirablement l'abondance et la richesse des plis de la robe, qui s'allongeaient comme des tuyaux de marbre jusque sur les plus petits pieds du monde; ajoutez à cela un collier de jais à gros grains, des mitaines de filet noir et une petite montre plus mince qu'une pièce de cinq francs, suspendue par une simple tresse de soie, vous aurez d'un bout à l'autre la toilette de la Musidora ;— chose au moins aussi importante à connaître que l'année précise de la mort du pharaon Amenoteph.

CHAPITRE VII.

La voiture s'arrêta devant une maison de médiocre apparence, dans une rue détournée et solitaire.

Vous connaissez ces maisons du siècle dernier qui n'ont pas été touchées depuis leur fondation, et que l'avarice de leurs propriétaires laissent lentement tomber en ruine.

Ce sont des murailles grises que la pluie a vermiculées et qui sont frappées çà et là de larges taches de mousse jaune, comme le tronc des vieux frênes: le bas en est vert comme un marécage au printemps, et l'on pourrait composer une flore spéciale de toutes les herbes qui y poussent.

L'ardoise du toit n'a plus de couleur; le bois de la porte se dissout en poussière et semble près de voler en éclats au moindre coup de marteau. De fausses fenêtres, autrefois barbouillées en noir pour simuler les carreaux et dont la peinture a coulé du second étage jusqu'au premier, montrent que l'on a fait, en bâtissant la maison, les efforts les moins heureux pour atteindre à la symétrie.

Une girouette de fer-blanc découpé, où l'on voit un chasseur qui tire un coup de fusil à un lièvre, grince à l'angle du toit et couronne dignement la somptuosité de l'édifice.

Le groom abattit le marchepied et frappa à la porte un coup magistral qui faillit l'effondrer.

La portière, effarée de surprise, passa la tête par un carreau cassé qui lui servait de vasistas et de guichet.

La tête de la portière tenait à la fois du mufle, de la hure et du groin; son nez, d'un cramoisi violent, taillé en forme de bouchon de carafe, était tout diapré d'étincelantes bubelettes ; ces verrues, ornées chacune de trois ou quatre poils blancs, d'une roideur et d'une longueur démesurée, pareils à ceux qui hérissent le museau des hippopotames, donnaient à ce nez l'air d'un goupillon à distribuer l'eau bénite ; ses deux joues, traversées de fibrilles rouges et martelées de plaques jaunes, ne ressemblaient pas mal à deux feuilles de vigne safranées par l'automne et grillées par la gelée ; un petit œil vairon, affreusement écarquillé, tremblotait au fond de son orbite comme une chandelle au fond d'une cuve ; une espèce de croc, d'un ivoire douteux, relevait le coin de sa lèvre supérieure en manière de défense de sanglier, et complétait le charme de cette physionomie ; les barbes de son bonnet, flasques et plissées comme des oreilles d'éléphant, tombaient nonchalamment le long de ses mâchoires peaussues et encadraient convenablement le tout.

Musidora ne fut pas éloignée d'avoir peur à la vue de cette Méduse grotesque qui fixait sur elle deux prunelles d'un gris sale toutes pétillantes d'interrogation.

— M. V*** est-il chez lui ? demanda l'Arabelle.

— Certainement, madame, qu'il y est ; il ne sort jamais qu'aux heures de sa leçon, ce pauvre cher homme, un homme bien savant, et qui ne fait pas plus de train dans la maison qu'une souris privée. — C'est au fond de la cour, l'escalier à gauche, au second, la porte où il y a un pied de biche ; — il n'y a pas à se tromper.

La Musidora et l'Arabelle traversèrent la cour en relevant le bas de leur robe comme si elles eussent marché dans une prairie mouillée de rosée ; — l'herbe poussait entre les fentes des pavés aussi librement qu'en pleine terre.

Mais, voyant qu'elles hésitaient, l'affreux dogue coiffé sortit de sa loge et s'avança vers elles en se dandinant et en traînant la jambe comme un faucheux blessé.

— Par ici, mesdames, par ici ! voilà le chemin au milieu. C'est que ce n'est pas ici une de ces maisons qui sont comme des *républiques*, où l'on ne fait qu'aller et venir. Il n'y a pourtant pas plus de six semaines que j'ai gratté tout le pavé avec un outil, même que j'en ai mes pauvres mains pleines de durillons. Est-ce que vous seriez parentes de M. V***?

Musidora fit un signe négatif.

— C'est que je lui avais entendu dire qu'il avait des parentes en province qui devaient venir à Paris.

On était arrivé devant la porte de M. V***, et, comme ni Arabelle ni Musidora ne lui avaient répondu, l'animal visqueux et gluant empoigna la rampe et se laissa couler en grommelant jusqu'au bas de l'escalier, s'en rapportant à la discrétion de mademoiselle Césarine, gouvernante du savant, pour de plus amples informations.

Arabelle tira le pied de biche.

Un kling-klang éraillé et grêle, provenant d'une sonnette fêlée, se fit entendre dans les profondeurs mystérieuses de l'appartement; deux ou trois portes s'ouvrirent et se refermèrent dans le lointain; une toux sèche se fit entendre, et un bruit de pas alourdis s'approcha de la porte. — Ce fut encore pendant quelques minutes un bruit de clefs et de ferraille, de verrous tirés, de cadenas ouverts; puis la porte, légèrement entre-bâillée, donna passage au nez pointu et inquisiteur de mademoiselle Césarine, beauté hors d'âge et ne marquant plus depuis longtemps.

A la vue des deux jeunes femmes, sa physionomie prit soudain une expression revêche, tempérée cependant par le respect que lui inspirait l'éclat de la chaîne d'or qu'Arabelle portait à son cou.

— Nous voudrions parler à M. V***.

La vieille fille ouvrit la porte tout à fait et introduisit nos deux belles dans un antichambre servant aussi de salle à manger, tapissée d'un papier vert jaspé, ornée de gravures encadrées représentant les quatre saisons et d'un baromètre enveloppé d'une chemise de gaze pour le préserver des mouches. Un poêle de faïence blanche dont le tuyau allait s'enfoncer dans le mur opposé, une table en noyer et quelques chaises foncées de paille formaient tout l'ameublement ; de petits ronds de toile cirée étaient placés devant chaque siége pour ménager la couleur rouge du carreau, et une bande de tapisserie allait de la porte d'entrée à la porte de l'autre chambre, aussi dans le but de conserver la précieuse couche d'ocre de Prusse, si soigneusement cirée et passée au torchon par Césarine.

Césarine recommanda aux deux jeunes femmes de suivre la bande de tapisserie, ce qui fit sourire Musidora, qui était plutôt préoccupée de l'idée de ne pas salir ses souliers que de celle de ne pas salir le parquet.

La seconde pièce était un salon tendu de jaune avec un meuble en vieux velours d'Utrecht également jaune et dont les dossiers limés et râpés prouvaient de longs et loyaux services. Les bustes de Voltaire et de Rousseau en biscuit ornaient la cheminée, conjointement avec une paire de flambeaux de cuivre doré garnis de bougies, et une pendule dont le sujet était le Temps faisant passer l'Amour, ou l'Amour faisant passer le Temps, je ne sais trop lequel.

Le portrait de M. V*** à l'huile et celui de madame sa femme (heureusement trépassée), en grande toilette de 1810, faisaient de ce salon l'endroit le plus splendide de l'appartement, et Césarine elle-même, troublée de tant de magnificence, ne le traversait qu'avec un certain respect intérieur, quoique depuis longtemps elle dût être familiarisée avec ses splendeurs.

La duègne pria les deux visiteuses d'avoir la bonté d'attendre quelques minutes, et qu'elle allait prévenir monsieur, qui était enfermé dans son cabinet, occupé, selon son habitude, de recherches savantes.

Il était debout devant la cheminée, dans l'attitude de la plus véhémente contemplation ; il tenait entre le pouce et l'index un petit morceau d'échaudé dont il faisait tomber de temps en temps quelques miettes dans un bocal rempli d'une eau claire et diamantée, où se jouaient trois poissons rouges. Le fond du vase était garni de sable fin et de coquilles.

Un rayon de jour traversait ce globe cristallin, que les mouvements des trois poissons nuançaient de teintes enflammées et changeantes comme l'iris du prisme ; c'était réellement un très-beau spectacle, et un coloriste n'eût pas dédaigné d'étudier ces jeux de lumière et ces reflets étincelants, mais M. V*** ne faisait nullement attention à l'or, à l'argent et à la pourpre dont le frétillement des poissons teignait tour à tour la prison diaphane qui les enfermait.

— Césarine, dit-il avec l'air le plus sérieux et le plus solennel du monde, le gros rouge est trop vorace, il avale tout et empêche les autres de profiter ; il faudra le mettre dans un bocal à part.

C'était à ces graves occupations que M. V***, professeur de chinois et de mantchou, passait régulièrement trois heures par jour, soigneusement enfermé dans son cabinet, comme s'il eût commenté les préceptes de la sagesse du célèbre Kong-fou-Tsée ou le Traité de l'éducation des vers à soie.

— Il s'agit bien des poissons rouges et de leurs querelles, dit Césarine d'un ton sec ; il y a dans le salon deux dames qui veulent vous parler.

— A moi, deux dames ? Césarine, s'écria le savant alarmé, en portant une main à sa perruque et l'autre à son haut-de-chausses, qui, trop négligemment attaché, laissait apercevoir la chemise entre la ceinture et le gilet comme par un crevé à l'espagnole ; deux dames jolies, jeunes ? Je ne suis guère présentable. — Césarine, donne-moi ma robe de chambre. — Ce sont sans doute des duchesses qui auront lu mon traité sur la ponctuation du mantchou et qui seront devenues amoureuses de moi.

Il fourra, en tremblant de précipitation, ses maigres bras dans les vastes manches de la houppelande et se dirigea vers le salon.

En voyant Arabelle et Musidora, le vieux savant, ébloui, renfonça sa perruque jusque sur ses yeux, et leur fit trois saluts, qu'il s'efforça de rendre les plus gracieux possible.

— Monsieur, lui dit Musidora, il n'est bruit dans toute la France et dans toute l'Europe que de votre immense savoir.

— Mademoiselle, vous êtes bien bonne, dit le professeur, qui rougit de plaisir comme un coquelicot.

— L'on dit, continua l'Arabelle, qu'il n'y a personne au monde qui soit plus versé dans la connaissance des langues orientales et qui lise plus couramment ces mystérieux caractères hiéroglyphiques dont la connaissance est réservée aux sagacités les plus érudites.

— Sans me flatter, je sais du chinois autant qu'homme de France. Madame a-t-elle lu mon traité sur la ponctuation mantchoue?

— Non, répondit Arabelle.

— Et vous, mademoiselle? fit le savant en se tournant vers Musidora.

— Je l'ai parcouru, dit-elle en comprimant avec peine un éclat de rire. C'est un ouvrage très-savant et qui fait honneur au siècle qui l'a produit.

— Ainsi, reprit le savant, bouffi d'orgueil et faisant la roue dans sa gloire, vous partagez mon avis sur la position de l'accent tonique?

— Complétement, répondit Musidora ; mais ce n'est pas cela qui nous amène.

— Au fait, dit le savant, que voulez-vous de moi, mesdames, en quoi puis-je vous obliger? — Je ferais tout au monde pour être agréable à d'aussi charmantes personnes.

— Monsieur, fit Musidora en présentant au sinologue le portefeuille qu'elle tenait sous sa mantille, si ce n'était abuser de votre complaisance et de votre savoir, nous désirerions avoir la traduction de ces deux papiers.

Le savant prit les deux feuilles que lui tendait Musidora et dit avec un air capable :

— Ceci est du véritable papier de Chine, et ceci du papyrus authentique.

Puis il arbora sur son vénérable nez une majestueuse paire de lunettes. Mais il ne put déchiffrer un seul mot. Il se tourmentait considérablement sans avancer pour cela dans sa lecture.

— Mesdames, je suis désolé, dit-il en rendant le portefeuille à Musidora; cette écriture entrelacée est vraiment indéchiffrable. — Tout ce que je puis vous dire, c'est que ces caractères sont chinois et tracés par une main très-exercée. — Vous savez, mesdames, qu'il y a quarante mille signes dans l'alphabet chinois correspondant chacun à un mot : quoique j'aie travaillé toute ma vie, je ne connais encore que les vingt premiers mille. Il faut quarante ans à un naturel du pays pour apprendre à lire. Sans doute les idées contenues dans cette lettre sont exprimées avec des signes que je n'ai pas encore appris et qui appartiennent aux vingt derniers mille. — Quant à l'autre papier, c'est de l'indostani. M. C*** vous traduira cela au courant de la plume.

Musidora et sa compagne se retirèrent très-désappointées. Leur visite chez M. C*** fut aussi inutile, par l'excellente raison que M. C*** n'avait jamais su d'autre langue que la langue exkuara, ou patois basque, qu'il enseignait à un Allemand naïf, seul élève de son cours.

M. V*** n'avait de chinois qu'un paravent et deux tasses; mais en revanche il parlait très-couramment le bas breton et réussissait dans l'éducation des poissons rouges.

Ces deux messieurs étaient du reste deux très-honnêtes gens qui avaient eu la précieuse idée d'inventer une langue pour la professer aux frais du gouvernement.

En passant sur une place, Arabelle vit des jongleurs indiens qui faisaient des tours sur un méchant tapis. Ils jetaient en l'air des boules de cuivre, avalaient des lames de sabre de trente pouces de longueur, mâchaient de la filasse et rendaient de la flamme par le nez comme des dragons fabuleux.

— Musidora, dit Arabelle, ordonne à ton groom de faire approcher un de ces coquins basanés ; il en saura peut-être plus sur l'indostani que les professeurs du Collége de France.

Un des jongleurs, sur l'injonction du groom, s'approcha de la voiture en faisant la roue sur les pieds et sur les mains.

— Drôle, dit Arabelle, un louis pour toi si tu lis ce papier, qui est écrit en indostani.

— Madame, excusez-moi, je suis Normand, Indien de mon métier, et je n'ai jamais su lire en aucune langue.

— Va-t'en au diable, dit Musidora en lui jetant cinq francs.

L'Indien de contrebande la remercia, en faisant un magnifique saut périlleux, et fut rejoindre ses compagnons frottés de jus de réglisse.

La voiture prit le chemin du boulevard.

A la porte d'un bazar, un jeune homme avec une figure jaune d'or, des yeux épanouis au milieu de sa pâleur comme de mystérieuses fleurs noires, le nez courbé, les cheveux plats et bleuâtres, tous les signes de race asiatique, était assis mélancoliquement derrière une petite table chargée de deux ou trois livres de dattes, d'une demi-douzaine de cocos et d'une paire de balances.

Il était impossible de voir rien de plus triste et de plus évidemment frappé de nostalgie que ce pauvre diable, ramassé en boule sous un maigre rayon de soleil. — Sans doute il pensait aux rives verdoyantes de l'Hoogly, à la grande pagode de Jaggernaut, aux danses des Bibiaderi dans les chauderies et à la porte des palais; il se berçait dans quelque inexprimable rêverie orientale, toute pleine de reflets d'or, imprégnée de parfums étranges et retentissante de bruits joyeux, car il tressaillit comme un homme qu'on réveille en sursaut lorsque le groom de Musidora lui fit signe que sa maîtresse voulait lui parler.

Il arriva avec sa petite boutique suspendue à son cou

et fit un salut profond aux deux jeunes femmes en portant les deux mains à sa tête.

— Lis-nous ceci, dit Musidora en lui présentant le papyrus.

Le marchand de dattes prit la feuille qu'on lui tendait et lut avec un accent singulier et profond ces caractères qui avaient résisté aux lunettes de deux savants.

Musidora palpitait de curiosité inquiète.

— Excusez-moi, madame, dit le marchand en essuyant une larme qui débordait de ses yeux noirs. Je suis le fils d'un rajah; des malheurs trop longs à vous raconter m'ont fait quitter mon pays et réduit à la position où vous me voyez. Il y a six ans que je n'ai entendu ou lu un mot de ma langue; c'est le premier bonheur que j'aie éprouvé depuis bien longtemps. Ce papyrus contient une chanson qui a trois couplets ; elle se chante sur un air populaire dans notre pays. Voici ce que ces vers signifient :

> Les papillons, couleur de neige,
> Volent par essaims sur la mer.
> Beaux papillons blancs, quand pourrai-je
> Prendre le bleu chemin de l'air?
>
> Savez-vous, ô belle des belles !
> Ma bayadère aux yeux de jais,
> S'ils me voulaient prêter leurs ailes,
> Dites, savez-vous où j'irais ?
>
> Sans prendre un seul baiser aux roses,
> A travers vallons et forêts,
> J'irais à vos lèvres mi-closes,
> Fleur de mon âme, et j'y mourrais.

Musidora donna sa bourse au marchand de dattes, qui lui baisa la main avec l'adoration la plus profonde.

— Je vais retourner dans mon pays. Que Bramah veille sur vous et vous comble de biens! dit le rajah dépossédé.

Musidora, après avoir mis Arabelle chez son amant, rentra dans sa maison aussi peu instruite qu'elle en était sortie, le cerveau travaillé de la plus irritante curiosité et le cœur bouleversé par un commencement de passion sincère. Elle n'avait plus aucun moyen de trouver la trace de Fortunio. George, qui paraissait en savoir sur son compte beaucoup plus long qu'un autre, était muet comme Harpocrate, le dieu du silence, et ne pouvait d'ailleurs aider Musidora à lui gagner la calèche.

Fortunio, Fortunio, as-tu donc à ton doigt l'anneau de Gygès, qui rend invisible à volonté?

CHAPITRE VIII.

Le lendemain, on apporta une lettre à Musidora. — Le cachet était une espèce de talisman arabe. — Musidora ne connaissait pas l'écriture, qui était fine, singulière, avec des attitudes et des jambages compliqués comme une écriture étrangère; elle fit sauter la cire et lut ce qui suit :

« Mon gracieux petit démon,

» Vous avez effarouché mon portefeuille avec une adresse admirable et qui fait le plus grand honneur à vos talents de société. — Je suis fâché, mon cher ange, qu'il ne s'y soit pas trouvé quelques billets de mille francs pour vous dédommager de la peine que vous devez avoir prise pour l'ouvrir. — Votre curiosité n'a pas dû être très-satisfaite; mais, que diable! je ne pouvais pas prévoir que vous m'escamoteriez mon portefeuille cette nuit-là; on ne peut pas songer à tout. — Sans cela je l'aurais abondamment garni de billets doux, de lettres confidentielles, d'actes civils, de cartes de visites et autres renseignements. — Je vous recommande seulement de prendre bien garde à l'aiguille d'or. — La pointe en a été trempée dans le lait vénéneux de l'euphorbe : la moindre piqûre donne la mort sur-le-champ avec la rapidité de la foudre; cette aiguille est une arme plus terrible que le pistolet et le poignard, elle ne manque jamais son coup.

» *P. S.* Faites détacher les pierres dont la couverture est ornée; elles ont quelque prix : ce sont des topazes qui m'ont été données autrefois par le rajah de Serendib : il y a de quoi vous faire un bracelet qui ne déparera pas trop votre charmant petit bras. — Mon joaillier ordinaire est le fameux B*** ; vous aurez soin de ne pas payer la monture.

» Je vous baise les pieds et les mains.

» FORTUNIO. »

CHAPITRE IX.

Musidora est couchée sur son sofa.

Un peignoir de gros de Naples rose se plisse négligemment autour de sa taille ; elle a les jambes nues par un raffinement de coquetterie, et porte deux cercles d'or émaillé au-dessus de la cheville. L'effet de ces anneaux est étrange et charmant.

La position de Musidora eût fourni à un peintre le sujet d'un délicieux caprice.

Sa petite tête, roulée dans ses cheveux, repose sur une pile de coussins ; ses pieds mignons sont allongés sur une autre pile de carreaux à peu près au niveau de sa tête, en sorte que son corps décrit un arc voluptueux d'une souplesse et d'une grâce admirables.

Elle tient dans ses mains la lettre de Fortunio, qu'elle regarde depuis un quart d'heure avec la plus grande fixité d'attention, comme si la forme des caractères et la disposition des lignes devaient lui révéler le secret qu'elle poursuit.

Musidora éprouve une émotion qu'elle n'a jamais ressentie. — Elle a voulu une chose, et elle ne l'a pas eue. — C'est la première fois de sa vie qu'elle se trouve face à face avec un obstacle. Son étonnement est au comble : elle, Musidora, si enviée, si courtisée, si suppliée, la reine de ce monde élégant et joyeux, avoir fait des avances aussi formelles sans le moindre succès ! Quelle révolution étrange... — Un instant elle se sentit contre Fortunio une rage indicible, une véhémence de haine extraordinaire, et il ne s'en fallut pas de l'épaisseur d'un de ses cheveux si fins qu'elle ne devînt sa mortelle ennemie.

L'extrême beauté de Fortunio le sauva : la colère de Musidora ne put tenir contre cette merveilleuse perfection de formes. Les lignes enjouées et sereines de cette noble figure apaisèrent dans le cœur de l'enfant tout sentiment mauvais, et elle se prit à l'aimer avec une violence sans pareille et dont elle ne soupçonnait pas elle-même toute l'étendue.

Si la curiosité n'avait pas avivé ce naissant amour comme une haleine qui passe sur un brasier à demi allumé, il se serait peut-être éteint avec les dernières fumées de l'orgie. — Couronné de succès, la satiété l'eût bientôt suivi; — mais, avec l'obstacle et le désir, l'étincelle est devenue un incendie.

Musidora n'a plus qu'une idée, — trouver Fortunio et s'en faire aimer. — A cette idée se joint sourdement un commencement de jalousie. — A qui cette tresse de cheveux? quelle main a donné cette fleur conservée depuis si longtemps? — Pour qui ont été faits ces vers, traduits par le rajah marchand de dattes?

— De quoi vais-je m'inquiéter? dit Musidora tout haut; il y a trois ans que Fortunio est revenu des Indes.

Puis une idée soudaine lui illumina la cervelle. — Elle sonna. — Jacinthe parut.

— Jacinthe, faites sauter les pierres de ce portefeuille et portez-les au joaillier B*** de la part du marquis Fortunio. Dites-lui qu'il les monte en bracelet, et tâchez de le faire causer sur le compte du marquis. — Je vous donnerai cette robe gris de perle dont vous avez tant envie.

Jacinthe revint la mine assez piteuse.

— Eh bien! fit Musidora en se soulevant.

— Le joaillier a dit que M. le marquis Fortunio venait

souvent à sa boutique lui apporter des pierreries à enchâsser ; qu'il revenait les prendre lui-même au jour fixé, le payait toujours comptant, et que du reste il était excellent lapidaire et se connaissait mieux que lui en joyaux.—Il ne savait rien de plus.—Aurai-je la robe grise? dit la Jacinthe, assez alarmée du peu de succès de sa diplomatie.

—Oui, ne me romps pas la tête, de grâce, et laisse-moi seule.

Jacinthe se retira.

Musidora se mit à regarder sa lettre. Elle trouvait un indicible plaisir à contempler ces signes capricieux tracés par la main de Fortunio ; il lui semblait voir dans ce billet écrit pour la prévenir d'un danger une inquiétude amoureuse déguisée sous une forme enjouée, et un secret besoin de s'occuper d'elle ressenti vaguement ; peut-être même l'aiguille empoisonnée n'était-elle qu'un prétexte et pas autre chose.

Elle s'arrêta quelques minutes à cette idée qui flattait sa passion ; mais elle vit bientôt que cette espérance était illusoire, et que, si Fortunio se fût senti le moindre goût à son endroit, il n'y avait aucune nécessité pour lui de recourir à ce subterfuge. Elle avait laissé trop clairement paraître son émotion pour qu'un homme tel que Fortunio eût pu s'y tromper.—Il était impossible de s'y méprendre ; —Fortunio, avec toute la politesse imaginable, avait évité l'engagement et paraissait peu curieux de nouer une intrigue. Mais comment expliquer une telle froideur dans un jeune homme dont l'œil étincelait d'une si vive splendeur magnétique et qui portait en lui les signes des passions les plus fougueuses? — Il fallait qu'il eût dans quelque recoin de son cœur un amour idéal, poétique, planant bien au-dessus des amours vulgaires, et que toutes les forces de son âme fussent absorbées par un sentiment unique et profond qui gardât son corps de la séduction des sens, pour n'avoir pas été allumé par des agaceries qui eussent agité dans leur tombeau la cendre de Nestor et de Priam, et fait fondre les neiges d'Hippolyte lui-même.

— Ah ! dit Musidora avec un soupir, — il me méprise, il me regarde comme une *impure* ; il ne veut pas de moi. Et Musidora jeta dans sa vie passée un regard lent et sombre. — Les fils d'or qui rayaient ses prunelles vertes parurent se tordre comme des serpents ; ses sourcils veloutés se rapprochèrent comme pour une lutte ; elle gonfla ses narines avec un mouvement terrible, et mordit avec ses petites dents sa lèvre inférieure.

— Que sais-je, moi, ce qu'ils auront été lui débiter sur mon compte ? — George, cet animal, cet ivrogne, qui n'est bon qu'à faire des bouteilles vides avec des bouteilles pleines, triste talent ! n'aura pas manqué de lui dire avec son ricanement insupportable : « Ha ! ha ! hi ! hi ! la Musidora, une délicieuse, une incomparable fille, c'est la perle des soupers, l'œil de toutes les fêtes, le bouquet de tous les bals ; elle est très à la mode, ma parole d'honneur, tu feras bien de la prendre. Il est de bon air de la montrer à l'Opéra ou aux courses. Moi qui te parle, je l'ai eue trois mois, un jeune homme de bon ton se doit cela. Musidora est une puissance dans son genre, elle fait autorité sur toutes les matières d'élégance. Il lui plairait demain de prendre pour amant un provincial avec des gants de fil d'Écosse et des souliers lacés, que demain les souliers lacés du provincial seraient réputés bottes vernies et que beaucoup de gens iraient s'en commander de pareils. » Je l'entends d'ici, et je suis sûre que je ne me trompe pas d'un mot. Et Alfred, cet autre imbécile toujours pris dans sa cravate, et dont les manches retiennent les bras, quelle plate plaisanterie aura-t-il décochée sur moi du haut de son niais sourire ? Et de Marcilly, et tous ? Je voudrais les écraser sous mes pieds et leur cracher mon mépris à la figure ; car ce sont eux qui m'ont faite ce que je suis. Peut-être ont-ils prévenu Fortunio de cette stupide gageure ; si au moins les chevaux gris-pommelé avaient l'esprit de prendre le mors aux dents et de te casser le cou dans un fossé, damné George ! Mais je m'irrite contre George bien inutilement ; est-ce que Fortunio aurait eu besoin de ses indiscrétions pour deviner qui je suis et voir toute ma vie d'un regard?—Pardieu, George a raison, je suis une délicieuse, une incomparable fille.—Non, dit-elle après un silence, je suis une honnête femme.—J'aime.

Elle se leva, embrassa la lettre de Fortunio, la serra sur son cœur et fit défendre sa porte à tout le monde.

CHAPITRE X.

La ménagerie des lions et des tigres commence à s'inquiéter de Musidora.

On ne sait qu'en penser, on ne la voit nulle part. — Alfred, qui est partout en même temps et semble avoir le don de se dédoubler, ne l'a pas rencontrée une seule fois depuis quinze jours.

Les chiens sont dépistés ; ils ont beau rôder sur les promenades le nez en terre, cherchant la trace.—On a donné un concert, un bal et une première représentation ; — elle n'y était pas.

Personne n'a aperçu l'ombre de sa robe.—Elle est allée à la campagne ? ce n'est pas encore la saison. — De Marcilly prétend qu'elle fait l'amour dans quelque mansarde avec un commis voyageur. George affirme qu'elle s'est fait enlever par l'ambassadeur turc. — Alfred se contente de dire que c'est étrange, fort étrange, excessivement étrange, phrase sacramentelle qu'il appelle à son secours toutes les fois qu'il ne sait pas ce qu'il doit penser d'une chose.

Le fait est que voilà deux semaines que l'on n'a vu Musidora.

Sa maison a l'air inhabitée et morte ; les jalousies sont fermées soigneusement. On ne voit entrer ni sortir personne ; c'est à peine si un valet à mine contrite et discrète se glisse sur la pointe du pied par la porte entre-bâillée et refermée aussitôt. — Le soir, les fenêtres, ordinairement si flamboyantes, ne s'allument plus au feu des lustres et des bougies ; une pâle étoile de lumière, assoupie par l'épaisseur des rideaux, tremblote tristement au coin d'un carreau ; c'est le seul signe de vie que l'on puisse surprendre sur la face noire de la maison.

Enfin George, ennuyé de l'absence de sa favorite, se dit un beau soir, en sortant de l'Opéra : « Pardieu, il faut absolument que je sache ce que devient la Musidora.

— Je consens à me faire voir au bois de Boulogne sur un cheval de louage, à porter des bottes cirées à l'œuf, à toutes les choses les plus humiliantes, si je ne parviens pas à forcer la consigne. »

George se dirigea vers la maison de Musidora.

Le concierge, qui avait reçu les ordres les plus formels de ne laisser monter personne, voulut s'opposer au passage de George.

— Ah çà ! drôle, fit George, en lui appliquant sur la figure une charmante petite canne en corne de rhinocéros, est-ce que tu me prends pour M. le baron de B*** ? Et il continua son chemin d'un pas délibéré.

Il parvint sans encombre jusqu'au premier salon, où il trouva Jacinthe qu'il embrassa résolûment, puis, tournant le bouton d'une petite porte qu'il paraissait bien connaître, il entra dans la chambre de Musidora.

Il s'arrêta quelques instants avant de parler et chercha de l'œil où pouvait être Musidora. La petite lampe étrusque était seule allumée et ne jetait qu'une lueur pâle et tremblante, suffisante tout au plus pour distinguer les objets.

Quand ses yeux se furent accoutumés à cette faible lumière, il aperçut Musidora étendue à plat ventre sur le plancher, la tête appuyée dans sa main, ses deux seins faisant ployer les longues laines du tapis et s'y creusant comme deux moules, dans une attitude rappelant tout à fait celle de la Madeleine du Corrège. Deux mèches de ses cheveux débouclés tombaient jusqu'à terre et accompagnaient gracieusement la mélancolie de sa figure, dont le front seul était éclairé. — Si elle n'avait pas fait danser au bout d'un de ses pieds relevé en l'air, un petit soulier de fibres d'aloès, on aurait pu la prendre pour une statue.

— Musidora, dit George d'un ton bouffonnement paternel, votre conduite est inqualifiable, scandaleuse, exorbitante ! — Il court sur vous de par le monde les bruits les plus étranges et les plus ridicules. Vous vous compromettez d'une horrible manière, et, si vous n'y prenez garde, vous allez vous perdre de réputation...

— Ah ! c'est vous, George ! dit Musidora comme si elle sortait d'un rêve.

— Oui, mon infante, c'est moi, votre sincère et fidèle ami, l'admirateur juré de vos charmes, votre chevalier et votre troubadour, votre ancien Roméo...

— George, vous avez trouvé moyen d'être plus ivre qu'à l'ordinaire. — Comment vous y êtes-vous pris ?

— Moi ? Musidora, je suis d'une gravité funèbre. — Hélas ! le vin ne me grise plus ! — Mais ce n'est pas de cela qu'il s'agit. L'on dit, Musidora, j'ose à peine vous le répéter, que vous êtes sérieusement amoureuse, — amoureuse comme une grisette ou une lingère.

— Vraiment, l'on dit cela ! fit Musidora en repoussant derrière ses oreilles les ondes de cheveux qui débordaient sur ses joues.

— L'on dit aussi que vous êtes entrée en religion et que vous avez la prétention d'être la Madeleine moderne ; que sais-je, moi ? mille bruits absurdes ! — Mais ce qu'il y a de sûr, c'est que nous ne savons que devenir depuis qu'il vous a plu de décrocher votre astre de notre ciel. Musidora, vous nous manquez terriblement ; moi, je m'ennuie patriarcalement, et l'autre jour, pour me distraire, j'ai été réduit à me prendre de querelle avec Bepp, que j'ai eu la maladresse de tuer, de sorte que je n'ai plus personne de ma force pour jouer aux échecs avec moi. Vous êtes cause aussi que j'ai crevé ma jument anglaise au *steeple-chase* de Bièvre ; car j'avais cru vous voir dans une calèche de l'autre côté d'un mur que j'ai fait franchir à la pauvre mistress Bell, qui s'est ouvert le ventre sur un tesson de bouteille. Alfred, qui décidément a quitté la Cinthia pour se mettre au rang de vos adorateurs, est tellement abruti de votre disparition, qu'il s'est montré aux Tuileries avec des gants sales et la même canne qu'il avait la veille. Voilà le récit succinct, mais touchant, des innombrables calamités produites par votre retraite.—Vous êtes trop belle, chère petite, pour vous cloîtrer de la sorte.— La beauté, comme le soleil, doit luire pour tout le monde; il y a si peu de belles femmes, que le gouvernement devrait forcer toute personne atteinte et convaincue de beauté notoire à se montrer au moins trois fois par semaine sur son balcon pour que le peuple ne perde pas tout à fait le sentiment de la forme et de l'élégance; voilà qui vaudrait beaucoup mieux que de répandre des Bibles stéréotypées dans les *chaumières* et de fonder des écoles selon la méthode lancastrienne; mais je ne sais à quoi pense le pouvoir.—Sais-tu bien, petite reine, que, depuis que tu n'es plus là pour nous cribler des flèches barbelées de tes plaisanteries, nous sommes habillés comme de pauvres diables à qui il est tombé un héritage inattendu ou que l'on a invités le matin à un bal pour le soir même, et qui ont été s'acheter des habits tout faits dans une boutique du Palais-Royal? Ne t'aperçois-tu pas que mon gilet est trop large d'un travers de doigt et que la pointe droite de ma cravate est beaucoup plus longue que la gauche; — signe évident d'une grande perturbation morale?

— Je suis extrêmement touchée d'une si profonde douleur, fit Musidora avec un demi-sourire, et en vérité je ne me croyais pas capable de produire un si grand vide en disparaissant du monde.—Mais j'ai besoin de solitude: le moindre bruit m'excède; tout m'ennuie et me fatigue.

— Je comprends, dit George; vous voudriez voir si mon habit neuf me va bien par derrière.—Je suis importun, et, si l'on attendait quelqu'un, à coup sûr ce n'était pas moi. — Mais tant pis, je risque l'incivilité pour cette fois seulement, et je n'userai pas du seul moyen que j'ai de vous être agréable et qui serait de m'en aller.

Et, en achevant sa réplique, il s'assit tranquillement par terre à côté de Musidora.

— Pardieu, vous avez un joli bracelet, dit-il en lui soulevant le bras.

— Fi donc! répondit Musidora avec une petite moue dédaigneuse, en êtes-vous aux expédients de Tartufe, et avez-vous besoin pour toucher mon bras de parler de mon bracelet?

— Ce sont des topazes d'une eau et d'une pureté admirables, continua George; c'est B*** qui vous a monté cela: il n'y a que lui pour ces sortes d'ouvrages. Quel est l'Amadis, le prince Galaor, le charmant vainqueur qui vous a donné cela? Il est donc bien jaloux qu'il vous tient enfermée et murée comme le sultan des Turcs son odalisque favorite?

— C'est Fortunio, répondit Musidora.

— Ah! fit George, Fortunio! — Quand faut-il que je t'envoie la calèche et l'attelage? Je ne m'étonne plus de ta disparition. Tu as bien employé ton temps. — Tu avais demandé six semaines, et il ne t'a fallu que quinze jours pour pénétrer un mystère qui déjoue notre sagacité depuis trois ans. — C'est beau! — Je te donne le cocher poudré à frimas et deux grooms par-dessus le marché. — J'espère bien que tu nous vas conduire au vrai terrier de ce madré renard, qui nous a toujours donné le change, dans la calèche que tu m'as si adroitement gagnée.

— Je n'ai pas vu Fortunio depuis la nuit du souper, reprit Musidora en soupirant; je ne sais pas plus que vous, George, où son caprice l'a poussé; j'ignore même s'il est en France. — Ces pierreries proviennent du portefeuille que je lui ai dérobé, comme vous le savez; elles en ornaient la couverture; je n'ai trouvé dedans qu'une lettre chinoise et une chanson malaise. Fortunio, s'étant aperçu que je lui avais pris son portefeuille, m'a écrit un billet moqueur, où il me priait de me faire un bracelet avec les topazes dont il était enrichi. — Voilà tout. Depuis, je n'en ai pas eu de nouvelles; il est peut-être allé rejoindre sa princesse chinoise.

— Pour cela non, petite ; je l'ai entrevu deux fois au bois de Boulogne : la première dans l'allée de Madrid, et l'autre à la porte Maillot. Il était monté sur un diable de cheval noir à tous crins de la mine la plus sauvage qu'on puisse imaginer et qui filait comme un boulet de canon. — Je n'avais pas encore crevé mistress Bell, et tu sais comme elle va. Mais bah ! à côté de l'hippogriffe de Fortunio, elle avait l'air (car tout ce qui concerne la pauvre bête doit maintenant se mettre au prétérit) d'un colimaçon rampant sur une pierre couverte de sucre râpé. Derrière le Fortunio galopait un petit monstre à figure de safran, les yeux plus grands que la tête, la bouche lippue, les cheveux plats, et fagotté le plus hétéroclitement du monde ; — un cauchemar à cheval sur un vent, — car il n'y a que le vent qui puisse aller ce train-là. — C'est tout ce que je puis te dire sur le Fortunio. — Après cela, comme tu dis, il est peut-être en Chine.

Dans tout le bavardage de George, Musidora n'avait saisi qu'une chose, c'est que l'on pouvait rencontrer Fortunio au bois ; un éclair d'espérance illumina ses prunelles vertes, et elle se mit à parler à George d'une façon plus amicale.

— Je t'accorde un mois de plus, dit George en lui baisant la main. — Dans un autre temps je t'aurais demandé l'hospitalité ; — mais nous sommes maintenant une fille à principes. — Adieu, mon infante, ma princesse; faites des rêves couleur de rose et nacre de perle. Si je puis joindre le seigneur Fortunio, quoique cela puisse me coûter quatre chevaux, je te l'enverrai.

Et sur cette belle péroraison, George sortit, non sans avoir embrassé Jacinthe, comme en entrant. — Nous ne savons pas trop où il passa le reste de la nuit.

CHAPITRE XI.

Musidora s'éveilla plus joyeuse que de coutume ; elle se fit apporter un miroir et se trouva jolie, — un peu pâle, les yeux légèrement battus, — à un point suffisant pour jeter sur sa beauté de la délicatesse et de l'intérêt. — Elle se dit intérieurement : « Si Fortunio me voyait ainsi, je serais sûre de la victoire. » — En effet, elle était irrésistible. Mais comment vaincre un ennemi fuyant et qui ne veut pas combattre ?

Le temps était assez beau pour la saison : quelques losanges d'azur se montraient par les déchiquetures des nuages ; une bise fraîche avait séché les chemins. Musidora, ordinairement fort indifférente aux variations de la température et qui n'avait pas beaucoup d'occasions de s'apercevoir s'il pleuvait ou s'il faisait beau, ressentit une joie extrême de la sérénité du ciel.

Elle courait par la maison avec une animation extraordinaire, regardant l'heure à toutes les pendules et la direction des girouettes au coin de tous les toits.

Jacinthe, sa fidèle camérière, l'aida à se revêtir d'une élégante amazone bleu de ciel : le chapeau de castor et le voile vert, la cravache de Verdier, le brodequin élégamment cambré, rien n'y manquait.

Musidora, ainsi costumée, avait un petit air délibéré et triomphant le plus charmant du monde ; les grappes de ses cheveux, un peu crêpés pour résister à l'action du vent, encadraient gracieusement ses joues ; sa taille, serrée par le corsage côtelé de l'amazone, sortait souple et frêle de la masse ample et puissante des plis de la jupe ; son pied, si naturellement petit, devenait imperceptible, emprisonné dans l'étroit cothurne.

Jack vint annoncer que la jument de madame était sellée et bridée.

Musidora descendit dans la cour, et, Jack lui ayant fait un étrier, elle se mit en selle avec une légèreté et une prestesse consommées; puis elle appliqua un coup de houssine sur l'épaule de sa bête, qui partit comme un trait.

Jack galopait derrière elle et avait toutes les peines du monde à la suivre.

La longue avenue des Champs-Élysées fut bientôt dévorée. — La jument de Musidora n'était pas sortie depuis longtemps, et elle bondissait d'impatience comme une sauterelle.

Quoiqu'elle fût lancée au plein galop, sa maîtresse lui lâchait la bride et la frappait à grands coups de cravache. — Je ne sais quel pressentiment disait à Musidora qu'elle verrait le Fortunio ce jour-là.

La jument, ainsi excitée, allongeait encore plus son galop et semblait ne pas toucher la terre.

Les passants et les promeneurs s'émerveillaient de la hardiesse de la jeune femme; quelquefois un cri de terreur partait d'une voiture dans le fond de laquelle une duchesse peureuse se rejetait en détournant la tête pour ne pas voir l'imprudente tomber et se briser sur le pavé.

Mais la Musidora est une excellente écuyère, elle tient à la selle comme si elle y était soudée et vissée.

A la porte Maillot, elle rencontra Alfred, qui revenait du côté de Paris; Alfred, surpris, voulut faire faire volte-face à son cheval et courir après elle pour lui exposer sa flamme et demander du soulagement à ses maux, mais il n'exécuta pas le mouvement avec une grande adresse, car il perdit un étrier, et, avant qu'il se fût remis en selle, la Musidora était complétement hors de vue.

— Diable! fit-il en remettant son cheval au pas, voilà une belle occasion manquée; je vais l'attendre à cette porte, car il est probable qu'elle sortira par ici.

Et, de peur de la manquer, Alfred se mit en faction à la porte Maillot, et s'y tint dans une immobilité aussi complète qu'un carabinier en sentinelle devant l'arc de triomphe du Carrousel.

Le bois était encore dépouillé de feuilles ; quelques brins d'herbe verte pointaient à peine sous le détritus de l'ancien feuillage ; les branches rouges et poissées de séve s'ouvraient en auréole décharnée comme des carcasses de parapluies ou d'éventails dont on aurait déchiré la soie. — Quoiqu'il ne fît pas de soleil, les chemins étaient déjà poussiéreux comme après un été dévorant. — Le bois de Boulogne était aussi laid que peut l'être un bois à la mode, ce qui n'est pas peu dire.

Musidora d'ailleurs, peu champêtre de son naturel, se souciait médiocrement de la beauté des sites, et ce n'était pas pour cela qu'elle était venue au bois.

Elle battit toutes les allées, l'allée de Madrid particulièrement, où George avait rencontré Fortunio, mais inutilement ; pas le moindre Fortunio.

— Qu'a donc Musidora aujourd'hui, se disaient les jeunes gens qui la voyaient passer bride abattue comme une ombre emportée par le vent, à courir comme une enragée et à sauter les barrières, au risque de se casser le cou ? Est-ce qu'elle veut devenir écuyère ou jockey ? Quelle rage d'équitation l'a prise ainsi subitement toute vive ?

Un instant Musidora crut voir Fortunio au tournant d'une route : elle se lança à sa poursuite à grand renfort de coups de cravache et de coups de talon.

La jument, furieuse, se cabra, fit deux ou trois ruades et partit d'un train infernal. Ses veines se tordaient sur son cou musculeux et fumant, ses flancs battaient bruyamment, la sueur écumait et floconnait autour de sa bride, et sa course était si violente, que sa queue et sa crinière se tenaient dans une position horizontale.

— Musidora, cria George, qui venait en sens contraire, tu vas rendre ta jument poussive.

L'enfant ne fit aucune attention et continua son galop insensé.

Elle était admirable. — La vivacité de la course avait un peu allumé son teint ; ses yeux étincelaient, ses cheveux débouclés flottaient en arrière ; sa gorge, irritée, soulevait son corset ; elle aspirait fortement l'air par les narines, et tenait ses lèvres comprimées pour n'être pas suffoquée par le vent ; son voile se déroulait sur son dos en plis palpitants et lui donnait quelque chose de transparent et d'aérien. — Bradamante ou Marphise, ces deux belles guerrières, n'avaient pas à cheval une mine plus fière et plus résolue.

Hélas ! ce n'était pas Fortunio ; — c'était un assez beau jeune homme, qui ne fut pas médiocrement surpris de voir une jeune femme courir sur lui au grand galop et tourner bride subitement sans lui avoir adressé la parole.

Musidora, fort désappointée, rencontra de nouveau George, qui allait au petit pas comme un curé de village monté sur un âne.

— George, dit-elle, reconduisez-moi ; j'ai perdu mon domestique.

George mit son cheval à côté du sien, et ils sortirent tous les deux par la porte d'Auteuil.

— Tiens, dit de Marcilly à un de ses camarades, il paraît que le cher George s'est remis avec la Musidora.

— Je crois qu'ils ne se sont jamais quittés complétement, répondit le camarade. Je ne manquerai pas de conter cela à la duchesse de M***, dit de Marcilly ; — elle va faire une belle vie à George. — Que de pathos transcendant George va être obligé de débiter pour rentrer en grâce !

Et les deux amis prirent une autre allée.

Quant à Alfred, dont le nez, pointillé par une bise piquante, se cardinalisait sensiblement, voyant le brouillard ouater l'horizon et la nuit venir à grands pas, il se dit à lui-même cette phrase fort judicieuse, qu'il aurait dû trouver deux heures auparavant :

— Ah çà ! il paraît que la Musidora est sortie par une autre porte. — Cette petite fille est vraiment trop capricieuse ; décidément, je vais faire la cour à Phébé : elle a un bien meilleur caractère.

Cette résolution prise, il piqua des deux, et se grisa très-confortablement le soir au café de Paris pour se consoler de sa déconvenue.

CHAPITRE XII.

La belle enfant rentra chez elle harassée de fatigue, — presque découragée, — et plus triste qu'un joueur de profession à qui son ami intime a refusé de prêter vingt francs pour retourner au jeu.

Elle se jeta sur son canapé, et, pendant que Jacinthe délaçait ses cothurnes et dégrafait sa robe, elle se mit à pleurer amèrement.

C'étaient les premières larmes qui eussent jamais trempé cet œil étincelant, au regard clair et froid, aigu et tranchant comme un poignard.

Sa mère était morte, elle n'avait point pleuré ; il est vrai que sa mère l'avait vendue, à l'âge de treize ans, à un vieux lord anglais, et qu'elle la battait pour lui faire donner son argent : — menus détails qui avaient un peu modéré chez Musidora les élans de la tendresse filiale.

Elle avait vu, sans témoigner la moindre émotion, passer sur une civière le corps ensanglanté du jeune Willis, qui s'était fait sauter la cervelle de désespoir, ne pouvant suffire à ses prodigalités.

Elle pleurait de ne pas avoir rencontré Fortunio.

Les glaces de son cœur, plus froid et plus stérile qu'un hiver de Sibérie, se fondaient enfin au souffle tiède de l'amour et se résolvaient en une douce pluie de larmes. Ces larmes étaient le baptême de sa vie nouvelle. Il est des natures de diamant qui en ont l'éclat sans chaleur et l'invincible dureté ; — rien ne mord sur elles ; — aucun feu ne peut les fondre, nul acide ne peut les dissoudre : elles résistent à tous les frottements et déchirent de leurs angles à brusques arêtes les âmes faibles et tendres qu'elles rencontrent sur leur chemin. Le monde les accuse de barbarie et de cruauté; elles ne font qu'obéir à une loi fatale qui veut que de deux corps mis en contact le plus dur use et ronge l'autre. — Pourquoi le diamant coupe-t-il le verre et le verre ne coupe-t-il pas le diamant? — Voilà toute la question. Ira-t-on accuser le diamant d'insensibilité ?

Musidora est une de ces natures : elle a vécu indifférente et calme au milieu du désordre; elle a plongé dans l'infamie comme un plongeur sous sa cloche, qui voit tourner autour de lui les polypes monstrueux et les requins affamés, qui ne peuvent l'atteindre. Son existence réelle se sépare complétement de sa pensée intime et se passe tout à fait en dehors d'elle. Souvent il lui semble qu'une autre femme, qui se trouve, par un hasard singulier, avoir son nom et sa figure, a fait toutes les actions que l'on met sur son compte.

Mais qu'il se rencontre une âme de force et de résistance pareilles, vous voyez soudain les angles s'abattre, les facettes se former, un chiffre se graver d'une manière ineffaçable : le diamant ne peut se tailler qu'avec le diamant.

Fortunio est parvenu à rayer la dure cuirasse de Musidora et à dessiner son image sur ce métal insensible aux morsures de l'eau-forte et du burin.

Une femme est sortie de la statue. — Ainsi, dans la fabuleuse antiquité, un jeune chevrier, doué par Vénus de la beauté à qui rien ne résiste, faisait jaillir du cœur noueux et raboteux d'un chêne une nymphe souriante dans tout l'éclat de sa blanche nudité.

Musidora sent au dedans d'elle-même s'épanouir une âme nouvelle comme une fleur mystérieuse semée par Fortunio sur le rocher stérile de son cœur ; son amour a toutes les puérilités divines, tous les enfantillages adorables de la passion pure et vierge. Musidora est, en effet, une jeune fille innocente qu'un mot ferait rougir et qui resterait interdite sous un regard un peu trop vif.—C'est bien sincèrement qu'elle porte sur son bon petit cœur la lettre du cher Fortunio, qu'elle la couche avec elle et l'embrasse vingt fois par jour. — Croyez fermement que, s'il y avait déjà des pâquerettes, elle en effeuillerait une en disant : « *Un peu, beaucoup, pas du tout,* » comme la naïve Marguerite dans le jardin de dame Marthe.

Qui donc a prétendu qu'il y avait de par le monde une certaine Musidora, haute, fière, capricieuse, dépravée, venimeuse comme un scorpion, si méchante que l'on cherchait sous sa robe pour voir si elle n'avait pas le pied fourchu? une Musidora sans âme, sans pitié, sans remords, qui trompait même l'amant de son choix? un vampire d'or et d'argent, buvant les héritages des fils de famille comme un verre de soda-water pour se mettre en appétit? un démon moqueur jetant sur toutes choses son rire aigre et discordant? une odieuse courtisane ressuscitant les orgies antiques, sans avoir même pour excuse les ardeurs de Messaline? Ceux qui disent cela se trompent assurément.

Nous ne connaissons pas cette Musidora-là, et nous doutons qu'elle ait jamais existé. D'ailleurs, nous n'aurions pas voulu prendre pour notre héroïne une aussi abominable créature. Il ne faut pas non plus ajouter foi aux propos; les hommes sont si méchants qu'ils ont bien trouvé moyen de calomnier Tibère et Néron.

La Musidora que nous connaissons est plus douce et plus blanche que le lait; un agneau de quatre semaines n'a pas plus de candeur ; l'odeur des premières fraises a un parfum moins suave et moins printanier que le parfum de son âme fraîche éclose. Ses jeunes rêves errent innocemment sur des gazons d'un vert tendre au long des haies d'aubépine en fleurs. — Tout son désir est d'habiter une humble maisonnette au bord d'une onde claire, et d'y vivre dans un éternel tête-à-tête avec le bien-aimé.

Quelle est la fille de quinze ans, toujours assise à

l'ombre de la jupe maternelle, qui pourrait faire un souhait de bonheur plus chaste et plus simple? — Un cœur tout sec, sans accompagnement de châles du Thibet vert émir, de chevaux soupe de lait, de bijoux de Provost et de première loge aux Bouffes.

O sancta simplicitas! comme disait Jean Hus en montant au bûcher.

Cependant cette rêverie, si bourgeoise et si aisée à réaliser en apparence, ne me paraît guère près de s'accomplir.

Aurons-nous le bonheur de rencontrer Fortunio au bois de Boulogne? La chance est douteuse. — Cependant nous n'avons pas d'autre moyen de continuer notre roman. Les oiseaux italiens se sont envolés de leur cage dorée; ainsi il ne faut plus penser à faire rencontrer Fortunio à Musidora à une représentation d'*Anna Bolena* ou de *Don Juan*. Quant à l'Opéra, Fortunio y va rarement, et nous ne voudrions pas déranger notre cher héros dans ses habitudes. — En attendant, nous entretenons de cigares de la Havane un jeune homme de nos amis qui bivouaque sur le boulevard de Gand et guette le Fortunio au passage, car il va s'y promener quelquefois avec son ami de Marcilly.

Nous avions pensé à faire retourner Musidora à l'allée de Madrid, où elle aurait aperçu le Fortunio galopant à toute bride; elle se serait lancée à sa poursuite, et, une branche ayant effrayé sa jument, elle aurait été jetée violemment à terre. — Fortunio l'aurait relevée évanouie et conduite chez elle, — et n'aurait pu décemment s'empêcher de venir demander des nouvelles de la malade. — Aveu de Musidora, attendrissement du sauvage Fortunio, et tout ce qui s'ensuit. — Mais ce moyen est parfaitement usé; on ne voit dans les romans que femmes poursuivies par des taureaux furieux, berlines arrêtées au bord du précipice, chevaux se cabrant dont un inconnu saisit la bride, et autres belles inventions de cette espèce.

En outre, lorsque l'on tombe de cheval, il est assez

naturel de se démettre l'épaule, de se faire un trou à la tête, de se casser les dents ou de s'écraser le nez, et nous avouons que nous nous sommes donné trop de mal à faire de Musidora une jolie petite créature pour compromettre ainsi son épaule fine et polie, son nez aux méplats si délicatement accusés, ses dents pures, bien rangées, aussi blanches que celles d'un chien de Terre-Neuve, en faveur desquelles nous avons épuisé tout ce que nous savions en fait de comparaisons limpides. Croyez-vous qu'il serait agréable de voir ces cheveux soyeux et blonds coagulés par le sang en mèches roides et plates? — Pour panser sa blessure on serait peut-être obligé de les lui couper; — notre héroïne aurait donc la tête rasée? — Nous ne souffrirons jamais une pareille monstruosité; il nous serait d'ailleurs tout à fait impossible de continuer une histoire dont l'héroïne serait coiffée à la Titus.

N'est-ce pas, mesdames, que rien ne serait plus odieux qu'une princesse de roman qui aurait l'air d'un petit garçon?

C'est une rude tâche que celle que nous avons entreprise. — Comment diable voulez-vous que nous sachions ce que fait Fortunio? Il n'y a aucune raison pour que nous soyons mieux informé que vous. — Nous n'avons vu Fortunio qu'une seule fois à un souper, et cette idée malencontreuse nous est passée par la tête de le prendre pour notre héros, espérant qu'un jeune homme de si bonne mine ne pouvait manquer d'aventures romanesques. Le bon accueil que tout le monde lui faisait, l'intérêt mystérieux qui s'attachait à sa personne, quelques mots étranges qu'il avait laissé tomber entre un sourire et un *toast*, nous avaient singulièrement prévenu en sa faveur. Ah! Fortunio, comme tu nous as trompé! — Nous espérions n'avoir qu'à écrire sous ta dictée une histoire merveilleuse, pleine de péripéties surprenantes. — Au contraire, il nous faut tout tirer de notre propre fonds, et nous creuser la tête pour faire patienter le lecteur jusqu'à ce qu'il te plaise de vouloir bien te présenter et saluer la compagnie. — Nous t'avons fait beau, spirituel, généreux, riche à millions, mystérieux, noble, bien chaussé, bien cravaté, dons rares et précieux! — Quand tu aurais eu une fée pour marraine, tu n'aurais pas été mieux doué; combien de pages nous as-tu données pour cela, ingrat Fortunio? — une douzaine tout au plus. O férocité hircanienne, ô monstruosité sans pareille! — douze pages pour vingt-quatre perfections! — C'est peu.

Il a fallu, grand paresseux que vous êtes, que cette pauvre Musidora se désolât outre mesure, que George se grisât comme une multitude de tambours-majors, qu'Alfred débitât un plus grand nombre de sottises qu'à l'ordinaire, que Cinthia fît voir son dos et sa gorge, Phébé sa jambe, Arabelle sa robe, pour remplir l'espace que vous deviez occuper tout seul. — Si nous avons commis une inconvenance en introduisant, faute de savoir où le mener, notre lecteur dans la salle de bain de Musidora, c'est vous qui en êtes cause. Vous nous avez fait allonger nos descriptions et forcé à violer le précepte d'Horace : *Semper ad eventum festina.* Si notre roman est mauvais, la faute en est à vous; — qu'elle vous soit légère! — Nous avons mis l'orthographe de notre mieux et cherché dans le dictionnaire les mots dont nous n'étions pas sûr. — Vous qui étiez notre héros, vous deviez nous fournir des événements incroyables, de grandes passions platoniques et autres, des duels, des enlèvements, des coups de poignard; à cette condition, nous vous avions investi de toutes les qualités possibles. Si vous continuez sur ce pied-là, notre cher Fortunio, nous déclarerons que vous êtes laid, bête, commun, et, de plus, que vous n'avez pas le sou. Nous ne pouvons pas non plus vous aller guetter au coin des rues, comme une amante délaissée qui attend par une pluie battante que son infidèle sorte de chez sa nouvelle maîtresse pour l'empoigner par la basque de son habit. — Si vous aviez un portier, nous irions bien lui demander votre histoire; mais vous n'avez pas de portier, puisque vous n'avez pas de maison et par conséquent pas de porte. — O Calliope! muse au clairon d'airain, soutiens notre haleine. — Que diable dirons-nous dans le chapitre suivant? Il ne nous reste plus qu'à faire mourir Musidora. — Voyez, Fortunio, à quelles extrémités vous nous réduisez! Nous avions créé tout exprès une jolie femme pour être votre maîtresse, et nous sommes forcé de la tuer à la page 180, contrairement aux usages reçus, qui ne permettent de donner le coup d'épingle dans cette bulle gonflée par un soupir d'amour, que l'on appelle héroïne de roman, que vers la page 310 ou 320 environ.

CHAPITRE XIII.

Les jours filaient, et Fortunio ne paraissait pas.

Toutes les recherches de Musidora avaient été inutiles. — Le mot d'Arabelle : — Fortunio, ce n'est pas un homme, c'est un rêve, — lui revenait en mémoire.

En effet, il était si beau qu'il était facile de croire, lorsqu'on l'avait vu, à quelque révélation surnaturelle. — L'éclat étourdissant au milieu duquel il était apparu à Musidora contribuait beaucoup à cette poétique illusion, et quelquefois elle doutait de la réalité comme quelqu'un qui aurait vu le ciel entr'ouvert une minute, et qui, le trouvant ensuite inexorablement fermé à son regard, en viendrait à se croire dupe d'une hallucination fiévreuse.

Ses amies vinrent lui porter de perfides consolations, avec de petits airs ironiquement dolents et des mines joyeusement tristes. Cinthia lui conseilla, dans toute la sincérité de son cœur de bonne fille, de prendre un nouvel amant, parce que cela l'occuperait toujours un peu. — Mais Musidora lui répondit que ce remède, bon pour Phébé et pour Arabelle, ne lui conviendrait nullement. Alors Cinthia l'embrassa tendrement sur le front et se retira en disant : — *Povera innamorata*, je ferai dire une neuvaine à la madone pour le succès de vos amours.

Ce qu'elle fit religieusement.

Musidora, voyant que toute lueur d'espoir était éteinte et que Fortunio était plus introuvable que jamais, prit la vie en grand dégoût et roula dans sa charmante tête les projets les plus sinistres. — En brave et courageuse fille, elle résolut de ne pas survivre à son premier amour.

—Au moins, se dit-elle, puisque j'ai vu celui que je devais aimer, je n'aurai pas la lâcheté de souffrir qu'aucun homme vivant touche ma robe du bout du doigt : je suis sacrée maintenant ! — Ah ! si je pouvais reprendre et supprimer ma vie ! si je pouvais rayer du nombre de mes jours tous ceux qui ne t'ont pas été consacrés, cher et mystérieux Fortunio ! Je pressentais vaguement que tu existais quelque part, doux et fier, spirituel et beau, un éclair dans les yeux calmes, un sourire indulgent sur tes lèvres divines, pareil à un ange descendu parmi les hommes ; — je t'aperçus, tout mon cœur s'élança vers toi ; d'un seul regard tu t'emparas de mon âme, je sentis que je t'appartenais, je reconnus mon maître et mon vainqueur, je compris qu'il me serait impossible d'aimer jamais personne autre que toi, et que le centre de ma vie était déplacé à tout jamais. Dieu m'a punie de ne t'avoir pas attendu ; mais à présent je sais que tu existes ; — tu n'es pas un fantôme, un spectre charmant envoyé par le sang de mon cœur à ma tête échauffée ; je t'ai entendu, je t'ai vu, je t'ai touché ; j'ai fait tous mes efforts pour te rejoindre, pour me jeter à tes pieds et te prier de me pardonner, et de m'aimer un peu.—Tu m'as échappé comme une ombre vaine. Il ne me reste plus qu'à mourir. Savoir que tu n'es pas un rêve et vivre, c'est une chose impossible.

Musidora chercha dans sa tête mille moyens de suicide. —Elle pensa d'abord à se jeter à l'eau ; mais la Seine était jaune et bourbeuse ; puis l'idée d'être repêchée aux filets de Saint-Cloud et étalée toute nue sur une des dalles noires et visqueuses de la Morgue lui répugna singulièrement.

Elle inclina un moment à se brûler la cervelle ; mais elle n'avait pas de pistolet, et d'ailleurs aucune femme ne se soucie d'être défigurée, même après sa mort : il y a une certaine coquetterie funèbre ; on veut encore être un cadavre présentable.

Un coup de couteau dans le cœur lui souriait assez ; mais elle eut peur de reculer devant la morsure du fer et de n'avoir pas le poignet assez ferme. — Elle voulait se tuer sérieusement et non se blesser d'une manière intéressante.

Elle s'arrêta définitivement à l'idée du poison.

Nous pouvons assurer nos lecteurs que la pensée inélégante et bourgeoise de s'asphyxier avec un réchaud de charbon allumé ne se présenta pas une minute à notre héroïne ; elle savait trop bien vivre pour mourir aussi mal.

Tout à coup un éclair lui passa par la cervelle : l'aiguille de Fortunio lui revint en mémoire.

Je me piquerai le sein avec cette aiguille ; et tout sera dit ; — ma mort aura quelque douceur puisqu'elle me viendra de Fortunio, se dit-elle en tirant le petit dard d'une des capsules du portefeuille. Elle considéra attentivement la pointe aiguë, ternie par une espèce de sédiment rougeâtre, et la posa sur un guéridon à côté d'elle.

Puis elle se revêtit d'un peignoir de mousseline blanche, mit une rose de même couleur dans ses cheveux et s'étendit sur le sofa, après avoir préalablement écarté les plis de sa robe et fait saillir dehors sa gorge ronde et pure pour se piquer plus facilement.

Certes, Musidora avait bien la résolution de se tuer, mais nous devons avouer qu'elle mettait de la lenteur dans ses préparatifs, et que je ne sais quel vague et secret espoir la retenait encore.

« Je me piquerai à midi juste, » se dit-elle. — Il était midi moins un quart. — Explique qui voudra cet étrange caprice ; mais Musidora eût été assurément très-affligée de mourir à onze heures trois quarts.

Pendant que le temps faisait tomber dans son sablier

les grains du fatal quart d'heure, une réflexion se présenta à Musidora. Souffrait-on beaucoup pour mourir de ce poison ; laissait-il sur le corps des taches rouges ou noires?—Elle aurait bien voulu en voir les effets.

Au temps de Cléopâtre et dans le monde antique, cela n'aurait pas souffert la moindre difficulté ; on eût fait venir cinq ou six esclaves mâles ou femelles, et l'on aurait essayé le poison sur eux ; on aurait fait ce que les médecins appellent une expérience *in anima vili*.

Une douzaine de misérables se seraient tordus comme des anguilles coupées en morceaux sur les beaux pavés de porphyre et les mosaïques étincelantes, devant la maîtresse, accoudée nonchalamment sur l'épaule d'un jeune enfant asiatique et suivant de son regard velouté les dernières crispations de leur agonie.—Tout est dégénéré aujourd'hui, et la vie prodigieuse de ce monde gigantesque n'est plus comprise par nous ; nos vertus et nos crimes n'ont ni forme ni tournure.

N'ayant pas d'esclaves pour essayer son aiguille, Musidora, très-perplexe, la tenait entre les doigts à trois pouces environ de son sein, enviant le sort de Cléopâtre, qui du moins avait vu, avant de livrer sa belle gorge aux baisers venimeux de l'aspic, ce qu'elle aurait à souffrir pour aller rejoindre son cher Antoine.

Au moment où Musidora était plongée dans ces incertitudes, sa chatte anglaise sortit de dessous un meuble et vint à elle en miaulant d'un ton doucereux. Voyant que sa maîtresse ne faisait pas attention à ses avances, elle sauta sur ses genoux et poussa plusieurs fois sa main avec son petit nez rose et froid.

La chatte fit le gros dos en regardant sa maîtresse avec ses prunelles rondes, traversées par une pupille en forme d'I, et lui exprima son plaisir d'être caressée par un petit râle particulier aux chats et aux tigres.

Une idée diabolique vint à Musidora en caressant sa chatte : elle lui piqua la tête avec son aiguille.

Blanchette fit un bond, sauta sur le plancher, essaya

deux ou trois fois de marcher, puis tomba comme prise de vertige ; ses flancs haletaient, sa queue battait faiblement le parquet ; — un frisson courut sur son poil ; son œil s'illumina d'une lueur verte, puis s'éteignit. — Elle était morte. Tout ceci dura à peine quelques secondes.

— C'est bien, dit Musidora, l'on ne doit pas beaucoup souffrir, et elle approcha l'aiguille de son sein. Elle allait égratigner sa blanche peau quand le tonnerre sourd d'une voiture roulant au grand galop sous la voûte de la porte cochère parvint à son oreille et suspendit pour un moment l'exécution de son fatal projet.

Elle se leva et fut regarder à sa fenêtre.

Une calèche, attelée de quatre chevaux gris-pommelé, parfaitement semblables et si fins que l'on aurait dit des coursiers arabes de la race du prophète, faisait le tour de la cour sablée. Les postillons étaient en casaque vert tendre, aux couleurs de Musidora. — Il n'y avait personne dans la calèche.

Musidora ne savait que penser, lorsque Jacinthe lui remit un petit billet qui lui avait été donné par un des jockeys.

Voici ce qu'il contenait :

« Madame,

» Ma sauvagerie vous a fait perdre une calèche ; cela n'est pas juste. — Celle-ci vaut mieux que celle de George, — daignez l'accepter en échange ; si l'envie vous prenait de l'essayer, la route de Neuilly est fort belle, et vous pourriez juger de la vitesse des chevaux ; je serais heureux de vous y rencontrer.

» FORTUNIO. »

8

CHAPITRE XIV.

Il est facile de s'imaginer la stupéfaction heureuse de Musidora; elle passait subitement, et sans transition ménagée, du plus extrême désespoir à la joie la plus vive : ce fuyard, cet introuvable et sauvage Fortunio venait se rendre de lui-même au moment où elle s'y attendait le moins. — Les fanfares triomphales sonnaient déjà allégrement aux oreilles de Musidora ; car elle ne doutait plus de sa victoire et se croyait assurée d'emporter, sans coup férir, le cœur de Fortunio.

O vivace espérance! comme tu relèves obstinément les rameaux élastiques et souples courbés sous le pied lourd du désappointement, et comme il te faut peu de temps pour t'épanouir en fleurs merveilleuses et pousser de tous côtés de vigoureuses frondaisons !

Voici un enfant qui tout à l'heure était plus pâle que la statue d'albâtre que l'on aurait couchée sur son tombeau, et dont les veines bleuâtres semblaient courir dans l'épaisseur d'un marbre plutôt que sous une chair vivante, et qui maintenant sautille en pépiant par la chambre, joyeuse comme un passereau au mois de mai.

— Jacinthe, Jacinthe, vite, habille-moi, chausse-moi ; je veux sortir !

— Quelle robe veut mettre madame ? répondit Jacinthe en pesant chaque syllabe, pour lui donner le temps de la réflexion.

— La première que tu trouveras sous la main, fit la petite avec un charmant geste d'impatience. — Mais, de grâce, sois prompte. Tu es plus lente qu'une tortue ; on dirait que tu as une carapace sur le dos.

Jacinthe apporta une robe blanche à laquelle une petite raie d'un rose très-pâle donnait une teinte de chair délicate, approchant de celle des hortensias lorsqu'ils viennent de s'épanouir.

Musidora la mit sans corset, tant elle avait hâte de partir. — Elle ne risquait rien d'ailleurs à cette négligence. Elle était du très-petit nombre de femmes qui ne se défont pas quand on les déshabille.

Cela fait, elle s'entortilla dans un grand cachemire blanc qui lui tombait jusqu'aux talons, — et Jacinthe lui posa délicatement sur la tête le chapeau le plus frais, le plus gracieux, le plus délicieusement coquet qu'il soit possible de rêver. — Nous n'osons pas décrire en vile prose un pareil chef-d'œuvre. — Bornez-vous à savoir, mesdames, que la passe, un peu élevée, garnie intérieurement d'une aérienne guirlande de petites fleurs sauvages, faisait au charmant visage de Musidora une auréole ravissante, contre laquelle plus d'une sainte eût volontiers échangé son nimbe d'or; — figurez-vous un grand camélia dont le cœur serait une figure d'ange.

Un petit soulier aile de scarabée, si échancré qu'il couvrait à peine le bout des doigts, se faisait voir sous les derniers plis de sa robe, et donnait facilement à entendre qu'il chaussait un pied appartenant à la plus jolie jambe du monde.

Des bas d'une excessive finesse laissaient transparaître à travers leurs broderies à jour la peau légèrement rosée de ce pied adorable.

Musidora, prenant à peine le temps de se ganter, descendit l'escalier et monta dans la calèche.

— A Neuilly! dit-elle au groom qui relevait le marchepied. — La voiture partit comme l'éclair.

— Tiens! fit Jacinthe en heurtant du pied le cadavre de la chatte, qu'elle n'avait pas encore aperçu, — Blanchette qui est crevée! — Hé! Jack, voyez donc votre bête; — elle est défunte. Votre maîtresse va faire un beau train ce soir en rentrant.

Jack, consterné, s'agenouilla auprès de la chatte, lui tira la queue, lui pinça les oreilles, lui frotta le nez avec un mouchoir trempé dans l'eau de Cologne, — mais, hélas! inutilement.

— Oh! la mauvaise bête! elle a fait exprès de mourir pour me faire battre par madame, dit le négrillon en roulant ses gros yeux d'un air de terreur bouffonne; elle a une petite main bien dure!

— Taisez-vous, animal! est-ce que vous croyez que madame se dégradera jusqu'à vous battre elle-même? — Elle vous fera fouetter par Zamore, répondit Jacinthe majestueusement; et, à vrai dire, vous le méritez : — n'avoir qu'une chatte à soigner, et la laisser mourir comme un *chien!* — Pauvre bête, va!

— Holà! ouf! aïe! fit le négrillon, comme s'il sentait déjà crever sur ses épaules la pluie cinglante de coups de cravache qui lui était réservée.

— Vous crierez tantôt, dit Jacinthe, se plaisant à augmenter les terreurs du nègre; vous savez que Zamore ne peut vous souffrir et qu'il a le bras solide; il vous écorchera tout vif comme une anguille. — Comptez là-dessus, monsieur Jack.

Jack ramassa la chatte, la porta dans sa niche, lui plia les quatre pattes sous le ventre, rangea sa queue en cercle, lui ouvrit les yeux de façon à lui donner une apparence de vie, puis il fut se cacher dans le grenier, derrière une pile de foin, pour attendre que le nuage fût passé, non sans avoir fourré dans ses poches une bouteille de vin, du pain et un grand morceau de viande froide.

Puisque nous en sommes sur le chapitre de la chatte, nous justifierons Musidora du reproche de cruauté qu'on lui aura peut-être fait pour avoir tué sa bête favorite. — Musidora pensait qu'elle allait mourir elle-même et que peut-être sa chatte, après sa mort, serait réduite à courir sur les toits par la pluie et la neige, et exposée à toutes les horreurs de la famine (perspective affligeante!). — Elle a été féroce par bonté. — D'ailleurs, elle l'a fait très-proprement empailler et mettre sous un globe bordé de peluche rouge; elle est couchée sur un petit coussin de soie bleu de ciel, et de ses beaux yeux d'émail s'échappe une lueur verdâtre, absolument comme si elle était vivante; il semble qu'on l'entend faire *ron ron*. — Qui de nous peut se flatter d'être empaillé et mis sous verre après sa mort? Qui sera jamais regretté comme une chatte à longs poils ou un chien sachant faire l'exercice?

CHAPITRE XV.

Les postillons revêtus de leur casaque vert tendre faisaient joyeusement claquer leur fouet, et la calèche roulait si rapidement, que les roues ressemblaient à un disque étincelant et qu'il eût été impossible d'en distinguer les rayons.

La poussière soulevée n'avait pas eu le temps de s'abattre que la voiture était déjà hors de vue. — Les équipages le plus chaudement menés restaient en arrière, et cependant pas une goutte de sueur ne mouillait le poitrail des chevaux gris-pommelé; leurs jambes, minces et sèches comme des jambes de cerf, dévoraient le chemin, qui filait sous eux, gris et rayé, comme un ruban qu'on roule.

Musidora, nonchalamment renversée sur les coussins, se laissait aller aux plus amoureuses préoccupations; son teint transparent rayonnait éclairé de bonheur, et sa petite main, gantée de blanc, appuyée sur le bord de la calèche, battait la mesure d'un air qu'elle fredonnait intérieurement et sans que le son sortît de ses lèvres. Le ravissement où elle était plongée était si grand, que de temps en temps elle se prenait à rire aux éclats d'un air spasmodique et presque fiévreux; elle sentait le besoin de pousser des cris, de se faire mettre à terre et de courir de toutes ses forces ou de faire quelque action véhémente pour ouvrir une soupape d'échappement aux jets exubérants de ses facultés. Toute langueur avait disparu. Elle qui hier se faisait porter dans son bain et pouvait à peine soulever son pied pour monter une marche, accomplirait en se jouant les douze travaux d'Hercule, ou peu s'en faut.

La curiosité, le désir et l'amour, ces trois leviers terribles, dont un seul enlèverait le monde, exaltent au plus haut degré toutes les puissances de son âme ; il n'y a pas en elle une seule fibre qui ne soit tendue à rompre et qui ne vibre comme la corde d'une lyre.

Elle va donc voir Fortunio, l'entendre, lui parler, se rassasier de sa beauté, nourriture divine ; suspendre son âme à ses lèvres, et boire chacune de ses paroles plus précieuses que les diamants qui tombent de la bouche des jeunes filles vertueuses dans les contes de Perrault. — Ah ! respirer l'air où son souffle s'est mêlé, être caressée du même rayon de soleil qui a joué sur ses cheveux noirs, regarder un arbre, un point de vue où ses yeux se sont arrêtés, avoir quelque chose de commun avec lui, quelle ineffable jouissance, quel océan de secrètes extases !

A cette pensée, le cœur de Musidora dansait la tarentelle sous sa gorge libre de corset.

Les dandies mettaient leurs chevaux au galop pour voir la figure de cette duchesse inconnue traînée par un si merveilleux attelage, et plus d'un manqua de tomber à la renverse de stupeur admirative. — Musidora, qui en tout autre temps eût été flattée de ces étonnements, n'y fit pas la moindre attention ; elle n'était plus coquette.

Une métamorphose s'était opérée en elle ; il ne restait plus rien de l'ancienne Musidora que le nom et la beauté. Et encore sa beauté n'avait plus le même caractère : jusque-là elle avait été spirituellement belle, elle était devenue passionnément belle.

L'on trouvera sans doute invraisemblable qu'un pareil changement ait lieu d'une manière si subite, et qu'un amour aussi violent se soit allumé à la suite d'une seule rencontre. A cela nous répondrons que rien n'a ordinairement l'air plus faux que le vrai, et que le faux a toujours des apparences très-grandes de probabilité, attendu qu'il est arrangé, travaillé, combiné d'avance pour produire l'effet du vrai : — le clinquant a plus l'air d'or que l'or lui-même.

Ensuite nous ferons remarquer que le cœur de la femme est un labyrinthe si plein de détours, de faux-fuyants et de recoins obscurs, que les grands poëtes eux-mêmes qui s'y sont aventurés, la lampe d'or du génie à la main, n'ont pas toujours su s'y reconnaître, et que personne ne peut se vanter de posséder le peloton conducteur qui mène à la sortie de ce dédale. — De la part d'une femme on peut s'attendre à tout, et principalement à l'absurde.

Beaucoup de gens respectables et de dames fâchées de l'être seront sans doute d'avis que les *coups de foudre* sont de pures illusions romanesques, et que l'on n'aime pas éperdument un homme ou une femme que l'on n'a vu qu'une fois. Quant à nous, notre avis est que, si l'on n'aime pas une personne la première fois qu'on la voit, il n'y a aucune raison pour l'aimer la seconde et encore moins la troisième.

Puis, il fallait bien que Musidora se prît de passion pour Fortunio, sans quoi notre roman n'aurait pu subsister. Notre héros, doué comme il l'est, riche, jeune, beau, spirituel et mystérieux, devait d'ailleurs être adoré au premier coup. Bien d'autres, qui n'ont pas la moitié de ces qualités, réussissent aussi promptement.

Qu'y a-t-il d'étrange à ce qu'une jeune femme aime un beau jeune homme? Ainsi donc, que la chose soit vraisemblable ou non, il est constaté que Musidora adore Fortunio qu'elle ne connaît pas ou qu'elle n'a vu qu'une fois, ce qui est la même chose.

Cette dissertation n'empêche pas la calèche de voler légèrement sur la grande avenue des Champs-Élysées et d'avoir dépassé l'arc de l'Étoile, cette gigantesque porte cochère ouverte sur le vide.

La nature présentait un aspect tout différent de celui qu'elle avait au jour où Musidora battait le bois de Boulogne au hasard pour y rencontrer le Fortunio : — le rouge sombre des bourgeons avait fait place à un vert tendre, couleur d'espérance, et les oiseaux gazouillaient sur les branches de joyeuses promesses; le ciel, où nageaient deux ou trois nuages d'ouate blanche, semblait un grand œil bleu qui regardait amoureusement la terre; — une douce senteur de feuillage nouveau et d'herbe fraîche montait dans l'air comme un encens printanier; de petits papillons jaune soufre dansaient sur le bout des fleurs et tournaient dans les bandes lumineuses qui zébraient le fond vert du paysage.

Une allégresse infinie égayait la terre et le ciel. Tout respirait la joie et l'amour partagé; l'atmosphère était imprégnée de jeunesse et de bonheur. Du moins c'était l'impression qu'éprouvait Musidora; elle voyait les objets extérieurs à travers le prisme de la passion.

Les passions sont des verres jaunes, bleus ou rouges, qui teignent toute chose de leur couleur. Aussi un site qui a paru affreux, hérissé, décharné jusqu'aux os, repoussant de misère et de maigreur, plus inhospitalier qu'un steppe de Scythie, vu dans un instant de désespoir, semble diapré, étincelant, fleuri, avec des eaux miroitantes, des gazons vivaces et des fuites d'horizons bleuâtres, un vrai paradis terrestre, regardé à travers le prisme du bonheur.

La nature ressemble un peu à ces grandes symphonies que chacun comprend à sa façon. L'un place le cri suprême de Jésus expirant sur la croix où l'autre croit entendre les roulades perlées du rossignol et le grêle pipeau des bergers.

Musidora comprenait pour le moment la symphonie dans le sens amoureux et pastoral.

La voiture filait toujours; les grands arbres, inclinant leur panache, fuyaient à droite et à gauche comme une armée en déroute, et Fortunio ne paraissait pas encore.

L'inquiétude commençait à picoter légèrement le cœur de Musidora. Si Fortunio allait avoir changé d'idée? — Elle relut son billet, qui lui sembla assez formel et la rassura un peu.

Enfin elle aperçut, tout au bout de l'avenue, un petit tourbillon de poussière blanche qui s'approchait rapidement.

Elle sentit une émotion si violente, qu'elle fut obligée de s'appuyer la tête sur le dossier de la voiture : ses artères sifflaient dans ses tempes, le sang abandonna et reprit trois ou quatre fois ses joues, sa main mourante laissa échapper le billet, qu'elle tenait serré avec une étreinte presque convulsive.

Elle touchait au moment suprême de sa vie ; — son existence allait se décider.

Bientôt la nuée de poussière, s'entr'ouvrant comme une nuée classique recéleuse de quelque divinité, permit de voir distinctement un cheval noir à tous crins, le col arqué, les épaules étroites, les pieds duvetés, l'œil et les naseaux pleins de feu, qui ressemblait plutôt à un hippogriffe qu'à un quadrupède ordinaire. Le cheval était monté par un cavalier qui n'était autre que le jeune Fortunio lui-même. — A quelques pas galopait le Maure lippu.

C'était bien lui : il avait cet air de nonchalante sécurité qui ne le quittait jamais et qui lui donnait tant d'ascendant sur tout le monde. Il semblait qu'aucune des adversités humaines n'eût prise sur lui et qu'il se sentît au-dessus des atteintes du sort. La sérénité siégeait sur sa belle figure comme un piédestal de marbre.

Il s'avança vers la calèche en faisant exécuter à son cheval des courbettes prodigieuses ; tantôt il l'enlevait des quatre pieds à la fois, tantôt il le faisait tenir debout et avancer ainsi de quelques pas.

Le noble animal se prêtait à toutes ses exigences avec coquetterie et une souplesse merveilleuse ; il semblait vouloir lutter de gracieuse hardiesse avec son maître ; on eût dit qu'ils ne faisaient qu'un et que la même volonté les animait tous deux ; car Fortunio n'avait ni éperons ni cravache, et ne tenait pas seulement la bride en main. — Il guidait sa monture par je ne sais quels mouvements imperceptibles, et il était complétement impossible de voir avec quels moyens il transmettait sa pensée à l'intelligent animal.

Quand il ne fut plus qu'à une cinquantaine de pas de la calèche, il mit son cheval à fond de train et arriva ainsi à un pied de la voiture. Musidora, éperdue, crut qu'il allait se briser contre les roues et poussa un grand cri ; mais Fortunio, par un tour d'adresse familier aux cavaliers arabes, avait arrêté subitement sa monture lancée sur ses quatre jambes, et passé sans transition de la course la plus rapide à l'immobilité la plus complète. — On eût dit qu'un enchanteur l'avait figé, lui et son cheval. — Après ce temps d'arrêt, il fit danser un peu son barbe, car c'en était un, à la portière de la calèche, et, au milieu d'une ruade violente, il salua Musidora avec la même grâce et la même aisance que s'il eût eu les deux pieds appuyés sur le solide parquet d'un salon.

— Madame, dit-il, pardonnez à un pauvre sauvage à qui de longues courses dans l'Inde et l'Orient ont fait perdre l'habitude de la galanterie européenne et qui ne sait plus guère comment on se conduit avec les dames. — Si j'avais été assez présomptueux pour croire que vous désiriez ma présence, croyez que je serais accouru de toute la vitesse des jambes de Tippoo ; mais je n'aurais pas pensé qu'un extravagant comme moi, rendu maniaque par des voyages dans des régions étrangères, pût intéresser en rien votre curiosité.

Nous voudrions bien rapporter la réponse de Musidora, mais nous n'avons jamais su ce qu'elle répondit. Il est certain cependant qu'elle ouvrit la bouche, en levant sur Fortunio ses beaux yeux noyés d'un éclat onctueux ; elle murmura quelque chose, mais nous avons eu beau prêter l'oreille, nous n'avons pu distinguer une seule syllabe. Le grincement du sable sous les roues, le piétinement des chevaux, ont couvert sans doute la voix presque inarticulée de Musidora. — Nous le regrettons fort, car il eût été assez curieux de recueillir ces précieuses paroles.

— Musidora, reprit Fortunio d'un timbre de voix doux et sonore, l'on vous a sans doute fait bien des histoires singulières sur mon compte, mes amis ont beaucoup d'imagination ; que direz-vous lorsque vous verrez que, loin d'être un héros de roman, un homme étrange et fatal, je ne suis tout bonnement qu'un honnête garçon, assez bon diable quoique capricieux et fantasque par boutades? Je vous assure, Musidora, que je bois du vin et non de l'or fondu à mes repas ; — je mange plus d'huîtres que de perles dissoutes dans du vinaigre; je couche dans un lit, quoiqu'il m'arrive plus souvent de coucher dans un hamac, et je marche en général sur mes pieds de derrière, à moins que je n'emprunte ceux de Tippoo, de Zerline ou d'Agandecca, ma jument favorite. — Voilà ma façon de vivre. — J'aime mieux les vers que la prose, j'aime mieux la musique que les vers, et je ne préfère rien au monde à une peinture de Titien si ce n'est une belle femme. — Je n'ai pas d'autre opinion politique. — Je ne hais que mes amis et me sentirais assez porté à la philanthropie si les hommes étaient des singes. Je croirais volontiers en Dieu s'il ne ressemblait pas tant à un marguillier de paroisse, et je pense que les roses sont plus utiles que les choux. Vous me connaissez maintenant comme si vous aviez dormi dix ans sur mon oreiller. A ceci se bornent tous les renseignements que je puis vous procurer sur moi, car je n'en sais pas davantage.

Musidora ne put s'empêcher de rire de la profession de foi de Fortunio.

— Vraiment, dit-elle, vous êtes modeste en ne vous croyant pas singulier; savez-vous donc, monsieur Fortunio, que vous êtes d'une excentricité parfaite?

— Moi! point du tout; je suis le garçon le plus uni du monde; je ne fais que ce qui me plaît, et je vis absolument pour mon compte. — Mais voici le soleil qui devient chaud, et votre ombrelle ne suffira plus tout à l'heure pour vous garantir de ses flèches de plomb. — S'il vous plaisait de venir vous reposer un instant dans une cahute, une espèce de wigwam indien que j'ai par là, vous retourneriez ce soir à Paris, pendant les fraîches heures du crépuscule.

— Volontiers, répondit Musidora; je ne serais pas fâchée de voir votre *veranda*, votre wigwam, comme vous dites; car l'on prétend que vous ne demeurez pas, mais que vous perchez.

— Quelquefois, — mais pas toujours. J'ai passé plus d'une nuit sur un arbre avec ma ceinture attachée au tronc pour m'empêcher de me casser la tête en tombant à la renverse; mais ici je vis comme le bourgeois le plus débonnaire. Il ne me manque qu'un toit de tuiles rouges et des contrevents verts pour être le garçon le plus arcadique et le plus sentimental du monde. —Hadji, Hadji! approchez; j'ai deux mots à vous dire.

Le Maure en deux bonds fut à côté de Fortunio.

Fortunio lui adressa quelques mots dans une langue étrangère, avec une intonation gutturale et bizarre.

Hadji partit aussitôt à bride abattue.

— Veuillez m'excuser, madame, de m'être servi devant vous d'un idiome inconnu; mais ce drôle ne sait pas un mot de français ni d'aucune autre langue chrétienne.

— J'espère, dit Musidora, que vous ne l'avez pas envoyé devant pour préparer quelque chose à mon intention; est-ce que vous voulez me faire recevoir au bas de votre perron par une députation de jeunes filles vêtues de blanc avec des bouquets enveloppés dans une feuille de papier? J'entends que vous ne fassiez point de cérémonie avec moi.

— J'ai envoyé tout bonnement Hadji, reprit Fortunio, pour mettre en cage mon lion privé et ma tigresse Betsy.

— Ce sont de charmantes bêtes, douces comme des agneaux, mais dont la vue aurait pu vous inquiéter. —Je suis là-dessus maniaque comme une vieille fille; je ne puis me passer d'animaux. Ma maison est comme une ménagerie.

— Les barreaux de la cage sont-ils solides? dit Musidora d'un air assez peu rassuré.

— Oh! très-solides, reprit Fortunio en riant. — Nous voici arrivés.

CHAPITRE XVI.

La maison de Fortunio n'avait pas de façade. — Deux terrasses de rocailles avec des angles de pierre vermiculée, une rampe à balustres ventrus et des piédestaux supportant de grands vases de faïence bleue remplis de plantes grasses tout à fait dans le goût Louis XIII, s'élevaient de chaque côté d'une porte massive en cœur de chêne, sculptée précieusement et ornée de deux médaillons d'empereurs romains, entourés de guirlandes de feuillage. — Ces deux terrasses formaient comme une espèce de bastion où venaient se briser les regards des curieux. Au-dessous étaient pratiquées les écuries.

La calèche s'élança au galop de ses quatre chevaux contre la porte, qui s'ouvrit en tournant sur ses gonds comme par enchantement, sans que personne parût en pousser les battants.

La voiture fit le tour d'une grande cour sablée, entourée d'une palissade de buis taillé en arcades, ce qui donna à notre héroïne le temps de regarder la maison du cher Fortunio.

Au fond de la cour scintillait, sous un vif rayon de soleil, un bâtiment en pierres blanches cimentées avec une telle précision qu'il semblait fait d'un seul morceau. — Des niches richement encadrées et occupées par des bustes antiques rompaient seules la plane surface du mur, entièrement dénué de fenêtres. — Une porte de bronze, sur laquelle palpitait l'ombre d'une tente rayée, occupait le milieu de l'édifice ; — trois degrés de marbre blanc, côtoyés de deux sph... ...s croisées sous leurs mamelles aiguës, ...te.

La voiture s'arrêta sous la tente; Fortunio descendit, souleva la belle enfant et la posa délicatement sur la dernière marche du perron; puis il toucha le battant, qui rentra dans le mur et se referma aussitôt qu'ils furent passés.

Ils se trouvèrent alors dans un large corridor éclairé d'en haut; — quatre portes s'ouvraient sur ce corridor; — il était pavé d'une mosaïque représentant des pigeons perchés sur le bord d'une large coupe et se penchant pour y boire, avec des enroulements, des fleurs et des festons; la vraie mosaïque de Sosimus de Pergame, que tous les antiquaires croient perdue.

Des piliers de brèche jaune à demi engagés dans le mur supportaient un attique délicatement sculpté, et formaient un cadre à des peintures à la cire où voltigeaient sur un fond noir des danseuses antiques, soulevant légèrement le bord de leurs tuniques aériennes, ou arrondissant en l'air leurs bras blancs et frêles comme les anses d'une amphore d'albâtre, et secouant leurs mains chargées de crotales sonores. Jamais Herculanum ni Pompéia ne virent se découper sur leurs murailles de plus gracieuses silhouettes.

Musidora s'arrêta pour les considérer.

— Ne faites pas attention à ces barbouillages, dit Fortunio en faisant entrer Musidora dans une chambre latérale.

— Avouez, Musidora, que vous vous attendiez à mieux. Vous devez me trouver un assez maigre Sardanapale. Je n'ai offert jusqu'ici à vos yeux que des régals peu chers; mes magnificences asiatiques et babyloniennes sont des plus misérables, et c'est tout au plus si j'atteins à la *mediocritas aurea* d'Horace; un ermite pourrait demeurer ici.

En effet, la pièce dans laquelle il avait conduit Musidora était d'une grande simplicité. — On n'y voyait d'autres meubles qu'un divan très-bas qui en faisait le tour; les murs, le plafond et le plancher étaient recouverts de nattes d'une extrême finesse, zébrées de dessins éclatants. Des jalousies de joncs de la Chine arrosés d'eau de senleur, qui laissaient transparaître les contours estompés d'un paysage lointain, s'abaissaient sur les fenêtres vitrées de verres blancs historiés de pampres rouges. Au milieu du plafond, dans une espèce d'œil-de-bœuf, s'enchâssait un globe de verre rempli d'une eau claire et splendide où sautelaient des poissons bleus à nageoires d'or ; leur mouvement perpétuel faisait miroiter la chambre de reflets changeants et prismatiques de l'effet le plus bizarre. — Précisément au-dessous de ce globe, un petit jet d'eau dardait en l'air son mince filet de cristal, tremblotant au moindre souffle, et qui retombait sur une vasque de porphyre en pluie perlée et grésillante. — Dans un angle se balançait un hamac de fibres de latanier, et dans l'autre un hooka magnifique tortillait ses anneaux noirs et souples autour d'un vase à rafraîchir la fumée, en cristal de roche, enjolivé de filigranes d'argent. — C'était tout.

— Asseyez-vous, belle reine, dit Fortunio en enlevant avec beaucoup de dextérité le cachemire de Musidora ; — et il la conduisit par le bout de la main dans l'angle du divan.

— Mettez ce coussin derrière vous, et celui-ci sous votre coude, et cet autre sous vos pieds. — Là, bien ; — voyez-vous, il n'y a que les Orientaux qui sachent s'asseoir convenablement, et un de leurs poëtes a fait ce distique, qui a plus de sens que toutes les philosophies du monde :
— Mieux vaut être assis que debout, couché qu'assis, mort que couché. — Trouvez-moi donc dans toutes les lamentations des rimeurs à la mode quelque chose qui vaille le simple distique du bon Ferideddin Atar.

Et, en disant cela, Fortunio s'étendit sur une natte de fibres de latanier, en face de Musidora.

— Vous êtes couché, vous voilà déjà parvenu au deuxième degré du bonheur, selon votre poëte arabe, fit Musidora ; ce matin, j'ai été bien près de passer au troisième degré.

— Comment ! interrompit Fortunio en se soulevant sur son coude, vous avez manqué mourir ce matin ? Serait-ce seulement votre ombre que je vois? Mais non, vous êtes bien vivante (et, comme pour s'en assurer, il lui prit le pied et le lui baisa). — Je sens votre peau tiède et flexible à travers ce mince réseau.

— Cela n'empêche pas que, si votre billet n'était pas arrivé à midi moins cinq minutes, je serais maintenant blanche et froide, et assurée pour longtemps du bonheur de l'horizontalité. — A midi je devais me tuer.

— Si passionné orientaliste que je sois, je ne suis de l'avis de Ferideddin Atar que jusqu'à la moitié de son second vers. — Le dernier hémistiche est excellent pour les hommes qui ne sont pas seulement millionnaires et les femmes que la laideur réduit à la vertu. — Vous n'êtes pas dans ce cas. Quel motif vous poussait à cette résolution violente de vous tuer à midi précisément?

— Que sais-je? j'avais des vapeurs; les diables bleus me martelaient le crâne; j'étais contrariée, excédée; — je ne savais à quoi employer ma journée, en sorte que, ne pouvant tuer le temps, j'avais pris le parti de me tuer moi-même; ce que j'aurais sérieusement exécuté si le désir d'essayer votre calèche ne m'eût rattachée à la vie.

— Beaucoup de gens que je connais se sont donné pour vivre de moins bonnes raisons que celle-là. — Un de mes amis, qui avait déjà fourré mignonnement la gueule de son pistolet dans sa bouche, se ressouvint fort à propos qu'il avait oublié de se faire une épitaphe. Cette idée de ne pas avoir d'épitaphe le contraria sensiblement; il déposa son pistolet sur la table, prit une feuille de papier et écrivit les vers suivants :

> Des cruautés du sort la volonté triomphe ;
> Le plus faible mortel peut vaincre le destin.
> Quand on a du courage et que.....

Ici notre malheureux ami s'arrêta faute de rime ; il se gratta le front, se mordit les ongles, mais vainement; il sonna son domestique, se fit apporter un dictionnaire de rimes qu'il feuilleta d'un bout à l'autre sans trouver ce qu'il lui fallait, car triomphe n'a pas de rime ; de Marcilly entra par hasard et l'emmena au jeu, où il gagna cent mille francs, ce qui le remit à flot. Depuis ce temps, il vit en joie et n'embrasse plus le canon de ses pistolets. Cette histoire, très-véridique, prouve l'utilité des rimes difficiles en matière d'épitaphe.

— Ah! Fortunio, que vous êtes cruellement persifleur, dit Musidora avec un léger accent de reproche; croyez-vous donc que ce ne soit pas une excellente raison de mourir qu'un amour dédaigné?

Fortunio fixa sur elle ses prunelles limpidement bleues avec une expression de douceur infinie ; puis, par un brusque mouvement, il s'élança de sa natte sur le divan, et, passant un de ses bras derrière elle, il fit ployer jusqu'à lui sa taille souple et mince.

— Eh! qui vous a dit, enfant, que votre amour fût dédaigné?...

..... Un râle effroyable, enroué et guttural, se fit entendre à peu de distance de la chambre.

Musidora se dressa tout épouvantée.

— C'est ma tigresse qui me sent et qui voudrait me voir. Cette diable de bête aura rompu sa chaîne ; elle n'en fait jamais d'autres ; — excusez-moi, madame, je vais l'attacher plus solidement et lui parler un peu pour la calmer ; elle est jalouse de moi comme une femme.

Fortunio prit un kriss malais caché sous un coussin et sortit. Musidora l'entendit qui jouait avec la tigresse dans le corridor; Fortunio parlait dans une langue inconnue que la tigresse semblait comprendre et à laquelle elle répondait par de petits mugissements ; — les battements joyeux de sa queue résonnaient sur le mur comme des coups de fléau. Au bout de quelques minutes, le bruit s'éteignit, et Fortunio revint.

Il avait quitté son habit de cheval, et il portait un costume d'une magnificence bizarre.

Une espèce de caftan de brocart, à larges manches, serré à la taille par un cordon d'or, se plissait puissamment autour de son corps gracieux et robuste ; sur sa tête était posée une calotte de velours rouge brodée d'or et de perles, avec une longue houppe qui lui pendait jusqu'au milieu du dos ; ses cheveux, naturellement bouclés, s'en échappaient en noires spirales de l'effet le plus pittoresque.

Ses pieds nus jouaient dans des babouches turques.

— Un vaste caleçon de soie rayée complétait cet ajustement.

Par sa chemise ouverte l'on voyait la blancheur de sa poitrine de marbre, sur laquelle brillait une petite amulette ornée de broderie et de paillettes, assez pareille aux petits sachets que portent au cou les pêcheurs napolitains.

Était-ce, chez le Fortunio, superstition, bizarrerie, caprice, tendre souvenir, pur amour de la couleur locale? c'est ce que l'on n'a jamais bien pu savoir ; toujours est-il que les nuances tranchées et le clinquant de l'amulette faisaient merveilleusement ressortir l'éclat marmoréen de sa chair souple et polie.

— Musidora, dit-il en rentrant dans la chambre, avez-vous soif ou faim? Nous allons tâcher de trouver un morceau à manger et un coup à boire. — Vous aurez de l'indulgence pour un ménage de campagne dirigé par un garçon à moitié sauvage, — qui, en fait de cuisine, ne sait accommoder que des pieds d'éléphant et des bosses de bison. — Venez par ici, dit-il en soulevant la portière; n'ayez pas peur.

Fortunio, ayant posé son bras sur la taille de Musidora, comme Othello lorsqu'il reconduit Desdemona, fit entrer sa tremblante beauté dans un petit salon hexagone décoré à la Pompadour, tapissé d'un damas rose à fleurs d'argent avec des dessus de porte de Watteau, et pour plafond un ciel vert pomme tout pommelé de petits nuages et peuplé d'essaims de gros amours joufflus, jetant les fleurs à pleines mains.

Quoiqu'il fît grand jour partout ailleurs, il était nuit dans le petit salon ; car il est du dernier ignoble et tout à

-fait indigne d'un homme qui fait profession de sensualité élégante de manger autrement qu'aux bougies.

Deux lustres pendaient du plafond, attachés à des tresses rose et argent assorties à la tenture.

Dix torchères chargées de bougies, entrelaçant leurs branches capricieuses avec les bordures des trumeaux, répandaient une éblouissante clarté sur les dorures des meubles et les fleurs argentées de la tapisserie.

Au fond, sous un baldaquin à glands d'argent, s'épanouissait comme un lit gigantesque un merveilleux sofa de satin blanc broché d'or.

A toutes les encoignures, des étagères et des cabinets de vieux laque pliaient sous les magots de la Chine, les pots du Japon et les groupes de biscuit.

— C'était un vrai boudoir de marquise.

Fortunio prit un fauteuil et le posa au milieu de la chambre; il en plaça un autre précisément en face, et s'assit en invitant Musidora à en faire autant.

— Maintenant mangeons, dit-il de l'air le plus sérieux du monde. J'ai plus d'appétit que je ne l'espérais, et il releva ses manches comme quelqu'un qui s'apprête à découper.

Musidora le regarda avec quelque inquiétude et eut peur un instant qu'il n'eût perdu la raison; mais il avait l'air parfaitement de sang-froid. Cependant il n'y avait rien dans la chambre qui indiquât que l'on allait y manger, ni table, ni vaisselle, ni domestique.

Tout à coup deux feuilles du parquet se replièrent à la grande surprise de Musidora, et une table splendidement éclairée se leva lentement avec deux servantes, chargées de tous les ustensiles nécessaires à bien manger.

Les figures et les ornements du surtout, écaillés à tous leurs angles de paillettes de lumière, jetaient un éclat à faire baisser les yeux au dieu du jour lui-même; le ton vert aqueux des urnes de malachite, où le vin de Champagne grelottait dans sa mince robe de verre sous les blancs cristaux de la glace, contrastait heureusement avec les teintes fauves des ors ; — des corbeilles de filigrane d'or et d'argent, précieusement travaillées avec des découpures plus frêles et plus fenestrées qu'une dentelle de Brabant, étaient remplies des fruits les plus rares : c'étaient des raisins vermeils et blonds comme l'ambre, d'énormes pêches aux joues de velours incarnat, des ananas aux feuilles dentelées en scie, exhalant les chauds parfums du tropique; des cerises et des fraises d'une grosseur monstrueuse. Les primeurs du printemps et les derniers présents que l'automne verse de sa corbeille tardive se rencontraient sur cette table, étonnés de se voir pour la première fois face à face. — Les saisons et l'ordre ordinaire de la nature ne paraissaient pas exister pour Fortunio.

Sur des coupes de porphyre s'élevaient en pyramide des sucreries, des confitures des îles, des conserves de rose, des grenades, des oranges, des cédrats et tout ce que la plus luxueuse gourmandise peut réunir de raffiné, d'exquis et de ruineusement rare.

Nous avons tout d'abord, intervertissant l'ordre habituel, commencé par le dessert; mais le dessert n'est-il pas tout le dîner pour une jolie femme ? Cependant, afin de rassurer le lecteur qui trouverait ces mets trop peu substantiels pour un héros de la taille et de la force de Fortunio, nous lui dirons que, dans des plats armoriés et d'une ciselure admirable, posés sur des réchauds de platine niellé, fumaient des cailles rôties, entourées d'un chapelet d'ortolans, des quenelles de poisson, des purées de gibier, et, pour pièce principale, un faisan de la Chine avec ses plumes. Je ne sais quoi encore, des laitances de surmulet, des rougets, des crevettes et autres éperons à boire.

Le vin d'Aï, que nous avons seul nommé, pourrait sembler trop frivole et d'une pétulance trop évaporée pour un buveur aussi sérieux que Fortunio; des flacons de verre de Bohême, tout brodés d'arabesques d'or, contenaient dans leur ventre transparent de quoi établir une ivresse sur un pied de solidité convenable. — C'était du vin de

Tokay comme M. de Metternich lui-même n'en a jamais
bu, du Johannisberg six fois au-dessus du nectar des dieux
pour la saveur et le bouquet, du véritable vin de Schiraz
dont, au moment où cette histoire a été écrite, il n'existait
que deux bouteilles en Europe, l'une chez George, et
l'autre chez de Marcilly, qui les gardaient sous triple clef
pour quelque occasion suprême.

— Fortunio, vous ne me tenez pas parole, vous vous
jetez, pour me recevoir, dans des magnificences effroyables, dit Musidora d'un ton de reproche amical. Est-ce que
vous attendez du monde? voici une collation qui pourrait
servir de repas de noce à Gamache ou à Gargantua.

— Aucunement, chère reine ; je n'ai pas fait le moindre
préparatif; personne ne hait plus que moi les cérémonies,
et je trouve que la cordialité est le meilleur assaisonne-
ment d'un repas. — Ce n'est qu'un simple *encas* que l'on
me tient toujours prêt le jour comme la nuit, afin que si
la faim me prend à une heure ou à une autre, l'on ne soit
pas obligé de descendre dans la basse-cour couper le cou à
un poulet, le plumer et le mettre à la broche. — Je vous
l'ai dit, je suis d'une simplicité tout à fait patriarcale. Je
ne mange que lorsque j'ai faim, et ne bois que lorsque j'ai
soif; et, quand j'ai envie de dormir, je me couche. — Mais
je vous en prie, mon petit ange, pénétrez-vous un peu
plus de cette pensée que vous êtes à table. — Vous ne tou-
chez à rien, et les morceaux restent tout entiers sur votre
assiette. Ne craignez pas de me désenchanter en dînant de
bon appétit; je n'ai pas là-dessus les idées de lord Byron,
et d'ailleurs je n'aime pas les ailes de volaille. — Je serais
immensément fâché, madame, que vous fussiez une simple
vapeur.

Malgré les instances de Fortunio, Musidora se contenta
de sucer quelques *drogues* et de boire deux ou trois verres
de tisane rosée, avec un doigt de crème des Barbades. Elle
était trop émue pour avoir faim, et la présence de l'idole
de son cœur la troublait à ce point qu'elle pouvait à peine
porter sa fourchette à sa bouche. Quelle félicité parfaite!

dîner en tête à tête avec le Fortunio impalpable, être servie par lui dans sa retraite inconnue à tous, être vengée d'une façon aussi splendide des petits airs compatissants de Phébé et d'Arabelle, et peut-être, — tout à l'heure, — idée voluptueuse et charmante à laquelle on n'osait trop s'arrêter, poser sa tête sur cette belle poitrine, solide et blanche, et nouer ses bras autour de ce cou, si rond et si pur!

Fortunio était aux petits soins pour elle, et il lui disait, avec cet air grand seigneur et presque royal qui lui était naturel, des choses d'une grâce et d'une délicatesse exquises.

Nous aurions bien voulu rapporter cette conversation étincelante, mais nous ne le pouvons sans afficher un orgueil intolérable; en romancier consciencieux, nous avons fabriqué un héros si parfait, que nous n'osons pas nous en servir. Nous éprouvons à peu près le même embarras, — *si parva licet componere magnis*, — que dut éprouver Milton lorsqu'il avait à faire parler le bon Dieu dans son admirable poëme du *Paradis perdu;* nous ne trouvons rien d'assez beau, d'assez splendide. Le cours de la narration nous force en outre à des phrases de cette nature : « A cette spirituelle saillie de Fortunio, un délicieux sourire illumina la bouche de Musidora. » Il est de toute nécessité que la gaieté soit spirituelle, ou tout au moins en ait l'air, ce qui est déjà fort difficile. Il y a aussi une situation bien déplorable pour un auteur doué de quelque modestie : c'est lorsque le héros récite une pièce de vers produisant un grand effet sur son auditoire, qui s'écrie à la fin de chaque strophe : Admirable! sublime! bien! très-bien! encore mieux! — Pour nous, plus timide, nous emploierons volontiers le moyen commode des anciens peintres, qui, lorsqu'ils ne savaient pas dessiner un objet ou qu'ils le trouvaient trop difficile à rendre, écrivaient à la place : *Currus venustus*, ou *pulcher homo*, selon que c'était un homme ou une voiture.

La collation était achevée depuis longtemps, la table

avait disparu par sa trappe comme un damné d'opéra, et
Fortunio, assis sur le canapé, noyait sa main dans les
ondes blondissantes des cheveux de Musidora, dont la tête,
chargée d'amour, ployait comme une fleur pleine d'eau ;
des frissons spasmodiques couraient sur son corps ; sa
gorge en éveil sautelait sous la robe ; ses bras pâmés languissaient et mouraient : on eût dit qu'elle allait s'évanouir.

Fortunio se pencha vers elle, et leurs bouches se prirent
dans un délicieux et interminable baiser.

CHAPITRE XVII.

Il ne nous est plus permis de rester dans le petit salon.

La sainte Pudeur, voilant ses beaux yeux de sa blanche
main aux doigts écartés, se retire en regardant quelquefois par-dessus son épaule, apparemment pour voir si son
ombre la suit.

Nous serions volontiers resté : — rien ne nous paraît
plus chaste et plus sacré que les caresses de deux êtres
jeunes et beaux ; — mais peu de personnes sont de notre
avis. Ainsi donc, à notre grand regret, nous laissons nos
deux amants emparadisés dans les bras l'un de l'autre, et
nous allons nous occuper à réfuter quelques objections
qu'on nous fera sans doute.

Musidora n'a pas dit un seul mot de son amour à Fortunio ; c'est là une faute grossière : elle aurait dû parler à
perte de vue et se livrer à la métaphysique de sentiment
la plus transcendante ; nous aurions eu là une belle occasion de faire voir *combien notre cœur est fait pour l'amour*, et nous aurions pu remplir un nombre de pages
assez confortable. — Mais le fait est qu'elle n'a rien dit, et,
en notre qualité de romancier fantastique, la vérité nous
est trop sacrée pour que nous puissions nous permettre
de supposer une seule phrase.

Ses yeux inondés de moites lueurs, sa gorge agitée, sa voix tremblante, ses pâleurs et ses rougeurs subites, expliquaient l'état de son âme beaucoup plus éloquemment que ne l'auraient pu faire les périodes les plus savantes. Et le baiser muet de Fortunio était, dans son genre, une réponse parfaite. Vous savez bien d'ailleurs que l'on ne parle que lorsqu'on n'a rien à dire. Peut-être trouvera-t-on que Musidora a cédé bien vite à Fortunio : ce n'est que la seconde fois qu'elle se trouve avec lui, et il n'a déjà plus rien à désirer.

Nous alléguerons pour excuse que la profession de Musidora n'était pas d'être vertueuse. Ensuite nous dirons, en manière d'apophthegme, que la passion est prodigue, et qu'aimer c'est donner.

Il y a beaucoup de femmes estimables qui, la première quinzaine, accordent la main, et à la fin du premier mois le pied ; — au second, elles abandonnent la joue et puis la bouche, et ainsi de suite. Leur personne est divisée par compartiments, qu'elles cèdent un à un, se ménageant et se détaillant pour faire durer un peu leurs frêles intrigues, persuadées apparemment que leur possession est le plus excellent antidote contre l'amour. — Il faut pour cela une grande modestie, modestie du reste plus commune qu'on ne pense : la pudeur des femmes n'est autre chose que la crainte de n'être pas trouvées assez belles. C'est ce qui fait que les belles filles se donnent plus facilement que les laides. Il n'y a pas de résistance plus furieuse que celle d'une femme qui a le genou mal tourné.

Musidora n'avait pas cette idée humble et modeste que le don de sa personne dût éteindre l'amour ; elle se livra tout entière et sur-le-champ à Fortunio, non pour contenter ses désirs, mais pour lui en inspirer ; elle se donnait à lui pour qu'il eût envie de l'avoir : c'est un calcul habile et qui réussit plus souvent qu'on ne pense. Chez les belles et fortes natures, l'amour c'est la reconnaissance du plaisir.

Aussi Musidora a-t-elle attaqué le cœur de Fortunio par

la volupté, excellente manière d'entrer en campagne. — D'ailleurs, à quoi bon attendre ? Avec un homme aussi fugitif que le Fortunio, ce serait une chose chanceuse.

Profitons donc du moment où nos deux principaux personnages *oublient l'existence du monde*, pour dire quelque chose de notre héros, car le devoir de tout écrivain est de débrouiller devant son lecteur l'écheveau qu'il a emmêlé à plaisir et de dissiper les nuages mystérieux qu'il a assemblés lui-même, dès le commencement de l'ouvrage, pour empêcher d'en apercevoir trop clairement la fin.

Fortunio est un jeune seigneur de la plus pure noblesse, aristocrate comme le roi et aussi bon gentilhomme. Le marquis Fortunio, son père, dont la fortune était dérangée, l'a envoyé tout jeune dans l'Inde chez un de ses oncles (pardon de l'oncle), nabab d'une richesse colossale et titanique.

La jeunesse de Fortunio s'est passée à chasser au tigre et à l'éléphant, à se faire porter en palanquin, à boire de l'arach, à mâcher du bétel, ou à regarder, assis sur un tapis de Perse, danser les bibiaderi avec leurs petits pieds chargés de clochettes d'or, et leurs seins enfermés dans des étuis de bois de senteur.

Son oncle, vieillard voluptueux et spirituel, qui avait ses idées particulières sur l'éducation des enfants, avait laissé le caractère de Fortunio se développer en toute liberté, curieux, disait-il, de voir ce que pourrait devenir un enfant à qui l'on ne ferait jamais une observation, et qui aurait tous les moyens possibles de mettre sa volonté au jour.

Son inépuisable fortune lui donnait toutes les facilités pour exécuter ce plan d'éducation, et jamais son neveu n'eut de caprice qui ne fût accompli sur-le-champ.

Il ne lui parlait jamais ni morale, ni religion ; il ne lui fit peur ni de Dieu, ni du diable, ni même du Code, les lois n'existant plus pour quelqu'un qui a vingt millions de rente ; il laissa cette vigoureuse plante humaine pousser à droite et à gauche ses jets vivaces et chargés d'un parfum sauvage; il n'émonda rien, ne retrancha rien, ni une épine, ni un nœud, ni une branche bizarrement contournée; mais aussi il ne fit pas tomber une seule feuille, une seule fleur. Fortunio resta tel que Dieu l'avait fait.

Jamais un désir inassouvi ne rentra dans son cœur pour le dévorer avec ses dents de rat; ses passions, toujours satisfaites, ne laissaient sur son front aucun pli, aucune ride; il était doux, calme et fort comme un dieu, dont il avait presque la puissance exterminatrice. Jeune, bien fait, vigoureux, riche, spirituel, il ne connaissait personne au monde qu'il pût envier, et il se sentait envié partout. Il n'avait pas même à désirer la beauté de la femme, car ses maîtresses se plaisaient à s'avouer vaincues et inférieures à lui pour l'inimitable perfection des formes.

A quinze ans il avait un sérail, cinq cents esclaves de toutes couleurs pour le servir, et autant de lacks de roupies qu'il en pouvait dépenser; le trésor de son oncle lui était ouvert, et il y puisait largement.

Jamais le souci de son avenir ou de sa fortune ne vint ternir son beau front du reflet de son aile de chauve-souris : il vivait nonchalamment dans une atmosphère d'or, ne s'imaginant pas qu'il en pût être autrement. Sa surprise fut grande lorsqu'il découvrit qu'il existait des gens qui n'avaient pas même trois cents mille livres de rentes.

Comme tous les enfants gâtés, Fortunio devint un homme supérieur; il avait ses vices, mais il avait aussi ses qualités.

Les instituteurs ordinaires ne veulent pas comprendre que la montagne suppose une vallée, la tour un puits, et toute chose qui brille au soleil une excavation profonde et ténébreuse d'où on l'a tirée.

Rien n'est plus détestable au monde qu'un homme uni et raboté comme une planche, incapable de se faire pendre, et qui n'a pas en lui l'étoffe d'un crime ou deux.

Fortunio était capable de tout, en bien comme en mal,

mais sa position était telle qu'il lui était tout à fait inutile de nuire. Du haut de sa richesse il voyait les hommes si petits, qu'il ne daignait pas s'en occuper; cette noire fourmilière de misérables s'agitant sous ses pieds, et suant toute une année pour gagner à grand'peine ce qu'il avait d'or à dépenser par minute, lui semblait peu digne d'attirer l'attention d'un homme bien né; il ne comprenait guère la charité ni la philanthropie, mais ses caprices faisaient toujours pleuvoir autour de lui une abondante rosée d'or, et tous ceux qui vivaient dans son ombre devenaient bientôt riches ; — en somme, il faisait plus de bien que trente mille hommes vertueux et distributeurs de soupes économiques. Il était bienfaisant à la manière du soleil, qui, sans donner un sou à personne, fait la vie et la richesse du monde.

Comme il n'avait eu aucun précepteur ni aucun maître, il savait beaucoup de choses et les savait parfaitement, les ayant apprises tout seul; étant placé haut et n'étant arrêté par aucun préjugé de naissance ou de position, il voyait au loin et au large.

S'il avait voulu être empereur ou roi, il l'aurait été; avec son audace, son intelligence, sa beauté, sa connaissance des hommes et ses puissants moyens de corruption, rien ne lui eût été plus facile. Par nonchalance et par dédain, il laissa les potentats en paix sur le trône, se contentant d'être roi de fait.

Un caractère distinctif de Fortunio, c'est que, pouvant tout, il n'était blasé sur rien ; il n'estimait aucune chose au-dessus de sa valeur, mais il n'avait pas de mépris systématique.

Comme tous ses désirs étaient accomplis presque aussitôt que formés, il n'éprouvait pas cette fatigue que cause la tension de l'âme vers un objet qu'elle ne peut atteindre ; car ce n'est pas la jouissance qui use, mais le désir.

Il aimait le vin, la bonne chère, les chevaux et les femmes, comme s'il n'en avait jamais eu ; tout ce qui était beau, splendide et rayonnant lui plaisait; il comprenait aussi bien les magnificences d'une chaumière avec un seuil encadré de pampres, un toit velouté de mousses brunes panaché de giroflées sauvages, que les splendeurs d'un palais de marbre aux colonnes cannelées, à l'attique hérissé d'un peuple de blanches statues. Il admirait également l'art et la nature ; il aimait passionnément les femmes à cheveux rouges, ce qui ne l'empêchait pas de s'accommoder fort bien des négresses et des filles de couleur ; les Espagnoles le charmaient, mais il adorait les Anglaises et ne dédaignait aucunement les Indiennes ; les Françaises même lui paraissaient fort agréables ; il avait aussi un goût très-vif pour les vierges de Raphaël et les courtisanes du Titien ; bref, un éclectique de la plus haute volée, et personne ne poussa plus loin le cosmopolitisme. Cependant, nous l'avouons à sa honte ou à sa louange, on ne lui vit jamais de maîtresse en pied, et personne ne lui connut de domicile légal.

Quant à ses esclaves, noirs, jaunes ou rouges, ils étaient aussi souvent rossés que les Scapins de comédie ou les Davus des pièces de Plaute.

Chose étrange ! il était adoré de cette valetaille, et ils se fussent jetés au feu pour lui complaire ; il les traitait tellement en animaux, qu'il leur avait fait croire qu'ils étaient des chiens, et leur en avait inspiré la servilité passionnée.

Jamais il ne lui arriva de répéter deux fois le même ordre ; même il était rare qu'il prît la peine de formuler sa volonté avec la parole : un geste, un clin d'œil suffisait.

Il y avait toujours, sous la remise, une voiture attelée et deux chevaux sellés ; — un dîner perpétuel était tenu prêt dans l'office ; il n'était pas encore arrivé à Fortunio d'attendre quelqu'un ou quelque chose ; — deux belles filles se tenaient, nuit et jour, dans un cabinet à côté de sa chambre à coucher, en cas qu'il lui passât par la tête quelque fantaisie amoureuse. — C'était, comme on voit, un homme de précaution.

L'obstacle et le retard lui étaient inconnus ; il ne savait

pas ce que c'était que le lendemain. Pour lui tout pouvait être aujourd'hui, et il avait la puissance de faire de l'avenir le présent.

Lorsque son oncle mourut, il avait vingt ans environ; le désir le prit de voir l'Europe, la France et Paris.

Il y vint, emportant avec lui vingt fortunes, tonnes d'or, cassette de diamants et le reste.

D'abord, accoutumé qu'il était aux magnificences orientales, tout lui parut misérable, étriqué, mesquin. Les grands seigneurs les plus riches lui faisaient l'effet de mendiants déguenillés; cependant il découvrit bientôt, sous cet aspect pauvre et terne, des mondes d'idées dont il ne soupçonnait pas l'existence. Il fit dans ces régions nouvelles des enjambées de géant. Il fut bientôt aussi au courant qu'un Parisien de race, grâce au flair admirable dont la nature l'avait doué.

Cela lui plaisait, après avoir goûté les charmes pénétrants et sauvages de la vie barbare, d'essayer de tous les raffinements de la civilisation la plus extrême; après avoir chassé le tigre sur un éléphant, avec les Malais, dans les jangles de Java, il lui semblait piquant de courir le renard, en habit rouge, avec les membres du parlement, sur un cheval demi-sang; après avoir vu, à l'ombre de la grande pagode de Bénarès, danser les véritables bibiaderi, assis les jambes croisées, en robe de mousseline, sur une natte de joncs parfumés, il trouvait plaisant de voir, à l'Opéra, avec un binocle et des gants jaunes, mademoiselle Taglioni dans *le Dieu et la Bayadère;* seulement, dans les premiers temps, il avait beaucoup de peine à se retenir de couper la tête des bourgeois qui l'ennuyaient.

La seule chose à laquelle ses habitudes orientales ne purent se plier, c'est de voir sa maison ouverte à tout le monde et de hardis pirates se glisser jusqu'aux plus secrets recoins de sa vie sous le nom d'amis intimes.

Il rencontrait ses compagnons de plaisir dans le monde, aux théâtres, dans les promenades, mais aucun n'avait mis le pied chez lui, ou, s'il ne pouvait s'empêcher de les recevoir, c'était dans quelque appartement loué pour la circonstance et qu'il quittait aussitôt, de peur de les y voir revenir.

Sa vie était divisée en deux parties bien complètes : l'une tout extérieure, courses au clocher, soupers fins et folies de toute espèce ; l'autre mystérieuse, séparée et profondément inconnue.

On avait fait cette remarque à Fortunio, qu'il n'avait ni duchesse ni danseuse, et qu'il lui manquait cela pour être tout à fait du bel air ; à quoi il répondit qu'il trouvait les unes trop vieilles et les autres trop maigres.

Pourtant on le rencontra le lendemain, aux Bouffes, avec une danseuse, et le surlendemain, à l'Opéra, avec une duchesse : — la danseuse était grasse et la duchesse jeune, chose doublement extraordinaire.

Fortunio, ayant fait ce sacrifice aux convenances, reprit son train de vie ordinaire, apparaissant et disparaissant sans jamais dire où il allait ni d'où il venait.

La curiosité de ses camarades avait d'abord été excitée au plus haut degré, mais peu à peu elle s'était assoupie, et l'on avait accepté le Fortunio tel qu'il se donnait. L'amour de Musidora avait réveillé ce désir de pénétrer les mystères de sa vie, et l'on parlait plus que jamais de ses bizarreries ; cependant l'on était forcé de s'en tenir à de vagues conjectures. La vérité n'était sue de personne. George lui-même ne connaissait de Fortunio que ce qui se rapportait à son séjour dans l'Inde.

Nous n'avons rien à communiquer au lecteur de plus intime sur le compte de Fortunio ; toutefois nous espérons le traquer bientôt dans sa dernière retraite.

CHAPITRE XVIII.

La calèche aux chevaux gris-pommelé est retournée vide

chez Musidora, au grand étonnement de Jacinthe, de Jack et de Zamore. La colombe Musidora a choisi, pour cette nuit, le nid du milan Fortunio.

Un rayon de soleil rose et vermeil glisse sous les rideaux d'un lit somptueux à colonnes torses et surmonté d'une frise sculptée.

Comme une abeille incertaine qui va se poser sur une fleur, il tremble sur la bouche de Musidora, endormie dans ses cheveux dénoués et les bras gracieusement arrondis au-dessus de sa tête.

Les oreillers au pillage, les couvertures rejetées, tout indiquait une veille voluptueuse prolongée bien avant dans la nuit.

Fortunio, appuyé sur un coude, regardait avec une attention mélancolique la jeune fille abritée sous l'aile de l'ange du sommeil.

Ses formes délicates et pures apparaissaient dans toute leur perfection; sa peau, fine et soyeuse comme une feuille de camélia, légèrement rosée en quelques endroits par l'impression d'un pli du drap ou la marque d'un baiser trop vivement appuyé, luisait sous la tiède moiteur du repos; — une tresse de ses cheveux débouclés, passant entre son col et son bras, descendait en serpentant sur sa poitrine jusqu'à la pointe de sa gorge, qu'elle semblait vouloir mordre comme l'aspic de Cléopâtre.

Au bout du lit, un de ses pieds nu, blanc, potelé, avec des ongles parfaits semblables à des agates, un talon rose, des chevilles mignonnes au possible, sortait de la couverture. — L'autre, replié assez haut, se devinait vaguement sous l'abondance des plis.

La couleur fauve et blonde de Fortunio contrastait heureusement avec l'idéale blancheur de Musidora; c'était un Georgione à côté d'un Lawrence, l'ambre jaune italien à côté de l'albâtre à veines bleuâtres de l'Angleterre, et l'on eût vraiment hésité à dire lequel était le plus charmant des deux.

L'œil exercé de Fortunio analysait les beautés de sa

maîtresse avec le double regard de l'amant et de l'artiste. Il se connaissait en femmes aussi bien qu'en statues et en chevaux; ce qui n'est pas peu dire. — Il paraît que son examen le satisfit, car un sourire de contentement erra sur ses lèvres; il se pencha vers Musidora et l'embrassa doucement, de peur de l'éveiller, puis il reprit sa contemplation silencieuse.

— Elle est très-belle, dit-il à demi-voix, mais décidément j'aime encore mieux Soudja-Sari la Javanaise. J'irai la voir demain.

— N'avez-vous pas parlé, mon cher seigneur? fit Musidora en soulevant ses longues franges de cils.

— Non, petite reine, répondit Fortunio en la pressant dans ses bras.

Nous pouvons affirmer que Fortunio ne paraissait guère en ce moment penser à Soudja-Sari la Javanaise.

CHAPITRE XIX.

Nous voici retombé de nouveau dans nos perplexités. — Nous étions parvenu à découvrir l'origine de la richesse de Fortunio; nous nous étions procuré des renseignements assez satisfaisants sur la façon dont il avait été élevé, ses habitudes de vivre, sa morale et sa philosophie; malgré toute son habileté à ne pas se laisser prendre et sa souplesse de Protée pour se dérober aux curieux, nous étions venu à bout de lui mettre la main sur le collet et de pénétrer dans une de ses retraites, — peut-être même dans son terrier principal; et voilà que toutes nos peines sont perdues; — il faut nous remettre en quête et flairer sur tous les pavés la trace de ce nouveau mystère.

Quelle scélérate idée a poussé ce damné Fortunio à prononcer dans le lit, à côté de Musidora, un nom aussi incongru que celui de Soudja-Sari?

Il est évident que nos lectrices voudront savoir ce que c'est que Soudja-Sari. — Soudja-Sari la Javanaise! — Est-ce une maîtresse que Fortunio a eue dans les Indes, la femme à qui est adressé le *pantoum* malais trouvé dans le portefeuille volé et traduit par le rajah marchand de dattes?

Il nous est impossible de décider cette question importante; c'est pour la première fois que nous entendons le nom de Soudja-Sari; elle nous est aussi inconnue que le grand khan de Tartarie, et nous avouons que ce souvenir de Fortunio est tout à fait déplacé.

N'a-t-il pas Musidora, une ravissante créature, une perle sans pareille, dont l'âme, régénérée par l'amour, est aussi charmante que l'enveloppe; le suprême effort de la nature pour prouver sa puissance, tout ce qu'on peut imaginer de suave, de délicat, de parfait et d'achevé?

—N'est-ce pas assez pour un roman, et devons-nous favoriser à ce point le libertinage de notre héros, que de lui accorder deux maîtresses à la fois? Il vaudrait mieux donner six amants à Musidora que deux maîtresses à Fortunio. Les femmes nous le pardonneraient plus facilement, Dieu sait pourquoi.

—Nous ferons tous nos efforts pour contenter la curiosité de nos lectrices.

—Soudja-Sari n'est pas une ancienne maîtresse de Fortunio, puisqu'il vient de dire qu'il l'ira voir demain. Où l'ira-t-il voir?... Je ne pense pas que ce soit à Java : il n'y a pas encore de chemin de fer de Paris à Java; et, quand même Fortunio posséderait le bâton d'Abarys, il ne pourrait faire ce voyage du soir au lendemain, et il a promis à Musidora de se montrer avec elle, en grande loge, à l'Opéra, à la prochaine représentation. — Ainsi Soudja-Sari est donc à Paris ou dans la banlieue.

—Mais dans quel endroit? *Est-ce cité Bergère, où logent les houris*, ou dans le faubourg Saint-Germain? à Saint-Maur ou à Auteuil? *Hic jacet lepus;* c'est là que gît le lièvre.

— Nous nous bornerons à dire que Soudja-Sari signifie : œil plein de langueur, suivant l'usage oriental, qui donne aux femmes des noms tirés de leurs qualités physiques.

Grâce à la traduction de ce nom significatif que nous devons à l'obligeance d'un membre de la Société asiatique, très-fort sur le javan, le malais et autres patois indiens, nous savons que Soudja-Sari est une belle à l'œil voluptueux, au regard velouté et chargé de rêveries.

— Qui l'emportera, des yeux de jais de Soudja-Sari ou des prunelles d'aigue-marine de Musidora ?

CHAPITRE XX.

L'habitation de Fortunio avait un pied dans la rivière; — un escalier de marbre blanc, dont l'eau montait ou descendait quelques marches, suivant l'abondance des pluies ou l'ardeur de la saison, conduisait de la chambre de Fortunio à une petite barque dorée et peinte, couverte d'un tendelet de soie.

Fortunio proposa de faire un tour sur la rivière avant de déjeuner; Musidora y consentit.

Elle se plaça, à l'ombre du tendelet, sur une estrade de carreaux; Fertunio se coucha à ses pieds, fumant son hooka, et quatre nègres, vêtus de casaques rouges, firent voler la barque comme un martin-pêcheur qui coupe l'eau du tranchant de son aile.

Musidora plongeait sa main délicate dans les cheveux soyeux et noirs de Fortunio avec un ravissement ineffable; elle le tenait donc enfin, ce Fortunio tant souhaité, assis à ses pieds, la tête appuyée sur ses genoux ! — elle avait mangé à sa table, couché dans son lit, dormi entre ses bras; d'un seul pas elle était parvenue au fond de cette vie si inconnue et si difficile à pénétrer.

Elle possédait un homme qu'elle aimait, elle qui jusque-là n'avait été possédée que par des gens qu'elle haïssait; elle éprouvait cet oubli parfait de toutes choses que donne le véritable amour, et elle se laissait emporter avec insouciance par le rapide courant de la passion. Son existence antérieure était complétement abolie; elle ne datait que de la veille : elle n'avait vraiment commencé à vivre que du jour où elle avait vu Fortunio.

Sa seule crainte était que sa vie ne fût pas assez longue pour prouver son amour à Fortunio; le terme de dix ans, le plus éloigné qu'on ose poser à une liaison, lui paraissait bien court et bien rapproché. Elle aurait voulu garder sa chère passion au delà du tombeau; elle qui jusqu'alors avait été plus athée et plus matérialiste que Voltaire lui-même, crut fermement à l'immortalité de l'âme pour se donner l'espérance d'aimer éternellement Fortunio.

La barque glissait rapidement sur le miroir tranquille de la rivière; les quatre avirons des rameurs ne faisaient pas jaillir une seule perle, et l'unique bruit qu'on entendît, c'était le grésillement de l'eau qui filait des deux côtés de la barque en festons écumeux.

Fortunio laissa son hooka, prit les deux pieds de Musidora, les posa sur sa poitrine comme sur un escabeau d'ivoire, et se mit à siffler nonchalamment un air d'une mélodie bizarre et mélancolique.

L'ombre des peupliers de la rive flottait sur sa barque, qui semblait nager dans une mer de feuillage; des libellules au corselet grêle venaient papillonner jusque sous le tendelet, au milieu du tourbillon transparent de leurs ailes de gaze, et regardaient nos deux amants de leurs gros yeux d'émeraude. Quelque poisson au ventre d'argent sautait de loin en loin et écaillait la surface huileuse de l'eau d'une fugitive paillette de lumière. Il ne faisait pas un souffle d'air; les pointes flexibles des roseaux ne tressaillaient seulement pas, et la bannière de la barque descendait jusque dans l'eau, à plis flasques et languissants. Le ciel, noyé de lumière, était d'un gris d'argent, car l'intensité des rayons du midi en éteignait l'azur, et, au bord de l'horizon, montait un brouillard chaud et roux comme un ciel égyptien.

— Pardieu ! dit Fortunio en ôtant le bernous de cachemire blanc dont il était enveloppé, j'ai une furieuse envie de me baigner.

Et il sauta par-dessus le plat-bord de la barque.

Musidora, quoiqu'elle sût nager elle-même, ne put s'empêcher de sentir un mouvement de frayeur en voyant le gouffre se refermer en tourbillonnant sur la tête de Fortunio; mais il reparut bientôt secouant sa longue chevelure, qui ruisselait sur ses épaules. Fortunio nageait comme le plus fin et le plus élégant Triton de la cour de Neptune. — Les poissons n'auraient pas eu de grands avantages sur lui.

Rien n'était plus charmant à voir. Ses belles épaules, fermes et polies, tout emperlées de gouttes d'eau, luisaient comme un marbre submergé; l'onde amoureuse frissonnait de plaisir en touchant son beau corps et suspendait à ses bras des bracelets d'argent.—Quelques plantes aquatiques qu'il avait posées dans ses cheveux en relevaient le noir vif et lustré par leur vert pâle et glauque; on l'eût pris pour le dieu du fleuve lui-même.

Musidora ne pouvait se lasser d'admirer cette beauté supérieure aux perfections de la plus belle femme.

Ni Phœbus-Apollon, le dieu jeune et rayonnant, ni le Scamandre, funeste aux virginités, ni Endymion, le bleuâtre amant de la Lune, aucune des formes idéales réalisées par les sculpteurs ou les poëtes n'aurait pu soutenir la comparaison avec notre héros.

Il était le dernier type de la beauté virile, disparue du monde depuis l'ère nouvelle. Phidias lui-même ou Lysippe, le sculpteur d'Alexandre, n'eussent rien rêvé de plus pur et de plus parfait.

— Pourquoi ne te baignes-tu pas? dit Fortunio à Musidora en se rapprochant de la barque. On m'a dit que tu savais nager, petite.

— Oui, mais ces nègres qui sont là.

— Ces nègres? eh bien! qu'est-ce que cela fait? ce ne sont pas des hommes. S'ils n'étaient muets, ils pourraient très-bien chanter le *Miserere* à la chapelle Sixtine.

Musidora défit sa robe et se laissa couler dans le fleuve.

Ses longs cheveux flottaient derrière elle comme un manteau d'or, et de temps en temps on voyait luire à la surface de l'eau ses reins satinés comme ceux des nymphes de Rubens, et ses petits talons roses comme les doigts de l'Aurore.

Ils glissaient tous les deux côte à côte comme des cygnes jumeaux, et, après avoir décrit quelques courbes gracieuses pour rompre la force du courant, ils revinrent à leur point de départ, et prirent pied sur les dernières marches de l'escalier de marbre.

Deux belles mulâtresses les attendaient avec de grands peignoirs d'étoffe moelleuse et tiède dont elles les enveloppèrent.

— Eh bien! ma blanche naïade, dit Fortunio drapé dans son étoffe, n'avons-nous pas l'air de deux statues antiques? — Je fais un Triton passable, et l'eau douce n'a plus rien à envier maintenant à l'onde amère : il en est sorti une Vénus qui vaut bien l'autre. — Pourquoi n'y a-t-il pas un Phidias sur le rivage? le monde moderne aurait sa Vénus Anadyomène. — Mais nos sculpteurs ne sont bons qu'à tailler des grès pour paver les rues ou des hommes illustres en habit à la française; avec cette maudite civilisation, qui n'a d'autre but que de jucher sur un piédestal l'aristocratie des savetiers et des fabricants de chandelle, le sentiment de la forme se perd, et le bon Dieu sera obligé un de ces matins de quitter son fauteuil à la Voltaire pour venir repétrir la boule du monde, aplatie par ces populations de cuistres envieux de toute splendeur et de toute beauté qui forment les nations modernes. — Un peuple tant soit peu civilisé dans le vrai sens du mot l'élèverait un temple et des statues, ma petite reine; on te ferait déesse : la déesse Musidora, cela ne sonnerait pas mal.

— Mariée au dieu Fortunio, à la mairie et à l'église de l'Olympe; sans quoi les divinités un peu prudes ne voudraient pas me recevoir à leurs soirées du mercredi ou du vendredi, reprit Musidora en riant.

En devisant ainsi, les deux amants rentrèrent dans la maison.

Et Soudja-Sari? — Lectrices curieuses, nous vous donnerons bientôt de ses nouvelles.

CHAPITRE XXI.

La journée se passa comme un beau rêve. — Nos amants s'enivraient à longs traits de leur beauté et de leur jeunesse; leurs bouches de rose étaient les coupes charmantes où ils buvaient le vin capiteux de la volupté; ils ne se donnèrent qu'un baiser, mais il dura jusqu'au soir. Musidora appuyait sa joue brûlante et veloutée contre la fraîche poitrine de Fortunio; elle était ramassée sur elle-même dans une attitude adorablement puérile, comme un enfant qui s'arrange dans le giron de sa mère pour dormir à son aise; elle fermait ses paupières, dont les cils descendaient jusqu'au milieu des joues, puis elle les relevait lentement pour regarder Fortunio.

— Ah! fit-elle après une de ces muettes contemplations en le serrant contre sa poitrine avec une force surhumaine, le jour où tu ne m'aimeras plus, je te tuerai.

— Bon! se dit Fortunio, — voici la cent cinquante-troisième femme qui me fait la même promesse, et je me porte encore passablement; cela ne m'empêchera pas de vivre en joie.

Il sentit la moelleuse écharpe que Musidora avait nouée autour de son corps se relâcher tout à coup; il la regarda et la vit pâle, la tête nerveusement renversée en arrière, les dents serrées, les lèvres décolorées, et comme plongée dans un paroxysme de rage.

—Diable! dit Fortunio, est-ce qu'elle parlerait sérieusement? Ces petits démons délicats et frêles sont capables de tout;—voici qui promet d'être amusant. Après tout, c'est une jolie mort, et je n'en choisirais pas d'autre;— personne ne m'a encore assez aimé pour me tuer. — Il serait assez singulier, après avoir passé par toutes les furies des passions indiennes et tropicales, d'être gentiment égorgillé par une Parisienne blondine, proprette, et ayant tout au plus la force nécessaire pour se battre en duel avec un hanneton.

—En ce cas, ma reine, dit-il tout haut, tu viens de me signer un brevet d'éternité; je passerai les ans de Mathusalem et de Melchisedech.

—Tu m'aimeras donc toujours? fit Musidora en lui donnant un long et volupteux baiser.

—Assurément, quand on aime, c'est pour toujours; —autrement, à quoi bon s'aimer? ne faut-il pas l'éternité à l'infini? Je t'adorerai dans ce monde-ci et dans l'autre, s'il y en a un, et il doit y en avoir un exprès pour cela; l'amour a des magasins d'éternités à sa disposition.

—Oh! le méchant railleur qui ne croit à rien! dit Musidora avec une charmante petite moue.

—Moi! je crois à tout; je crois à la charité des philanthropes, à la vertu des femmes, à la bonne foi des journalistes, aux épitaphes des cimetières, à tout ce qu'il y a de moins vraisemblable. Je voudrais qu'il y eût quatre personnes dans la Trinité pour que ma foi fût plus méritoire.

—Vous êtes athée, monsieur, fi donc! cela est bien mauvais genre, reprit Musidora en jouant avec l'amulette qui scintillait au col de Fortunio.

—Athée!—j'ai trois dieux : l'or, la beauté et le bonheur! —Je suis aussi pieux pour le moins que le *pius Æneas* de benoîte mémoire.

—Croyez au bon Dieu, cela ne fait jamais de mal, comme disent les vieilles femmes en proposant un remède pour la migraine ou le mal de dents.

—Ah çà! mon cœur, allons-nous parler théologie? j'aimerais autant dîner et aller à l'Opéra. Il faut que je te présente à l'univers. Nous allons nous mettre à table, et nous partirons.

—Y pensez-vous, Fortunio? faite comme je suis!

—Nous passerons chez toi, et tu mettras une autre robe.

Après le dîner, qui ne fut pas moins somptueux que la veille, le charmant couple monta en voiture.

Musidora s'arrêta chez elle et fit une ravissante toilette. Par un caprice d'enfant, elle se mit en blanc des pieds à la tête comme une jeune mariée. L'expression douce et virginale de sa figure, illuminée par une immense félicité intérieure, s'accordait admirablement avec sa parure.

Fortunio, devinant l'intention qui avait présidé au choix de cette toilette, tira d'une petite boîte de maroquin rouge, qu'il avait dans sa poche, un collier de perles parfaitement rondes, des boucles d'oreilles et des bracelets aussi en perles d'un prix inestimable.

—Voici mon présent de noces, madame la marquise. Et il lui accrocha lui-même les pendants d'oreilles, lui posa les bracelets et le collier.—Maintenant, mon infante, vous êtes au mieux; et je vous réponds que vingt femmes, ce soir, vont éclater de jalousie dans leur peau comme des marrons qu'on a oublié de fendre. — Vous allez causer bien des jaunisses, et plus d'un amant, cette nuit, sera traité comme un nègre, par suite de la mauvaise humeur que vous ne pouvez manquer d'exciter dans le camp féminin.

Quand Musidora parut avec le Fortunio sur le devant de la loge, ce fut dans la salle un frémissement d'admiration universelle; peu s'en fallut qu'on n'applaudît.

Phébé, qui était dans une avant-scène avec Alfred, devint pâle comme la lune à l'instant où se montre le soleil; la peau d'Arabelle, qui avait des prétentions au cœur de Fortunio, s'injecta de fibrilles jaunes, comme si son fiel se fût répandu, et la violence de son émotion fut telle, qu'elle manqua de se trouver mal.

Quant à la Romaine Cinthia, elle sourit doucement, et pendant l'entr'acte elle vint avec Phébé voir Musidora dans sa loge.

— Vous avez l'air d'une mariée à s'y méprendre, dit Phébé d'un air contraint et avec un sourire venimeux.

— En effet, répondit Musidora, je me suis mariée hier avec le rêve de mon cœur.

— J'en étais bien sûre, dit Cinthia; jamais une neuvaine avec un cierge de trois livres n'a manqué son effet; notre madone vaut mieux que tous vos saints laids et barbus.

— Madame, dit George, qui entra dans sa loge, permettez-moi de mettre mes hommages à vos pieds, s'il y a de la place. — La calèche est à vous; quand faut-il vous l'envoyer?

— Merci, Giorgio, — Fortunio vous a devancé.

— Eh bien! Fortunio, continua George, revenons-nous de Singapour, de Calcutta ou de l'enfer? C'est peut-être là que Musidora t'a rencontré; elle est très-bien avec le diable.

— Non, je reviens tout bourgeoisement de Neuilly, ni plus ni moins qu'un roi constitutionnel. As-tu fait encadrer Cinthia?

La Romaine fit un signe de silencieuse dénégation.

Phébé, se penchant à l'oreille de Fortunio, lui apprit que Cinthia était amoureuse d'une espèce de bravo, mélange de spadassin et de maître d'armes, haut de six pieds, avec des favoris noirs et trois rangées de dents comme un crocodile, à qui elle donnait tout son argent.

— Je la reconnais bien là, dit Fortunio à demi-voix.

Pendant que cette conversation se tenait dans la loge de Fortunio, Alfred, resté seul, lorgnait de son mieux la Musidora. — Décidément, se dit-il à lui-même, je vais me remettre à faire la cour à Musidora; Phébé est trop froide.

— Il serait du meilleur goût de supplanter le Fortunio malgré ses grands airs de satrape; — cela ferait un éclat merveilleux et restaurerait ma réputation d'homme à

bonnes fortunes, qui a besoin d'être un peu ravivée; car je ne puis me dissimuler que voilà trois femmes que je manque. — Comment diable ce Fortunio peut-il suffire à toutes les dépenses qu'il fait? Il y a quelque chose là-dessous. On ne lui connaît pas un pouce de terre au soleil.
— Étrange! fort étrange! excessivement étrange, en vérité; mais je pénétrerai ce mystère, et j'aurai la Musidora.

Alfred, ayant pris cette louable résolution, se sentit fort content de lui-même, et passa à plusieurs reprises sa main gantée de blanc dans ses cheveux frisés, de l'air le plus avantageux et le plus triomphant du monde.

CHAPITRE XXII.

Nous prions le lecteur de se souvenir d'un certain lit de bois de citronnier, à pieds d'ivoire et à rideaux de cachemire blanc, qui se trouve vers le commencement de ce bienheureux volume; qu'il y ajoute mentalement un second oreiller garni de point d'Angleterre, et qu'il fasse ruisseler sur la toile de Flandre les longs cheveux noirs de Fortunio avec les boucles blondes de Musidora, comme deux fleuves qui coulent ensemble sans se mêler, et le tableau sera complet.

Nous n'entreprendrons pas de raconter, jour par jour, heure par heure, la vie que menaient nos deux amants. Quel langage humain serait assez suave pour rendre ces adorables riens, ces ravissants enfantillages dont se compose l'amour? Comment dire en humble prose ces belles nuits plus blanches que le jour, ces longues extases, ces ravissements profonds, cette volupté poussée jusqu'à la frénésie, — ce désir infatigable renaissant de ses cendres, comme le phénix, toujours plus avide et plus ardent, sans tomber dans le pathos et dans le galimatias?

Fortunio s'était laissé pénétrer par la passion de Musidora. L'amour véritable est contagieux comme la peste. Tout railleur et tout sceptique qu'il parût, il n'avait pas cette sécheresse de cœur qu'amènent les jouissances trop précoces et trop faciles. — Il haïssait plus que la mort les grimaces de sensibilité, et ne se laissait nullement séduire par les minauderies; l'hypocrisie d'amour était celle qui le révoltait le plus, cependant il était touché du moindre signe d'affection vraie, et il n'eût pas rudoyé une chiffonnière ou un chien galeux qui l'eussent aimé réellement. Quoique ses immenses richesses lui facilitassent l'accès et la possession de toutes les réalités éclatantes et splendides, la petite fleur bleue de l'amour naïf s'épanouissait doucement dans un coin de son cœur ; un sérail de deux cents femmes et les faveurs de toutes les belles courtisanes du monde ne l'avaient aucunement blasé. Il était plus roué qu'un diplomate octogénaire, et plus candide que Chérubin aux pieds de sa marraine. Il avait mené la vie de don Juan, et se serait promené avec une pensionnaire en veste de satin vert-pomme sur les bords du Lignon. Il s'abandonnait tranquillement aux contradictions les plus étranges, et ne se souciait pas le moins du monde d'être logique. Ses passions le menaient où elles voulaient, sans qu'il essayât jamais de résister ; il était bon le matin et méchant le soir, plus souvent bon que méchant, car il se portait bien ; il était beau et riche, et penchait naturellement à trouver le monde assez bien ordonné ; mais à coup sûr, quelle que fût son humeur, il était ce qu'il paraissait être. — Il concevait très-bien les choses les plus diverses ; il aimait également l'écarlate et le bleu de ciel, mais il détestait les phrases de roman et le jargon à la mode, et, ce qui l'avait charmé principalement dans Musidora, c'est qu'elle s'était donnée à lui sans le connaître et sans lui rien dire.

Il n'était bruit de par le monde que de la victoire remportée par Musidora sur le Fortunio introuvable et sauvage, qui s'était singulièrement apprivoisé ; la petite chatte parisienne aux yeux verts avait dompté le tigre indien ;

elle le tenait en cage dans son amour, dont les imperceptibles barreaux étaient plus solides que des grilles de fer; elle paraissait l'avoir complétement fasciné, et la pauvre Soudja-Sari devait être bien négligée ; sa beauté était vaincue par la gentillesse de Musidora. — Fortunio se conduisait avec elle plus européennement qu'avec toutes les autres femmes qu'il avait eues depuis son arrivée en France: il l'allait voir presque tous les jours et toutes les nuits, et passait quelquefois des semaines entières sans la quitter. — Le sultan Fortunio avait pris des façons d'Amadis ; on n'eût pas montré à une princesse des adorations plus ferventes et des respects plus humbles. Cependant il lui prenait quelquefois des retours de férocité asiatique très-prononcés ; les griffes du tigre sortaient acérées et menaçantes du velours de ses pattes.

Une nuit qu'il était couché à côté d'elle, je ne sais quelle idée saugrenue lui passa par la cervelle ; il se leva, s'habilla, prit la lampe, qu'il approcha des franges des rideaux, et y mit le feu avec un grand sang-froid, puis il entra dans la pièce voisine, et fit la même opération.

Les larges langues de la flamme noircissaient déjà le plafond ; cette éblouissante clarté pénétra à travers les yeux assoupis de Musidora ; elle se réveilla, et, voyant la chambre pleine de flammes et de fumée, elle poussa un cri d'effroi.

—Fortunio, Fortunio, cria-t-elle, sauvez-moi !

Fortunio était debout, appuyé fort tranquillement contre la cheminée, et regardait les progrès de l'incendie d'une air de satisfaction.

—J'étouffe ! dit Musidora en se jetant à bas du lit et en courant vers la porte ; mais que faites-vous donc, Fortunio, et pourquoi n'appelez-vous pas au secours ?

—Il n'est plus temps, répondit Fortunio. Et, prenant Musidora comme un petit enfant qu'on va emmailloter, il la roula dans une couverture et l'emporta.

Une chaleur insupportable et suffocante rendait le passage, à travers l'enfilade de pièces qui composaient l'appartement, difficile et périlleux pour un homme moins leste et moins vigoureux que Fortunio.

En quelques bonds il eut franchi la dernière porte; il descendit l'escalier avec la légèreté d'un oiseau, ouvrit lui-même, — il eût été trop long de réveiller le suisse enseveli sous les doubles pavots de l'ivresse et du sommeil, — et monta avec son précieux fardeau dans une voiture qui paraissait l'attendre. Après s'être assis, il posa Musidora sur ses genoux, et la voiture partit.

Les flammes avaient crevé les fenêtres et sortaient en noires colonnes; toute la maison s'était enfin réveillée, et le cri : « Au feu, au feu! » répété sur tous les tons, courait d'un bout à l'autre de la rue.

Les étincelles voltigeaient et scintillaient en paillettes d'or sur le fond rouge de l'incendie. On eût dit une magnifique aurore boréale.

— Je parie que Jack ne se réveillera que lorsqu'il sera tout à fait cuit, dit Fortunio en riant.

Musidora ne répondit pas.—Elle était évanouie.

CHAPITRE XXIII.

Quand Musidora reprit ses sens, elle se trouva couchée sur un lit d'une élégante simplicité; Fortunio était assis à côté d'elle.

Rien n'était plus charmant et plus coquet que l'intérieur de cette chambre : tous les meubles étaient d'un choix exquis; ce n'était pas ce luxe tout royal et presque insolent qui éblouit plus qu'il ne charme; c'était quelque chose de doux, d'intime et de chastement vaporeux, qui plaisait à l'âme encore plus qu'à l'œil. Il fallait que le tapissier qui avait présidé à l'arrangement de cette chambre à coucher fût un grand poëte.—Ce poëte, c'était Fortunio.

— Comment trouves-tu ce petit nid? est-il de ton goût?

— Parfaitement, reprit Musidora ; — mais à qui appartient cette maison? où suis-je?

— Question classique ; — chez toi.

— Chez moi ! dit Musidora étonnée.

— Oui, j'ai acheté cette maison ayant l'intention de brûler la tienne, répondit négligemment Fortunio, comme s'il eût dit la chose la plus naturelle du monde.

— Comment! c'est vous qui avez brûlé ma maison? dit Musidora.

— Le feu ne s'y serait pas mis tout seul, c'est une réflexion profonde que j'avais faite ; alors je l'y ai mis moi-même.

— Êtes-vous fou, Fortunio, ou voulez-vous vous jouer de moi?

— Point du tout ; est-ce que j'ai dit quelque chose de déraisonnable? — L'architecture de ta bicoque était d'ordre dorique, ce qui m'est spécialement odieux; et puis.....

— Et puis quoi? Voilà un beau motif pour incendier peut-être tout un quartier, dit Musidora, voyant que Fortunio s'était arrêté au milieu de sa phrase.

— Et puis... reprit Fortunio, dont le teint avait pris une nuance verdâtre et dont les yeux s'allumaient, je ne voulais plus te voir dans cette maison qui t'avait été donnée par un autre, où d'autres t'avaient possédée. Cela me faisait horreur ; j'en haïssais chaque fauteuil, chaque meuble, comme un ennemi mortel ; j'y voyais un baiser ou une caresse. J'aurais poignardé ton sofa comme un homme. — Tes robes, tes bagues, tes bijoux me produisaient la sensation froide et venimeuse que produit au toucher la peau d'un serpent ; tout me rappelait chez toi des idées que j'aurais voulu chasser sans retour, mais qui revenaient, plus importunes et plus acharnées que des essaims de guêpes, m'enfoncer dans le cœur leurs aiguillons empoisonnés. Tu ne peux pas te figurer avec quelle satisfaction vengeresse j'ai vu la flamme mordre de ses dents ces impures draperies qui avaient avant moi jeté leur perfide demi-jour sur tant de scènes voluptueuses.

Comme l'incendie embrasait éperdument ces exécrables murailles, et qu'il semblait bien comprendre ma fureur ! — Honnête feu, qui purifies tout, ta pluie d'étincelles et de flammèches ardentes tombait sur moi plus fraîche qu'une rosée de mai, et je sentais reverdir la paix de mon cœur comme sous une ondée bienfaisante. — Maintenant il ne doit plus y avoir un seul pan de mur debout, tout s'est écroulé, tout s'est abîmé ; il n'y a plus qu'un tas de cendres et de charbons. Je respire plus librement, et je sens ma poitrine se dilater.

— Mais tu as encore sur toi ce peignoir plus odieux que la robe de Nessus ; il faut que je le déchire, que je le mette en mille pièces, que je le foule aux pieds comme s'il était vivant.

Et Fortunio arracha le tissu, qui craqua et se rompit ; il le jeta par terre et se mit à trépigner dessus avec la rage insensée d'un taureau qui soulève sur ses cornes la banderole écarlate abandonnée par les chololos.

Musidora, effarée de ces transports de bête fauve, s'était pelotonnée sous la couverture, les bras croisés sur sa poitrine, et attendait dans une anxiété muette la fin de cette scène singulière.

— Ah ! je voudrais t'écorcher vive ! dit Fortunio en se rapprochant du lit.

L'enfant eut peur un moment qu'il ne mît son souhait à exécution, et que, selon son habitude, il ne passât de l'optatif au présent ; mais le jeune jaguar mal apprivoisé continua ainsi :

— Cette peau si douce, si soyeuse, sur qui se sont posées les lèvres épaissies par la débauche de tes infâmes amants, je l'arracherais de ton corps avec délices ; je voudrais que jamais personne ne l'ait vue, ni touchée, ni entendue ; je briserais les glaces sur lesquelles ton image a passé et qui l'ont gardée quelques instants. Je suis jaloux de ton père, car enfin son sang est dans ton corps et circule librement dans les charmants réseaux de tes veines azurées ; jaloux de l'air que tu respires, et qui semble te donner un baiser; jaloux de ton ombre, qui te suit comme un amant plaintif. Il me faut ton existence tout entière : avenir, passé et présent. — Je ne sais qui me tient d'aller tuer George et de Marcilly, et de faire déterrer Willis pour jeter son cadavre aux chiens.

En parlant ainsi, Fortunio tournait autour de la chambre comme un de ces loups maigres qu'on voit, aux ménageries, rôder autour de leur cage en frottant leur museau noir contre les barreaux.

Il se tut, fit encore quelques tours et vint se poser la figure sur le lit. Il sanglotait amèrement : l'orage qui avait commencé par des tonnerres se résolvait en pluie.

—Imbécile, qui ne sent pas que je n'ai jamais aimé que lui, dit Musidora en lui prenant la tête et en l'attirant sur son cœur. O mon ami ! je ne suis née que du jour où je t'ai connu; ma vie date de mon amour. Quant à Musidora, pourquoi en es-tu jaloux? tu sais bien qu'elle est morte. N'es-tu pas mon Dieu, mon créateur? ne m'as-tu pas faite de rien? Pourquoi te tourmentes-tu?

—Pardonne-moi, mon ange : j'ai été élevé bien près du soleil, sur une terre de feu ; je suis extrême en tout, et mes passions rugissent dans mon âme comme des cavernes de lions. Mais voici trois heures qui sonnent ; ferme tes yeux verts, mon petit crocodile. — Allons, dormez, mademoiselle.

CHAPITRE XXIV.

Nous avions promis à nos lectrices de découvrir Soudja-Sari, cette beauté javanaise aux yeux chargés de langueur; comme elle se trouve maintenant l'héroïne opprimée, et que c'est Musidora que Fortunio aime aujourd'hui, l'intérêt se concentre naturellement sur elle. Mais nous avons fait une promesse imprudente et difficile à remplir; nous n'aurions pas d'autre moyen de trouver Soudja-Sari qu'en suivant Fortunio; et comment voulez-vous que l'on suive pédestrement un gaillard traîné par des chevaux pur sang? Et d'ailleurs avons-nous réellement le droit d'espionner notre héros? Est-il de la délicatesse de surprendre ainsi le secret d'un galant homme? Est-ce sa faute, à lui, si nous avons été le prendre pour héros de roman?

Il en est tant d'autres qui ne demandent pas mieux que d'imprimer leur correspondance intime.

Cependant il faut à toute force trouver Soudja-Sari, la belle aux yeux pleins de langueur.

Renonçant ici à tous les artifices ordinaires aux romanciers pour exciter et graduer l'intérêt, et averti d'ailleurs qu'il sera bientôt temps d'apposer le glorieux monosyllabe FIN, nous allons trahir le secret de Fortunio.

Fortunio, comme nous l'avons dit, a été élevé dans l'Inde par son oncle, nabab d'une richesse féerique. — Après la mort de son oncle, il est venu en France emportant avec lui de quoi acheter un royaume. — Un des plus grands plaisirs qu'il eût, c'était de mélanger la vie barbare et la vie civilisée, d'être à la fois un satrape et un fashionable, Brummel et Sardanapale; il trouvait piquant d'avoir un pied dans l'Inde et l'autre dans la France.

Pour parvenir à ce double but, voici ce qu'il avait fait.

Il avait acheté, dans un quartier de Paris assez retiré, tout un pâté de maisons dont le centre était occupé par de grands jardins. — Il avait fait démolir toutes les constructions intérieures, et n'avait laissé à son îlot de maisons qu'une croûte de façades peu épaisse. Toutes les fenêtres donnant sur les jardins avaient été murées soigneusement, en sorte qu'il était impossible d'apercevoir d'aucun côté les bâtiments élevés par Fortunio, à moins de passer au-dessus, dans la nacelle d'un ballon.

Quatre maisons, une sur chaque flanc de l'îlot, servaient d'entrée à Fortunio; de longs passages voûtés y aboutissaient et servaient à communiquer avec le dehors sans éveiller les soupçons. Fortunio sortait et rentrait tantôt d'un côté, tantôt de l'autre, de façon à n'être pas remarqué.

Un marchand de comestibles dont la boutique correspondait par derrière avec les bâtiments, et qui n'était autre qu'un domestique dévoué de Fortunio, servait à faire arriver les vivres d'une manière naturelle et plausible.

C'est dans ce palais inconnu, plus introuvable que l'Eldorado tant cherché des aventuriers espagnols, que Fortunio faisait ces retraites mystérieuses qui excitaient si vivement la curiosité de ses amis.

Il y restait huit jours, quinze jours, un mois, sans reparaître, selon que son caprice le poussait.

Les ouvriers employés à cette bâtisse avaient été largement payés pour garder le secret, et disséminés ensuite sur divers points du globe; aucun n'était demeuré à Paris. Fortunio les avait fait partir, sans qu'ils s'en doutassent, les uns pour l'Amérique, les autres pour les Indes et l'Afrique; il leur avait proposé des occasions admirables, qui semblaient naître fortuitement et dont ils avaient été complétement dupes.

L'*Eldorado*, le palais d'or, comme Fortunio l'avait baptisé, ne mentait pas à son titre : l'or y étincelait de toutes parts, et la maison dorée de Néron ne devait assurément pas être plus magnifique.

Représentez-vous une grande cour encadrée de colonnes torses de marbre blanc aux chapiteaux et aux fûts dorés, entourés d'un cep de vigne aussi doré, avec des grappes en prisme de rubis. Sous ce portique quadruple s'ouvraient les portes des appartements, faites en bois de cèdre précieusement travaillé.

Au milieu de la cour s'enfonçaient quatre escaliers en porphyre, avec des rampes et des repos conduisant à une piscine, dont l'eau tiède et diamantée baissait jusqu'aux dernières marches ou montait jusqu'au niveau du sol, selon la profondeur que l'on voulait obtenir.

Le reste de l'espace était rempli par des orangers, des tulipiers, des angsoka à fleurs jaunes, des palmistes, des aloès, et toutes sortes de plantes tropicales venant en pleine terre.

Pour aider à comprendre ce miracle, nous dirons que l'Eldorado était un palais sous cloche.

Fortunio, frileux comme un Indou, pour se composer une atmosphère à sa guise, avait d'abord fait construire une serre immense qui englobait complétement son nid merveilleux.

Une voûte de verre lui tenait lieu de ciel; cependant il n'était pas privé de pluie pour cela : quand il désirait changer le beau invariable de son atmosphère de cristal, il commandait une pluie, et il était servi sur-le-champ. D'invisibles tuyaux criblés de trous faisaient grésiller une rosée de perles fines sur les feuilles ouvertes en éventail ou bizarrement découpées de sa forêt vierge.

Des milliers de colibris, d'oiseaux mouches et d'oiseaux de paradis voltigeaient librement dans cette immense cage, scintillaient dans l'air comme des fleurs ailées et vivantes; des paons, au col de lapis-lazuli, aux aigrettes de rubis, traînaient magnifiquement sur le gazon leur queue semée d'yeux étoilés.

Une seconde cour contenait le logement des esclaves.

Un inconvénient obligé de cette construction était de ne pas avoir de point de vue; —Fortunio, esprit très-inventif et que rien n'embarrassait, avait paré à cet inconvénient : les fenêtres de son salon donnaient sur des dioramas exécutés d'une façon merveilleuse et de l'illusion la plus complète.

Aujourd'hui, c'était Naples avec sa mer bleue, son amphithéâtre de maisons blanches, son volcan panaché de flammes, ses îles blondes et fleuries; demain, Venise, les dômes de marbre de San-Georgio, la Dogana ou le Palais Ducal; ou bien une vue de Suisse, si le seigneur Fortunio se trouvait ce jour-là d'humeur pastorale; le plus souvent c'étaient des perspectives asiatiques, Bénarès, Madras, Masulipatnam ou tout autre endroit pittoresque.

Le valet de chambre entrait le matin dans sa chambre et lui demandait : — Quel pays voulez-vous qu'on vous serve aujourd'hui ?

— Qu'avez-vous de prêt ? disait Fortunio ; voyons votre carte. Et le valet tendait à Fortunio un portefeuille de nacre où les noms des sites et des villes étaient soigneusement gravés. Fortunio marquait la vue qui lui était inconnue ou qu'il avait la fantaisie de revoir, comme s'il se fût agi de prendre une glace chez Tortoni.

Il vivait là en joie comme un rat dans un fromage de Hollande, se livrant à tous les raffinements du luxe asiatique, servi à genoux par ses esclaves, adoré comme un dieu, faisant voler la tête de ceux qui lui déplaisaient ou le servaient mal, avec une dextérité parfaite et qui eût fait honneur à un bourreau turc. Les corps étaient jetés dans un puits plein de chaux et dévorés à l'instant même. Mais depuis quelque temps, influencé sans doute par les idées européennes, il se livrait plus rarement à ce genre de plaisir, à moins qu'il ne fût ivre ou qu'il ne voulût distraire un peu Soudja-Sari.

Avant d'entrer dans l'Eldorado il quittait ses habits de fashionable et reprenait ses vêtements indiens, la robe et le turban de mousseline à fleurs d'or, les babouches de maroquin jaune, et le kriss au manche étoilé de diamants.

Aucun des Indiens, hommes ou femmes, qui étaient enfermés dans cette prison splendide, ne savait un mot de français, et ils ignoraient complétement dans quelle partie du monde ils se trouvaient.

Ni Soudja-Sari, sa favorite, ni Rima-Pahes, à qui ses immenses cheveux noirs faisaient comme un manteau de jais, ni Koukong-Alis, aux sourcils en arc-en-ciel, ni Sicara, à la bouche épanouie comme une fleur, ni Cambana, ni Keni-Tambouhan, ne soupçonnaient qu'elles fussent à

Paris, par une raison péremptoire, c'est qu'elles ne savaient pas seulement que Paris existât.

Grâce à cette ignorance, Fortunio gouvernait ce petit monde aussi despotiquement que s'il eût été au milieu des Indes.

Il passait là des journées entières, dans une immobilité complète, assis sur une pile de carreaux et les pieds appuyés sur une de ses femmes, suivant d'un regard nonchalant les spirales bleuâtres de la fumée de son hooka.

Il se plongeait délicieusement dans cet abrutissement voluptueux si cher aux Orientaux, et qui est le plus grand bonheur qu'on puisse goûter sur terre, puisqu'il est l'oubli parfait de toute chose humaine.

Des rêveries somnolentes et vagues caressaient son front à demi penché du tiède duvet de leurs ailes; des mirages étincelants papillotaient devant ses yeux assoupis.

Du large calice des grandes fleurs indiennes, urnes et cassolettes naturelles, s'élevaient des senteurs sauvages et pénétrantes, des parfums âcres et violents, capables d'enivrer comme le vin ou l'opium ; des jets d'eau de rose s'élançaient jusqu'au linteau sculpté des arcades et retombaient en pluie fine sur leurs vasques de cristal de roche, avec un murmure d'harmonica; pour surcroît de magnificence, le soleil, illuminant les vitres de la voûte, faisait un ciel de diamant à ce palais d'or.

C'était un conte de fée réalisé.

On était à deux mille lieues de Paris, en plein Orient, en pleines *Mille et une Nuits*, et pourtant la rue boueuse, infecte et bruyante bourdonnait, grouillait et fourmillait à deux pas de là ; — la lanterne du commissaire de police balançait au bout d'une potence son étoile blafarde dans la brume; les libraires vendaient les cinq codes avec leurs tranches de diverses couleurs ; la charte constitutionnelle ouvrait ses fleurs tricolores, découpées en façon de cocardes; l'on respirait l'atmosphère de gaz hydrogène et de mélasse de la civilisation moderne ; l'on pataugeait dans le cloaque de la plus boueuse prose ; ce n'était que tumulte, fumée et pluie, laideur et misère, fronts jaunes sous un ciel gris, l'affreux, l'ignoble Paris que vous savez.

De l'autre côté du mur, un petit monde étincelant, tiède, doré, harmonieux, parfumé, un monde de femmes, d'oiseaux et de fleurs, un palais enchanté que le magicien Fortunio avait eu l'art de rendre invisible au milieu de Paris, ville peu favorable aux prestiges; un rêve de poëte exécuté par un millionnaire poétique, chose aussi rare qu'un poëte millionnaire, s'épanouissait comme une fleur merveilleuse des contes arabes.

Ici, le travail aux bras nus et noircis, à la poitrine haletante comme un soufflet de forge; — là, le doux loisir nonchalamment appuyé sur son coude ; la délicate paresse, aux mains blanches et frêles, se reposant le jour de la fatigue d'avoir dormi toute la nuit; la quiétude la plus parfaite à côté de l'agitation la plus fiévreuse ; — une antithèse complète.

C'est ainsi que Fortunio menait une existence double et jouissait à la fois du luxe asiatique et du luxe parisien. Cette mystérieuse retraite était comme un nid de poésie, où il allait de temps en temps couver ses rêves ; là étaient ses seules amours, car il ne pouvait s'accommoder des façons européennes et du mélange perpétuel des sexes. Il était assez de l'avis du sultan Schariar, rien ne lui paraissait plus agréable que d'acheter une jeune fille vierge et de lui faire couper la tête après la première nuit; avec cette méthode claire et simple, toute tromperie était prévenue.

— Il ne poussait pourtant pas ses précautions jalouses jusque-là, mais il lui était impossible d'éprouver de l'amour pour une femme qui aurait eu déjà quelque amant.

— A coup sûr, s'il se fût marié, il n'eût pas épousé une veuve. — Musidora était la seule femme avec laquelle il eût prolongé une liaison aussi longtemps; il avait cédé aux charmes pénétrants, à la coquetterie transcendante, et surtout à la passion vraie de la pauvre enfant; cette flamme si chaude avait attiédi son cœur : il l'aimait; cependant il était malheureux pour la première fois de sa vie. D'insupportables souvenirs lui traversaient l'âme de leurs glaives aigus, et jusqu'au milieu des plus doux baisers, d'affreuses amertumes lui montaient aux lèvres : il se souvenait toujours que cette femme avait été possédée par d'autres.

Sa puissance se trouvait en défaut; il ne pouvait reprendre sur le temps la vie antérieure de Musidora pour la purifier, et cette idée s'attachait à son flanc comme un vautour. Il était si habitué à la possession exclusive, qu'il avait peine à concevoir qu'il y eût au monde un autre homme que lui. Quand quelque chose lui rappelait que d'autres pouvaient avoir été aimés comme il l'était lui-même, il lui prenait des rages diaboliques, et il aurait déchiré des lions en deux, tellement la fureur le transportait. Dans ces moments-là, il se sentait un immense besoin de monter à cheval, de se jeter au milieu d'une foule et d'y faire à grands coups de sabre un hachis de bras, de jambes et de têtes ; il poussait des hurlements et se roulait par terre comme un insensé. C'est dans un de ces accès de rage jalouse qu'il avait mis le feu à la maison de Musidora.

Hors cela, il était impassible comme un vieux Turc; le tonnerre serait descendu lui allumer sa pipe qu'il n'aurait pas témoigné le moindre étonnement; il n'avait peur ni de Dieu ni du diable, ni de la mort ni de la vie, et il jouissait du plus beau sang-froid du monde.

Fortunio, captivé par la magicienne Musidora, ne faisait plus que de rares apparitions dans l'Eldorado. — Il y avait bientôt huit jours qu'il n'y avait mis les pieds; un ennui suffocant pesait sur le ciel de verre de ce petit monde, privé de son soleil. — Comme aucun des habitants de l'Eldorado ne savait où il était, toute conjecture sur les motifs qui retenaient Fortunio dehors était impossible ; — ils ignoraient s'il avait été à la chasse aux éléphants ou faire la guerre à quelque rajah ; amenés directement de l'Inde sans avoir jamais touché terre, ils ne se doutaient pas que les mœurs du pays où ils se trouvaient fussent différentes de celles de Bénarès ou de Madras.

Soudja-Sari, inquiète et triste, vivait retirée dans sa chambre avec ses femmes. Il est à regretter qu'aucun de nos peintres n'ait vu Soudja-Sari, car c'était bien la plus mignonne et la plus ravissante créature que l'on puisse imaginer, et les mots, si bien arrangés qu'ils soient, ne donnent toujours qu'une idée imparfaite de la beauté d'une femme.

Soudja-Sari pouvait avoir treize ans, quoiqu'elle parût en avoir quinze, tant elle était bien formée et d'une délicate plénitude de contours. Un seul ton pâle et chaud s'étendait depuis son front jusqu'à la plante de ses pieds. Sa peau, mate et pulpeuse comme une feuille de camélia, semblait plus douce au toucher que la membrane intérieure d'un œuf; pour la couleur, certaines transparences d'ambre en pourraient donner une idée. Vous imagineriez difficilement quelque chose d'un effet plus piquant que la blancheur blonde de ce corps virginal inondé d'épaisses cascatelles de cheveux aussi noirs que ceux de la Nuit, et filant d'un seul jet de la nuque au talon ; — les racines de ces cheveux, s'implantant dans la peau dorée du front, formaient comme une espèce de pénombre bleuâtre d'une bizarrerie charmante ; les yeux longs et noirs, légèrement relevés vers les tempes, avaient un regard d'une volupté et d'une langueur inexprimables, et leurs prunelles roulaient d'un coin à l'autre avec un mouvement doux et harmonieux auquel il était impossible de résister. Soudja-Sari était bien nommée : quand elle arrêtait sur vous son œillade veloutée, on se sentait monter au cœur une paresse infinie, un calme plein de fraîcheur et de parfums, je ne sais quoi de joyeusement mélancolique. — La volonté se dénouait; tout projet se dissipait comme une fumée, et la seule idée qu'on eût, c'était de rester éternellement couché à ses pieds. Tout semblait inutile et vain, et il ne paraissait pas qu'il y eût autre chose au monde à faire qu'aimer et dormir.

Soudja-Sari avait cependant des passions violentes comme les parfums et les poisons de son pays. Elle était de la race de ces terribles Javanaises, de ces gracieux vampires qui boivent un Européen en trois semaines et le laissent sans une goutte d'or ni de sang, plus aride qu'un citron dont on a fait de la limonade.

Son nez fin et mince, sa bouche épanouie et rouge, comme une fleur de cactus, la largeur de ses hanches, la petitesse de ses pieds et de ses mains, tout accusait en elle une pureté de race et une force remarquables.

Fortunio l'avait achetée, à l'âge de neuf ans, le prix de trois bœufs ; elle n'avait pas eu de peine à sortir de la foule des beautés de son sérail et à devenir sa favorite. Fortunio, s'il ne lui avait pas été fidèle, chose impossible avec ses idées et les mœurs orientales, lui était toujours resté constant.

Jamais, avant Musidora, il n'avait eu pour d'autres un caprice aussi vif et aussi passionné, et notre chatte aux prunelles vert de mer était la seule femme qui eût jamais balancé dans le cœur de notre héros l'influence de Soudja-Sari.

Soudja-Sari, assise sur un tapis, se regarde dans un petit miroir fait de pierre spéculaire et emmanché dans un pied d'or finement ciselé ; quatre femmes, accroupies autour d'elle, tressent ses cheveux qu'elles se sont partagés et qu'elles entremêlent de fils d'or ; une cinquième, posée plus loin, lui chatouille légèrement le dos avec une petite main sculptée en jade, montée au bout d'un bâton d'ivoire.

Keni-Tambouhan et Koukong-Alis sortent des coffres de bois de cèdre qui servent de vestiaire à notre princesse des robes et des étoffes précieuses ; ce sont des satins noirs avec des fleurs chimériques, ayant pour pistils des aigrettes de paon et pour pétales des ailes de papillon ; des brocarts à la trame grenue, étoilés et piqués de points lumineux ; des velours épinglés, des soieries plus changeantes que le col des colombes ou le prisme de l'opale ; des mousselines côtelées d'or et d'argent et historiées de ramages à découpures bizarres, une vraie garde-robe de fée ou de péri.

— Elles étalent toutes ces magnificences sur les divans, afin que Soudja-Sari puisse choisir la robe qu'elle veut mettre ce jour-là.

Rima-Pahes, dont les longs cheveux relevés à la japonaise sont tortillés autour de deux baguettes d'or terminées par des boules d'argent, se tient à genoux devant Soudja-Sari et lui montre différents bijoux contenus dans une petite cassette de malachite.

Soudja-Sari est incertaine ; elle ne sait pas s'il vaut mieux prendre son collier de chrysoberil, ou celui de grains d'azerodrach ; elle les essaye tour à tour et finit par choisir un simple fil de perles roses, qu'elle remplace bientôt par trois rangs de corail ; puis, comme fatiguée d'un aussi grand travail, elle appuie son dos sur les genoux d'une de ses femmes et laisse tomber ses bras, les mains ouvertes et tournées vers le ciel, à la façon d'une personne épuisée de lassitude ; elle ferme ses paupières frangées de longs cils et renverse sa tête en arrière ; les quatre esclaves, qui n'avaient pas encore terminé leurs nattes, se rapprochent pour ne pas donner à ses cheveux une tension douloureuse ; mais, l'une d'entre elles n'ayant pas été assez prompte, Soudja-Sari poussa un cri plus aigu que le sifflement d'un aspic sur lequel on vient de marcher, et se dressa avec un mouvement brusque et sec.

L'esclave pâlit en voyant Soudja-Sari chercher à retirer des cheveux de Rima-Pahes une des longues aiguilles d'or qui les retenaient ; car une des habitudes de notre infante était de planter des épingles dans la gorge de ses femmes lorsqu'elles ne s'acquittaient pas de leurs fonctions avec toute la légèreté désirable. — Cependant, comme l'aiguille ne céda pas tout d'abord, Soudja-Sari reprit sa pose nonchalante et referma les yeux.

L'esclave respira.

La toilette de Soudja-Sari s'acheva sans autre incident.

Voici comme elle était mise : un pantalon à bandes noires, sur un fond d'or fauve, lui montait jusqu'aux hanches et s'arrêtait un peu au-dessus des chevilles; une espèce de veste ou de brassière très-étroite, ressemblant à la strophia et au ceste antique, jointe en haut et en bas par deux agrafes de pierreries, dessinait avec grâce les contours vifs et hardis de sa gorge ronde et brune, dont l'échancrure de l'étoffe laissait apercevoir le commencement.

Cette veste était d'une étoffe d'or avec des ramages et des fleurs en pierreries, les feuillages en émeraudes, les roses en rubis, les fleurs bleues en turquoises; — elle n'avait pas de manches et permettait à deux bras charmants de faire admirer la sveltesse de leur galbe.

Ce qui donnait un caractère piquant et singulier à ce costume de la Javanaise, c'est qu'il y avait une assez grande distance entre le corset et la ceinture du pantalon, en sorte que l'on voyait à nu sa poitrine, ses flancs potelés, plus polis et plus luisants que du marbre, ses reins souples et cambrés, et le haut de son ventre, aussi pur qu'une statue grecque du beau temps.

Ses cheveux étaient divisés, comme nous l'avons dit, en quatre tresses mêlées de fils d'or qui tombaient jusqu'à ses pieds, deux devant, deux derrière; une fleur de camboja s'épanouissait de chaque côté de ses tempes bleuâtres et transparentes, où l'on voyait se croiser un réseau de veines délicates comme aux tempes du portrait d'Anne de Boleyn, et au bout de ses oreilles nacrées, enroulées finement, scintillaient deux scarabées dont les élytres, d'un vert doré, se coloraient de toutes sortes de nuances d'une richesse inimaginable; un grand pagne de mousseline des Indes, avec un semis de petits bouquets d'or, négligemment roulé autour de son corps, estompait de sa blanche vapeur ce que ce costume aurait pu avoir de trop éclatant et de trop précis.

Elle avait les pieds nus, avec un anneau de brillants à chaque orteil; un cercle d'or lui ceignait la cheville; ses bras étaient chargés de trois bracelets : deux près de l'épaule et l'autre au poignet.

Au cas où elle aurait voulu marcher et descendre dans le jardin, fantaisie qui lui prenait rarement, une paire de babouches d'une délicatesse et d'une mignonnerie admirables, la pointe un peu recourbée en dedans, à la siamoise, était posée à côté de son divan.

Sa toilette achevée, elle demanda sa pipe et se mit à fumer de l'opium. Rima-Pahes faisait tomber du bout d'une aiguille d'argent, sur le champignon de porcelaine, la pastille liquéfiée à la flamme d'un charbon de bois odorant, tandis que Keni-Tambouhan agitait doucement deux grands éventails de plumes de faisan-argus, et que la belle Cambana, assise à terre, chantait, en s'accompagnant sur une guzla à trois cordes, le pantoum de la colombe de Patani et du vautour de Bendam.

La fumée aromatique et bleuâtre de l'opium s'échappait en légers flocons des lèvres rouges de Soudja-Sari, qui se plongeait de plus en plus dans un oubli délicieux de toutes choses. — Rima-Pahes avait déjà renouvelé six fois la pastille.

— Encore, dit Soudja-Sari du ton impérieux d'un enfant gâté à qui l'on donnerait la lune s'il lui prenait fantaisie de la demander.

— Non, maîtresse, répondit Rima-Pahes, vous savez bien que Fortunio vous a défendu de fumer plus de six pipes. — Et elle sortit en emportant la précieuse boîte d'or qui contenait le voluptueux poison.

— Méchante Rima-Pahes, qui m'emporte ma boîte d'opium! J'aurais si bien voulu dormir jusqu'à ce que mon Fortunio revînt! — Du moins je l'aurais vu en rêve! A quoi bon être éveillée et vivre quand il n'est pas là? — Jamais il n'est resté aussi longtemps en chasse. Que peut-il lui être arrivé? il a peut-être été mordu par un serpent ou blessé par un tigre.

— Très-peu, dit Fortunio en soulevant la portière ; c'est moi qui mords les serpents et qui égratigne les tigres.

Au son de cette voix bien connue, Soudja-Sari se leva debout sur son divan, se jeta dans les bras de Fortunio en

faisant un mouvement pareil à celui d'un jeune faon
éveillé en sursaut.

Elle passa ses deux mains autour du col de son amant,
et se suspendit à sa bouche avec l'avidité enragée d'un
voyageur qui vient de traverser le désert sans boire ; elle
le pressait sur sa poitrine, se roulait autour de lui comme
une couleuvre : elle aurait voulu l'envelopper de son corps
et le toucher à la fois sur tous les points.

— Oh! mon cher seigneur, dit-elle en s'asseyant sur
ses genoux, si vous saviez comme j'ai souffert pendant
votre absence et quelle peine j'ai eue pour vivre! Vous
aviez emporté mon âme dans votre dernier baiser, et vous
ne m'aviez pas laissé la vôtre, méchant! J'étais comme
une morte, ou comme un corps pris de sommeil : mes
larmes seules, roulant en gouttes silencieuses le long de
ma figure, faisaient voir que j'existais encore. Lorsque tu
n'es pas là, ô Fortunio de mon cœur, il me semble que le
le soleil s'est éteint dans la solitude des cieux ; les lueurs
les plus vives me paraissent noires comme des ombres ;
tout est dépeuplé ; toi seul es la lumière, le mouvement
et la vie ; hors de toi, rien n'existe ; oh! je voudrais me
fondre et m'abîmer dans ton amour, je voudrais être toi
pour te posséder plus entièrement!

— Cette petite fille s'exprime très-bien dans son indostani ; c'est dommage qu'elle ne sache pas le français, elle
écrirait des romans et ferait un bas-bleu très-agréable, se
dit Fortunio à lui-même en s'amusant à défaire les tresses
de Soudja-Sari.

— Mon gracieux sultan veut-il prendre un sorbet, mâcher du bétel, ou boire de l'arack? Préférerait-il du gingembre de la Chine confit, ou une noix muscade préparée?
dit la Javanaise en soulevant ses beaux yeux.

— Fais apporter toute ta cuisine, — j'ai la plus royale
envie de me griser abominablement. Toi, Keni-Tambouhan,
tu vas jouer du tympanon ; toi, Cambana, exerce tes
griffes sur ta citrouille emmanchée dans un balai, et faites
à vous toutes un sabbat à rendre le diable sourd. Il y a

longtemps que je ne me suis réjoui. — Rima-Pahes, pendant que je chanterai et que je boirai, me chatouillera la plante des pieds avec la barbe d'une plume de paon. — Fatmé et Zuleika danseront, et ensuite nous ferons battre un lion et un tigre. — Tous ceux ou celles qui ne seront pas ivres-morts d'ici à deux heures seront décapités ou empalés, à leur choix. — C'est dit.

Une nuée de petits esclaves noirs, jaunes, rouges ou bigarrés, arrivèrent portant des plateaux d'argent sur le bout des doigts et des vases sculptés en équilibre sur leur tête. En trois minutes tout fut prêt.

Chaque groupe de femmes avait sa table, c'est-à-dire son tapis, chargé de bassins pleins de conserves et de confitures; le service se faisait à la mode orientale.

— De temps en temps Fortunio jetait à ces beautés des fruits secs entremêlés d'amandes d'or et d'argent renfermant quelque petit bijou, et il riait aux éclats de voir les efforts qu'elles faisaient pour s'en saisir.

Jamais les yeux des Grecs, amants de la belle forme, ne se reposèrent sur d'aussi gracieux athlètes et ne virent de plus charmants corps dans des poses plus variées et plus heureuses; c'étaient des groupes d'un arrangement admirable, des enlacements de couleuvre, une souplesse de Protée.

— Allons, dit Fortunio à Koukong-Alis, veux-tu bien ne pas mordre : — regarde donc ce petit scorpion, comme il agite ses pinces ! — Si tu as le malheur de faire encore pleurer Sacara, je te ferai pendre par les cheveux. — Viens ici, Sacara, au lieu d'avoir une amande d'argent, tu en auras une poignée.

Sacara s'approcha, souriant dans ses larmes et jetant un regard de triomphe sur Koukong-Alis, qui se tenait morne et sombre à sa place.

Fortunio lui remplit le pan de sa robe du précieux fruit, l'embrassa et la fit asseoir près de lui sur le divan.

Les deux almés s'avancèrent en se balançant sur leurs hanches, et dansèrent jusqu'à ce qu'elles tombassent sur le plancher haletantes et demi-mortes. — Le lion et le tigre se battirent avec un tel acharnement, qu'il resta fort peu de chose des deux combattants. — L'arack et l'opium firent si bien leur office, que personne ne conserva sa raison au delà du terme prescrit; la réjouissance fut complète. — Fortunio s'endormit sur le sein de Soudja-Sari. — Musidora l'attendit toute la nuit et dormit fort peu.

CHAPITRE XXV.

Il paraît que Fortunio se trouva bien dans son nid doré, car Musidora l'attendit huit jours et vainement.

Voici la cause de cette rupture subite. — Fortunio avait reconnu qu'il y avait entre Musidora et lui une cause d'amertume inépuisable. — Il la trouvait charmante, pleine d'esprit, tout à fait digne d'amour; mais il ne pouvait oublier le passé : sa jalousie rétrospective était toujours en éveil, il se serait rendu malheureux au delà de toute expression, sans contribuer en rien au bonheur de Musidora. — Il avait fait les plus grands efforts pour étouffer cette pensée vivace, elle s'était toujours relevée plus venimeuse et plus acharnée; sentant que les efforts mêmes qu'il faisait pour oublier le faisaient se souvenir, il ne voulut plus persister dans une lutte inutile. — S'il avait moins aimé Musidora, il l'eût gardée; il l'aimait trop pour qu'il pût exister entre eux une pensée secrète.

— Avec son caractère ferme il eut bientôt pris sa décision. — Décision irrévocable.

Musidora reçut une lettre contenant une inscription de vingt-cinq mille livres de rente avec une boucle de cheveux de Fortunio, et ces mots d'une main inconnue :

« Madame,

» Le marquis Fortunio vient d'être tué en duel. — Souvenez-vous quelquefois de lui. »

— Ah! fit Musidora, il ne venait pas, il devait être mort en effet : je l'avais deviné ; mais je ne lui survivrai pas longtemps. Et, sans verser une larme, elle alla chercher le portefeuille où était serrée l'aiguille empoisonnée que Fortunio lui avait reprise au commencement de leurs amours, se défiant des vivacités de son caractère, et qu'elle avait retrouvée au fond d'une cassette oubliée.

— C'était un funeste présage, et le hasard a été clairvoyant de me faire trouver un instrument de mort où je ne cherchais que des billets d'amour et le moyen de nouer une intrigue frivole.

Ayant dit ces mots, elle embrassa la boucle de cheveux de Fortunio, et se piqua la gorge avec la pointe de l'aiguille.

Ses yeux se fermèrent, les roses de ses lèvres se changèrent en pâles violettes ; un frisson courut sur son beau corps.

Elle était morte.

CHAPITRE XXVI.

« Mon cher Radin-Mantri,

» Cette lettre ne me précédera pas de beaucoup. — Je retourne dans l'Inde, et probablement je n'en sortirai plus. — Tu te rappelles avec quelle ardeur je désirais visiter l'Europe, le pays de la civilisation, comme on appelle cela ; mais Dieu damne mes yeux ! si j'avais su ce que c'était, je ne me serais pas dérangé.

» Je suis en France à présent, un pauvre pays, à Paris, une sale ville ; — il est difficile de s'y amuser convenablement. — D'abord il y pleut toujours, et le soleil n'y paraît qu'en gilet de flanelle et en bonnet de coton ; il a l'air d'un vieux bonhomme perclus de rhumatismes. — Les arbres ont de toutes petites feuilles et seulement pendant trois mois de l'année ; pour toute chasse, des lapins, ou tout au plus quelques méchants sangliers ou quelques mauvais loups qui n'ont pas seulement la force de manger une douzaine de paysans.

» Les hommes sont horriblement laids, et les femmes..... Oh! et ah! — Les gens riches, ou qui passent pour tels, n'ont pas seulement une pièce de vingt-cinq mille francs dans leur poche, et, si en se promenant il leur prend fantaisie de faire reculer leur tilbury dans une devanture de boutique ou d'écraser un manant ou deux, ils sont obligés de laisser leur chapeau en gage ou d'aller emprunter de l'argent à un de leurs amis.

» Il y a une certaine classe de jeunes gens que l'on appelle fashionables, c'est-à-dire jeunes gens à la mode; c'est une singulière vie que la leur. L'habit du plus élégant d'entre eux ne vaut pas mille francs, et les trois quarts du temps ils le doivent; leur suprême raffinement consiste à porter des bottes vernies et des gants blancs. — Une paire de bottes coûte quarante francs; une paire de gants, trois francs ou cent sous. — Luxe titanique! — Leurs vêtements sont d'un drap à peu près pareil à celui des portiers, des marchands de salade et des avocats; il est très-difficile de distinguer un grand seigneur, un fils de famille, d'un professeur d'écriture anglaise en vingt-quatre leçons.

» Ces messieurs dînent dans deux ou trois cafés accrédités par la mode, où tout le monde peut aller, et où l'on risque d'être assis à la même table qu'un vaudevilliste ou un faiseur de feuilletons qui vient de toucher son mois et veut se dédommager de huit jours d'abstinence. Ces cafés sont les plus abominables gargotes du monde; on n'y peut rien avoir: vous demandez une bosse de bison ou des pieds d'éléphant à la poulette, on vous regarde d'un air hébété, comme si vous disiez quelque chose d'extraordinaire; — leur soupe à la tortue a rarement des écailles, et vous ne trouveriez pas dans leur cave une goutte de Tokay ou de Schiraz authentique.

» Après leur dîner, messieurs les fashionables vont

à un endroit que l'on nomme l'Opéra : c'est une espèce de baraque en bois et en toile avec des dorures passées et des espèces de barbouillages en manière de papier peint d'une magnificence suffisante pour montrer des singes acrobates et des ânes savants. — Il est du bon genre de se placer dans une des boîtes oblongues qui avoisinent le plus quatre grosses colonnes d'un corinthien repoussant, qui ne sont pas même de marbre. — De ces loges il est impossible de rien voir; c'est probablement pour cela qu'elles sont plus recherchées que les autres.

» Je me suis demandé très-longtemps quel plaisir on pouvait trouver là dedans. Il paraît que l'amusement consiste à voir les jambes des danseuses jusqu'à la tête.—Ces jambes sont habituellement fort médiocres et revêtues d'un maillot rembourré. — Ce qui n'empêche pas les vieillards de l'orchestre de récurer les verres de leurs lorgnettes avec une grande activité.

» Le reste du temps, on fait un tapage énorme sous je ne sais quel prétexte de musique. La pièce qu'on joue est toujours la même, et les vers sont écrits par les plus mauvais poëtes qu'on puisse trouver.

» Quand il n'y a pas opéra, l'on se promène avec un cigare à la bouche sur un boulevard qui n'a pas deux cents pas de long, sans ombre, sans fraîcheur, où l'on n'a place pour poser sa botte que sur le pied de ses voisins. — Ou bien l'on va en soirée. Aller en soirée est un des plus inexplicables plaisirs de l'homme civilisé.—Voici ce que c'est qu'une soirée. On fait venir quatre cents personnes dans une chambre où cent seraient déjà mal à leur aise; les hommes sont en noir, comme des croque-morts; les femmes ont les plus étranges costumes de la terre : des gazes, des rubans, des épis de faux or, le tout valant bien quinze francs. Leurs robes, impitoyablement décolletées, trahissent des misères de contours inimaginables. — Je ne m'étonne pas que les maris ne soient point jaloux et laissent généralement à d'autres le soin de coucher avec leurs femmes ! Tout le monde est debout, plaqué contre le mur; les femmes sont assises séparément, et personne ne leur parle, excepté quelques vieux êtres chauves et ventrus; le piano, exécrable invention, pleurniche piteusement dans un coin, et le piaulement aigu de quelque cantatrice célèbre surmonte, de temps en temps, le bourdonnement sourd de l'assemblée. — Des palefreniers ou des portiers déguisés en laquais apportent quelques gâteaux et quelques verres de mélanges fades, sur lesquels tout le monde se rue avec une avidité dégoûtante.

» Les gens les plus aisés dansent eux-mêmes comme s'ils n'avaient pas le moyen de payer des danseurs.

» Tu serais bien étonné, mon bon Radin-Mantri, de voir de près la civilisation : la civilisation consiste à avoir des journaux et des chemins de fer. Les journaux sont de grands morceaux de papier carrés qu'on répand le matin par la ville; ces papiers, qui ont l'air d'avoir été imprimés avec du cirage, contiennent le récit des événements de la ville : les chiens qui se sont noyés, les maris qui ont été battus par leurs femmes, et des considérations sur l'état des cabinets de l'Europe, écrites par des gens qui n'ont jamais su lire et dont on ne voudrait pas pour valets de chambre. Les chemins de fer sont des rainures où l'on fait galoper des marmites; spectacle récréatif!

» Outre les journaux et les chemins de fer, ils ont une espèce de mécanique con-sti-tu-ti-on-nelle avec un roi qui règne et ne gouverne pas; comprends-tu? Quand ce pauvre diable de roi a besoin d'un million, il est obligé de le demander à trois cents provinciaux qui se réunissent au bout d'un pont et parlent toute l'année sans tenir compte de ce que l'autre orateur a dit avant eux. On répond à un discours sur la mélasse par une philippique sur la pêche fluviale.

» Voilà la façon de vivre des Européens.

» Leurs mœurs intérieures sont encore plus étranges : on entre chez leurs femmes à toute heure du jour et de la nuit; elles sortent et vont au bal avec le premier venu; la jalousie paraît être inconnue à ce peuple. Les pairs de

France, les généraux, les diplomates, prennent habituellement pour maîtresses des danseuses de l'Opéra, maigres comme des araignées, qui les trompent pour des perruquiers, des machinistes, des gens de lettres ou des nègres. — Ils le savent très-bien, et ne leur en font pas plus mauvais visage, au lieu de les faire coudre dans des sacs et jeter à la rivière, comme il conviendrait.
— Un goût singulier et presque général chez ce peuple, c'est l'amour des vieilles femmes. Toutes les actrices adorées et fêtées du public ont au moins soixante ans; ce n'est guère que vers leur cinquantième année que l'on s'aperçoit qu'elles sont jolies et qu'elles ont du talent.

» Quant à l'état des arts, il est loin d'être éblouissant : tous les beaux tableaux des galeries sont d'anciens maîtres. — Il y a cependant à Paris un poëte, dont le nom finit en *go*, qui m'a paru faire des choses assez congrûment troussées; mais, après tout, j'aime autant le roi Soudraka, auteur de *Vasantesena*.

» Je ne me suis guère amusé en Europe, et la seule chose agréable que j'y aie vue est une petite fille nommée Musidora, que j'aurais voulu enlever et mettre dans mon sérail; mais, avec ses stupides idées européennes, elle aurait été très-malheureuse, et rien ne me déplaît plus que d'avoir devant moi des mines allongées.

» Je partirai dans quelques jours. J'ai frété trois vaisseaux pour emporter d'ici ce qui en vaut la peine : je brûlerai le reste. — L'Eldorado disparaîtra comme un rêve, un ou deux barils de poudre feront l'affaire.

» Adieu, vieille Europe qui te crois jeune; tâche d'inventer une machine à vapeur pour confectionner de belles femmes, et trouve un nouveau gaz pour remplacer le soleil. — Je vais en Orient; c'est plus simple! »

FIN DE FORTUNIO.

LA TOISON D'OR.

CHAPITRE PREMIER.

Tiburce était réellement un jeune homme fort singulier ; sa bizarrerie avait surtout l'avantage de n'être pas affectée, il ne la quittait pas comme son chapeau et ses gants en rentrant chez lui : il était original entre quatre murs, sans spectateurs, pour lui tout seul.

N'allez pas croire, je vous prie, que Tiburce fût ridicule, et qu'il eût une de ces manies agressives, insupportables à tout le monde ; il ne mangeait pas d'araignées, ne jouait d'aucun instrument et ne lisait de vers à personne ; c'était un garçon posé, tranquille, parlant peu, écoutant moins, et dont l'œil à demi ouvert semblait regarder en dedans.

Il vivait accroupi sur le coin d'un divan, étayé de chaque côté par une pile de coussins, s'inquiétant aussi peu des affaires du temps que de ce qui se passe dans la lune.—Il y avait très-peu de substantifs qui fissent de l'effet sur lui, et jamais personne ne fut moins sensible aux grands mots. Il ne tenait en aucune façon à ses droits politiques et pensait que le peuple est toujours libre au cabaret.

Ses idées sur toutes choses étaient fort simples : il aimait mieux ne rien faire que travailler ; il préférait le bon vin à la piquette, et une belle femme à une laide ; en histoire naturelle, il avait une classification on ne peut plus succincte : ce qui se mange et ce qui ne se mange pas.—Il était d'ailleurs parfaitement détaché de toute chose humaine, et tellement raisonnable qu'il paraissait fou.

Il n'avait pas le moindre amour-propre ; il ne se croyait pas le pivot de la création, et comprenait fort bien que la terre pouvait tourner sans qu'il s'en mêlât ; il ne s'estimait pas beaucoup plus que l'acarus du fromage ou les anguilles du vinaigre ; en face de l'éternité et de l'infini, il ne se sentait pas le courage d'être vaniteux ; ayant quelquefois regardé par le microscope et le télescope, il ne s'exagérait pas l'importance humaine ; sa taille était de cinq pieds quatre pouces, mais il se disait que les habitants du soleil pouvaient bien avoir huit cents lieues de haut.

Tel était notre ami Tiburce.

On aurait tort de croire, d'après ceci, que Tiburce fût dénué de passions. Sous les cendres de cette tranquillité, couvait plus d'un tison ardent. Pourtant on ne lui connaissait pas de maîtresse en titre, et il se montrait peu galant envers les femmes. Tiburce, comme presque tous les jeunes gens d'aujourd'hui, sans être précisément un poète ou un peintre, avait lu beaucoup de romans et vu beaucoup de tableaux ; en sa qualité de paresseux, il préférait vivre sur la foi d'autrui ; il aimait avec l'amour du poète, il regardait avec les yeux du peintre, et connaissait plus de portraits que de visages ; la réalité lui répugnait, et, à force de vivre dans les livres et les peintures, il en était arrivé à ne plus trouver la nature vraie.

Les madones de Raphaël, les courtisanes du Titien lui rendaient laides les beautés les plus notoires : la Laure de Pétrarque, la Béatrix de Dante, l'Haïdée de Byron, la Camille d'André Chénier, lui faisaient paraître vulgaires les femmes en chapeau, en robe et en mantelet dont il aurait pu devenir l'amant : il n'exigeait cependant pas un idéal avec des ailes à plumes blanches et une auréole autour de la tête ; mais ses études sur la statuaire antique, les écoles d'Italie, la familiarité des chefs-d'œuvre de l'art, la lecture des poëtes, l'avaient rendu d'une exquise délicatesse en matière de forme, et il lui eût été impossible d'aimer la plus belle âme du monde, à moins qu'elle n'eût les épaules de la Vénus de Milo.—Aussi Tiburce n'était-il amoureux de personne.

Cette préoccupation de la beauté se trahissait par la quantité de statuettes, de plâtres moulés, de dessins et de gravures qui encombraient et tapissaient sa chambre, qu'un bourgeois eût trouvée une habitation peu vraisemblable; car il n'avait d'autres meubles que le divan cité plus haut et quelques carreaux de diverses couleurs épars sur le tapis. N'ayant pas de secrets, il se passait facilement de secrétaire, et l'incommodité des commodes était un fait démontré pour lui.

Tiburce allait rarement dans le monde, non par sauvagerie, mais par nonchalance; il accueillait très-bien ses amis et ne leur rendait jamais de visite. — Tiburce était-il heureux? non, mais il n'était pas malheureux; seulement, il aurait bien voulu pouvoir s'habiller de rouge. Les gens superficiels l'accusaient d'insensibilité et les femmes entretenues ne lui trouvaient pas d'âme, mais au fond c'était un cœur d'or, et sa recherche de la beauté physique trahissait aux yeux attentifs d'amères déceptions dans le monde de la beauté morale. — A défaut de la suavité du parfum, il cherchait l'élégance du vase; il ne se plaignait pas, il ne faisait pas d'élégies, il ne portait pas ses manchettes en pleureuse, mais l'on voyait bien qu'il avait souffert autrefois, qu'il avait été trompé et qu'il ne voulait plus aimer qu'à bon escient. Comme la dissimulation du corps est bien plus difficile que celle de l'âme, il s'en tenait à la perfection matérielle; mais, hélas! un beau corps est aussi rare qu'une belle âme. D'ailleurs Tiburce, dépravé par les rêveries des romanciers, vivant dans la société idéale et charmante créée par les poëtes, l'œil plein des chefs-d'œuvre de la statuaire et de la peinture, avait le goût dédaigneux et superbe, et ce qu'il prenait pour de l'amour n'était que de l'admiration d'artiste. — Il trouvait des fautes de dessin dans sa maîtresse; — sans qu'il s'en doutât, la femme n'était pour lui qu'un modèle.

Un jour, ayant fumé son hooka, regardé la triple Léda du Corrége dans son cadre à filets, retourné en tout sens la dernière figurine de Pradier, pris son pied gauche dans sa main droite et son pied droit dans sa main gauche, posé ses talons sur le bord de la cheminée, Tiburce, au bout de ses moyens de distraction, fut obligé de convenir vis-à-vis de lui-même qu'il ne savait que devenir, et que les grises araignées de l'ennui descendaient le long des murailles de sa chambre toute poudreuse de somnolence.

Il demanda l'heure, — on lui répondit qu'il était une heure moins un quart, ce qui lui parut décisif et sans réplique. Il se fit habiller et se mit à courir les rues; en marchant, il réfléchit qu'il avait le cœur vide et sentit le besoin de faire une passion, comme on dit en argot parisien.

Cette louable résolution prise, il se posa les questions suivantes : — Aimerai-je une Espagnole au teint d'ambre, aux sourcils violents, aux cheveux de jais ? une Italienne aux linéaments antiques, aux paupières orangées cernant un regard de flamme ? une Française fluette avec un nez à la Roxelane et un pied de poupée ? une Juive rouge avec une peau bleu de ciel et des yeux verts ? une négresse noire comme la nuit et luisante comme un bronze neuf ? Aurai-je une passion brune ou une passion blonde ? Perplexité grande !

Comme il allait tête baissée, songeant à tout cela, il se cogna contre quelque chose de dur qui fit un saut en arrière en proférant un horrible jurement. Ce quelque chose était un peintre de ses amis : ils entrèrent tous deux au Musée. — Le peintre, grand enthousiaste de Rubens, s'arrêtait de préférence devant les toiles du Michel-Ange néerlandais qu'il louait avec une furie d'admiration tout à fait communicative. Tiburce, rassasié de la ligne grecque, du contour romain, du ton fauve des maîtres d'Italie, prenait plaisir à ces formes rebondies, à ces chairs satinées, à ces carnations épanouies comme des bouquets de fleurs, à toute cette santé luxurieuse que le peintre d'Anvers fait circuler sous la peau de ses figures en réseaux d'azur et de vermillon. Son œil caressait avec une sensualité complaisante ces belles épaules nacrées et ces croupes de sirènes inondées de cheveux d'or et de perles marines. Tiburce, qui avait une très-grande faculté d'assimilation, et qui comprenait également bien les types les plus opposés, était en ce moment-là aussi flamand que s'il fût né dans les polders et n'eût jamais perdu de vue le fort de Lillo et le clocher d'Antwerpen.

— Voilà qui est convenu, se dit-il en sortant de la galerie, j'aimerai une Flamande.

Comme Tiburce était l'homme le plus logique du monde, il se posa ce raisonnement tout à fait victorieux, à savoir que les Flamandes devaient être beaucoup plus communes en Flandre qu'ailleurs, et qu'il était urgent pour lui d'aller en Belgique — *au pourchas du blond*. — Ce Jason d'une nouvelle espèce, en quête d'une autre toison d'or, prit le soir même la diligence de Bruxelles avec la précipitation d'un banqueroutier las du commerce des hommes et sentant le besoin de quitter la France, cette terre classique des beaux-arts, des belles manières et des gardes du commerce.

Au bout de quelques heures, Tiburce vit paraître, non sans joie, sur les enseignes des cabarets, le lion belge sous la figure d'un caniche en culotte de nankin, accompagné de l'inévitable *Verkoopt men dranken*. Le lendemain soir, il se promenait à Bruxelles sur la Magdalena-Stras, gravissait la Montagne aux herbes potagères, admirait les vitraux de Sainte-Gudule et le beffroi de l'hôtel de ville, et regardait, non sans inquiétude, toutes les femmes qui passaient.

Il rencontra un nombre incalculable de négresses, de mulâtresses, de quarteronnes, de métisses, de griffes, de femmes jaunes, de femmes cuivrées, de femmes vertes, de femmes couleur de revers de botte, mais pas une seule blonde; s'il avait fait un peu plus chaud, il aurait pu se croire à Séville; rien n'y manquait, pas même la mantille noire.

Pourtant, en rentrant dans son hôtel, rue d'Or, il aperçut une jeune fille qui n'était que châtain foncé, mais elle était laide; le lendemain, il vit aussi près de la résidence de Laëken une Anglaise avec des cheveux rouge carotte et des brodequins vert tendre; mais elle avait la maigreur d'une grenouille enfermée depuis six mois dans un bocal pour servir de baromètre, ce qui la rendait peu propre à réaliser un idéal dans le goût de Rubens.

Voyant que Bruxelles n'était peuplé que d'Andalouses au *sein bruni*, ce qui s'explique du reste aisément par la domination espagnole qui pesa longtemps sur les Pays-Bas, Tiburce résolut d'aller à Anvers, pensant avec quelque apparence de raison que les types familiers à Rubens, et si constamment reproduits sur ses toiles, devaient se trouver fréquemment dans sa ville natale et bien aimée.

En conséquence, il se rendit à la station du chemin de fer qui va de Bruxelles à Anvers. — Le cheval de vapeur avait déjà mangé son avoine de charbon, il renâclait d'impatience et soufflait par ses naseaux enflammés, avec un râle strident, d'épaisses bouffées de fumée blanche, entremêlées d'aigrettes d'étincelles. Tiburce s'assit dans sa stalle en compagnie de cinq Wallons immobiles à leurs places comme des chanoines au chapitre, et le convoi partit. — La marche fut d'abord modérée : on n'allait guère plus vite que dans une chaise de poste à dix francs de guide; bientôt le cheval s'anima et fut pris d'une incroyable furie de vitesse. Les peupliers du chemin fuyaient à droite et à gauche comme une armée en déroute, le paysage devenait confus et s'estompait dans une grise vapeur; le colza et l'œillette tigraient vaguement de leurs étoiles d'or et d'azur les bandes noires du terrain; de loin en loin une grêle silhouette de clocher se montrait dans les roulis des nuages et disparaissait sur-le-champ comme un mât de vaisseau sur une mer agitée ; de petits cabarets rose tendre ou vert pomme s'ébauchaient rapidement au fond de leurs courtils sous leurs guirlandes de vigne vierge ou de houblon ; çà et là des flaques d'eau encadrées de vase brune papillotaient aux yeux comme les miroirs des piéges d'alouettes. Cependant le monstre de fonte éructait avec un bruit toujours croissant son haleine d'eau bouillante ; il sifflait comme un cachalot asthmatique, une sueur ardente couvrait ses flancs de bronze. — Il semblait se plaindre de la rapidité insensée de sa course et demander grâce à ses noirs postillons qui l'éperonnaient à grandes pelletées de tourbe. — Un bruit de tampons et de chaînes qui se heurtaient se fit entendre : on était arrivé.

Tiburce se mit à courir à droite et à gauche sans dessein arrêté, comme un lapin qu'on sortirait tout à coup de sa cage ; il prit la première rue qui se présenta à lui, puis une seconde, puis une troisième, et s'enfonça bravement au cœur de la vieille ville, cherchant le blond avec une ardeur digne des anciens chevaliers d'aventure.

Il vit une grande quantité de maisons peintes en gris de souris, en jaune serin, en vert céladon, en lilas clair, avec des toits en escaliers, des pignons à volutes, des portes à bossages vermiculés, à colonnes trapues, ornées de bracelets quadrangulaires comme celles du Luxembourg, des fenêtres renaissance à mailles de plomb, des mascarons, des poutres sculptées, et mille curieux détails d'architecture qui l'auraient enchanté en toute autre occasion ; il jeta à peine un regard distrait sur les madones enluminées, sur les christs qui portent des lanternes au coin des carrefours, les saints de bois ou de cire avec leurs dorloteries et leur clinquant, tous ces emblèmes catholiques si étranges pour un habitant de nos villes voltairiennes. Un autre soin l'occupait : ses yeux cherchaient à travers les teintes bitumineuses des vitres enfumées quelque blanche apparition féminine, un bon et calme visage brabançon vermillonné des fraîcheurs de la pêche et souriant dans son auréole de cheveux d'or. Il n'aperçut que des vieilles femmes faisant de la dentelle, lisant des livres de prières, ou tapies dans des encoignures et guettant le passage de quelque rare promeneur réfléchi par les glaces de leur espion ou la boule d'acier poli suspendue à la voûte.

Les rues étaient désertes et plus silencieuses que celles de Venise; l'on n'entendait d'autre bruit que celui des heures sonnant aux carillons des diverses églises sur tous les tons possibles au moins pendant vingt minutes; les pavés, encadrés d'une frange d'herbe comme ceux des maisons abandonnées, montraient le peu de fréquence et le petit nombre de passants. Rasant le sol comme les hirondelles furtives, quelques femmes, enveloppées discrètement dans les plis sombres de leur faille, filaient à petit bruit le long des maisons, suivies quelquefois d'un petit garçon portant leur chien. — Tiburce hâtait le pas pour découvrir leurs figures enfouies sous les ombres du capuchon, et trouvait des têtes maigres et pâles à lèvres serrées, avec des yeux cerclés de bistre, des mentons prudents, des nez fins et circonspects, de vraies physionomies de dévotes romaines ou de duègnes espagnoles; son œillade ardente se brisait contre des regards morts, des regards de poisson cuit.

De carrefour en carrefour, de rue en rue, Tiburce finit par aboutir sur le quai de l'Escaut par la porte du Port. Ce spectacle magnifique lui arracha un cri de surprise : une quantité innombrable de mâts, d'agrès et de vergues simulait sur le fleuve une forêt dépouillée de feuilles et réduite au simple squelette. Les guibres et les antennes s'appuyaient familièrement sur le parapet du quai comme des chevaux qui reposent leur tête sur le col de leur voisin d'attelage; il y avait là des orques hollandaises à croupe rebondie avec leurs voiles rouges, des bricks américains effilés et noirs avec leurs cordages menus comme des fils de soie; des koffs norwégiens couleur de saumon, exhalant un pénétrant arome de sapin raboté; des chalands, des chasse-marée, des saulniers bretons, des charbonniers anglais, des vaisseaux de toutes les parties du monde. — Une odeur indéfinissable de hareng saur, de tabac, de suif rance, de goudron fondu, relevée par les âcres parfums des navires arrivant de Batavia, chargés de poivre, de cannelle, de gingembre, de cochenille, flottait dans l'air par épaisses bouffées comme la fumée d'une immense cassolette allumée en l'honneur du commerce.

Tiburce, espérant trouver dans la classe inférieure le vrai type flamand et populaire, entra dans les tavernes et les estaminets; il y but du faro, du lambick, de la bière blanche de Louvain, de l'ale, du porter, du wiskey, voulant faire par la même occasion connaissance avec le Bacchus septentrional. — Il fuma aussi des cigares de plusieurs espèces, mangea du saumon, de la sauer-kraut, des pommes de terre jaunes, du roastbeef saignant, et s'assimila toutes les jouissances du pays.

Pendant qu'il dînait, des Allemandes à figures busquées, basanées comme des Bohêmes, avec des jupons courts et des béguins d'Alsaciennes, vinrent piauler piteusement devant sa table un lieder lamentable en s'accompagnant du violon et autres instruments disgracieux. La blonde Allemagne, comme pour narguer Tiburce, s'était barbouillée du hâle le plus foncé; il leur jeta tout en colère une poignée de *cents* qui lui valut un autre *lieder* de reconnaissance plus aigu et plus barbare que le premier.

Le soir il alla voir dans les musicos les matelots danser avec leurs maîtresses ; toutes avaient d'admirables cheveux noirs vernis et brillants comme l'aile du corbeau ; une fort jolie créole vint même s'asseoir près de lui et trempa familièrement ses lèvres dans son verre, suivant la coutume du pays, et essaya de lier conversation avec lui en fort bon espagnol, car elle était de la Havane; elle avait des yeux d'un noir si velouté, un teint d'une pâleur si chaude et si dorée, un si petit pied, une taille si mince, que Tiburce, exaspéré, l'envoya à tous les diables, ce qui surprit fort la pauvre créature, peu accoutumée à un pareil accueil.

Parfaitement insensible aux perfections brunes des danseuses, Tiburce se retira à son hôtel des Armes-du-Brabant. Il se déshabilla fort mécontent, et, en s'entortillant de son mieux dans ces serviettes ouvrées qui servent de draps en Flandre, il ne tarda pas à s'endormir du sommeil des justes.

Il fit les rêves les plus blonds du monde.

Les nymphes et les figures allégoriques de la galerie de Médicis dans le déshabillé le plus galant vinrent lui faire une visite nocturne ; elles le regardaient tendrement avec leurs larges prunelles azurées, et lui souriaient, de l'air le plus amical du monde, de leurs lèvres épanouies comme des fleurs rouges dans la blancheur de lait de leurs figures rondes et potelées.—L'une d'elles, la Néréide du tableau du *Voyage de la reine*, poussait la familiarité jusqu'à passer dans les cheveux du dormeur éperdu d'amour ses jolis doigts effilés enluminés de carmin. Une draperie de brocart ramagé cachait fort adroitement la difformité de ses jambes squammeuses terminées en queue fourchue ; ses cheveux blonds étaient coiffés d'algue et de corail, comme il sied à une fille de la mer ; elle était adorable ainsi. Des groupes d'enfants joufflus et vermeils comme des roses nageaient dans une atmosphère lumineuse soutenant des guirlandes de fleurs d'un éclat insoutenable, et faisaient descendre du ciel une pluie parfumée. A un signe que fit la Néréide, les nymphes se mirent sur deux rangs et nouèrent ensemble le bout de leurs longues chevelures rousses, de façon à former une espèce de hamac en filigrane d'or pour l'heureux Tiburce et sa maîtresse à nageoires de poisson ; ils s'y placèrent en effet, et les nymphes les balançaient en remuant légèrement la tête sur un rhythme d'une douceur infinie.

Tout à coup un bruit sec se fit entendre, les fils d'or se rompirent, Tiburce roula par terre. Il ouvrit les yeux, et ne vit plus qu'une horrible figure couleur de bronze qui fixait sur lui de grands yeux d'émail dont le blanc seul paraissait.

Mein herr, voilà le déjeuner de vous, dit une vieille négresse hottentote, servante de l'hôtel, en posant sur un guéridon un plateau chargé de vaisselle et d'argenterie.

— Ah çà! j'aurais dû aller en Afrique pour trouver des blondes, grommela Tiburce en attaquant son beefsteak d'une façon désespérée.

CHAPITRE II.

Tiburce, convenablement repu, sortit de l'hôtel des Armes-du-Brabant dans l'intention consciencieuse et louable de continuer la recherche de son idéal. Il ne fut pas plus heureux que la veille; de brunes ironies, débouchant de toutes les rues, lui jetaient des sourires sournois et railleurs; l'Inde, l'Afrique, l'Amérique, défilèrent devant lui en échantillons plus ou moins cuivrés; on eût dit que la digne ville, prévenue de son dessein, cachait par moquerie, au fond de ses plus impénétrables arrière-cours et derrière ses plus obscurs vitrages, toutes celles de ses filles qui eussent pu rappeler de près ou de loin les figures de Jordaëns et de Rubens : avare de son or, elle prodiguait son ébène.

Outré de cette espèce de dérision muette, Tiburce visita, pour y échapper, les musées et les galeries. L'olympe flamand rayonna de nouveau à ses yeux. Les cascades de cheveux recommencèrent à ruisseler par petites ondes rousses avec un frissonnement d'or et de lumière; les épaules des allégories, ravivant leur blancheur argentée, étincelèrent plus vivement que jamais : l'azur des prunelles devint bleu, les joues en fleurs s'épanouirent comme des touffes d'œillet ; une vapeur rose réchauffa la pâleur bleuâtre des genoux, des coudes et des doigts de toutes ces blondes déesses ; des luisants satinés, des moires de lumière, des reflets vermeils glissèrent en se jouant sur les chairs rondes et potelées ; les draperies gorge de pigeon s'enflèrent sous l'haleine d'un vent invisible et se mirent à voltiger dans la vapeur azurée ; la fraîche et grasse poésie néerlandaise se révéla tout entière à notre voyageur enthousiaste.

Mais ces beautés sur toile ne lui suffisaient pas. Il était venu chercher des types vivants et réels. Depuis assez longtemps il se nourrissait de poésie écrite et peinte, et il avait pu s'apercevoir que le commerce des abstractions n'était pas des plus substantiels. — Sans doute, il eût été beaucoup plus simple de rester à Paris et de devenir amoureux d'une jolie femme, ou même d'une laide, comme tout le monde ; mais Tiburce ne comprenait pas la nature, et ne pouvait la lire que dans les traductions. Il saisissait admirablement bien tous les types réalisés dans les œuvres des maîtres, mais il ne les aurait pas aperçus de lui-même s'il les eût rencontrés dans la rue ou dans le monde ; en un mot, s'il eût été peintre, il aurait fait des vignettes sur les vers des poëtes ; s'il eût été poëte, il eût fait des vers sur les tableaux des peintres. L'art s'était emparé de lui trop jeune et l'avait corrompu et faussé ; ces caractères-là sont plus communs que l'on ne pense dans notre extrême civilisation, où l'on est plus souvent en contact avec les œuvres des hommes qu'avec celles de la nature.

Un instant Tiburce eut l'idée de transiger avec lui-même, et se dit cette phrase lâche et malsonnante : « C'est une jolie couleur de cheveux que la couleur châtain. » Il alla même, le sycophante, le misérable, l'homme de peu de foi, jusqu'à s'avouer que les yeux noirs étaient fort vifs et très-agréables. Il est vrai de dire, pour l'excuser, qu'il avait battu en tout sens, et cela sans le moindre résultat, une ville que tout autorisait à croire essentiellement blonde.—Un peu de découragement lui était bien permis.

Au moment où il prononçait intérieurement ce blasphème, un charmant regard bleu, enveloppé d'une mantille, scintilla devant lui et disparut comme un feu follet par l'angle de la place de Meïr.

Tiburce doubla le pas, mais il ne vit plus rien; la rue était déserte dans toute sa longueur. Sans doute, la fugitive vision était entrée dans une des maisons voisines, ou s'était éclipsée par quelque passage inconnu; le Tiburce désappointé, après avoir regardé le puits à volutes de fer forgé par Quintin-Metzys, le peintre serrurier, eut la fantaisie, faute de mieux, d'examiner la cathédrale qu'il trouva badigeonnée de haut en bas d'un jaune serin abominable. Heureusement, la chaire en bois sculpté de Verbruggen, avec ses rinceaux chargés d'oiseaux, d'écureuils, de dindons faisant la roue, et de tout l'attirail zoologique qui entourait Adam et Ève dans le paradis terrestre, rachetait cet empâtement général par la finesse de ses arêtes et le précieux de ses détails; heureusement les blasons des familles nobles, les tableaux d'Otto Venius, de Rubens et de Van-Dyck cachaient en partie cette odieuse teinte si chère à la bourgeoisie et au clergé.

Quelques béguines en prières étaient disséminées sur le pavé de l'église; mais la ferveur de leur dévotion inclinait tellement leurs visages sur leurs livres de prières à tranche rouge, qu'il était difficile d'en distinguer les traits. D'ailleurs la sainteté du lieu et l'antiquité de leur tournure empêchaient Tiburce d'avoir envie de pousser plus loin ses investigations.

Cinq ou six Anglais, tout essoufflés d'avoir monté et descendu les quatre cent soixante-dix marches du clocher, que la neige de colombe dont il est recouvert en tout temps fait ressembler à une aiguille des Alpes, examinaient les tableaux, et, ne s'en rapportant qu'à demi à l'érudition bavarde de leur cicerone, cherchaient dans leur Guide du voyageur les noms des maîtres, de peur d'admirer une chose pour l'autre, et répétaient à chaque toile, avec un flegme imperturbable : *It is a very fine exhibition.* — Ces Anglais avaient des figures carrées, et la distance prodigieuse qui existait de leur nez à leur menton montrait la pureté de leur race. Quant à l'Anglaise qui était avec eux, c'était celle que Tiburce avait déjà vue près de la résidence de Laëken ; elle portait les mêmes brodequins verts et les mêmes cheveux rouges. Tiburce, désespérant du blond de la Flandre, fut presque sur le point de lui décocher une œillade assassine ; mais les couplets de vaudeville contre la perfide Albion lui revinrent à la mémoire fort à propos.

En l'honneur de cette compagnie, si évidemment britannique, qui ne se remuait qu'avec un cliquetis de guinées, le bedeau ouvrit les volets qui cachent les trois quarts de l'année les deux miraculeuses peintures de Rubens : *le Crucifiement* et *la Descente de la croix*.

Le Crucifiement est une œuvre à part, et, lorsqu'il le peignit, Rubens rêvait de Michel-Ange. Le dessin est âpre, sauvage, violent comme celui de l'école romaine ; tous les muscles ressortent à la fois, tous les os et tous les cartilages paraissent, des nerfs d'acier soulèvent des chairs de granit. — Ce n'est plus là le vermillon joyeux dont le peintre d'Anvers saupoudre insouciamment ses innombrables productions, c'est le bistre italien dans sa plus fauve intensité ; les bourreaux, colosses à formes d'éléphant, ont des mufles de tigre et des allures de férocité bestiale ; le Christ lui-même, participant à cette exagération, a plutôt l'air d'un Milon de Crotone cloué sur un chevalet par des athlètes rivaux, que d'un Dieu se sacrifiant volontairement pour le rachat de l'humanité. Il n'y a là de flamand que le grand chien de Sneyders, qui aboie dans un coin de la composition.

Lorsque les volets de *la Descente de croix* s'entr'ouvrirent, Tiburce éprouva un éblouissement vertigineux, comme s'il eût regardé dans un gouffre de lumière ; la tête sublime de la Madeleine flamboyait victorieusement dans un océan d'or, et semblait illuminer des rayons de ses yeux l'atmosphère grise et blafarde tamisée par les étroites fenêtres gothiques. Tout s'effaça autour de lui ; il se fit un vide complet, les Anglais carrés, l'Anglaise rouge, le bedeau violet, il n'aperçut plus rien.

La vue de cette figure fut pour Tiburce une révélation d'en haut; des écailles tombèrent de ses yeux, il se trouvait face à face avec son rêve secret, avec son espérance inavouée : l'image insaisissable qu'il avait poursuivie de toute l'ardeur d'une imagination amoureuse, et dont il n'avait pu apercevoir que le profil ou un dernier pli de robe, aussitôt disparu; la chimère capricieuse et farouche, toujours prête à déployer ses ailes inquiètes, était là devant lui, ne fuyant plus, immobile dans la gloire de sa beauté. Le grand maître avait copié dans son propre cœur la maîtresse pressentie et souhaitée; il lui semblait avoir peint lui-même le tableau; la main du génie avait dessiné fermement et à grands traits ce qui n'était qu'ébauché confusément chez lui, et vêtu de couleurs splendides son obscure fantaisie d'inconnue. Il reconnaissait cette tête, qu'il n'avait pourtant jamais vue.

Il resta là, muet, absorbé, insensible, comme un homme tombé en catalepsie, sans remuer les paupières et plongeant les yeux dans le regard infini de la grande repentante.

Un pied du Christ, blanc d'une blancheur exsangue, pur et mat comme une hostie, flottait avec toute la mollesse inerte de la mort sur la blonde épaule de la sainte, escabeau d'ivoire placé là par le maître sublime pour descendre le divin cadavre de l'arbre de rédemption. — Tiburce se sentit jaloux du Christ. — Pour un pareil bonheur, il eût volontiers enduré la passion. — La pâleur bleuâtre des chairs le rassurait à peine. Il fut aussi profondément blessé que la Madeleine ne détournât pas vers lui son œil onctueux et lustré, où le jour mettait ses diamants et la douleur ses perles; la persistance douloureuse et passionnée de ce regard qui enveloppait le corps bienaimé d'un suaire de tendresse, lui paraissait mortifiante pour lui et souverainement injuste. Il aurait voulu que le plus imperceptible mouvement lui donnât à entendre qu'elle était touchée de son amour; il avait déjà oublié qu'il était devant une peinture, tant la passion est prompte à prêter son ardeur même aux objets incapables d'en ressentir. Pygmalion dut être étonné comme d'une chose fort surprenante que sa statue ne lui rendît pas caresse pour caresse; Tiburce ne fut pas moins atterré de la froideur de son amante peinte.

Agenouillée dans sa robe de satin vert aux plis amples et puissants, elle continuait à contempler le Christ avec une expression de volupté douloureuse, comme une maîtresse qui veut se rassasier des traits d'un visage adoré qu'elle ne doit plus revoir; ses cheveux s'effilaient sur ses épaules en franges lumineuses; — un rayon de soleil égaré par hasard rehaussait la chaude blancheur de son linge et de ses bras de marbre doré; — sous la lueur vacillante, sa gorge semblait s'enfler et palpiter avec une apparence de vie; les larmes de ses yeux fondaient et ruisselaient comme des larmes humaines.

Tiburce crut qu'elle allait se lever et descendre du tableau.

Tout à coup il se fit nuit : la vision s'éteignit.

Les Anglais s'étaient retirés après avoir dit : *Very well, a pretty picture*, et le bedeau, ennuyé de la longue contemplation de Tiburce, avait poussé les volets et lui demandait la rétribution habituelle. Tiburce lui donna tout ce qu'il avait dans sa poche; les amants sont généreux avec les duègnes; — le bedeau anversois était la duègne de la Madeleine, et Tiburce, pensant déjà à une autre entrevue, avait à cœur de se le rendre favorable.

Le saint Christophe colossal et l'Ermite portant une lanterne, peints sur l'extérieur des panneaux, morceaux cependant fort remarquables, furent loin de consoler Tiburce de la fermeture de cet éblouissant tabernacle, où le génie de Rubens étincelle comme un ostensoir chargé des pierreries.

Il sortit de l'église emportant dans son cœur la flèche barbelée de l'amour impossible : il avait enfin rencontré la passion qu'il cherchait, mais il était puni par où il avait péché : il avait trop aimé la peinture, il était condamné à aimer un tableau. La nature délaissée pour l'art se vengeait d'une façon cruelle ; l'amant le plus timide auprès de la femme la plus vertueuse garde toujours dans un coin de son cœur une furtive espérance : pour Tiburce, il était sûr de la résistance de sa maîtresse et savait parfaitement qu'il ne serait jamais heureux ; aussi sa passion était-elle une vraie passion, une passion extravagante, insensée et capable de tout ; — elle brillait surtout par le désintéressement.

Que l'on ne se moque pas trop de l'amour de Tiburce : combien ne rencontre-t-on pas de gens très-épris de femmes qu'ils n'ont vues qu'encadrées dans une loge de théâtre, à qui ils n'ont jamais adressé la parole, et dont ils ne connaissent pas même le son de voix ? ces gens-là sont-ils beaucoup plus raisonnables que notre héros, et leur idole impalpable vaut-elle la Madeleine d'Anvers ?

Tiburce marchait d'un air mystérieux et fier comme un galant qui revient d'un premier rendez-vous. La vivacité de la sensation qu'il éprouvait le surprenait agréablement, — lui qui n'avait jamais vécu que par le cerveau, il sentait son cœur ; c'était nouveau : aussi se laissa-t-il aller tout entier aux charmes de cette fraîche impression ; une femme véritable ne l'eût pas touché à ce point. Un homme factice ne peut être ému que par une chose factice ; il y a harmonie : le vrai serait discordant. Tiburce, comme nous l'avons dit, avait beaucoup lu, beaucoup vu, beaucoup pensé et peu senti ; ses fantaisies étaient seulement des fantaisies de tête, la passion chez lui ne dépassait guère la cravate ; cette fois il était amoureux réellement, comme un écolier de rhétorique ; l'image éblouissante de la Madeleine voltigeait devant ses yeux en taches lumineuses comme s'il eût regardé le soleil ; le moindre petit pli, le plus imperceptible détail se dessinait nettement dans sa mémoire, le tableau était toujours présent pour lui. Il cherchait sérieusement dans sa tête les moyens d'animer cette beauté insensible et de la faire sortir de son cadre; — il songea à Prométhée, qui ravit le feu du ciel pour donner une âme à son œuvre inerte; à Pygmalion, qui sut trouver le moyen d'attendrir et d'échauffer un marbre; il eut l'idée de se plonger dans l'océan sans fond des sciences occultes, afin de découvrir un enchantement assez puissant pour donner une vie et un corps à cette vaine apparence. Il délirait, il était fou : vous voyez bien qu'il était amoureux.

Sans arriver à ce degré d'exaltation, n'avez-vous pas vous-même été envahi par un sentiment de mélancolie inexprimable dans une galerie d'anciens maîtres, en songeant aux beautés disparues représentées par leurs tableaux? Ne voudrait-on pas donner la vie à toutes ces figures pâles et silencieuses qui semblent rêver tristement sur l'outremer verdi ou le noir charbonné qui lui sert de fond? Ces yeux, dont l'étincelle scintille plus vivement sous le voile de la vétusté, ont été copiés sur ceux d'une jeune princesse ou d'une belle courtisane dont il ne reste plus rien, pas même un seul grain de cendre; ces bouches, entr'ouvertes par des sourires peints, rappellent de véritables sourires à jamais envolés. Quel dommage, en effet, que les femmes de Raphaël, de Corrége et de Titien ne soient que des ombres impalpables! et pourquoi leurs modèles n'ont-ils pas reçu comme leurs peintures le priviléges de l'immortalité? — Le sérail du plus voluptueux sultan serait peu de chose à côté de celui que l'on pourrait composer avec les odalisques de la peinture, et il est vraiment dommage que tant de beauté soit perdue.

Tous les jours Tiburce allait à la cathédrale et s'abîmait dans la contemplation de sa Madeleine bien-aimée, et chaque soir il en revenait plus triste, plus amoureux et plus fou que jamais. — Sans aimer de tableaux, plus d'un noble cœur a éprouvé les souffrances de notre ami en voulant souffler son âme à quelque morne idole qui n'avait de la vie que le fantôme extérieur, et ne comprenait pas plus la passion qu'elle inspirait qu'une figure coloriée.

A l'aide de fortes lorgnettes notre amoureux scrutait sa beauté jusque dans les touches les plus imperceptibles. Il admirait la finesse du grain, la solidité et la souplesse de la pâte, l'énergie du pinceau, la vigueur du dessin, comme un autre admire le velouté de la peau, la blancheur et la belle coloration d'une maîtresse vivante : sous prétexte d'examiner le travail de plus près, il obtint une échelle de son ami le bedeau, et, tout frémissant d'amour, il osa porter une main téméraire sur l'épaule de la Madeleine. Il fut très-surpris, au lieu du moelleux satiné d'une épaule de femme, de ne trouver qu'une surface âpre et rude comme une lime, gaufrée et martelée en tous sens par l'impétuosité de brosse du fougueux peintre. Cette découverte attrista beaucoup Tiburce, mais, dès qu'il fut redescendu sur le pavé de l'église, son illusion le reprit.

Tiburce passa ainsi plus de quinze jours dans un état de lyrisme transcendantal, tendant des bras éperdus à sa chimère, implorant quelque miracle du ciel. — Dans les moments lucides il se résignait à chercher dans la ville quelque type se rapprochant de son idéal, mais ses recherches n'aboutissaient à rien, car l'on ne trouve pas aisément, le long des rues et des promenades, un pareil diamant de beauté.

Un soir, cependant, il rencontra encore à l'angle de la place de Meïr le charmant regard bleu dont nous avons parlé : cette fois la vision disparut moins vite, et Tiburce eut le temps de voir un délicieux visage encadré d'opulentes touffes de cheveux blonds, un sourire ingénu sur les lèvres les plus fraîches du monde. Elle hâta le pas lorsqu'elle se sentit suivie, mais Tiburce, en se maintenant à distance, put la voir s'arrêter devant une bonne vieille maison flamande, d'apparence pauvre, mais honnête. Comme on tardait un peu à lui ouvrir, elle se retourna un instant, sans doute par un vague instinct de coquetterie féminine, pour voir si l'inconnu ne s'était pas découragé du trajet assez long qu'elle lui avait fait parcourir. Tiburce, comme illuminé par une lueur subite, s'aperçut qu'elle ressemblait d'une manière frappante à la Madeleine.

CHAPITRE III.

La maison où était entrée la svelte figure avait un air de bonhomie flamande tout à fait patriarcal; elle était peinte couleur rose sèche avec de petites raies blanches pour figurer les joints de la pierre; le pignon denticulé en marches d'escalier, le toit fenestré de lucarnes à volutes, l'imposte représentant avec une naïveté toute gothique l'histoire de Noé raillé par ses fils, le nid de cigogne, les pigeons se toilettant au soleil, achevaient d'en compléter le caractère : on eût dit une de ces fabriques si communes dans les tableaux de Breughel ou de Teniers.

Quelques brindilles de houblon tempéraient par leur verdoyant badinage ce que l'aspect général pouvait avoir de trop strict et de trop propre. Des barreaux faisant le ventre grillaient les fenêtres inférieures, et sur les deux premières vitres étaient appliqués des carrés de tulle semés de larges bouquets de broderie à la mode bruxelloise; dans l'espace laissé vide par le renflement des barres de fer se prélassaient deux pots de faïence de la Chine contenant quelques œillets étiolés et d'apparence maladive, malgré le soin évident qu'en prenait leur propriétaire; car leurs têtes languissantes étaient soutenues par des cartes à jouer et un système assez compliqué de petits échafaudages de brins d'osier. — Tiburce remarqua ce détail, qui indiquait une vie chaste et contenue, tout un poëme de jeunesse et de pureté.

Comme il ne vit pas ressortir, au bout de deux heures d'attente, la belle Madeleine au regard bleu, il en conclut judicieusement qu'elle devait demeurer là ; ce qui était vrai : il ne s'agissait plus que de savoir son nom, sa position dans le monde, de lier connaissance avec elle et de s'en faire aimer : peu de chose en vérité. Un Lovelace de profession n'y eût pas été empêché cinq minutes; mais le brave Tiburce n'était pas un Lovelace : au contraire, il était hardi en pensée, timide en action; personne n'était moins habile à passer du général au particulier, et il avait en affaires d'amour le plus formel besoin d'un honnête Pandarus qui vantât ses perfections et lui arrangeât ses rendez-vous. Une fois en train, il ne manquait pas d'éloquence; il débitait avec assez d'aplomb la tirade langoureuse, et faisait l'amoureux au moins aussi bien qu'un jeune premier de province; mais, à l'opposé de Petit-Jean, l'avocat du chien Citron, ce qu'il savait le moins bien, c'était son commencement.

Aussi devons-nous avouer que le bon Tiburce nageait dans une mer d'incertitudes, combinant mille stratagèmes plus ingénieux que ceux de Polybe pour se rapprocher de sa divinité. Ne trouvant rien de présentable, comme don Cléofas du *Diable Boiteux*, il eut l'idée de mettre le feu à la maison, afin d'avoir l'occasion d'arracher son infante du sein des flammes et lui prouver ainsi son courage et son dévoûment; mais il réfléchit qu'un pompier, plus accoutumé que lui à courir sur les poutres embrasées, pourrait le supplanter, et que d'ailleurs cette manière de faire connaissance avec une jolie femme était prévue par le Code.

En attendant mieux, il se grava bien nettement au fond de la cervelle la configuration du logis, prit le nom de la rue et s'en retourna à son auberge assez satisfait, car il avait cru voir se dessiner vaguement derrière le tulle brodé de la fenêtre la charmante silhouette de l'inconnue, et une petite main écarter le coin de la trame transparente, sans doute pour s'assurer de sa persistance vertueuse à monter la faction, sans espoir d'être relevé, au coin d'une rue déserte d'Antwerpen. — Était-ce une fatuité de l part de Tiburce, et n'avait-il pas une de ces bonnes fortunes ordinaires aux myopes qui prennent les linges pendus aux croisées pour l'écharpe de Juliette penchée vers Roméo, et les pots de giroflée pour des princesses en robe de brocart d'or? Toujours est-il qu'il s'en alla fort joyeux, et se regardant lui-même comme un des séducteurs les plus triomphants. — L'hôtesse des Armes-du-Brabant et sa servante noire furent étonnées des airs d'Amilcar et de tambour-major qu'il se donnait. Il alluma son cigare de la façon la plus résolue, croisa ses jambes et se mit à faire danser sa pantoufle au bout de son pied avec la superbe nonchalance d'un mortel qui méprise parfaitement la création et qui sait des bonheurs inconnus au vulgaire des hommes; il avait enfin trouvé le blond. Jason ne fut pas plus heureux en décrochant de l'arbre enchanté la toison merveilleuse.

Notre héros est dans la meilleure des situations possibles : un vrai cigare de la Havane à la bouche, des pantoufles aux pieds, une bouteille de vin du Rhin sur sa table, avec les journaux de la semaine passée et une jolie petite contrefaçon des poésies d'Alfred de Musset.

Il peut boire un verre et même deux de Tockayer, lire *Namouna* ou le compte rendu du dernier ballet : il n'y a donc aucun inconvénient à ce que nous le laissions seul pour quelques instants ; nous lui donnons de quoi se désennuyer, si tant est qu'un amoureux puisse s'ennuyer. Nous retournerons sans lui, car ce n'est pas un homme à nous en ouvrir les portes, à la petite maison de la rue Kipdorp, et nous vous servirons d'introducteur. — Nous vous ferons voir ce qu'il y a derrière les broderies de la fenêtre basse, car pour premier renseignement nous devons vous dire que l'héroïne de cette nouvelle habite au rez-de-chaussée, et qu'elle s'appelle Gretchen, nom qui, pour n'être pas si euphonique qu'Ethelwina ou Azélie, paraît d'une suffisante douceur aux oreilles allemandes et néerlandaises.

Entrez après avoir soigneusement essuyé vos pieds, car

la propreté flamande règne ici despotiquement. — En Flandre l'on ne se lave la figure qu'une fois la semaine, mais en revanche les planchers sont échaudés et grattés à vif deux fois par jour. — Le parquet du couloir, comme celui du reste de la maison, est fait de planches de sapin dont on conserve le ton naturel, et dont aucun enduit n'empêche de voir les longues veines pâles et les nœuds étoilés; il est saupoudré d'une légère couche de sable de mer soigneusement tamisé, dont le grain retient le pied et empêche les glissades si fréquentes dans nos salons où l'on patine plutôt que l'on ne marche. — La chambre de Gretchen est à droite, c'est cette porte d'un gris modeste dont le bouton de cuivre écuré au tripoli reluit comme s'il était d'or; frottez encore une fois vos semelles sur ce paillasson de roseaux; l'empereur lui-même n'entrerait pas avec des bottes crottées.

Regardez un instant ce doux et tranquille intérieur; rien n'y attire l'œil; tout est calme, sobre, étouffé; la chambre de Marguerite elle-même n'est pas d'un effet plus virginalement mélancolique : c'est la sérénité de l'innocence qui préside à tous ces petits détails de charmante propreté.

Les murailles, brunes de ton et revêtues à hauteur d'appui d'un lambris de chêne, n'ont d'autre ornement qu'une madone de plâtre colorié, habillée d'étoffes comme une poupée, avec des souliers de satin, une couronne de moelle de roseau, un collier de verroterie et deux petits vases de fleurs artificielles placés devant elle. Au fond de la pièce, dans le coin le plus noyé d'ombre, s'élève un lit à quenouilles de forme ancienne et garni de rideaux de serge verte et de pentes à grandes dents ourlées de galons jaunes; au chevet, un christ, dont le bras de la croix forme bénitier, étend ses bras d'ivoire sur le sommeil de la chaste créature.

Un bahut qui miroite comme une glace à contre-jour, tant il est bien frotté; une table à pieds tors posée auprès de la fenêtre et chargée de pelotes, d'écheveaux de fil et de tout l'attirail de l'ouvrière en dentelle; un grand fauteuil en tapisserie, quelques chaises à dossier de forme Louis XIII, comme on en voit dans les vieilles gravures d'Abraham Bosse, composent cet ameublement d'une simplicité presque puritaine.

Cependant nous devons ajouter que Gretchen, pour sage qu'elle fût, s'était permis le luxe d'un miroir en cristal de Venise à biseau entouré d'un cadre d'ébène incrusté de cuivre. Il est vrai que, pour sanctifier ce meuble profane, un rameau de buis bénit était piqué dans la bordure.

Figurez-vous Gretchen assise dans le grand fauteuil de tapisserie, les pieds sur un tabouret brodé par elle-même, brouillant et débrouillant avec ses doigts de fée les imperceptibles réseaux d'une dentelle commencée : sa jolie tête penchée vers son ouvrage est égayée en dessous par mille reflets folâtres qui argentent de teintes fraîches et vaporeuses l'ombre transparente qui la baigne; une délicate fleur de jeunesse veloute la santé un peu hollandaise de ses joues dont le clair-obscur ne peut atténuer la fraîcheur; la lumière, filtrée avec ménagement par les carreaux supérieurs, satine seulement le haut de son front, et fait briller comme des vrilles d'or les petits cheveux follets en rébellion contre la morsure du peigne. Faites courir un brusque filet de jour sur la corniche et sur le bahut, piquez une paillette sur le ventre des pots d'étain; jaunissez un peu le christ, fouillez plus profondément les plis roides et droits des rideaux de serge, brunissez la pâleur modernement blafarde du vitrage, jetez au fond de la pièce la vieille Barbara armée de son balai, concentrez toute la clarté sur la tête, sur les mains de la jeune fille, et vous aurez une toile flamande du meilleur temps, que Terburg ou Gaspard Netscher ne refuserait pas de signer.

Quelle différence entre cet intérieur si net, si propre, si facilement compréhensible, et la chambre d'une jeune fille française, toujours encombrée de chiffons, de papier de musique, d'aquarelles commencées, où chaque objet est hors de sa place, où les robes dépliées pendent sur le dos des chaises, où le chat de la maison déchiffre avec ses griffes le roman oublié à terre! — Comme l'eau où trempe cette rose à moitié effeuillée est limpide et cristalline! comme ce linge est blanc, comme ces verreries sont claires! — Pas un atome voltigeant, pas une peluche égarée.

Metzu, qui peignait dans un pavillon situé au milieu d'une pièce d'eau pour conserver l'intégrité de ses teintes, eût travaillé sans inquiétude dans la chambre de Gretchen. La plaque de fonte du fond de la cheminée y reluit comme un bas-relief d'argent.

Maintenant une crainte vient nous saisir : est-ce bien l'héroïne qui convient à notre héros? Gretchen est-elle véritablement l'idéal de Tiburce? Tout cela n'est-il pas bien minutieux, bien bourgeois, bien positif? n'est-ce pas là plutôt le type hollandais que le type flamand, et pensez-vous, en conscience, que les modèles de Rubens fussent ainsi faits? N'était-ce pas de préférence de joyeuses commères, hautes en couleur, abondantes en appas, d'une santé violente, à l'allure dégingandée et commune, dont le génie du peintre a corrigé la réalité triviale? Les grands maîtres nous jouent souvent de ces tours-là. D'un site insignifiant, ils font un paysage délicieux ; d'une ignoble servante, une Vénus ; ils ne copient pas ce qu'ils voient, mais ce qu'ils désirent.

Pourtant Gretchen, quoique plus mignonne et plus délicate, ressemble vraiment beaucoup à la Madeleine de Notre-Dame d'Anvers, et la fantaisie de Tiburce peut s'y arrêter sans déception. Il lui sera difficile de trouver un corps plus magnifique au fantôme de sa maîtresse peinte.

Vous désirez sans doute, maintenant que vous connaissez aussi bien que nous-même Gretchen et sa chambre, — l'oiseau et le nid, — avoir quelques détails sur sa vie et sa position. — Son histoire est la plus simple du monde :
— Gretchen, fille de petits marchands qui ont éprouvé des malheurs, est orpheline depuis quelques années ; elle vit avec Barbara, vieille servante dévouée, d'une petite

rente, débris de l'héritage paternel, et du produit de son travail ; comme Gretchen fait ses robes et ses dentelles, qu'elle passe même chez les Flamands pour un prodige de soin et de propreté, elle peut, quoique simple ouvrière, être mise avec une certaine élégance et ne guère différer des filles de bourgeois : son linge est fin, ses coiffes se font toujours remarquer par leur blancheur ; ses brodequins sont les mieux faits de la ville ; car, dût ce détail déplaire à Tiburce, nous devons avouer que Gretchen a un pied de comtesse andalouse, et se chausse en conséquence. C'est du reste une fille bien élevée ; elle sait lire, écrit joliment, connaît tous les points possibles de broderie, n'a pas de rivale au monde pour les travaux d'aiguille et ne joue pas du piano. Ajoutons qu'elle a en revanche un talent admirable pour les tartes de poires, les carpes au bleu et les gâteaux de pâte ferme, car elle se pique de cuisine comme toutes les bonnes ménagères, et sait préparer, d'après les recettes particulières, mille petites friandises fort recherchées.

Ces détails paraîtront sans doute d'une aristocratie médiocre, mais notre héroïne n'est ni une princesse diplomatique, ni une délicieuse femme de trente ans, ni une cantatrice à la mode ; c'est tout uniment une simple ouvrière de la rue Kipdorp, près du rempart, à Anvers ; mais, comme à nos yeux les femmes n'ont de distinction réelle que leur beauté, Gretchen équivaut à une duchesse à tabouret, et nous lui comptons ses seize ans pour seize quartiers de noblesse.

Quel est l'état du cœur de Gretchen ? — L'état de son cœur est des plus satisfaisants ; elle n'a jamais aimé que des tourterelles café au lait, des poissons rouges et d'autres menus animaux d'une innocence parfaite, dont le jaloux le plus féroce ne pourrait s'inquiéter. Tous les dimanches elle va entendre la grand'messe à l'église des Jésuites, modestement enveloppée dans sa faille et suivie de Barbara qui porte son livre, puis elle revient et feuillette une Bible « où l'on voit Dieu le Père en habit d'empereur, » et dont les images gravées sur bois font pour la millième fois son admiration. Si le temps est beau, elle va se promener du côté du fort de Lillo ou de la Tête-de-Flandre en compagnie d'une jeune fille de son âge, aussi ouvrière en dentelle : dans la semaine, elle ne sort guère que pour aller reporter son ouvrage; encore Barbara se charge-t-elle la plupart du temps de cette commission. — Une fille de seize ans qui n'a jamais songé à l'amour serait improbable sous un climat plus chaud; mais l'atmosphère de Flandre, alourdie par les fades exhalaisons des canaux, voiture très-peu de parcelles aphrodisiaques : les fleurs y sont tardives et viennent grasses, épaisses, pulpeuses ; leurs parfums, chargés de moiteur, ressemblent à des odeurs d'infusions aromatiques ; les fruits sont aqueux; la terre et le ciel, saturés d'humidité, se renvoient des vapeurs qu'ils ne peuvent absorber, et que le soleil essaye en vain de boire avec ses lèvres pâles ; — les femmes plongées dans ce bain de brouillard n'ont pas de peine à être vertueuses, car, selon Byron, — ce coquin de soleil est un grand séducteur, et il a fait plus de conquêtes que don Juan.

Il n'est donc pas étonnant que Gretchen, dans une atmosphère si morale, soit restée étrangère à toute idée d'amour, même sous la forme du mariage, forme légale et permise s'il en fut. Elle n'a pas lu de mauvais romans ni même de bons ; elle ne possède aucun parent mâle, ni cousin, ni arrière-cousin. Heureux Tiburce ! — D'ailleurs, les matelots avec leur courte pipe culottée, les capitaines au long cours qui promènent leur désœuvrement, et les dignes négociants qui se rendent à la Bourse agitant des chiffres dans les plis de leur front, et jettent, en longeant le mur, leur silhouette fugitive dans l'espion de Gretchen, ne sont guère faits pour enflammer l'imagination.

Avouons cependant que, malgré sa virginale ignorance, l'ouvrière en dentelle avait distingué Tiburce comme un cavalier bien tourné et de figure régulière ; elle l'avait vu plusieurs fois à la cathédrale en contemplation devant la Descente de Croix, et attribuait son attitude extatique à un excès de dévotion bien édifiant dans un jeune homme. Tout en faisant circuler ses bobines, elle pensait à l'inconnu de la place de Meïr, et s'abandonnait à d'innocentes rêveries. — Un jour même, sous l'impression de cette idée, elle se leva, et, sans se rendre compte de son action, fut à son miroir qu'elle consulta longuement; elle se regarda de face, de trois quarts, sous tous les jours possibles, et trouva, ce qui était vrai, que son teint était plus soyeux qu'une feuille de papier de riz ou de camélia; qu'elle avait des yeux bleus d'une admirable limpidité, des dents charmantes dans une bouche de pêche, et des cheveux du blond le plus heureux. — Elle s'apercevait pour la première fois de sa jeunesse et de sa beauté; elle prit la rose blanche qui trempait dans le beau verre de cristal, la plaça dans ses cheveux et sourit de se voir si bien parée avec cette simple fleur : la coquetterie était née; — l'amour allait bientôt suivre.

Mais voici bien longtemps que nous avons quitté Tiburce; qu'a-t-il fait à l'hôtel des Armes-du-Brabant pendant que nous donnions ces renseignements sur l'ouvrière en dentelle? il a écrit sur une fort belle feuille de papier quelque chose qui doit être une déclaration d'amour, à moins que ce ne soit un cartel; car plusieurs feuilles barbouillées et chargées de ratures, qui gisent à terre, montrent que c'est une pièce de rédaction très-difficile et très-importante. Après l'avoir achevée, il a pris son manteau et s'est dirigé de nouveau vers la rue Kipdorp.

La lampe de Gretchen, étoile de paix et de travail, rayonnait doucement derrière le vitrage, et l'ombre de la jeune fille penchée vers son œuvre de patience se projetait sur le tulle transparent. Tiburce, plus ému qu'un voleur qui va tourner la clef d'un trésor, s'approcha à pas de loup du grillage, passa la main entre les barreaux et enfonça dans la terre molle du vase d'œillets le coin de sa lettre pliée en trois doubles, espérant que Gretchen ne pourrait manquer de l'apercevoir lorsqu'elle ouvrirait la fenêtre le matin pour arroser les pots de fleurs.

Cela fait, il se retira d'un pas aussi léger que si les semelles de ses bottes eussent été doublées de feutre.

CHAPITRE IV.

La lueur bleue et fraîche du matin faisait pâlir le jaune maladif des lanternes tirant à leur fin; l'Escaut fumait comme un cheval en sueur, et le jour commençait à filtrer par les déchirures du brouillard, lorsque la fenêtre de Gretchen s'entr'ouvrit. Gretchen avait encore les yeux noyés de langueur, et la gaufrure imprimée à sa joue délicate par un pli de l'oreiller attestait qu'elle avait dormi sans changer de place dans son petit lit virginal, de ce sommeil dont la jeunesse a seule le secret. — Elle voulait voir comment ses chers œillets avaient passé la nuit, et s'était enveloppée à la hâte du premier vêtement venu; ce gracieux et pudique désordre lui allait à merveille, et, si l'idée d'une déesse peut s'accorder avec un petit bonnet de toile de Flandre enjolivé de malines et un peignoir de basin blanc, nous vous dirons qu'elle avait l'air de l'Aurore *entr'ouvrant les portes de l'Orient:* — cette comparaison est peut-être un peu trop majestueuse pour une ouvrière en dentelle qui va arroser un jardin contenu dans deux pots de faïence; mais à coup sûr l'Aurore était moins fraîche et moins vermeille, — surtout l'Aurore de Flandre qui a toujours les yeux un peu battus.

Gretchen, armée d'une grande carafe, se préparait à arroser ses œillets, et il ne s'en fallut pas de beaucoup que la chaleureuse déclaration de Tiburce ne fût noyée sous un moral déluge d'eau froide; heureusement la blancheur du papier frappa Gretchen qui déplanta la lettre et fut bien surprise lorsqu'elle en eut vu le contenu. Il n'y avait que deux phrases, l'une en français, l'autre en allemand; la phrase française était composée de deux mots : —Je t'aime;

la phrase allemande de trois : — *Ich dich liebe*, — ce qui veut dire exactement la même chose.-Tiburce avait pensé au cas où Gretchen n'entendrait que sa langue maternelle; c'était, comme vous voyez, un homme d'une prudence parfaite !

Vraiment c'était bien la peine de barbouiller plus de papier que Malherbe n'en usait à fabriquer une stance, et de boire, sous prétexte de s'exciter l'imagination, une bouteille d'excellent Tockayer, pour aboutir à cette pensée ingénieuse et nouvelle. Eh bien ! malgré son apparente simplicité, la lettre de Tiburce était peut-être un chef-d'œuvre de rouerie, à moins qu'elle ne fût une bêtise, — ce qui est encore possible. Cependant n'était-ce pas un coup de maître que de laisser tomber ainsi, comme une goutte de plomb brûlant, au milieu de cette tranquillité d'âme, ce seul mot : — Je t'aime, — et sa chute ne devait-elle pas produire, comme à la surface d'un lac, un infinité d'irradiations et de cercles concentriques?

En effet, que contiennent toutes les plus ardentes épîtres d'amour? que reste-t-il de toutes les ampoules de la passion, quand on les pique avec l'épingle de la raison? Toute l'éloquence de Saint-Preux se réduit à un mot, et Tiburce avait réellement atteint à une grande profondeur en concentrant dans cette courte phrase la rhétorique fleurie de ses brouillons primitifs.

Il n'avait pas signé; d'ailleurs, qu'eût appris son nom? il était étranger dans la ville, il ne connaissait pas celui de Gretchen, et, à vrai dire, s'en inquiétait peu. — La chose était plus romanesque, plus mystérieuse ainsi. L'imagination la moins fertile pouvait bâtir là-dessus vingt volumes in-octavo plus ou moins vraisemblables. — Était-ce un sylphe, un pur esprit, un ange amoureux, un beau capitaine, un fils de banquier, un jeune lord, pair d'Angleterre et possesseur d'un million de rente ; un boyard russe avec un nom en *off*, beaucoup de roubles et une multitude de collets de fourrure? Telles étaient les graves questions que cette lettre d'une éloquence si laconique allait immanquablement soulever.—Le tutoiement, qui ne s'adresse qu'à la divinité, montrait une violence de passion que Tiburce était loin d'éprouver, mais qui pouvait produire le meilleur effet sur l'esprit de la jeune fille, — l'exagération paraissant toujours plus naturelle aux femmes que la vérité.

Gretchen n'hésita pas un instant à croire le jeune homme de la place de Meïr auteur du billet : les femmes ne se trompent point en pareille matière, elles ont un instinct, un flair merveilleux, qui supplée à l'usage du monde et à la connaissance des passions. La plus sage en sait plus long que don Juan avec sa liste.

Nous avons peint notre héroïne comme une jeune fille très-naïve, très-ignorante et très-honnête ; nous devons pourtant avouer qu'elle ne ressentit point l'indignation vertueuse que doit éprouver une femme qui reçoit un billet écrit en deux langues, et contenant une aussi formelle incongruité. — Elle sentit plutôt un mouvement de plaisir, et un léger nuage rose passa sur sa figure. Cette lettre était pour elle comme un certificat de beauté ; elle la rassurait sur elle-même et lui donnait un rang ; c'était le premier regard qui eût plongé dans sa modeste obscurité ; la modicité de sa fortune empêchait qu'on ne la recherchât.— Jusque-là on ne l'avait considérée que comme un enfant, Tiburce la sacrait jeune fille ; elle eut pour lui cette reconnaissance que la perle doit avoir pour le plongeur qui l'a découverte dans son écaille grossière sous le ténébreux manteau de l'Océan.

Ce premier effet passé, Gretchen éprouva une sensation bien connue de tous ceux dont l'enfance a été maintenue sévèrement, et qui n'ont jamais eu de secret ; la lettre la gênait comme un bloc de marbre, elle ne savait qu'en faire. Sa chambre ne lui paraissait pas avoir d'assez obscurs recoins, d'assez impénétrables cachettes pour la dérober aux yeux : elle la mit dans le bahut derrière une pile de linge ; mais au bout de quelques instants elle la retira ; la lettre flamboyait à travers les planches de l'armoire comme le microscope du docteur Faust dans l'eau-forte de Rembrandt. Gretchen chercha un autre endroit plus sûr; Barbara pouvait avoir besoin de serviettes ou de draps, et la trouver. — Elle prit une chaise, monta dessus et posa la lettre sur la corniche de son lit; le papier lui brûlait les mains comme une plaque de fer rouge. — Barbara entra pour faire la chambre. — Gretchen, affectant l'air le plus détaché du monde, se mit à sa place ordinaire, et reprit son travail de la veille; mais, à chaque pas que Barbara faisait du côté du lit, elle tombait dans des transes horribles; ses artères sifflaient dans ses tempes, la chaude sueur de l'angoisse lui perlait sur le front, ses doigts s'enchevêtraient dans les fils, il lui semblait qu'une main invisible lui serrât le cœur. — Barbara lui paraissait avoir une mine inquiète et soupçonneuse qui ne lui était pas habituelle. — Enfin la vieille sortit, un panier au bras, pour aller faire son marché. — La pauvre Gretchen respira et reprit sa lettre qu'elle serra dans sa poche; mais bientôt elle la démangea; les craquements du papier l'effrayaient, elle la mit dans sa gorge; car c'est là que les femmes logent tout ce qui les embarrasse. — Un corset est une armoire sans clef, un arsenal complet de fleurs, de tresses de cheveux, de médaillons et d'épîtres sentimentales; une espèce de boîte aux lettres où l'on jette à la poste toute la correspondance du cœur.

Pourquoi donc Gretchen ne brûlait-elle pas ce chiffon de papier insignifiant qui lui causait une si vive terreur? D'abord Gretchen n'avait pas encore éprouvé de sa vie une si poignante émotion; elle était à la fois effrayée et ravie; — puis dites-nous pourquoi les amants s'obstinent à ne pas détruire des lettres qui, plus tard, peuvent les faire découvrir et causer leur perte ? C'est qu'une lettre est une âme visible; c'est que la passion a traversé de son fluide électrique cette vaine feuille et lui a communiqué la vie. Brûler une lettre, c'est faire un meurtre moral; dans les cendres d'une correspondance anéantie, il y a toujours quelques parcelles de deux âmes.

Gretchen garda donc sa lettre dans le pli de son corset, à côté d'une petite croix d'or, bien étonnée de se trouver en voisinage d'un billet d'amour.

En jeune homme bien appris, Tiburce laissa le temps à sa déclaration d'opérer. Il fit le mort et ne reparut plus dans la rue Kipdorp. Gretchen commençait à s'inquiéter, lorsqu'un beau matin elle aperçut dans le treillage de la fenêtre un magnifique bouquet de fleurs exotiques. — Tiburce avait passé par là, c'était sa carte de visite.

— Ce bouquet fit beaucoup de plaisir à la jeune ouvrière, qui s'était accoutumée à l'idée de Tiburce, et dont l'amour-propre était secrètement choqué du peu d'empressement qu'il avait montré après un si chaud début; elle prit la gerbe de fleurs, remplit d'eau un de ces jolis pots de Saxe rehaussés de dessins bleus, délia les tiges et les mit tremper pour les conserver plus longtemps. — Elle fit, à cette occasion, le premier mensonge de sa vie, en disant à Barbara que ce bouquet était un présent d'une dame chez qui elle avait porté de la dentelle et qui connaissait son goût pour les fleurs.

Dans la journée, Tiburce vint faire pied de grue devant la maison, sous prétexte de tirer le crayon de quelque architecture bizarre; il resta là fort longtemps, labourant avec un stylet épointé un méchant carré de vélin.— Gretchen fit la morte à son tour; pas un pli ne remua, pas une fenêtre ne s'ouvrit; la maison semblait endormie. Retranchée dans un angle, elle put, au moyen du miroir de son *espion*, considérer Tiburce tout à son aise. — Elle vit qu'il était grand, bien fait, avec un air de distinction sur toute sa personne, la figure régulière, l'œil triste et doux, la physionomie mélancolique, — ce qui la toucha beaucoup, accoutumée qu'elle était à la santé rubiconde des visages brabançons. — D'ailleurs, Tiburce, quoiqu'il ne fût ni un lion ni un merveilleux, ne manquait pas d'élégance naturelle, et devait paraître un fashionable accompli à une jeune fille aussi naïve que Gretchen: au boulevard de Gand il eût semblé à peine suffisant, rue Kipdorp il était superbe.

Au milieu de la nuit, Gretchen, par un enfantillage adorable, se leva pieds nus pour aller regarder son bouquet ; elle plongea sa figure dans les touffes et elle embrassa Tiburce sur les lèvres rouges d'un magnifique dahlia ; — elle roula sa tête avec passion dans les vagues bigarrées de ce bain de fleurs, savourant à longs traits leurs enivrants parfums, aspirant à pleines narines jusqu'à sentir son cœur se fondre et ses yeux s'alanguir. Quand elle se redressa, ses joues scintillaient tout emperlées de gouttelettes, et son petit nez charmant, barbouillé le plus gentiment du monde par la poussière d'or des étamines, était d'un très-beau jaune. Elle s'essuya en riant, se recoucha et se rendormit ; vous pensez bien qu'elle vit passer Tiburce dans tous ses rêves.

Dans tout ceci qu'est devenue la Madeleine de la Descente de Croix ? elle règne toujours sans rivale au cœur de notre jeune enthousiaste ; elle a sur les plus belles femmes vivantes l'avantage d'être impossible : — avec elle point de déception, point de satiété ! elle ne désenchante pas par des phrases vulgaires ou ridicules ; elle est là immobile, gardant religieusement la ligne souveraine dans laquelle l'a enfermée le grand maître, sûre d'être éternellement belle et racontant au monde, dans son langage silencieux, le rêve d'un sublime génie.

La petite ouvrière de la rue Kipdorp est vraiment une charmante créature ; mais comme ses bras sont loin d'avoir ce contour onduleux et souple, cette puissante énergie enveloppée de grâce ! Comme ses épaules ont encore la gracilité junévile ! et que le blond de ses cheveux est pâle auprès des tons étranges et riches dont Rubens a réchauffé la ruisselante chevelure de la sainte pécheresse ! — Tel était le langage que tenait Tiburce à part lui, en se promenant sur le quai de l'Escaut.

Pourtant, voyant qu'il n'avançait guère dans ses amours

en peinture, il se fit des raisonnements les plus sensés du monde sur son insigne folie. Il revint à Gretchen, non sans pousser un long soupir de regret ; il ne l'aimait pas, mais du moins elle lui rappelait son rêve comme une fille rappelle une mère adorée qui est morte. — Nous n'insisterons pas sur les détails de cette liaison, chacun peut aisément les supposer. — Le hasard, ce grand entremetteur, fournit à nos deux amants une occasion très-naturelle de se parler. — Gretchen était allée se promener, selon son habitude, à la Tête-de-Flandre, de l'autre côté de l'Escaut, avec sa jeune amie. — Elles avaient couru après les papillons, fait des couronnes de bluets, et s'étaient roulées sur le foin des meules, tant et si bien que le soir était venu, et que le passeur avait fait son dernier voyage sans qu'elles l'eussent remarqué. — Elles étaient là toutes deux assez inquiètes, un bout du pied dans l'eau, et criant de toute la force de leurs petites voix argentines qu'on eût à les venir prendre ; mais la folle brise emportait leurs cris, et rien ne leur répondait que la plainte douce du flot sur le sable. Heureusement Tiburce courait des bordées dans un petit canot à voiles ; il les entendit et leur offrit de les passer ! ce que l'amie s'empressa d'accepter, malgré l'air embarrassé et la rougeur de Gretchen. Tiburce la reconduisit chez elle et eut soin d'organiser une partie de canot pour le dimanche suivant, avec l'agrément de Barbara, que son assiduité aux églises et sa dévotion au tableau de la Descente de Croix avaient très-favorablement disposée.

Tiburce n'éprouva pas une grande résistance de la part de Gretchen. Elle était si pure qu'elle ne se défendit pas, faute de savoir qu'on l'attaquait, et d'ailleurs elle aimait Tiburce ; — car, bien qu'il parlât fort gaîment et qu'il s'exprimât sur toutes choses avec une légèreté ironique, elle le devinait malheureux, et l'instinct de la femme, c'est d'être consolatrice: la douleur les attire comme le miroir les alouettes.

Quoique le jeune Français fût plein d'attention pour

elle et la traitât avec une extrême douceur, elle sentait qu'elle ne le possédait pas entièrement, et qu'il y avait dans son âme des recoins où elle ne pénétrait jamais. — Quelque pensée supérieure et cachée paraissait l'occuper, et il était évident qu'il faisait des voyages fréquents dans un monde inconnu ; sa fantaisie enlevée par des battements d'aile involontaires perdait pied à chaque instant et battait le plafond, cherchant comme un oiseau captif une issue pour se lancer dans le bleu du ciel. — Souvent il l'examinait avec une attention étrange pendant des heures entières, ayant l'air tantôt satisfait, tantôt mécontent. — Ce regard-là n'était pas le regard d'un amant. — Gretchen ne s'expliquait pas ces façons d'agir, mais, comme elle était sûre de la loyauté de Tiburce, elle ne s'en alarmait pas autrement.

Tiburce, prétendant que le nom de Gretchen était difficile à prononcer, l'avait baptisée Madeleine, substitution qu'elle avait acceptée avec plaisir, sentant une secrète douceur à être appelée par son amant d'un nom mystérieux et différent, comme si elle était pour lui une autre femme. — Il faisait aussi de fréquentes visites à la cathédrale, irritant sa manie par d'impuissantes contemplations; ces jours-là Gretchen portait la peine des rigueurs de la Madeleine : le réel payait pour l'idéal. — Il était maussade, ennuyé, ennuyeux, ce que la bonne créature attribuait à des maux de nerfs ou bien à des lectures trop prolongées.

Cependant Gretchen est une charmante fille qui vaut d'être aimée pour elle-même. Dans toutes les Flandres, le Brabant et le Hainaut, vous ne trouveriez pas une peau plus blanche et plus fraîche, et des cheveux d'un plus beau blond; elle a une main potelée et fine à la fois avec des ongles d'agate, une vraie main de princesse, et, — perfection rare au pays de Rubens, — un petit pied.

Ah! Tiburce, Tiburce, qui voulez enfermer dans vos bras un idéal réel, et embrasser votre chimère à la bouche, prenez garde, les chimères, malgré leur gorge ronde, leurs ailes de cygne et leur sourire scintillant, ont les dents aiguës et les griffes tranchantes. Les méchantes pomperont le pur sang de votre cœur et vous laisseront plus sec et plus creux qu'une éponge ; n'ayez pas de ces ambitions effrénées, ne cherchez pas à faire descendre les marbres de leurs piédestaux, et n'adressez pas des supplications à des toiles muettes : tous vos peintres et vos poëtes étaient malades du même mal que vous ; ils ont voulu faire une création à part dans la création de Dieu. — Avec le marbre, avec la couleur, avec le rhythme, ils ont traduit et fixé leur rêve de beauté : leurs ouvrages ne sont pas les portraits des maîtresses qu'ils avaient, mais de celles qu'ils auraient voulu avoir, et c'est en vain que vous chercheriez leurs modèles sur la terre. Allez acheter un autre bouquet pour Grétchen qui est une belle et douce fille ; laissez là les morts et les fantômes, et tâchez de vivre avec les gens de ce monde.

CHAPITRE V.

Oui, Tiburce, dût la chose vous étonner beaucoup, Gretchen vous est très-supérieure. Elle n'a pas lu les poëtes, et ne connaît seulement pas les noms d'Homère ou de Virgile ; les complaintes du Juif Errant, d'Henriette et Damon, imprimées sur bois, et grossièrement coloriées, forment toute sa littérature, en y joignant le latin de son livre de messe, qu'elle épelle consciencieusement chaque dimanche ; Virginie n'en savait guère plus au fond de son paradis de magnoliers et de jam-roses.

Vous êtes, il est vrai, très au courant des choses de la littérature. Vous possédez à fond l'esthétique, l'ésotérique, la plastique, l'architectonique et la poétique ; Marphurius et Pancrace n'ont pas une plus belle liste de connaissances en *ique*. Depuis Orphée et Lycophron jusqu'au dernier volume de M. de Lamartine, vous avez dévoré tout ce qui s'est forgé de mètres, aligné de rimes et jeté de strophes dans tous les moules possibles; aucun roman ne vous est échappé. Vous avez parcouru de l'un à l'autre bout le monde immense de la fantaisie ; vous connaissez tous les peintres depuis André Rico de Candie et Bizzamano, jusqu'à MM. Ingres et Delacroix ; vous avez étudié la beauté aux sources les plus pures : les bas-reliefs d'Égine, les frises du Parthénon, les vases étrusques, les sculptures iératiques de l'Égypte, l'art grec et l'art romain, le gothique et la renaissance ; vous avez tout analysé, tout fouillé ; vous êtes devenu une espèce de maquignon de beauté dont les peintres prennent conseil lorsqu'ils veulent faire choix d'un modèle, comme l'on consulte un écuyer pour l'achat d'un cheval. Assurément, personne ne connaît mieux que vous le côté physique de la femme; — vous êtes sur ce point de la force d'un statuaire athénien ; mais vous avez, tant la poésie vous occupait, supprimé la nature, le monde et la vie. Vos maîtresses n'ont été pour vous que des tableaux plus ou moins réussis ;— pour les belles et les jolies, votre amour était dans la proportion d'un Titien à un boucher ou à un Vanloo ; mais vous ne vous êtes jamais inquiété si quelque chose palpitait et vibrait sous ces apparences. — Quoique vous ayez le cœur bon, la douleur et la joie vous semblent deux grimaces qui dérangent la tranquillité des lignes : la femme est pour vous une statue tiède.

Ah ! malheureux enfant, jetez vos livres au feu, déchirez vos gravures, brisez vos plâtres, oubliez Raphaël, oubliez Homère, oubliez Phidias, puisque vous n'avez pas le courage de prendre un pinceau, une plume ou un ébauchoir ; à quoi vous sert cette admiration stérile ? où aboutiront ces élans insensés ? N'exigez pas de la vie plus qu'elle ne peut donner. Les grands génies ont seuls le droit de n'être pas contents de la création. Ils peuvent aller regarder le sphinx entre les deux yeux, car ils devinent ses énigmes. — Mais vous n'êtes pas un grand génie ;

soyez simple de cœur, aimez qui vous aime, et, comme dit Jean-Paul, ne demandez ni clair de lune, ni gondole sur le lac Majeur, ni rendez-vous à l'Isola-Bella.

Faites-vous avocat philanthrope ou portier, mettez vos ambitions à devenir électeur et caporal dans votre compagnie, ayez ce que dans le monde on appelle un état, devenez un bon bourgeois. A ce mot, sans doute, votre longue chevelure va se hérisser d'horreur, car vous avez pour le bourgeois le même mépris que le Bursch allemand professe pour le Philistin, le militaire pour le pékin, et le brahme pour le paria. Vous écrasez d'un ineffable dédain tout honnête commerçant qui préfère un couplet de vaudeville à un tercet du Dante, et la mousseline des peintres de portraits à la mode à un écorché de Michel-Ange. Un pareil homme est pour vous au-dessous de la brute; cependant il est de ces bourgeois dont l'âme (ils en ont) est riche de poésie, qui sont capables d'amour et de dévoûment, et qui éprouvent des émotions dont vous êtes incapable, vous dont la cervelle a anéanti le cœur.

Voyez Gretchen qui n'a fait toute sa vie qu'arroser des œillets et croiser des fils; elle est mille fois plus poétique que vous, monsieur l'artiste, comme on dit maintenant; — elle croit, elle espère, elle a le sourire et les larmes; un mot de vous fait le soleil et la pluie sur son charmant visage; elle est là dans son grand fauteuil de tapisserie, à côté de sa fenêtre, sous un jour mélancolique, accomplissant sa tâche habituelle; mais comme sa jeune tête travaille! comme son imagination marche! que de châteaux en Espagne elle élève et renverse! La voici qui rougit et qui pâlit, qui a chaud et qui a froid comme l'amoureuse de l'ode antique; sa dentelle lui échappe des mains, elle a entendu sur la brique du trottoir un pas qu'elle distingue entre mille, avec toute l'acutesse de perception que la passion donne aux sens; quoique vous arriviez à l'heure dite, il y a longtemps que vous êtes attendu. Toute la journée vous avez été son occupation unique; elle se demandait :

Où est-il maintenant?—que fait-il?—pense-t-il à moi qui pense à lui? — Peut-être est-il malade; — hier il m'a semblé plus pâle qu'à l'ordinaire, il avait l'air triste et préoccupé en me quittant; — lui serait-il arrivé quelque chose? — aurait-il reçu de Paris des nouvelles désagréables? — et toutes ces questions que se pose la passion dans sa sublime inquiétude.

Cette pauvre enfant si opulente de cœur a déplacé le centre de son existence, elle ne vit plus qu'en vous et par vous. — En vertu du magnifique mystère de l'incarnation d'amour, son âme habite votre corps, son esprit descend sur vous et vous visite; — elle se jetterait au-devant de l'épée qui menacerait votre poitrine, le coup qui vous atteindrait la ferait mourir, — et cependant vous ne l'avez prise que comme un jouet pour la faire servir de mannequin à votre fantaisie. Pour mériter tant d'amour, vous avez lancé quelques œillades, donné quelques bouquets et débité d'un ton chaleureux des lieux communs de roman. — Un mieux aimant eût échoué peut-être; car, hélas! pour inspirer de l'amour il faut n'en pas ressentir soi-même. — Vous avez de sang-froid troublé à tout jamais la limpidité de cette modeste existence. — En vérité, maître Tiburce, adorateur du blond et contempteur du bourgeois, vous avez fait là une méchante action; nous sommes fâché de vous le dire.

Gretchen n'était pas heureuse; elle devinait entre elle et son amant une rivale invisible, la jalousie la prit : elle épia les démarches de Tiburce, et vit qu'il n'allait qu'à son hôtel des Armes-du-Brabant et à la cathédrale sur la place de Meïr. — Elle se rassura.

— Qu'avez-vous donc, lui dit-elle une fois, à regarder toujours la figure de la sainte Madeleine qui soutient le corps du Sauveur dans le tableau de la Descente de Croix ?

— C'est qu'elle te ressemble, avait répondu Tiburce.

Gretchen rougit de plaisir et courut à la glace vérifier la

justesse de ce rapprochement ; elle reconnut qu'elle avait les yeux onctueux et lustrés, les cheveux blonds, le front bombé, toute la coupe de figure de la sainte.

— C'est donc pour cela que vous m'appelez Madeleine et non pas Gretchen ou Marguerite qui est mon véritable nom?

— Précisément, répondit Tiburce d'un air embarrassé.

— Je n'aurais jamais cru être si belle, fit Gretchen, et cela me rend toute joyeuse, car vous m'en aimerez mieux.

La sérénité se rétablit pour quelque temps dans l'âme de la jeune fille, et nous devons avouer que Tiburce fit de vertueux efforts pour combattre sa passion insensée. La crainte de devenir monomane se présenta à son esprit ; et, pour couper court à cette obsession, il résolut de retourner à Paris.

Avant de partir, il se rendit une dernière fois à la cathédrale, et se fit ouvrir les volets de la Descente de Croix par son ami le bedeau.

La Madeleine lui sembla plus triste et plus éplorée que de coutume ; de grosses larmes coulaient sur ses joues pâlies, sa bouche était contractée par un spasme douloureux, un iris bleuâtre entourait ses yeux attendris, le rayon du soleil avait quitté ses cheveux, et il y avait, dans toute son attitude, un air de désespoir et d'affaissement ; on eût dit qu'elle ne croyait plus à la résurrection de son bien-aimé. — En effet, le Christ avait ce jour-là des tons si blafards, si verdâtres, qu'il était difficile d'admettre que la vie pût revenir jamais dans ces chairs décomposées. Tous les autres personnages du tableau partageaient cette crainte ; ils avaient des regards ternes, des mines lugubres, et leurs auréoles ne lançaient plus que des lueurs plombées : la lividité de la mort s'était étendue sur cette toile naguère si chaude et si vivace.

Tiburce fut touché de l'expression de suprême tristesse répandue sur la physionomie de la Madeleine, et sa résolution de départ en fut ébranlée. Il aima mieux l'attribuer à une sympathie occulte qu'à un jeu de lumière. — Le temps était gris, la pluie hachait le ciel à fils menus, et un filet de jour trempé d'eau et de brouillard filtrait péniblement à travers les vitres inondées et fouettées par l'aile de la rafale ; cette raison était beaucoup trop plausible pour être admise par Tiburce.

— Ah! se dit-il à voix basse, — en se servant du vers d'un de nos jeunes poëtes, « comme je t'aimerais demain si tu vivais! » — Pourquoi n'es-tu qu'une ombre impalpable, attachée à jamais aux réseaux de cette toile et captive derrière cette mince couche de vernis? — Pourquoi as-tu le fantôme de la vie sans pouvoir vivre? — Que te sert d'être belle, noble et grande, d'avoir dans les yeux la flamme de l'amour terrestre et de l'amour divin, et sur la tête la splendide auréole du repentir, — n'étant qu'un peu d'huile et de couleur étalée d'une certaine manière? — O belle adorée, tourne un peu vers moi ce regard si velouté et si éclatant à la fois ; — pécheresse, aie pitié d'une folle passion, toi, à qui l'amour a ouvert les portes du ciel ; descends de ton cadre, redresse-toi dans ta longue jupe de satin vert ; car il y a longtemps que tu es agenouillée devant le sublime gibet ; — les saintes femmes garderont bien le corps sans toi et suffiront à la veillée funèbre.

Viens, viens, Madeleine, tu n'as pas versé toutes tes buires de parfums sur les pieds du maître céleste, il doit rester assez de nard et de cinname au fond du vase d'onyx pour redonner leur lustre à tes cheveux souillés par la cendre de la pénitence. Tu auras comme autrefois des unions de perles, des pages nègres et des couvertures de pourpre de Sidon. Viens, Madeleine, quoique tu sois morte il y a deux mille ans, j'ai assez de jeunesse et d'ardeur pour ranimer ta poussière. — Ah! spectre de beauté, que je te tienne une minute entre mes bras, et que je meure !

Un soupir étouffé, faible et doux comme le gémissement d'une colombe blessée à mort, résonna tristement dans l'air. — Tiburce crut que la Madeleine lui avait répondu.

C'était Gretchen qui, cachée derrière un pilier, avait tout vu, tout entendu, tout compris. Quelque chose s'était rompu dans son cœur : — elle n'était pas aimée.

Le soir, Tiburce vint la voir ; il était pâle et défait. Gretchen avait une blancheur de cire. L'émotion du matin avait fait tomber les couleurs de ses joues, comme la poudre des ailes d'un papillon.

— Je pars demain pour Paris ; — veux-tu venir avec moi ?

— A Paris et ailleurs ; où vous voudrez, répondit Gretchen, en qui toute volonté semblait éteinte ; — ne serai-je pas malheureuse partout ?

Tiburce lui lança un coup d'œil clair et profond.

— Venez demain matin, je serai prête ; je vous ai donné mon cœur et ma vie. — Disposez de votre servante.

Elle fut avec Tiburce aux Armes-du-Brabant pour l'aider dans ses préparatifs de départ ; elle lui rangea ses livres, son linge et ses gravures, puis elle revint à sa petite chambre de la rue Kipdorp ; elle ne se coucha pas et se jeta tout habillée sur son lit.

Une invincible mélancolie s'était emparée de son âme ; tout semblait attristé autour d'elle : les bouquets étaient fanés dans leur cornet de verre bleu, la lampe grésillait et jetait des lueurs intermittentes et pâles ; le christ d'ivoire inclinait sa tête désespérée sur sa poitrine, et le buis bénit prenait des airs de cyprès trempé dans l'eau lustrale.

La petite vierge de sa petite chambre la regardait étrangement avec ses yeux d'émail, et la tempête, appuyant son genou sur le vitrage de la fenêtre, faisait gémir et craquer les mailles de plomb.

Les meubles les plus lourds, les ustensiles les plus insignifiants avaient un air de compassion et d'intelligence ; ils craquaient douloureusement et rendaient des sons lugubres. Le fauteuil étendait ses grands bras désœuvrés ; le houblon du treillage passait familièrement sa petite main verte par un carreau cassé ; la bouilloire se plaignait et pleurait dans les cendres ; les rideaux du lit pendaient en plis plus flasques et plus désolés ; toute la chambre semblait comprendre qu'elle allait perdre sa jeune maîtresse.

— Gretchen appela sa vieille servante qui pleurait, lui remit ses clefs et les titres de la petite rente, puis elle ouvrit la cage de ses deux tourterelles café au lait et leur rendit la liberté.

Le lendemain elle était en route pour Paris avec Tiburce.

CHAPITRE VI.

Le logis de Tiburce étonna beaucoup la jeune Anversoise, accoutumée à la rigidité et à l'exactitude flamande; ce mélange de luxe et d'abandon renversait toutes ses idées. — Ainsi une housse de velours incarnadin était jetée sur une méchante table boiteuse; de magnifiques candélabres du goût le plus fleuri, qui n'eussent pas déparé le boudoir d'une maîtresse de roi, ne portaient que de misérables bobèches de verre commun que la bougie avait fait éclater en brûlant jusqu'à la racine ; un pot de la Chine d'une pâte admirable et du plus grand prix avait reçu un coup de pied dans le ventre, et des points de suture en fils de fer maintenaient ses morceaux étoilés ; — des gravures très-rares et avant la lettre étaient accrochées au mur par des épingles; un bonnet grec coiffait une Vénus antique, et une multitude d'ustensiles incongrus, tels que pipes turques, narguilhés, poignards, yatagans, souliers chinois, babouches indiennes, encombraient les chaises et les étagères.

La soigneuse Gretchen n'eut pas de repos que tout cela ne fût nettoyé, accroché, étiqueté; comme Dieu, qui tira le monde du chaos, elle tira de ce fouillis un délicieux appartement. Tiburce, qui avait l'habitude de son désordre, et qui savait parfaitement où les choses ne devaient pas être, eut d'abord peine à s'y retrouver; mais il finit par s'y faire. Les objets qu'il dérangeait retournaient à leur place comme par enchantement. Il comprit, pour la première fois, le confortable. Comme tous les gens d'imagination, il négligeait les détails. La porte de sa chambre était dorée et couverte d'arabesques, mais elle n'avait pas de bourrelet; en vrai sauvage qu'il était, il aimait le luxe et non le bien-être; il eût porté, comme les Orientaux, des vestes de brocart d'or doublées de toile à torchon.

Cependant, quoiqu'il parût prendre goût à ce train de vie plus humain et plus raisonnable, il était souvent triste et préoccupé; il restait des journées entières sur son divan, flanqué de deux piles de coussins, sans sonner mot, les yeux fermés et les mains pendantes; Gretchen n'osait l'interroger, tant elle avait peur de sa réponse. La scène de la cathédrale était restée gravée dans sa mémoire en traits douloureux et ineffaçables.

Il pensait toujours à la Madeleine d'Anvers, — l'absence la lui faisait plus belle : il la voyait devant lui comme une lumineuse apparition. Un soleil idéal criblait ses cheveux de rayons d'or, sa robe avait des transparences d'émeraude, ses épaules scintillaient comme du marbre de Paros. — Ses larmes s'étaient évaporées, et la jeunesse brillait dans toute sa fleur sur le duvet de ses joues vermeilles; elle semblait tout à fait consolée de la mort du Christ, dont elle ne soutenait plus le pied bleuâtre qu'avec négligence, et détournait la tête du côté de son amant terrestre. — Les contours sévères de la sainteté s'amollissaient en lignes ondoyantes et souples; la pécheresse reparaissait à travers la repentie; sa gorgerette flottait plus librement, sa jupe bouffait à plis provoquants et mondains, ses bras se déployaient amoureusement et comme prêts à saisir une proie voluptueuse. La grande sainte devenait courtisane et se faisait tentatrice. — Dans un siècle plus crédule, Tiburce aurait vu là quelque sombre machination de celui qui va rôdant, *quærens quem devo-*

ret ; il se serait cru la griffe du diable sur l'épaule et bien et dûment ensorcelé.

Comment se fait-il que Tiburce, aimé d'une jeune fille charmante, simple d'esprit, spirituelle de cœur, ayant la beauté, l'innocence, la jeunesse, tous les vrais dons qui viennent de Dieu et que nul ne peut acquérir, s'entête à poursuivre une folle chimère, un rêve impossible, et comment cette pensée si nette et si puissante a-t-elle pu arriver à ce degré d'aberration? Cela se voit tous les jours; n'avons-nous pas chacun dans notre sphère été aimés obscurément par quelque humble cœur, tandis que nous cherchions de plus hautes amours? n'avons-nous pas foulé aux pieds une pâle violette au parfum timide, en cheminant les yeux levés vers une étoile brillante et froide qui nous jetait son regard ironique du fond de l'infini? l'abîme n'a-t-il pas son magnétisme et l'impossible sa fascination?

Un jour, Tiburce entra dans la chambre de Gretchen portant un paquet, — il en tira une jupe et un corsage à la mode antique, en satin vert, une chemisette de forme surannée et un fil de grosses perles. — Il pria Gretchen de se revêtir de ces habits qui ne pouvaient manquer de lui aller à ravir et de les garder dans la maison; il lui dit par manière d'explication qu'il aimait beaucoup les costumes du seizième siècle, et qu'en se prêtant à cette fantaisie elle lui ferait un plaisir extrême. Vous pensez bien qu'une jeune fille ne se fait guère prier pour essayer une robe neuve : elle fut bientôt habillée, et, quand elle entra dans le salon, Tiburce ne put retenir un cri de surprise et d'admiration.

Seulement il trouva quelque chose à redire à la coiffure, et, délivrant les cheveux pris dans les dents du peigne, il les étala par larges boucles sur les épaules de Gretchen comme ceux de la Madeleine de la Descente de Croix. Cela fait, il donna un tour différent à quelques plis de la jupe, lâcha des lacets du corsage, fripa la gorgerette trop roide et trop empesée; et, reculant de quelques pas, il contempla son œuvre.

Vous avez sans doute, à quelque représentation extraordinaire, vu ce qu'on appelle des *tableaux vivants*. On choisit les plus belles actrices du théâtre, on les habille et on les pose de manière à reproduire une peinture connue : — Tiburce venait de faire le chef-d'œuvre du genre, — vous eussiez dit un morceau découpé de la toile de Rubens.

Gretchen fit un mouvement.

— Ne bouge pas, tu vas perdre la pose ; — tu es si bien ainsi ! cria Tiburce d'un ton suppliant.

La pauvre fille obéit et resta immobile pendant quelques minutes. Quand elle se retourna, Tiburce s'aperçut qu'elle avait le visage baigné de larmes.

Tiburce sentit qu'elle savait tout.

Les larmes de Gretchen coulaient silencieusement le long de ses joues, sans contractions, sans efforts, comme des perles qui débordaient du calice trop plein de ses yeux, délicieuses fleurs d'azur d'une limpidité céleste : la douleur ne pouvait troubler l'harmonie de son visage, et ses larmes étaient plus gracieuses que le sourire des autres.

Gretchen essuya ses pleurs avec le dos de sa main, et, s'appuyant sur le bras d'un fauteuil, elle dit d'une voix amollie et trempée d'émotion :

— Oh! Tiburce, que vous m'avez fait souffrir! — Une jalousie d'une espèce nouvelle me torturait le cœur ; quoique je n'eusse pas de rivale, j'étais cependant trahie : vous aimiez une femme peinte, elle avait vos pensées, vos rêves, elle seule vous paraissait belle, vous ne voyiez qu'elle au monde ; abîmé dans cette folle contemplation, vous ne vous aperceviez seulement pas que j'avais pleuré.

— Moi qui avais cru un instant être aimée de vous, tandis que je n'étais qu'une doublure, une contre-épreuve de votre passion! Je sais bien qu'à vos yeux je ne suis qu'une petite fille ignorante qui parle français avec un accent allemand qui vous fait rire ; ma figure vous plaît comme souvenir de votre maîtresse idéale : vous voyez en moi un joli mannequin que vous drapez à votre fantaisie ;

mais, je vous le dis, le mannequin souffre et vous aime...

Tiburce essaya de l'attirer sur son cœur, mais elle se dégagea et continua.

— Vous m'avez tenu de ravissants propos d'amour, vous m'avez appris que j'étais belle et charmante à voir, vous avez loué mes mains et prétendu qu'une fée n'en avait pas de plus mignonnes, vous avez dit de mes cheveux qu'ils valaient mieux que le manteau d'or d'une princesse, et de mes yeux que les anges descendaient du ciel pour s'y mirer, et qu'ils y restaient si longtemps qu'ils s'attardaient et se faisaient gronder par le bon Dieu; et tout cela avec une voix douce et pénétrante, un accent de vérité à tromper de plus expérimentées. — Hélas! ma ressemblance avec la Madeleine du tableau vous allumait l'imagination et vous prêtait cette éloquence factice; elle vous répondait par ma bouche; je lui prêtais la vie qui lui manque, et je servais à compléter votre illusion. Si je vous ai donné quelques moments de bonheur, je vous pardonne le rôle que vous m'avez fait jouer. — Après tout, ce n'est pas votre faute si vous ne savez pas aimer, si l'impossible seul vous attire, si vous n'avez envie que de ce que vous ne pouvez atteindre. Vous avez l'ambition de l'amour, vous vous trompez sur vous-même, vous n'aimerez jamais. Il vous faut la perfection, l'idéal et la poésie : — tout ce qui n'existe pas. — Au lieu d'aimer dans une femme l'amour qu'elle a pour vous, de lui savoir gré de son dévoûment et du don de son âme, vous cherchez si elle ressemble à cette Vénus de plâtre qui est dans votre cabinet. Malheur à elle si la ligne de son front n'a pas la coupe désirée! Vous vous inquiétez du grain de sa peau, du ton de ses cheveux, de la finesse de ses poignets et de ses chevilles, de son cœur jamais. — Vous n'êtes pas un amoureux, mon pauvre Tiburce, vous n'êtes qu'un peintre. — Ce que vous avez pris pour de la passion n'était que de l'admiration pour la forme et la beauté; vous étiez épris du talent de Rubens, et non de Madeleine; votre vocation de peintre s'agitait confusément en vous et

produisait ces élans désordonnés dont vous n'étiez pas le maître. De là viennent toutes les dépravations de votre fantaisie. — J'ai compris cela, parce que je vous aimais.
— L'amour est le génie des femmes, — leur esprit ne s'absorbe pas dans une égoïste contemplation ! Depuis que je suis ici j'ai feuilleté vos livres, j'ai relu vos poëtes, je suis devenue presque savante. — Le voile m'est tombé des yeux. J'ai deviné bien des choses que je n'aurais jamais soupçonnées. Ainsi j'ai pu lire clairement dans votre cœur.
— Vous avez dessiné autrefois, reprenez les pinceaux. Vous fixerez vos rêves sur la toile, et toutes ces grandes agitations se calmeront d'elles-mêmes. Si je ne puis être votre maîtresse, je serai du moins votre modèle.

Elle sonna et dit au domestique d'apporter un chevalet, une toile, des couleurs et des brosses.

Quand le domestique eut tout préparé, la chaste fille fit tomber ses vêtements avec une impudeur sublime, et, relevant ses cheveux comme Aphrodite sortant de la mer, elle se tint debout sous le rayon lumineux.

— Ne suis-je pas aussi belle que votre Vénus de Milo ? dit-elle avec une petite moue délicieuse.

Au bout de deux heures la tête vivait déjà et sortait à demi de la toile : en huit jours tout fut terminé. Ce n'était pas cependant un tableau parfait ; mais un sentiment exquis d'élégance et de pureté, une grande douceur de ton et la noble simplicité de l'arrangement le rendaient remarquable, surtout pour les connaisseurs. Cette svelte figure blanche et blonde se détachant sans effort sur le double azur du ciel et de la mer, et se présentant au monde souriante et nue, avait un reflet de poésie antique et faisait penser aux belles époques de la sculpture grecque.

Tiburce ne se souvenait déjà plus de la Madeleine d'Anvers.

— Eh bien ! dit Gretchen, êtes-vous content de votre modèle ?

— Quand veux-tu publier nos bans ? répondit Tiburce

— Je serai la femme d'un grand peintre, dit-elle en sautant au cou de son amant; mais n'oubliez pas, monsieur, que c'est moi qui ai découvert votre génie, ce précieux diamant, — moi, la petite Gretchen de la rue Kipdorp!

FIN DE LA TOISON D'OR.

OMPHALE.

HISTOIRE ROCOCO.

Mon oncle, le chevalier de***, habitait une petite maison donnant d'un côté sur la triste rue des Tournelles et de l'autre sur le triste boulevard Saint-Antoine. Entre le boulevard et le corps du logis, quelques vieilles charmilles, dévorées d'insectes et de mousse, étiraient piteusement leurs bras décharnés au fond d'une espèce de cloaque encaissé par de noires et hautes murailles. Quelques pauvres fleurs étiolées penchaient languissamment la tête comme de jeunes filles poitrinaires, attendant qu'un rayon de soleil vînt sécher leurs feuilles à moitié pourries. Les herbes avaient fait irruption dans les allées, qu'on avait peine à reconnaître, tant il y avait longtemps que le râteau ne s'y était promené. Un ou deux poissons rouges flottaient plutôt qu'ils ne nageaient dans un bassin couvert de lentilles d'eau et de plantes de marais.

Mon oncle appelait cela son jardin.

Dans le jardin de mon oncle, outre toutes les belles choses que nous venons de décrire, il y avait un pavillon passablement maussade, auquel, sans doute par entiphrase, il avait donné le nom de *Délices*. Il était dans un état de dégradation complète. Les murs faisaient ventre; de larges plaques de crépi s'étaient détachées et gisaient à terre entre les orties et la folle-avoine; une moisissure putride verdissait les assises inférieures; les bois des volets et des portes avaient joué, et ne fermaient plus ou fort mal. Une espèce de gros pot-à-feu avec des effluves rayonnantes formait la décoration de l'entrée principale ; car, au temps de Louis XV, temps de la construction des *Délices*, il y avait toujours, par précaution, deux entrées. Des oves, des chicorées et des volutes surchargeaient la corniche toute démantelée par l'infiltration des eaux pluviales. Bref, c'était une fabrique assez lamentable à voir que les *Délices* de mon oncle le chevalier de ***.

Cette pauvre ruine d'hier, aussi délabrée que si elle eût eu mille ans, ruine de plâtre et non de pierre, toute ridée, toute gercée, couverte de lèpre, rongée de mousse et de salpêtre, avait l'air d'un de ces vieillards précoces, usés par de sales débauches ; elle n'inspirait aucun respect, car il n'y a rien de si laid et de si misérable au monde qu'une vieille robe de gaze et un vieux mur de plâtre, deux choses qui ne doivent pas durer et qui durent.

C'était dans ce pavillon que mon oncle m'avait logé.

L'intérieur n'en était pas moins *rococo* que l'extérieur, quoiqu'un peu mieux conservé. Le lit était de lampas jaune à grandes fleurs blanches. Une pendule de rocaille posait sur un piédouche incrusté de nacre et d'ivoire. Une guirlande de roses pompon circulait coquettement autour d'une glace de Venise ; au-dessus des portes les quatre saisons étaient peintes en camaïeu. Une belle dame, poudrée à frimas, avec un corset bleu de ciel et une échelle de rubans de la même couleur, un arc dans la main droite, une perdrix dans la main gauche, un croissant sur le front, un lévrier à ses pieds, se prélassait et souriait le plus gracieusement du monde dans un large cadre ovale. C'était une des anciennes maîtresses de mon oncle, qu'il avait fait peindre en Diane. L'ameublement, comme on voit, n'était pas des plus modernes. Rien n'empêchait que l'on ne se crût au temps de la Régence, et la tapisserie mythologique qui tendait les murs complétait l'illusion on ne peut mieux.

La tapisserie représentait Hercule filant aux pieds d'Omphale. Le dessin était tourmenté à la façon de Vanloo et dans le style le plus *Pompadour* qu'il soit possible d'imaginer. Hercule avait une quenouille entourée d'une faleur couleur de rose ; il relevait son petit doigt avec une grâce toute particulière, comme un marquis qui prend une prise de tabac, en faisant tourner, entre son pouce et son index, une blanche flamèche de filasse ; son cou nerveux était chargé de nœuds de rubans, de rosettes, de rangs de perles et de mille affiquets féminins ; une large jupe gorge-de-pigeon, avec deux immenses paniers, achevait de donner un air tout à fait galant au héros vainqueur de monstres.

Omphale avait ses blanches épaules à moitié couvertes par la peau du lion de Némée ; sa main frêle s'appuyait sur la noueuse massue de son amant ; ses beaux cheveux blond cendré avec un œil de poudre descendaient nonchalamment au long de son cou, souple et onduleux comme un cou de colombe ; ses petits pieds, vrais pieds d'Espagnole ou de Chinoise, et qui eussent été au large dans la pantoufle de verre de Cendrillon, étaient chaussés de cothurnes demi-antiques, lilas tendre, avec un semis de perles. Vraiment elle était charmante ! Sa tête se rejetait en arrière d'un air de crânerie adorable ; sa bouche se plissait et faisait un délicieuse petite moue ; sa narine était légèrement gonflée, ses joues un peu allumées ; un *assassin*, savamment placé, en rehaussait l'éclat d'une façon merveilleuse ; il ne lui manquait qu'une petite moustache pour faire un mousquetaire accompli.

Il y avait encore bien d'autres personnages dans la tapisserie, la suivante obligée, le petit Amour de rigueur ; mais ils n'ont pas laissé dans mon souvenir une silhouette assez distincte pour que je les puisse décrire.

En ce temps-là j'étais fort jeune, ce qui ne veut pas dire que je sois très-vieux aujourd'hui ; mais je venais de sortir du collège, et je restais chez mon oncle en attendant que j'eusse fait choix d'une profession. Si le bonhomme avait pu prévoir que j'embrasserais celle de conteur fantastique, nul doute qu'il ne m'eût mis à la porte et déshérité irrévocablement ; car il professait pour la littérature en général, et les auteurs en particulier, le dédain le plus aristocratique. En vrai gentilhomme qu'il était, il voulait faire pendre ou rouer de coups de-bâton, par ses gens, tous ces petits grimauds qui se mêlent de noircir du papier et parlent irrévérencieusement des personnes de qualité. Dieu fasse paix à mon pauvre oncle ! mais il n'estimait réellement au monde que l'épître à Zétulbé.

Donc je venais de sortir du collége. J'étais plein de rêves et d'illusions ; j'étais naïf autant et peut-être plus qu'une rosière de Salency. Tout heureux de ne plus avoir de *pensums* à faire, je trouvais que tout était pour le mieux dans le meilleur des mondes possibles. Je croyais à une infinité de choses ; je croyais à la bergère de M. de Florian, aux moutons peignés et poudrés à blanc ; je ne doutais pas un instant du troupeau de madame Deshoulières. Je pensais qu'il y avait effectivement neuf muses, comme l'affirmait l'*Appendix de Diis et Heroibus* du père Jouvency. Mes souvenirs de Berquin et de Gessner me créaient un petit monde où tout était rose, bleu de ciel et vert-pomme. O sainte innocence ! *sancta simplicitas !* comme dit Méphistophélès.

Quand je me trouvai dans cette belle chambre, chambre à moi, à moi tout seul, je ressentis une joie à nulle autre seconde. J'inventoriai soigneusement jusqu'au moindre meuble ; je furetai dans tous les coins, et je l'explorai dans tous les sens. J'étais au quatrième ciel, heureux comme un roi ou deux. Après le souper (car on soupait chez mon oncle), charmante coutume qui s'est perdue avec tant d'autres non moins charmantes que je regrette de tout ce que j'ai de cœur, je pris mon bougeoir et je me retirai, tant j'étais impatient de jouir de ma nouvelle demeure.

En me déshabillant, il me sembla que les yeux d'Omphale avaient remué ; je regardai plus attentivement, non sans un léger sentiment de frayeur, car la chambre était grande, et la faible pénombre lumineuse qui flottait autour de la bougie ne servait qu'à rendre les ténèbres plus visibles. Je crus voir qu'elle avait la tête tournée en sens inverse. La peur commençait à me travailler sérieusement ; je soufflai la lumière. Je me tournai du côté du mur, je mis mon drap par-dessus ma tête, je tirai mon bonnet jusqu'à mon menton, et je finis par m'endormir.

Je fus plusieurs jours sans oser jeter les yeux sur la maudite tapisserie.

Il ne serait peut-être pas inutile, pour rendre plus vraisemblable l'invraisemblable histoire que je vais raconter, d'apprendre à mes belles lectrices qu'à cette époque j'étais en vérité un assez joli garçon. J'avais les yeux les plus beaux du monde : je le dis parce qu'on me l'a dit ; un teint un peu plus frais que celui que j'ai maintenant, un vrai teint d'œillet ; une chevelure brune et bouclée que j'ai encore, et dix-sept ans que je n'ai plus. Il ne me manquait qu'une jolie marraine pour faire un très-passable Chérubin ; malheureusement la mienne avait cinquante-sept ans et trois dents, ce qui était trop d'un côté et pas assez de l'autre.

Un soir, pourtant, je m'aguerris au point de jeter un coup d'œil sur la belle maîtresse d'Hercule ; elle me regardait de l'air le plus triste et le plus langoureux du monde. Cette fois-là j'enfonçai mon bonnet jusque sur mes épaules et je fourrai ma tête sous le traversin.

Je fis cette nuit-là un rêve singulier, si toutefois c'était un rêve.

J'entendis les anneaux des rideaux de mon lit glisser en criant sur leurs tringles, comme si l'on eût tiré précipitamment les courtines. Je m'éveillai ; du moins dans mon rêve il me sembla que je m'éveillais. Je ne vis personne.

La lune donnait sur les carreaux et projetait dans la chambre sa lueur bleue et blafarde. De grandes ombres, des formes bizarres, se dessinaient sur le plancher et sur les murailles. La pendule sonna un quart ; la vibration fut longue à s'éteindre ; on aurait dit un soupir. Les pulsations du balancier, qu'on entendait parfaitement, ressemblaient à s'y méprendre au cœur d'une personne émue.

Je n'étais rien moins qu'à mon aise et je ne savais trop que penser.

Un furieux coup de vent fit battre les volets et ployer le vitrage de la fenêtre. Les boiseries craquèrent, la tapisserie ondula. Je me hasardai à regarder du côté d'Omphale, soupçonnant confusément qu'elle était pour quelque chose dans tout cela. Je ne m'étais pas trompé.

La tapisserie s'agita violemment. Omphale se détacha du mur et sauta légèrement sur le parquet ; elle vint à mon lit en ayant soin de se tourner du côté de l'endroit. Je crois qu'il n'est pas nécessaire de raconter ma stupéfaction. Le vieux militaire le plus intrépide n'aurait pas été trop rassuré dans une pareille circonstance, et je n'étais ni vieux ni militaire. J'attendis en silence la fin de l'aventure.

Une petite voix flûtée et perlée résonna doucement à mon oreille, avec ce grasseyement mignard affecté sous la Régence par les marquises et les gens de bon ton :

« Est-ce que je te fais peur? mon enfant. Il est vrai que tu n'es qu'un enfant ; mais cela n'est pas joli d'avoir peur des dames, surtout de celles qui sont jeunes et te veulent du bien ; cela n'est ni honnête ni français ; il faut te corriger de ces craintes-là. Allons, petit sauvage, quitte cette mine et ne te cache pas la tête sous les couvertures. Il y aura beaucoup à faire à ton éducation, et tu n'es guère avancé, mon beau page ; de mon temps les Chérubins étaient plus délibérés que tu ne l'es.

— Mais, dame, c'est que...

— C'est que cela te semble étrange de me voir ici et non là, dit-elle en pinçant légèrement sa lèvre rouge avec ses dents blanches, et en étendant vers la muraille son doigt long et effilé. En effet, la chose n'est pas trop naturelle ; mais, quand je te l'expliquerais, tu ne la comprendrais guère mieux : qu'il te suffise donc de savoir que tu ne cours aucun danger.

— Je crains que vous ne soyez le... le...

— Le diable, tranchons le mot, n'est-ce pas? c'est cela

que tu voulais dire ; au moins tu conviendras que je ne suis pas trop noire pour un diable, et que, si l'enfer était peuplé de diables faits comme moi, on y passerait son temps aussi agréablement qu'en paradis.

Pour montrer qu'elle ne se vantait pas, Omphale rejeta en arrière sa peau de lion et me fit voir des épaules et un sein d'une forme parfaite et d'une blancheur éblouissante.

« Eh bien ! qu'en dis-tu ? fit-elle d'un petit air de coquetterie satisfaite.

— Je dis que, quand vous seriez le diable en personne, je n'aurais plus peur, madame Omphale.

— Voilà qui est parler ; mais ne m'appelez plus ni madame ni Omphale. Je ne veux pas être madame pour toi, et je ne suis pas plus Omphale que je ne suis le diable.

— Qu'êtes-vous donc, alors ?

— Je suis la marquise de T***. Quelque temps après mon mariage le marquis fit exécuter cette tapisserie pour mon appartement, et m'y fit représenter sous le costume d'Omphale ; lui-même y figure sous les traits d'Hercule. C'est une singulière idée qu'il a eue là ; car, Dieu le sait, personne au monde ne ressemblait moins à Hercule que le pauvre marquis. Il y a bien longtemps que cette chambre n'a été habitée. Moi, qui aime naturellement la compagnie, je m'ennuyais à périr, et j'en avais la migraine. Être avec son mari, c'est être seule. Tu es venu, cela m'a réjouie ; cette chambre morte s'est ranimée ; j'ai eu à m'occuper de quelqu'un. Je te regardais aller et venir, je t'écoutais dormir et rêver ; je suivais tes lectures. Je te trouvais bonne grâce, un air avenant, quelque chose qui me plaisait ; je t'aimais enfin. Je tâchai de te le faire comprendre ; je poussais des soupirs, tu les prenais pour ceux du vent ; je te faisais des signes, je te lançais des œillades langoureuses, je ne réussissais qu'à te causer des frayeurs horribles. En désespoir de cause, je me suis décidée à la démarche inconvenante que je fais, et à te dire franchement ce que tu ne pouvais entendre à demi-mot. Maintenant que tu sais que je t'aime, j'espère que..... »

La conversation en était là lorsqu'un bruit de clef se fit entendre dans la serrure.

Omphale tressaillit et rougit jusque dans le blanc des yeux.

« Adieu! dit-elle, à demain. » Et elle retourna à sa muraille à reculons, de peur sans doute de me laisser voir son envers.

C'était Baptiste qui venait chercher mes habits pour les brosser.

« Vous avez tort, monsieur, me dit-il, de dormir les rideaux ouverts. Vous pourriez vous enrhumer du cerveau; cette chambre est si froide! »

En effet, les rideaux étaient ouverts; moi, qui croyais n'avoir fait qu'un rêve, je fus très-étonné, car j'étais sûr qu'on les avait fermés le soir.

Aussitôt que Baptiste fut parti, je courus à la tapisserie. Je la palpai dans tous les sens; c'était bien une vraie tapisserie de laine, raboteuse au toucher comme toutes les tapisseries possibles. Omphale ressemblait au charmant fantôme de la nuit comme un mort ressemble à un vivant. Je relevai le pan; le mur était plein; il n'y avait ni panneau masqué ni porte dérobée. Je fis seulement cette remarque, que plusieurs fils étaient rompus dans le morceau de terrain où portaient les pieds d'Omphale. Cela me donna à penser.

Je fus toute la journée d'une distraction sans pareille; j'attendais le soir avec inquiétude et impatience tout ensemble. Je me retirai de bonne heure, décidé à voir comment tout cela finirait. Je me couchai; la marquise ne se fit pas attendre; elle sauta à bas du trumeau et vint tomber droit à mon lit; elle s'assit à mon chevet, et la conversation commença.

Comme la veille, je lui fis des questions, je lui demandai des explications. Elle éludait les unes, répondait aux autres d'une manière évasive, mais avec tant d'esprit qu'au bout d'une heure je n'avais pas le moindre scrupule sur ma liaison avec elle.

Tout en parlant, elle passait ses doigts dans mes cheveux, me donnait de petits coups sur les joues et de légers baisers sur le front.

Elle babillait, elle babillait d'une manière moqueuse et mignarde dans un style à la fois élégant et familier, et tout à fait grande dame, que je n'ai jamais retrouvé depuis dans personne.

Elle était assise d'abord sur la bergère, à côté du lit; bientôt elle passa un de ses bras autour de mon cou, je sentais son cœur battre avec force contre moi. C'était bien une belle et charmante femme réelle, une véritable marquise, qui se trouvait à côté de moi. Pauvre écolier de dix-sept ans! il y avait de quoi en perdre la tête; aussi je la perdis. Je ne savais pas trop ce qui s'allait passer, mais je pressentais vaguement que cela ne pouvait plaire au marquis.

« Et monsieur le marquis, que va-t-il dire là-bas sur son mur? »

La peau du lion était tombée à terre, et les cothurnes lilas tendre glacé d'argent gisaient à côté de mes pantoufles.

« Il ne dira rien, reprit la marquise en riant de tout son cœur. Est-ce qu'il voit quelque chose? D'ailleurs, quand il verrait, c'est le mari le plus philosophe et le plus inoffensif du monde; il est habitué à cela. M'aimes-tu enfant?

— Oui, beaucoup, beaucoup..... »

Le jour vint; ma maîtresse s'esquiva.

La journée me parut d'une longueur effroyable. Le soir arriva enfin. Les choses se passèrent comme la veille, et la seconde nuit n'eut rien à envier à la première. La marquise était de plus en plus adorable. Ce manége se répéta pendant assez longtemps encore. Comme je ne dormais pas la nuit, j'avais tout le jour une espèce de somnolence qui ne parut pas de bon augure à mon oncle. Il se douta de quelque chose; il écouta probablement à la porte, et entendit tout; car un beau matin il entra dans ma chambre si brusquement, qu'Antoinette eut à peine le temps de remonter à sa place.

Il était suivi d'un ouvrier tapissier avec des tenailles et une échelle.

Il me regarda d'un air rogue et sévère qui me fit voir qu'il savait tout.

« Cette marquise de T*** est vraiment folle ; où diable avait-elle la tête de s'éprendre d'un morveux de cette espèce ? fit mon oncle entre ses dents ; elle avait pourtant promis d'être sage !

» Jean, décrochez cette tapisserie, roulez-la et portez-la au grenier. »

Chaque mot de mon oncle était un coup de poignard.

Jean roula mon amante Omphale, ou la marquise Antoinette de T***, avec Hercule, ou le marquis de T***, et porta le tout au grenier. Je ne pus retenir mes larmes.

Le lendemain, mon oncle me renvoya par la diligence de B*** chez mes respectables parents, auxquels, comme on pense bien, je ne soufflai pas mot de mon aventure.

Mon oncle mourut ; on vendit sa maison et les meubles ; la tapisserie fut probablement vendue avec le reste..

Toujours est-il qu'il y a quelque temps, en furetant chez un marchand de bric-à-brac pour trouver des momeries, je heurtai du pied un gros rouleau tout poudreux et couvert de toiles d'araignée.

« Qu'est cela ? dis-je à l'Auvergnat.

— C'est une tapisserie rococo qui représente les amours de madame Omphale et de monsieur Hercule ; c'est du Beauvais, tout en soie et joliment conservé. Achetez-moi donc cela pour votre cabinet ; je ne vous le vendrai pas cher, parce que c'est vous. »

Au nom d'Omphale, tout mon sang reflua sur mon cœur.

« Déroulez cette tapisserie, fis-je au marchand d'un ton bref et entrecoupé comme si j'avais la fièvre. »

C'était bien elle. Il me sembla que la bouche me fit un

gracieux sourire et que son œil s'alluma en rencontrant le mien.

« Combien en voulez-vous ?

— Mais je ne puis vous céder cela à moins de quatre cents francs, tout au juste.

— Je ne les ai pas sur moi. Je m'en vais les chercher ; avant une heure je suis ici. »

Je revins avec l'argent ; la tapisserie n'y était plus. Un Anglais l'avait marchandée pendant mon absence, en avait donné six cents francs et l'avait emportée.

Au fond, peut-être vaut-il mieux que cela se soit passé ainsi et que j'aie gardé intact ce délicieux souvenir. On dit qu'il ne faut pas revenir sur ses premières amours ni aller voir la rose qu'on a admirée la veille.

Et puis je ne suis plus assez jeune ni assez joli garçon pour que les tapisseries descendent du mur en mon honneur.

FIN D'OMPHALE.

LE PETIT CHIEN DE LA MARQUISE.

CHAPITRE PREMIER.

LE LENDEMAIN DU SOUPER.

Il ne fait pas encore jour chez Éliante ; cependant midi vient de sonner.

Midi, l'aurore des jolies femmes ! Mais Éliante était priée d'un souper chez la baronne, où l'on a été d'une folie extrême ; Éliante n'a mangé, il est vrai, que des petits pieds, des œufs de faisan au coulis et autres drogues ; elle a à peine trempé ses lèvres roses dans la mousse du vin de Champagne et bu deux travers de doigt de crème des Barbades ; car Éliante, comme toute petite-maîtresse, a la prétention de ne vivre que de lait pur et d'amour. Pourtant elle est plus lasse que de coutume et ne recevra qu'à trois heures.

L'abbé V***, qui était du souper, s'est montré d'une extravagance admirable, et le chevalier a fait au commandeur la mystification la plus originale ; ce qu'il y a de parfait, c'est que le brave commandeur n'a pas voulu croire qu'il ait été mystifié. A la petite pointe du jour, l'on a été en calèche découverte manger la soupe à l'oignon dans la maison du garde pour se remettre en appétit, et après le déjeuner la présidente a ramené dans son vis-à-vis Éliante, dont le carrosse n'était pas encore arrivé.

Éliante, un peu fatiguée, vient d'entr'ouvrir son bel œil légèrement battu, et un faible sourire, qui dégénère en un demi-bâillement, voltige sur sa petite bouche en cœur que l'on prendrait pour une rose pompon. Elle pense aux coq-à-l'âne de l'abbé et aux impertinences du chevalier, au nez de plus en plus rouge de la pauvre présidente ; mais ces souvenirs agréables s'effacent bientôt et se confondent dans une pensée unique.

Car, il faut bien se l'avouer, si coquet et si galant qu'ait été M. l'abbé, si turlupin que se soit montré M. le chevalier, le succès de la soirée n'a pas été pour eux.

Un autre personnage, qui n'a rien dit et que l'on a trouvé plus spirituel qu'eux, qui ne s'était pas mis en frais de toilette et qu'on a déclaré le suprême de la grâce et de l'élégance, a réuni tous les suffrages de l'assemblée ; l'abbé lui-même, quoiqu'il en fût jaloux, a été forcé de reconnaître ce mérite hors du commun et de saluer l'astre naissant.

Ce personnage, dont toutes les dames raffolaient et qui occupe en ce moment la pensée d'Éliante, pour ne pas vous faire consumer en recherches et en conjectures inutiles un temps que vous pourriez employer beaucoup mieux, n'est autre chose que le petit chien de la marquise, un bichon incomparable qu'elle avait apporté dans son manchon ouaté.

CHAPITRE II.

LE BICHON FANFRELUCHE.

Pour faire l'éloge de ce bichon merveilleux, il faudrait arracher une plume à l'aile de l'Amour ; la main des Grâces serait seule assez légère pour tracer son portrait ; le crayon de Latour n'aurait rien de trop suave.

Il s'appelle Fanfreluche, très-joli nom de chien, qu'il porte avec honneur.

Fanfreluche n'est pas plus gros que le poing fermé de sa maîtresse, et l'on sait que madame la marquise a la plus petite main du monde ; et cependant il offre à l'œil beaucoup de volume et paraît presque un petit mouton, car il a des soies d'un pied de long, si fines, si douces, si brillantes, que la queue à Minette semble une brosse en comparaison. Quand il donne la patte et qu'on la lui serre un peu, l'on est tout étonné de ne rien sentir du tout. Fanfreluche est plutôt un flocon de laine soyeuse où brillent deux beaux yeux bruns et un petit nez rose, qu'un véritable chien. Un pareil bichon ne peut qu'appartenir à la mère des amours, qui l'aura perdu en allant à Cythère, où madame la marquise, qui y va quelquefois, l'a probablement trouvé.

Regardez-moi cette physionomie intéressante et spirituelle ; Roxelane n'aurait-elle pas été jalouse de ce nez délicatement rebroussé et séparé dans le milieu par une petite raie comme celui d'Anne d'Autriche ? Ces deux marques de feu, au-dessus des yeux, ne font-elles pas meilleur effet que l'*assassin* posé de la manière la plus engageante ?

Quelle vivacité dans cette prunelle à fleur de tête ! et cette double rangée de dents blanches, grosses comme des grains de riz, que la moindre contrariété fait apparaître dans toute leur splendeur, quelle duchesse n'envierait leur pureté et leur éclat ? Le charmant Fanfreluche, outre les moyens physiques de plaire, possède mille talents de société : il danse le menuet avec plus de grâce que Marcel lui-même ; il sait donner la patte et marquer l'heure ; il fait la cabriole pour la reine et mesdames de France, et distingue sa droite de sa gauche. Fanfreluche est très-docte et il en sait plus que messieurs de l'Académie ; s'il n'est pas académicien, c'est qu'il n'a pas voulu ; il a pensé, sans doute, qu'il y brillerait par son absence. L'abbé prétend qu'il est fort comme un Turc sur les langues mortes, et que, s'il ne parle pas, c'est une pure malice de sa part et pour faire enrager sa maîtresse.

Du reste, Fanfreluche n'a point la voracité animale des chiens ordinaires. Il est très-friand, très-gourmet et d'une nourriture difficile ; il ne mange absolument qu'un petit volau-vent de cervelle qu'on fait exprès pour lui, et ne boit qu'un petit pot de crème qu'on lui sert dans une soucoupe du Japon. Cependant, quand sa maîtresse soupe en ville, il consent à sucer un bout d'aile de poularde et à croquer une sucrerie du dessert ; mais c'est une faveur rare qu'il ne fait pas à tout le monde, et il faut que le cuisinier lui plaise. Fanfreluche n'a qu'un petit défaut, mais qui est parfait en ce monde? Il aime les cerises à l'eau-de-vie et le tabac d'Espagne, dont il mange de temps en temps une prise ; c'est une manie qui lui est commune avec le prince de Condé.

Dès qu'il entend grincer la charnière de la boîte d'or du commandeur, il faut voir comme il se dresse sur ses pattes de derrière et comme il tambourine avec sa queue sur le parquet ; et, si la marquise, enfoncée dans les délices du whist ou du reversi, ne le surveille pas exactement, il saute sur les genoux de l'abbé, qui lui donne trois ou quatre cerises confites. Avec cela, Fanfreluche, qui n'a pas la tête forte, est gris comme un suisse et deux chantres d'église ; il fait les plus drôles zigzags du monde, et devient d'une férocité extraordinaire à l'endroit des mollets un peu absents du chevalier, qui, pour conserver ce qui lui en reste, est obligé de serrer ses jambes sur un fauteuil. Ce n'est plus un petit chien, c'est un petit lion, et il n'y a que la marquise qui puisse en faire quelque chose. Il faut voir les singeries et les mutineries qu'il fait avant de se laisser remettre dans son manchon ou coucher dans sa niche de bois de rose matelassé de satin blanc et garnie de chenille bleue. On ne sait pas combien les incartades de Fanfreluche ont valu de coups de busc et d'éventail sur les doigts à M. l'abbé, son complice.

CHAPITRE III.

UN PASTEL DE LATOUR.

Si la transition n'est pas trop brusque d'un joli chien à

une jolie femme, permettez-moi de vous tirer un léger crayon d'Éliante.

Éliante est d'une jeunesse incontestable; elle a encore dix ans à dire son âge sans mentir; le nombre de ses printemps ne se monte qu'à un chiffre peu élevé. C'est bien le cas de dire : *Aurea mediocritas*. On sait encore où sont les morceaux de sa dernière poupée, et elle est si notoirement *enfant*, qu'elle accepte sans hésiter les rôles de vieille, de duègne et de grand'mère dans les proverbes et les charades de société. Heureuse Éliante, qui ne craint pas d'être confondue avec le personnage qu'elle représente, et qui peut se grimer hardiment sans courir le risque de faire prendre ses fausses rides pour de vraies!

En revanche, madame la présidente, dont le nez s'échauffe visiblement, à la grande satisfaction de ses amies, et qui commence à se couperoser en diable, trouve les rôles de jeune veuve de vingt-cinq ans beaucoup trop vieux pour elle.

Éliante, qui est née et ne voit que l'extrêmement bonne compagnie, a épousé à quinze ans le comte de ***; elle sortait du couvent et n'avait jamais vu son prétendu, qui lui sembla fort beau et fort aimable; c'était le premier homme qu'elle voyait après le père confesseur. Elle ne comprenait d'ailleurs du mariage que la voiture, les robes neuves et les diamants.

Le comte a bien quarante ans passés; il a été ce qu'on nomme un roué, un homme à bonnes fortunes, un coureur d'aventures sous le règne de l'autre roi. Il est parfait pour sa femme; mais, comme il avait ailleurs une affaire réglée, un engagement formel, son intimité avec Éliante n'a jamais été bien sérieuse, et la jeune comtesse jouit de toute la liberté désirable, le comte n'étant nullement susceptible de jalousie et autres préjugés gothiques.

La figure d'Éliante n'a pas de ces régularités grecques dont on s'accorde à dire qu'elles sont parfaitement belles, mais qui au fond ne charment personne; elle a les plus beaux yeux du monde et un jeu de prunelles supérieur, des sourcils finement tracés qu'on prendrait pour l'arc de Cupidon, un petit nez fripon et chiffonné qui lui sied à ravir; une bouche à n'y pas fourrer le petit doigt : ajoutez à cela des cheveux à pleines mains, et qui, lorsqu'ils sont dénoués, lui vont jusqu'au jarret; des dents si pures, si bien faites, si bien rangées, qu'elles forceraient la douleur à éclater de rire pour les montrer ; une main fluette et potelée à la fois, un pied à chausser la pantoufle de Cendrillon, et vous aurez un ensemble d'un régal assez exquis. Éliante, dans toute sa mignonne perfection, n'a de grand que les yeux. Le principal charme d'Éliante consiste dans une grâce extrême et une manière de porter les choses les plus simples. La grande toilette de cour lui va bien ; mais le négligé lui sied davantage. Quelques indiscrets prétendent qu'elle est encore mieux *sous le linge*. Cette opinion nous paraît ne pas manquer de probabilité.

CHAPITRE IV.

POMPADOUR.

Éliante est appuyée sur son coude, qui s'enfonce à moitié dans un oreiller de la plus fine toile de Hollande, garnie de point d'Angleterre. Elle rêve aux perfections de l'inimaginable Fanfreluche; elle soupire en pensant au bonheur de la marquise; Éliante donnerait volontiers trois mousquetaires et deux petits collets en échange du miraculeux bichon.

Pendant qu'elle rêve, jetons un coup d'œil dans sa chambre à coucher, d'autant que cette occasion de décrire la chambre à coucher d'une jolie femme du temps ne se présentera pas de sitôt, et que le Pompadour est aujourd'hui à la mode.

Le lit, de bois sculpté, peint en blanc, rehaussé d'or mat et d'or bruni, pose sur quatre pieds tournés avec un soin curieux. Les dossiers, de forme cintrée, surmontés d'un groupe de colombes qui se becquètent, sont rembourrés moelleusement pour éviter que la jolie dormeuse ne se frappe la tête en faisant quelque rêve un peu vif où l'illusion approche de la réalité. Un ciel, orné de quatre grands bouquets de plumes et fixé au plafond par un câble doré, soutient une double paire de rideaux d'une étoffe couleur cuisse de nymphe moirée d'argent. Dans le fond, il y a une grande glace à trumeau festonné de roses et de marguerites mignonnement découpées; cette glace réfléchit les attitudes gracieuses de la comtesse, fait d'inutiles trahisons à ses charmes en montrant ce qu'on ne doit pas laisser voir. En outre, elle égaye et donne de l'air et du jour à ce coin un peu sombre. Éliante est tournée de façon à n'avoir pas besoin de s'entourer des prudences du mystère; elle n'a que faire du demi-jour et des teintes ménagées.

Sur un guéridon tremble, dans une veilleuse de vieux Sèvres, une petite étoile timide, à qui les joyeux rayons du soleil, qui filtrent per l'interstice des rideaux et des volets, ont enlevé sa nocturne auréole; car l'on croyait que madame rentrerait de bonne heure, au sortir de l'Opéra, et les préparatifs de son coucher avaient été faits comme à l'ordinaire.

Les dessus de porte, en camaïeu lilas tendre, représentent des aventures mythologiques et galantes. Le peintre a mis beaucoup de feu et de volupté dans ces compositions, qui inspireraient, par la manière agréable et leste dont elles sont touchées, des idées amoureuses et riantes à la prude la plus rigide et la plus collet monté.

La tenture semblable aux rideaux est retenue par des ganses, des cordes à puits et des nœuds d'argent. Cette tapisserie a l'avantage, par l'extrême fraîcheur de ses teintes, de faire paraître épouvantables et enluminées comme des furies toutes les personnes qui n'ont pas, comme Éliante, un teint à l'épreuve de tout rapprochement. Cette nuance a été malicieusement choisie par la jeune comtesse pour faire enrager deux de ses meilleures amies que l'abus du rouge a rendues jaunes comme des coings, et qu'elle affecte de recevoir toujours dans cette pièce.

Des miroirs avec des cadres rocaille remplissent l'entre-deux des croisées; il ne saurait y avoir trop de glaces dans la chambre d'une jolie femme ; mais aussi je casserais volontiers celles qui sont exposées à doubler de sots visages. Est-ce que ce n'est pas assez de voir une fois la présidente et la vieille douairière de B*** ?

La cheminée est chargée de magots de la Chine, de groupes de biscuit et de porcelaine de Saxe. Deux grands vases en vert céladon craquelé, richement montés, garnissent les deux angles. Une superbe pendule de Boule, incrustée d'écaille, et dont l'aiguille est sur le chemin de trois heures, pose sur un piédouche d'un égale magnificence et terminé par des feuillages d'or. Devant la cheminée où brille une grande flamme, un garde-feu en filigrane argenté se replie plusieurs fois et se brise à angles aigus. Des écrans de damas avec des bois sculptés, une duchesse et un métier pour broder au tambour, complètent l'ameublement de ce côté.

Un paravent en véritable laque de Chine, tout chamarré de hérons à longues aigrettes, de dragons ailés, d'arbres palmistes, de pêcheurs avec des cormorans sur le poing, empêche le perfide vent coulis de pénétrer dans ce sanctuaire des grâces; un tapis de Turquie, apporté par M. le comte qui fut autrefois ambassadeur près la Sublime Porte, amortit le bruit des pas, et de doubles volets matelassés empêchent les sons extérieurs de pénétrer dans cet asile du repos et de l'amour. Telle était la chambre à coucher de la comtesse Éliante.

Nous espérons que, par la littérature de commissaire-priseur où nous vivons, l'on nous pardonnera aisément cette description un peu longue, en songeant qu'il ne tenait qu'à nous qu'elle le fût deux fois plus, et que personne n'aurait pu nous faire mettre en prison pour cela.

CHAPITRE V.

POURPARLER.

FANCHONNETTE, la femme de chambre de madame Éliante, entre sur la pointe du pied, s'avance timidement jusqu'auprès du lit, et voyant qu'Éliante ne dort plus :

Madame...

ÉLIANTE.

Eh bien ! Fanchonnette, qu'y a-t-il ? est-ce que le feu est à la maison ? tu as l'air tout effaré.

FANCHONNETTE.

Non, madame, le feu n'est pas à la maison, c'est pis que cela : M. le duc Alcindor qui fait pied de grue depuis deux heures, et qui voudrait entrer.

ÉLIANTE.

Il faut lui dire que je ne suis pas visible, que j'ai une migraine affreuse, que je n'y suis pas.

FANCHONNETTE.

Je lui ai dit tout cela, il ne veut pas s'en aller ; il prétend que, si vous êtes sortie, il faudra bien que vous rentriez, et que, si vous êtes chez vous, il faudra bien que vous finissiez par sortir. Il est décidé à faire le blocus de votre porte.

ÉLIANTE.

Quel homme terrible !

FANCHONNETTE.

Il va se faire apporter une tente et des vivres pour s'établir définitivement dans votre salon. La démangeaison qu'il a de vous parler est si grande, qu'il escaladera plutôt la fenêtre.

ÉLIANTE.

Quelle étrange fantaisie ! cela est d'une folie qui ne rime à rien ! Que peut-il donc avoir à me dire ? Fanchonnette, comment suis-je aujourd'hui ? je me trouve d'une laideur affreuse ; il me semble que j'ai l'air de madame de B*.

FANCHONNETTE.

Au contraire, madame n'a jamais été plus charmante ; elle a le teint d'une fraîcheur admirable.

ÉLIANTE.

Rajuste un peu ma cornette, et va dire au duc que je consens à le recevoir.

CHAPITRE VI.

LA RUELLE D'ÉLIANTE.

ÉLIANTE, LE DUC ALCINDOR.

ALCINDOR.

Incomparable Éliante, vous voyez devant vous le plus humble de vos sujets que le grand désir qu'il avait de déposer ses hommages sur les marches de votre trône a poussé jusqu'à la dure nécessité de se rendre importun.

ÉLIANTE.

Duc, je vous ferai observer que je suis couchée et non sur un trône, et je vous demanderai en même temps pardon de ne pas vous recevoir debout.

ALCINDOR.

Est-ce que le lit n'est pas le trône des jolies femmes?
Quant à ce qui est de ne pas me recevoir debout, j'espère
que vous me permettrez de considérer cela comme une
faveur.

ÉLIANTE.

Au fait, vous m'y faites penser, je vous défends, Alcindor, de regarder comme une faveur d'être admis dans ma
ruelle; vous êtes un homme si pointilleux, qu'il faut prendre ses précautions avec vous.

ALCINDOR.

Méchante, vous fûtes toujours pour moi de la vertu la
plus ignoble, et cependant Dieu sait que j'ai toujours
nourri à votre endroit la flamme la plus vive. Vous me
faites sentir des choses...

ÉLIANTE.

Alcindor, quand vous parlerez de votre flamme, allumez un peu votre œil et tâchez d'avoir un débit un peu
moins glacial; on dirait que vous avez peur d'être pris
au mot.

ALCINDOR.

Vous dites là des choses affreuses; Éliante, il en faudrait dix fois moins pour perdre un homme de réputation.
Heureusement que de ce côté-là je suis à couvert. Je vous
ferai voir...

ÉLIANTE.

On ne veut point voir.

ALCINDOR, prenant un livre sur la table.

Qu'est ceci? encore une production nouvelle? quelque rapsodie? Messieurs les auteurs sont vraiment des
animaux malfaisants. Est-ce que vous recevez de ces espèces-là?

ÉLIANTE.

Mon Dieu ! non. J'ai deux poëtes qui couchent à l'écurie et mangent à l'office. Ils me font remettre ce fatras par Fanchonnette, qu'ils appellent Iris et Vénus.

ALCINDOR, se rapprochant du lit.

Au vrai, la cornette de nuit vous va à ravir, et vous êtes charmante en peignoir.

ÉLIANTE.

Oh ! non, je suis laide à faire peur.

ALCINDOR.

Je vous demande un million de pardons de vous donner un démenti, mais cela est de la plus insigne fausseté. Dussé-je me couper la gorge avec vous, je ne me rétracterai pas.

ÉLIANTE.

Je dois avoir la figure toute renversée ; je n'ai pas fermé l'œil.

ALCINDOR.

Vous avez une fraîcheur de dévote et de pensionnaire. Je vous trouve les yeux d'un lumineux particulier. Est-ce que vous étiez d'un petit souper chez la baronne ? On dit que tout y a été du dernier mieux. L'abbé surtout était impayable, à ce qu'on dit. Je me meurs de chagrin de ne pas m'être rendu à l'invitation de cette chère baronne, mais on ne peut pas être partout. Ce que je crève de chevaux est incroyable ; mon coureur est sur les dents, et je ne sais vraiment pas comment j'y résiste. Ah ! vous étiez de cette partie? D'honneur ! je vais m'aller pendre ou me jeter à l'eau en sortant d'ici de ne l'avoir pas deviné.

ÉLIANTE.

La marquise y est venue avec un petit chien que je ne lui connaissais pas, un bichon de la plus belle race, je n'en ai jamais vu un pareil ; il s'appelle Fanfreluche. O l'amour de chien ! Duc, quelle est donc la cause qui vous faisait tant désirer de me voir ?

ALCINDOR.

Je voulais vous voir ; n'est-ce pas un excellent motif ?

ÉLIANTE.

Si fait, très-excellent. Mais n'aviez-vous point quelque chose de plus important à me dire ?

ALCINDOR.

Pardieu ! je désirais vous faire ma déclaration en règle et m'établir en qualité de soupirant en pied auprès de vos perfections.

ÉLIANTE.

Vous extravaguez, duc ; vous savez tout aussi bien que moi que vous n'êtes pas amoureux le moins du monde.

ALCINDOR.

Ah ! belle Éliante, figurez-vous que j'ai le cœur percé de part en part ; regardez plutôt derrière mon dos, vous verrez la pointe de la flèche.

ÉLIANTE.

Une physionomie intéressante au possible, des soies longues comme cela, des marques de feu, des pattes torses. Oh ! mon Dieu ! je crois que je deviendrai folle si je n'ai un bichon pareil ; mais il n'en existe pas !

ALCINDOR.

Je vous aime, là, sérieusement.

ÉLIANTE.

Une queue en trompette.

ALCINDOR.

Je vous adore !

ÉLIANTE.

Des oreilles frisées.

ALCINDOR.

Oh! femme divine!

ÉLIANTE.

Oh! charmant animal! l'abbé dit qu'il parle hébreu. Mon Dieu! que je suis malheureuse! il danse si bien! Je déteste cette marquise; c'est une intrigante, et elle a de faux cheveux.

ALCINDOR.

Que faut-il faire pour vous consoler? faut-il traverser la mer, sauter à pieds joints sur les tours Notre-Dame? C'est facile, parlez.

ÉLIANTE.

Je ne veux que Fanfreluche; je n'ai eu dans ma vie qu'un seul désir violent et je ne puis le satisfaire. Je crois que j'en aurai des vapeurs; ah! les nerfs me font déjà un mal affreux. Duc, passez-moi les gouttes du général Lamothe. Tenez, ce flacon sur la table... je me sens faible.

ALCINDOR, lui faisant sentir le flacon.

L'admirable tour de gorge que vous avez là! c'est du point de Malines ou de Bruxelles, si je ne me trompe.

ÉLIANTE.

Alcindor! finissez; vous m'agacez horriblement. Ah! j'embrasserais de bon cœur le diable, mon mari lui-même, s'il paraissait ici avec Fanfreluche sous le bras!

ALCINDOR.

C'est fort! Dans le même cas serais-je plus maltraité que le diable et votre mari?

ÉLIANTE.

Non; peut-être mieux. C'est mon dernier mot. Sonnez Fanchonnette, qu'elle vienne me lever et m'habiller.

ALCINDOR.

Je vous obéis, madame. Ma foi! le sort en est jeté, je me fais voleur de chien.

O mes aïeux, pardonnez-moi! Jupiter s'est bien changé en oie et en taureau ; c'était déroger encore plus. L'amour se plaît à réduire les plus hauts courages à ces dures extrémités. Adieu, madame, au revoir, je vais à la conquête de la toison d'or.

ÉLIANTE.

Adieu. Cupidon et Mercure vous soient en aide! Ayez bien soin de ne revenir qu'avec Fanfreluche, ou je vous annonce que je vous recevrai en tigresse d'Hyrcanie, à belles dents et à belles griffes. Voilà Fanchonnette ; bonsoir, duc.

CHAPITRE VII.

Alcindor, rentré chez lui, se jeta sur une chaise longue et poussa un soupir modulé et flûté qui se pouvait traduire ainsi : « Que le diable emporte toutes ces bégueules maniérées et vaporeuses, avec leurs fantaisies extravagantes ! » Il pencha sa tête en arrière, regarda fixement les moulures du plafond, et allongea languissamment sa main vers le cordon de moire d'une sonnette. Il l'agita à plusieurs reprises, mais personne ne vint. Comme Alcindor était naturellement fort vif et ne pouvait souffrir le moindre retard, il se pendit des deux mains au cordon de la sonnette qui se rompit. Alcindor, privé de ce moyen de communication avec le monde de l'office et de l'antichambre, et décidé à ne pas sortir de sa chaise, se mit à faire un vacarme horrible.

« Holà ! Giroflée, Similor, Marmelade, Galopin, Champagne, quelqu'un ! Il n'y a pas une personne de qualité en France qui soit plus mal servie que moi ! Holà ! maroufles, butors, belîtres, marauds, gredins, vous aurez cent coups de bâton ! gare les épaules du premier qui entrera ! Ha ! canaille noire et blanche, je vous ferai tous aller aux galères, pendre et rouer vifs comme vous le méritez si bien. Je vous recommanderai à M. le prévôt, soyez tranquilles. Morbleu ! ventrebleu ! corbleu ! têtebleu ! sacrebleu ! Ces drôles me feront à la fin sortir de mon caractère. Champagne, Basque, Galopin, Marmelade, Similor, Giroflée, holà ! Les bourreaux ! je n'en puis plus, je meurs ! ouf ! »

Le duc Alcindor, suffoqué de rage et étranglé par un nouveau paquet d'invectives qui lui montait dans la gorge, tomba comme épuisé sur le dossier de sa chaise.

La porte de la chambre s'ouvrit et laissa passer enfin une grosse tête de nègre, ronde, joufflue, et d'autant plus joufflue qu'elle avait les bajoues fort exactement remplies d'une caille au gratin, dérobée à l'office, et dont la déglutition avait été interrompue par les cris forcenés d'Alcindor. C'était Similor, le nègre favori de M. le duc. Par derrière pointait timidement le nez aigu de Giroflée.

« Ze crois que petit maître blanc appeler moa noir, » dit le nègre Similor d'un ton demi-patelin, demi-effrayé, en tâchant de remuer sa large langue à travers l'épaisse pâtée de pain et de viande qui lui farcissait la bouche.

« Ah ! tu crois, brigand, que je t'appelais ! Je te ferai écorcher vif et retourner comme un vieil habit, pour voir si la doublure de ta peau est aussi noire que l'étoffe. Tiens, misérable !... » Et le duc, dont la rage s'était ravivée en s'exhalant, prit un flambeau sur la table et le jeta à la tête du nègre. Le flambeau alla droit à une glace qu'il rompit en mille morceaux.

Similor, habitué à ces façons d'agir, se laissa tomber à plat ventre sur le tapis en criant piteusement : « Aïe ! aïe ! aïe ! petit maître, ze suis mort ! » et en faisant des grimaces bouffonnes qui manquaient rarement leur effet : « Le zandelier m'a passé à travers le corps. Ze sens un grand trou. Ze suis bien mort cette fois. Couïc !

— Allons! cuistre, dit Alcindor dont la colère était passée, en lui donnant un grand coup de pied au derrière, finis tes singeries; et vous, Giroflée, puisque vous voilà, accommodez-moi, car je ne veux plus sortir aujourd'hui. Coiffez-moi de nuit, Giroflée, et vous, Similor, allez faire défendre la porte à tout le monde. Cependant, s'il vient une dame en capuchon noir, petit pied et main blanche, laissez-la monter. Mais, pour Dieu! qu'on n'aille pas se tromper et admettre Elmire ou Zulmé, deux espèces qui m'assomment et dont j'ai assez depuis huit jours.»

Cela dit, Alcindor s'établit dans une duchesse, et Giroflée commence à l'accommoder. Similor se tenait debout devant lui, tendant des épingles à mesure qu'on en avait besoin, montrant la langue, faisant des grimaces, et tirant la queue à un sapajou qui, à chaque fois, poussait un glapissement aigre et faisait grincer ses dents comme une scie.

CHAPITRE VIII.

PERPLEXITÉ.

Je dois l'avouer, le duc Alcindor, quoiqu'il eût deux cent mille livres de rentes, la jambe bien faite et de belles dents, n'avait pas la moindre invention et était d'une pauvreté d'imagination déplorable. Cela ne paraissait pas tout d'abord, il avait du jargon et du vernis; ajoutez à cela l'assurance que peuvent donner à quelqu'un qui n'est pas mal fait de sa personne une fortune de deux cent mille livres de rentes en bonnes terres, un grand nom, un beau titre, l'espoir d'être nommé bientôt grand d'Espagne de la première classe, et vous concevrez facilement que le duc ait pu passer dans un certain monde pour un homme extrêmement brillant ; mais une nullité assez réelle se cachait sous ces belles apparences.

Alcindor, qui se croyait obligé d'avoir la comtesse Éliante parce qu'elle était à la mode, et que naturellement toutes les femmes à la mode reviennent aux hommes en vogue, avait d'abord été fort charmé que le don de Fanfreluche eût été mis comme seule condition à son bonheur.

Il avait redouté de passer par tous les ennuis d'une affaire en règle et d'un soupirant avoué, et craint qu'Éliante, pour rendre son triomphe plus éclatant, ne lui fît grâce d'aucune des gradations d'usage que le progrès des lumières a singulièrement simplifiées depuis nos gothiques aïeux, mais qui peuvent bien encore durer huit mortels jours quand la divinité que l'on adore tient à passer pour une femme à grands principes et à grands sentiments.

D'ailleurs, le chevalier de Versac, le rival détesté d'Alcindor pour l'élégance de sa fatuité, le bon goût de ses équipages, la richesse et le nombre de ses montres et de ses tabatières, avait eu madame Éliante avant lui, et même, disait-on, en premier. C'est ce qui avait porté Alcindor à désirer prendre un engagement avec Éliante, et à lui rendre des soins extrêmement marqués. Quoique Éliante l'eût reçu toujours assez favorablement, sa flamme n'avait guère eu la mine d'être couronnée de sitôt, jusqu'à l'espérance, pour ainsi dire positive, que la jeune comtesse lui avait donnée à propos du bichon Fanfreluche.

Une jolie femme pour un joli chien ! cela avait semblé tout d'abord au duc Alcindor un marché très-excellent. Rien ne lui avait paru plus aisé que d'avoir Fanfreluche, mais au fond rien n'était moins facile. Les pommes d'or du jardin des Hespérides gardées par des dragons n'étaient rien au prix de cela ; on s'en fût procuré un quarteron avec moins de peine qu'il n'en eût fallu pour arracher de la précieuse toison de Fanfreluche une seule de ses soies.

Comment en approcher? Le demander à la marquise? elle aurait plutôt renoncé au rouge et donné ses diamants. Le voler? elle le portait toujours dans son manchon. Le pauvre duc ne savait que résoudre; sa perplexité était au comble.

« Ah! ma foi! vivent nos chères impures! Il n'y a rien de tel au monde que l'Opéra pour la commodité des soupirs. Ces demoiselles sont pleines de bon sens et ne donnent pas ainsi dans les goûts bizarres; elles veulent du solide et du positif. Avec des diamants, de la vaisselle plate, un carrosse ou quelque autre misère de ce genre, on en est quitte. Je vous demande un peu quelle idée est celle-là, de vouloir le bichon de la marquise précisément? Je lui donnerais bien volontiers, en retour de ses précieuses faveurs, une meute tout entière de petits chiens tout aussi beaux que Fanfreluche, mais point; c'est celui-là qu'elle veut. Ce n'est pas que je sois fort amoureux de cette Éliante; elle n'a de beau que les yeux et les dents, elle est maigre, et son charme consiste plutôt dans les manières et la tournure. Pour ma part, je préfère la Rosine et la Desobry; mais je dois à ma réputation d'avoir et d'afficher Éliante, car l'on m'accuse de trop me laisser aller aux facilités en amour, et quelques-uns de mes envieux, en tête desquels est Versac, répandent sous le manteau que je n'ai pas la suite qu'il faut pour avoir des triomphes de quelque consistance. Ainsi donc, il est d'urgence que j'aie Éliante, mais pour cela il faut Fanfreluche. Diable! diable! quelle fantaisie de rendre un duc et pair voleur de chien!

— Si monsieur remue ainsi, objecta timidement Giroflée, je ne pourrai jamais venir à bout de le coiffer.

— Monsieur blanc remuer effectivement beaucoup, ajouta Similor en pinçant l'oreille du sapajou.

— Giroflée, mon valet de chambre, et vous, Similor, mon nègre favori, je vous avouerai que vous coiffez un duc dans le plus grand embarras.

— Qu'y a-t-il, monsieur le duc? dit Giroflée en roulant une dernière boucle ; qu'est-ce qui peut embarrasser un homme comme vous ?

— Vous croyez, vous autres faquins, qu'un duc et pair est au-dessus des mortels ; cela est bien vrai, mais cela n'empêche pas que je ne sache que résoudre dans une situation difficile où je me trouve. O Giroflée ! ô Similor ! vous voyez votre maître chéri dans une perplexité étrange.

— Si monseigneur daignait s'ouvrir à moi... dit Giroflée en posant la main sur son cœur.

— S'ouvrir à nous,... interrompit Similor, qui voulait à toute force entrer dans la confidence pour partager les bénéfices qu'elle amènerait inévitablement.

— Et me confier,.... continua Giroflée.

— Et nous confier,... interrompit de nouveau Similor.

— Ce qui le tourmente... »

Similor, croyant avoir constaté sa part dans la confidence et sachant qu'il n'était pas à beaucoup près aussi grand orateur que Giroflée, le laissa achever tranquillement sa phrase :

« Je pourrais lui être de quelque utilité et lui suggérer quelques idées. Je saisis ici l'occasion de protester de mon dévoûment à monsieur le duc, et je lui promets que, s'il fallait que le fidèle Giroflée exposât sa vie pour lui faire plaisir, il n'hésiterait pas un instant.

— Nous,... ajouta monosyllabiquement le silencieux Similor, qui tenait à établir la dualité, et que les *je* trop fréquents de Giroflée inquiétaient singulièrement.

— Bien, bien, mes enfants, vous m'attendrissez, ne continuez pas : Voici en deux mots de quoi il s'agit : Il faut voler Fanfreluche, le bichon de la marquise. Cinquante louis pour vous si vous l'avez cette semaine, et vingt-cinq si vous ne l'avez que dans quinze jours. »

Giroflée pâlit de plaisir, Similor fit la roue, car voler un chien semblait à ces deux fripons fieffés un pur enfantillage. Même Similor, qui était consciencieux, dit à son maître :

« Monsieur le duc, si vous voulez, on vous volera encore quelque chose par-dessus le marché.

— Ah çà! marauds, ne volez que le chien, ou je vous roue de coups tout vifs, ajouta le duc en manière de réflexion patriarcale ; Similor, vous avez trop de zèle. »

Giroflée, qui était un homme d'une prudence consommée, eut soin de se faire avancer par le duc la moitié de la somme, disant que l'argent est le nerf de la guerre, et qu'il faut en avoir même pour voler. Le duc, dont la confiance en la probité de Giroflée n'était pas des plus illimitées, fit d'abord la sourde oreille, mais enfin il se décida à donner les vingt-cinq louis. Giroflée, pour le consoler, lui fit un mémoire admirablement circonstancié d'après lequel il paraissait même devoir mettre de l'argent de sa poche.

MÉMOIRE DE GIROFLÉE.

Dix louis pour acheter un déshabillé gorge-de-pigeon à mademoiselle Beauveau, femme de chambre de la marquise et gardienne du petit chien Fanfreluche, afin de la disposer favorablement à l'égard de Giroflée et lui faciliter l'accès dans la maison.

Dix louis pour faire boire le suisse et captiver sa confiance, afin qu'il ne s'opposât pas à la sortie du susdit Fanfreluche emporté par le susdit Giroflée.

Un louis de gimblettes, croquignoles, caramel, amandes, pralines et autres sucreries, destinés à affrioler et à corrompre la probité du bichon.

Plus quatre louis pour une petite chienne carline qui aiderait considérablement Giroflée dans ses projets de séduction.

Sur ce mémoire le délicat valet de chambre ne comptait pas son temps, sa peine tant spirituelle que corporelle, et ce qu'il en faisait n'était que par pure affection envers M. le duc, pour qui il eût volontiers risqué les galères. Alcindor, touché d'un si beau dévoûment, ne put s'empêcher de trouver que le mémoire était fort raisonnable.

Similor et Giroflée, après s'être partagé les vingt-cinq louis, se mirent en campagne avec une ardeur si incroyable, qu'au premier coin de rue ils se sentirent une prodigieuse altération qui les força d'entrer dans un cabaret pour boire une bouteille ou deux. Mais leur soif ne se le tint pas pour dit, et ils furent obligés de faire venir deux autres bouteilles, ainsi de suite jusqu'au lendemain, de sorte que les jambes leur flageolaient un peu lorsqu'ils sortirent de ce lieu de délices, ce qui ne les empêcha pas d'aller faire une nouvelle station dans un nouveau cabaret à vingt pas de là, jusqu'à l'épuisement de leurs finances. Alors ils s'en furent sur le Pont-Neuf acheter un bichon assez conforme à Fanfreluche, qui leur coûta une pièce de vingt-quatre sous, et qu'ils apportèrent triomphalement au duc Alcindor.

CHAPITRE IX.

LE FAUX FANFRELUCHE.

Alcindor fut on ne saurait plus satisfait de la célérité d'agir de Similor et de Giroflée ; il possédait donc ce précieux bichon qui faisait tourner la tête à tant de jolies femmes, ce ravissant Fanfreluche qui avait fait pâlir l'étoile de l'abbé de V..., ce délicat et curieux animal dont la marquise était plus fière que de son attelage de chevaux soupe au lait, de son chasseur haut de six pieds et demi, et de son jockey à fourer dans la poche, qu'elle aimait plus que ses amants, son mari et ses enfants, plus que le whist et le reversi. Quelle allait être la joie d'Éliante en recevant le cher petit chien dans un corbillon doublé de soie et tout enrubanné de faveurs roses ! Quels langoureux tours de prunelle, quels regards assassins, quels adorables petits sourires allaient être décochés sur l'heureux Alcindor, jusqu'au moment, sans doute très-prochain, où sonnerait l'heure du berger si impatiemment attendue ! « Versac va en crever de rage, car, malgré ses airs détachés, je le soupçonne très-fort d'être encore amouraché de la comtesse Éliante et de mener une intrigue sous main avec elle, » se dit Alcindor en faisant craquer ses doigts en signe de jubilation.

Le duc, pour ne pas perdre de temps, résolut d'aller porter le soir même à la jeune belle le Fanfreluche supposé dont il était loin de suspecter l'identité ; la mine innocente de Similor et de Giroflée éloignait du reste toute idée de fraude ; Alcindor était à cent lieues de supposer que ce chien pour lequel il avait donné vingt-cinq louis ne coûtait effectivement que vingt-quatre sous. La ressemblance était complète : pattes torses, nez retroussé, marque sur les yeux, queue en trompette ; deux gouttes d'eau, deux œufs ne sont pas pareils. Alcindor heureusement ne s'avisa pas de faire répéter le menuet au Sosie de Fanfreluche ; le bichon du Pont-Neuf, totalement étranger aux belles manières du grand monde, se fût trahi par la gaucherie et l'inexpérience de ses pas.

Alcindor, voulant soutenir avantageusement la concurrence avec Fanfreluche, fit une toilette extraordinaire ; son habit était de toile d'or, doublé de toile d'argent, avec des boutons de diamant, disposés de manière à ce que chaque bouton formât une lettre de son nom ; un jabot de point de Venise valant mille écus, et noblement saupoudré de quelques grains de tabac d'Espagne, s'épanouissait majestueusement sur sa poitrine par l'hiatus d'une veste de velours mordoré ; sa jambe, emprisonnée dans un bas de soie blanc à coin d'or, se faisait remarquer par l'élégante rotondité du mollet et la finesse aristocratique des chevilles. Un soulier à talon rouge comprimait un pied déjà très-petit naturellement ; une frêle épée de baleine à fourreau de velours blanc, avec une garde de brillants, la pointe en haut, la poignée en bas, relevait fièrement la basque de son habit. Quant à sa culotte, j'avoue à regret que je n'ai pas pu constater assez sûrement de quelle étoffe elle était faite ; il y a cependant lieu de croire qu'elle était de velours gris de perle ; cependant je ne veux rien affirmer.

Quand Giroflée eut achevé de ramasser avec un couteau d'ivoire la poudre qui était attachée au front de M. le duc, il éprouva un mouvement d'orgueil ineffable en voyant son maître si bien habillé et si bien coiffé, et il courut prendre un miroir qu'il posa devant le duc. « Monsieur, je suis content de moi ; vous êtes au mieux, et je ne crois pas que monsieur rencontre beaucoup de cruelles ce soir.

— Si monsieur avait la figure peinte en noir, il serait bien plus beau encore, mais il est bien comme cela, ajouta Similor toujours attentif à se maintenir en faveur et à ne pas se laisser dépasser en flagornerie par l'astucieux Giroflée.

— « Similor, appelez Marmelade, » dit le duc. Marmelade parut ; c'était un nègre de grande taille. « Faites atteler le carrosse. »

La voiture prête, le duc descendit en fredonnant un petit air ; il portait à son cou, dans un petit corbillon, le faux Fanfreluche avec la plus parfaite sécurité. L'équipage du duc était du meilleur goût et conforme au dernier patron de la mode : cocher énorme, bourgeonné, ivre-mort, avec la coiffure à l'oiseau royal, un lampion volumineux, des gants blancs, des guides blanches, un monstrueux collet de fourrure ; des laquais à la mine convenablement insolente, portant des torches de cire, deux devant et trois derrière, le tout dans les règles les plus étroites. Le carrosse était sculpté et doré, avec les armoiries du duc sur les panneaux, et d'une magnificence tout à fait royale. Quatre grands mecklembourgeois, alezan brûlé, la crinière tressée et la queue nouée de rosettes aux couleurs du duc, traînaient cette volumineuse machine.

Alcindor, enchanté de lui-même et plein des plus flatteuses espérances, dit au cocher de toucher vivement ses chevaux et d'aller grand train. Le cocher, qui ne demandait pas mieux que de brûler le pavé, qui, pour un empire, n'aurait pas cédé le haut de la chaussée à personne, et qui eût coupé l'équipage d'un prince du sang, tant il était infatué de la dignité de sa place, lança ses quatre bêtes au plein galop, nonobstant les cris des bourgeois et autres misérables piétons qu'il couvrait malicieusement d'un déluge de boue. En quelques minutes on fut à la porte de l'hôtel d'Éliante.

Le duc monta et fit annoncer : « Il signor Fanfrelucio et le duc Alcindor. » Quoique Eliante ne fût pas visible, parce qu'elle s'habillait pour aller à l'Opéra, le nom magnifique de Fanfreluche, pareil au : *Sésame, ouvre-toi*, des contes arabes, fit tourner les portes sur leurs gonds et tomber toutes les consignes.

Quand Éliante vit dans le corbillon suspendu au cou d'Alcindor le faux Fanfreluche assis sur son derrière et levant le museau d'un air passablement inquiet, elle fit un petit cri aigu, et, frappant de plaisir dans ses deux mains, elle courut vers le duc et lui dit : « Alcindor, vous êtes charmant. »

Puis elle prit le bichon ébaubi de tant d'honneur et le baisa fort tendrement entre les deux yeux.

Alcindor ne fut nullement surpris de la préférence de la comtesse pour le bichon et attendit patiemment son tour. Nous avons oublié de dire qu'Éliante s'était levée si brusquement, que son peignoir de batiste s'était dérangé de façon qu'Alcindor reconnut avec plaisir qu'il s'était abandonné à un mouvement de mauvaise humeur, et qu'Éliante n'avait pas de beau que les dents et les yeux.

« Madame, fit gracieusement le duc Alcindor, je ne suis pas le diable, je ne suis pas votre mari, je suis tout bonnement un homme qui vous adore. Voilà Fanfreluche ; souvenez-vous de ce que vous avez dit. »

Éliante donna un franc et loyal baiser au duc Alcindor; mais vous savez qu'en fait de baiser avec les jolies femmes, chacun se pique de générosité et ne veut pas garder le cadeau qu'on lui fait. Alcindor, qui n'était pas avare, rendit donc à Éliante son baiser considérablement revu et augmenté. Heureusement que Fanchonnette entra fort à propos.

« Ayez la bonté de vous tenir un peu derrière ce paravent ; dès qu'on m'aura mis mon corset, l'on vous appellera.

— « Venez, monsieur, c'est fait, » dit Fanchonnette.

Alcindor sortit de derrière son paravent.

Éliante était toute coiffée avec un œil de poudre, deux repentirs de chaque côté du col, un hérisson sur le haut de la tête, les sept pointes bien marquées, et des crêpes neigeux qui faisaient admirablement près de sa fraîche figure. Des plumes blanches posées en travers lui donnaient une physionomie agaçante et mutine. Bref, elle était suprêmement bien.

On lui mit sa robe, elle avait un panier de huit aunes de large. La jupe était relevée de nœuds et de papillons de diamants ; sa robe de moire, rose-paille, du ton le plus tendre, flottait autour de sa taille de guêpe avec des plis riches et abondants ; son corset, à demi fermé par une échelle de rubans, laissait entrevoir des beautés dignes des princes et des dieux ; elle n'avait d'ailleurs ni collier ni rivière ; Éliante savait trop bien que le cou distrairait du collier, et que chacun crierait au meurtre pour le moindre vol fait aux yeux ; pour tout ornement, une seule petite rose pompon naturelle s'épanouissait à l'entrée de ce blanc paradis. Ses mules pareilles à sa robe auraient pu servir à une Chinoise.

« Duc, j'ai une place dans ma loge, dit Éliante ; vous me reconduirez, » ajouta-t-elle en souriant.

Le duc Alcindor s'inclina respectueusement ; Éliante prit Fanfreluche-Sosie dans son manchon, et l'on partit pour l'Opéra.

On donnait un ballet d'un chorégraphe à la mode ; la la salle était comble ; depuis les loges de clavecin jusqu'aux bonnets d'évêque, toutes les places étaient prises. Ce chorégraphe excellait surtout à rendre le sentiment de l'amour par une suite de poses d'un dessin tout à fait voluptueux, sans jamais outrager la décence. La vivacité de cet impérieux sentiment qui soumet les dieux et les hommes se traduisait par des pas pleins de feu et des attitudes passionnées prises sur la nature. On applaudissait le gracieux Batylle et la pétillante Euphrosine comme ils le méritaient, c'est-à-dire à tout rompre; les vieux connaisseurs de l'orchestre avaient beau vanter aux jeunes gens la grâce noble et les poses majestueuses de la danseuse qui tenait auparavant ce chef d'emploi, on les traitait de radoteurs, et personne ne voulait les écouter.

Alcindor, tout à sa conquête, ne prêtait qu'une très-légère attention à ce qui se faisait sur la scène; Éliante était enivrée du bonheur de posséder Fanfreluche et de l'idée du désespoir de la marquise privée du bichon chéri.

Cependant les décorations étaient fort belles et méritaient des spectateurs plus attentifs.

On y voyait la grotte du dieu de l'onde, avec des madrépores, des coraux, des coquilles, des nacres de perles imités en perfection et du plus singulier éclat; un palais enchanté au-dessus de tout ce que les contes de fées renferment de plus opulent et de plus merveilleux, des descentes avec des gloires et des vols de machines admirablement exécutés. Mais Alcindor s'occupait d'Éliante, et Éliante s'occupait de Fanfreluche, et aussi un peu d'Alcindor, dont la mine et le riche habillement l'avaient frappée particulièrement le soir.

Pour le faux Fanfreluche, il faisait assez piteuse figure; il n'était pas accoutumé à se trouver en si bonne compagnie, et, les deux pattes appuyées sur le devant de la loge, il considérait tout d'un œil effaré.

Soudain, ô coup de théâtre inattendu! la porte d'une loge s'ouvre avec fracas. Une dame, étincelante de pierreries, très-décolletée, avec du rouge comme une princesse, en bel habit bien porté, se place avec deux ou trois jeunes seigneurs : c'est la marquise. Un petit chien sort la tête de son manchon, pose les pattes sur le devant de la loge avec un air d'impudence digne d'un duc et pair ; c'est Fanfreluche, le vrai, le seul inimitable Fanfreluche.

Éliante l'aperçoit, ô revers du sort! Elle lance au duc stupéfait un regard foudroyant ; puis, suffoquée par l'émotion, elle se pâme et s'évanouit complétement. On la remporte chez elle, où l'on est plus d'une heure à la faire revenir : ni les sels d'Angleterre, ni l'eau du Carme, ni celle de la reine de Hongrie, ni les gouttes du général Lamothe, ni la plume brûlée et passée sous le nez, ne peuvent la tirer de cet évanouissement, et, si la menace de lui jeter de l'eau à la figure ne l'eût rappelée subitement à la vie, on aurait pu la croire véritablement morte. Alcindor est inconsolable.

Car Éliante ne veut plus le recevoir, et il se distrait de sa douleur en bâtonnant deux fois par jour Giroflée et Similor, que cette considération seule l'a empêché de chasser.

Cependant on prétend que quelques jours après il a reçu d'Éliante un petit billet ainsi conçu :

« Mon cher duc, j'ai cru que vous aviez voulu me
» tromper sciemment; j'ai su depuis que vous aviez été
» vous-même la dupe de Similor et de Giroflée. Le bichon
» que vous m'avez donné ne manque pas de dispositions
» et ne demande qu'à être cultivé pour éclipser Fanfre-
» luche ; vous dansez comme un ange, voulez-vous être
» son maître à danser? Adieu, Alcindor. »

Deux mois après, le bichon Pistache, plus jeune, plus souple et plus gracieux, avait complétement effacé la gloire du bichon Fanfreluche, et Alcindor avait donné un bon coup d'épée au chevalier de Versac qui voulait pas que l'on allât sur ses brisées. Versac ne se releva pas de cet échec, et Alcindor devint décidément l'homme à la mode.

Lecteur grave et morose, pardonne ce précieux entortillage à quelqu'un qui se souvient peut-être trop d'avoir lu *Angola et le Grelot*, et dont la seule prétention a été de donner l'idée d'un style et d'une manière tout à fait tombés dans l'oubli.

FIN DU PETIT CHIEN DE LA MARQUISE.

LE NID DE ROSSIGNOLS.

Autour du château il y avait un beau parc.

Dans le parc il y avait des oiseaux de toutes sortes: rossignols, merles, fauvettes ; tous les oiseaux de la terre s'étaient donné rendez-vous dans le parc.

Au printemps, c'était un ramage à ne pas s'entendre ; chaque feuille cachait un nid, chaque arbre était un orchestre. Tous les petits musiciens emplumés faisaient assaut à qui mieux mieux. Les uns pépiaient, les autres roucoulaient ; ceux-ci faisaient des trilles et des cadences perlées, ceux-là découpaient des fioritures ou brodaient des points d'orgue : de véritables musiciens n'auraient pas si bien fait.

Mais dans le château il y avait deux belles cousines qui chantaient mieux à elles deux que tous les oiseaux du parc ; l'une s'appelait Fleurette et l'autre Isabeau. Toutes deux étaient belles, désirables et bien en point, et les dimanches, quand elles avaient leurs belles robes, si leurs blanches épaules n'eussent pas montré qu'elles étaient de véritables filles, on les aurait prises pour des anges ; il n'y manquait que les plumes. Quand elles chantaient, le vieux sire de Maulevrier, leur oncle, les tenait quelquefois par la main, de peur qu'il ne leur prît la fantaisie de s'envoler.

Je vous laisse à penser les beaux coups de lance qui se faisaient aux carrousels et aux tournois en l'honneur de Fleurette et d'Isabeau. Leur réputation de beauté et de talent avait fait le tour de l'Europe, et cependant elles n'en étaient pas plus fières ; elles vivaient dans la retraite, ne voyant guère d'autres personnes que le petit page Valentin, bel enfant aux cheveux blonds, et le sire de Maulevrier, vieillard tout chenu, tout hâlé et tout cassé d'avoir porté soixante ans son harnais de guerre.

Elles passaient leur temps à jeter de la graine aux petits oiseaux, à dire leurs prières, et principalement à étudier les œuvres des maîtres, et à répéter ensemble quelque motet, madrigal, villanelle, ou telle autre musique; elles avaient aussi des fleurs qu'elles arrosaient et soignaient elles-mêmes. Leur vie s'écoulait dans ces douces et poétiques occupations de jeune fille ; elles se tenaient dans l'ombre et loin des regards du monde, et cependant le monde s'occupait d'elles. Ni le rossignol ni la rose ne se peuvent cacher ; leur chant et leur odeur les trahissent toujours. Nos deux cousines étaient à la fois deux rossignols et deux roses.

Il vint des ducs, des princes, pour les demander en mariage ; l'empereur de Trébizonde et le soudan d'Égypte envoyèrent des ambassadeurs pour proposer leur alliance au sire de Maulevrier; les deux cousines ne se lassaient pas d'être filles et ne voulurent pas en entendre parler. Peut-être avaient-elles senti par un secret instinct que leur mission ici-bas était d'être filles et de chanter, et qu'elles y dérogeraient en faisant autre chose.

Elles étaient venues toutes petites dans ce manoir. La fenêtre de leur chambre donnait sur le parc, et elles avaient été bercées par le chant des oiseaux. A peine se tenaient-elles debout que le vieux Blondiau, ménétrier du sire, avait posé leurs petites mains sur les touches d'ivoire du virginal; elles n'avaient pas eu d'autre hochet et avaient su chanter avant de parler ; elles chantaient comme les autres respirent : cela leur était naturel.

Cette éducation avait singulièrement influé sur leur caractère. Leur enfance harmonieuse les avait séparées de l'enfance turbulente et bavarde. Elles n'avaient jamais poussé un cri aigu ni une plainte discordante : elles pleuraient en mesure et gémissaient d'accord. Le sens musical, développé chez elles aux dépens des autres, les rendait peu sensibles à ce qui n'était pas musique. Elles flottaient dans un vague mélodieux, et ne percevaient presque le monde réel que par les sons. Elles comprenaient admirablement bien le bruissement du feuillage, le murmure des eaux, le tintement de l'horloge, le soupir du vent dans la cheminée, le bourdonnement du rouet, la goutte de pluie tombant sur la vitre frémissante, toutes les harmonies extérieures ou intérieures; mais elles n'éprouvaient pas, je dois le dire, un grand enthousiasme à la vue d'un soleil couchant, et elles étaient aussi peu en état d'apprécier une peinture que si leurs beaux yeux bleus et noirs eussent été couverts d'une taie épaisse. Elles avaient la maladie de la musique; elles en rêvaient, elles en perdaient le boire et le manger; elles n'aimaient rien autre chose au monde. Si fait, elles aimaient encore autre chose, c'était Valentin et leurs fleurs: Valentin, parce qu'il ressemblait aux roses; les roses, parce qu'elles ressemblaient à Valentin. Mais cet amour était tout à fait sur le second plan. Il est vrai que Valentin n'avait que treize ans. Leur plus grand plaisir était de chanter le soir à leur fenêtre la musique qu'elles avaient composée dans la journée.

Les maîtres les plus célèbres venaient de très-loin pour les entendre et lutter avec elles. Ils n'avaient pas plutôt écouté une mesure qu'ils brisaient leurs instruments et déchiraient leurs partitions en s'avouant vaincus. En effet, c'était une musique si agréable et si mélodieuse, que les chérubins du ciel venaient à la croisée avec les autres musiciens et l'apprenaient par cœur pour la chanter au bon Dieu.

Un soir de mai, les deux cousines chantaient un motet à deux voix; jamais motif plus heureux n'avait été plus heureusement travaillé et rendu. Un rossignol du parc, tapi sur un rosier, les avait écoutées attentivement. Quand elles eurent fini, il s'approcha de la fenêtre et leur dit en son langage de rossignol : « Je voudrais faire un combat de chant avec vous. »

Les deux cousines répondirent qu'elles le voulaient bien, et qu'il eût à commencer.

Le rossignol commença. C'était un maître rossignol. Sa petite gorge s'enflait, ses ailes battaient, tout son corps frémissait ; c'étaient des roulades à n'en plus finir, des fusées, des arpéges, des gammes chromatiques ; il montait et descendait, il filait les sons, il perlait les cadences avec une pureté désespérante ; on eût dit que sa voix avait des ailes comme son corps. Il s'arrêta, certain d'avoir remporté la victoire.

Les deux cousines se firent entendre à leur tour ; elles se surpassèrent. Le chant du rossignol semblait, auprès du leur, le gazouillement d'un passereau.

Le virtuose ailé tenta un dernier effort ; il chanta une romance d'amour, puis il exécuta une fanfare brillante qu'il couronna par une aigrette de notes hautes, vibrantes et aiguës, hors de la portée de toute voix humaine.

Les deux cousines, sans se laisser effrayer par ce tour de force, tournèrent le feuillet de leur livre de musique, et répliquèrent au rossignol de telle sorte que sainte Cécile, qui les écoutait du haut du ciel, en devint pâle de jalousie et laissa tomber sa contre-basse sur la terre.

Le rossignol essaya bien encore de chanter, mais cette lutte l'avait totalement épuisé : l'haleine lui manquait, ses plumes étaient hérissées, ses yeux se fermaient malgré lui ; il allait mourir.

« Vous chantez mieux que moi, dit-il aux deux cousines, et l'orgueil de vouloir vous surpasser me coûte la vie. Je vous demande une chose : j'ai un nid ; dans ce nid il y a trois petits ; c'est le troisième églantier dans la grande allée du côté de la pièce d'eau ; envoyez-les prendre, élevez-les et apprenez-leur à chanter comme vous, puisque je vais mourir. »

Ayant dit cela, le rossignol mourut. Les deux cousines le pleurèrent fort, car il avait bien chanté. Elles appelèrent Valentin, le petit page aux cheveux blonds, et lui dirent où était le nid. Valentin, qui était un malin petit drôle, trouva facilement la place; il mit le nid dans sa poitrine et l'apporta sans encombre. Fleurette et Isabeau, accoudées au balcon, l'attendaient avec impatience. Valentin arriva bientôt, tenant le nid dans ses mains. Les trois petits passaient la tête ouvraient le bec tout grand. Les jeunes filles s'apitoyèrent sur ces petits orphelins, et leur donnèrent la becquée chacune à son tour. Quand ils furent un peu plus grands, elles commencèrent leur éducation musicale, comme elles l'avaient promis au rossignol vaincu.

C'était merveille de voir comme ils étaient privés, comme ils chantaient bien. Ils s'en allaient voletant par la chambre, et se perchaient tantôt sur la tête d'Isabeau, tantôt sur l'épaule de Fleurette. Ils se posaient devant le livre de musique, et l'on eût dit, en vérité, qu'ils savaient déchiffrer les notes, tant ils regardaient les blanches et les noires d'un air d'intelligence. Ils avaient appris tous les airs de Fleurette et d'Isabeau, et ils commençaient à en improviser eux-mêmes de fort jolis.

Les deux cousines vivaient de plus en plus dans la solitude, et le soir on entendait s'échapper de leur chambre des sons d'une mélodie surnaturelle. Les rossignols, parfaitement instruits, faisaient leur partie dans le concert, et ils chantaient presque aussi bien que leurs maîtresses, qui, elles-mêmes, avaient fait de grands progrès.

Leurs voix prenaient chaque jour un éclat extraordinaire, et vibraient d'une façon métallique et cristalline au-dessus des registres de la voix naturelle. Les jeunes filles maigrissaient à vue d'œil; leurs belles couleurs se fanaient; elles étaient devenues pâles comme des agates et presque aussi transparentes. Le sire de Maulevrier voulait les empêcher de chanter, mais il ne put gagner cela sur elles.

Aussitôt qu'elles avaient prononcé quelques mesures, une petite tache rouge se dessinait sur leurs pommettes, et s'élargissait jusqu'à ce qu'elles eussent fini ; alors la tache disparaissait, mais une sueur froide coulait de leur peau, leurs lèvres tremblaient comme si elles eussent eu la fièvre.

Au reste, leur chant était plus beau que jamais ; il avait quelque chose qui n'était pas de ce monde, et, à entendre cette voix sonore et puissante sortir de ces deux frêles jeunes filles, il n'était pas difficile de prévoir ce qui arriverait, que la musique briserait l'instrument.

Elles le comprirent elles-mêmes, et se mirent à toucher leur virginal, qu'elles avaient abandonné pour la vocalisation. Mais, une nuit, la fenêtre était ouverte, les oiseaux gazouillaient dans le parc, la brise soupirait harmonieusement ; il y avait tant de musique dans l'air, qu'elles ne purent résister à la tentation d'exécuter un duo qu'elles avaient composé la veille.

Ce fut le chant du cygne, un chant merveilleux tout trempé de pleurs, montant jusqu'aux sommités les plus inaccessibles de la gamme, et redescendant l'échelle des notes jusqu'au dernier degré ; quelque chose d'étincelant et d'inouï, un déluge de trilles, une pluie embrasée de traits chromatiques, un feu d'artifice musical impossible à décrire ; mais cependant la petite tache rouge s'agrandissait singulièrement et leur couvrait presque toutes les joues. Les trois rossignols les regardaient et les écoutaient avec une singulière anxiété ; ils palpitaient des ailes, ils allaient et venaient, et ne se pouvaient tenir en place. Enfin elles arrivèrent à la dernière phrase du morceau ; leur voix prit un caractère de sonorité si étrange, qu'il était facile de comprendre que ce n'étaient plus des créatures vivantes qui chantaient. Les rossignols avaient pris la volée. Les deux cousines étaient mortes ; leurs âmes étaient parties avec la dernière note. Les rossignols montèrent droit au ciel pour porter ce chant suprême au bon

Dieu, qui les garda tous dans son paradis pour lui exécuter la musique des deux cousines.

Le bon Dieu fit plus tard, avec ces trois rossignols, les âmes de Palestrina, de Cimarosa et du chevalier Gluck.

FIN DU NID DE ROSSIGNOLS.

LA MORTE AMOUREUSE.

Vous me demandez, frère, si j'ai aimé ; oui. C'est une histoire singulière et terrible, et, quoique j'aie soixante-six ans, j'ose à peine remuer la cendre de ce souvenir. Je ne veux rien vous refuser, mais je ne ferais pas à une âme moins éprouvée un pareil récit. Ce sont des événements si étranges, que je ne puis croire qu'ils me soient arrivés. J'ai été pendant plus de trois ans le jouet d'une illusion singulière et diabolique. Moi, pauvre prêtre de campagne, j'ai mené en rêve toutes les nuits (Dieu veuille que ce soit un rêve!) une vie de damné, une vie de mondain et de Sardanapale. Un seul regard trop plein de complaisance jeté sur une femme pensa causer la perte de mon âme ; mais enfin, avec l'aide de Dieu et de mon saint patron, je suis parvenu à chasser l'esprit malin qui s'était emparé de moi. Mon existence s'était compliquée d'une existence nocturne entièrement différente. Le jour, j'étais un prêtre du Seigneur, chaste, occupé de la prière et des choses saintes; la nuit, dès que j'avais fermé les yeux, je devenais un jeune seigneur, fin connaisseur en femmes, en chiens et en chevaux, jouant aux dés, buvant et blasphémant ; et lorsqu'au lever de l'aube je me réveillais, il me semblait au contraire que je m'endormais et que je rêvais que j'étais prêtre. De cette vie somnambulique il m'est resté des souvenirs d'objets et de mots dont je ne puis pas me défendre, et, quoique je ne sois jamais sorti des murs de mon presbytère, on dirait plutôt, à m'entendre, un homme ayant usé de tout et revenu du monde, qui est entré en religion et qui veut finir dans le sein de Dieu des jours trop agités, qu'un humble séminariste qui a vieilli dans une cure ignorée, au fond d'un bois et sans aucun rapport avec les choses du siècle.

Oui, j'ai aimé comme personne au monde n'a aimé, d'un amour insensé et furieux, si violent que je suis étonné qu'il n'ait pas fait éclater mon cœur. Ah! quelles nuits! quelles nuits!

Dès ma plus tendre enfance, je m'étais senti de la vocation pour l'état de prêtre; aussi toutes mes études furent-elles dirigées dans ce sens-là, et ma vie, jusqu'à vingt-quatre ans, ne fut-elle qu'un long noviciat. Ma théologie achevée, je passai successivement par tous les petits ordres, et mes supérieurs me jugèrent digne, malgré ma grande jeunesse, de franchir le dernier et redoutable degré. Le jour de mon ordination fut fixé à la semaine de Pâques.

Je n'avais jamais été dans le monde; le monde, c'était pour moi l'enclos du collége et du séminaire. Je savais vaguement qu'il y avait quelque chose que l'on appelait femme, mais je n'y arrêtais pas ma pensée; j'étais d'une innocence parfaite. Je ne voyais ma mère vieille et infirme que deux fois l'an. C'étaient là toutes mes relations avec le dehors.

Je ne regrettais rien, je n'éprouvais pas la moindre hésitation devant cet engagement irrévocable; j'étais plein de joie et d'impatience. Jamais jeune fiancé n'a compté les heures avec une ardeur plus fiévreuse; je n'en dormais pas, je rêvais que je disais la messe; être prêtre, je ne voyais rien de plus beau au monde : j'aurais refusé d'être roi ou poëte. Mon ambition ne concevait pas au delà.

Ce que je dis là est pour vous montrer combien ce qui m'est arrivé ne devait pas m'arriver, et de quelle fascination inexplicable j'ai été la victime.

Le grand jour venu, je marchai à l'église d'un pas si léger, qu'il me semblait que je fusse soutenu en l'air ou que j'eusse des ailes aux épaules. Je me croyais un ange, et je m'étonnais de la physionomie sombre et préoccupée de mes compagnons ; car nous étions plusieurs. J'avais passé la nuit en prières, et j'étais dans un état qui touchait presque à l'extase. L'évêque, vieillard vénérable, me paraissait Dieu le Père penché sur son éternité, et je voyais le ciel à travers les voûtes du temple.

Vous savez les détails de cette cérémonie : la bénédiction, la communion sous les deux espèces, l'onction de la paume des mains avec l'huile des catéchumènes, et enfin le saint sacrifice offert de concert avec l'évêque. Je ne m'appesantirai pas sur cela. Oh ! que Job a raison, et que celui-là est imprudent qui ne conclut pas un pacte avec ses yeux ! Je levai par hasard ma tête, que j'avais jusque-là tenue inclinée, et j'aperçus devant moi, si près que j'aurais pu la toucher, quoique en réalité elle fût à une assez grande distance et de l'autre côté de la balustrade, une jeune femme d'une beauté rare et vêtue avec une magnificence royale. Ce fut comme si des écailles me tombaient des prunelles. J'éprouvai la sensation d'un aveugle qui recouvrerait subitement la vue. L'évêque, si rayonnant tout à l'heure, s'éteignit tout à coup, les cierges pâlirent sur leurs chandeliers d'or comme les étoiles au matin, et il se fit par toute l'église une complète obscurité. La charmante créature se détachait sur ce fond d'ombre comme une révélation angélique ; elle semblait éclairée d'elle-même et donner le jour plutôt que le recevoir.

Je baissai la paupière, bien résolu à ne plus la relever pour me soustraire à l'influence des objets extérieurs ; car la distraction m'envahissait de plus en plus, et je savais à peine ce que je faisais.

Une minute après, je rouvris les yeux, car à travers mes cils je la voyais étincelante des couleurs du prisme, et dans une pénombre pourprée comme lorsqu'on regarde le soleil.

Oh ! comme elle était belle ! Les plus grands peintres, lorsque, poursuivant dans le ciel la beauté idéale, ils ont rapporté sur la terre le divin portrait de la Madone, n'approchent même pas de cette fabuleuse réalité. Ni les vers du poëte ni la palette du peintre n'en peuvent donner une idée. Elle était assez grande, avec une taille et un port de déesse; ses cheveux, d'un blond doux, se séparaient sur le haut de sa tête et coulaient sur ses tempes comme deux fleuves d'or; on aurait dit une reine avec son diadème; son front, d'une blancheur bleuâtre et transparente, s'étendait large et serein sur les arcs de deux cils presque bruns, singularité qui ajoutait encore à l'effet de prunelles vert de mer d'une vivacité et d'un éclat insoutenables. Quels yeux! avec un éclair ils décidaient de la destinée d'un homme; ils avaient une vie, une limpidité, une ardeur, une humidité brillante que je n'ai jamais vues à un œil humain; il s'en échappait des rayons pareils à des flèches et que je voyais distinctement aboutir à mon cœur. Je ne sais si la flamme qui les illuminait venait du ciel ou de l'enfer, mais à coup sûr elle venait de l'un ou de l'autre. Cette femme était un ange ou un démon, et peut-être tous les deux; elle ne sortait certainement pas du flanc d'Ève, la mère commune. Des dents de la plus belle eau scintillaient dans son rouge sourire, et de petites fossettes se creusaient à chaque inflexion de sa bouche dans le satin rose de ses adorables joues. Pour son nez, il était d'une finesse et d'une fierté toute royale, et décelait la plus noble origine. Des luisants d'agate jouaient sur la peau unie et lustrée de ses épaules à demi découvertes, et des rangs de grosses perles blondes, d'un ton presque semblable à son cou, lui descendaient sur la poitrine. De temps en temps elle redressait sa tête avec un mouvement onduleux de couleuvre ou de paon qui se rengorge, et imprimait un léger frisson à la haute fraise brodée à jour qui l'entourait comme un treillis d'argent.

Elle portait une robe de velours nacarat, et de ses larges manches doublées d'hermine sortaient des mains patriciennes d'une délicatesse infinie, aux doigts longs et potelés, et d'une si idéale transparence qu'ils laissaient passer le jour comme ceux de l'aurore.

Tous ces détails me sont encore aussi présents que s'ils dataient d'hier, et, quoique je fusse dans un trouble extrême, rien ne m'échappait : la plus légère nuance, le petit point noir au coin du menton, l'imperceptible duvet aux commissures des lèvres, le velouté du front, l'ombre tremblante des cils sur les joues, je saisissais tout avec une lucidité étonnante.

A mesure que je la regardais, je sentais s'ouvrir dans moi des portes qui jusqu'alors avaient été fermées ; des soupiraux obstrués se débouchaient dans tous les sens et laissaient entrevoir des perspectives inconnues ; la vie m'apparaissait sous un aspect tout autre; je venais de naître à un nouvel ordre d'idées. Une angoisse effroyable me tenaillait le cœur ; chaque minute qui s'écoulait me semblait une seconde et un siècle. La cérémonie avançait cependant, et j'étais emporté bien loin du monde dont mes désirs naissants assiégeaient furieusement l'entrée. Je dis oui cependant lorsque je voulais dire non, lorsque tout en moi se révoltait et protestait contre la violence que ma langue faisait à mon âme : une force occulte m'arrachait malgré moi les mots du gosier. C'est là peut-être ce qui fait que tant de jeunes filles marchent à l'autel avec la ferme résolution de refuser d'une manière éclatante l'époux qu'on leur impose, et que pas une seule n'exécute son projet. C'est là sans doute ce qui fait que tant de pauvres novices prennent le voile, quoique bien décidées à le déchirer en pièces au moment de prononcer leurs vœux. On n'ose causer un tel scandale devant tout le monde ni tromper l'attente de tant de personnes; toutes ces volontés, tous ces regards semblent peser sur vous comme une chape de plomb; et puis les mesures sont si bien prises, tout est si bien réglé à l'avance, d'une façon si évidemment irrévocable, que la pensée cède au poids de la chose et s'affaisse complétement.

Le regard de la belle inconnue changeait d'expression selon le progrès de la cérémonie. De tendre et caressant qu'il était d'abord il prit un air de dédain et de mécontentement comme de ne pas avoir été compris.

Je fis un effort suffisant pour arracher une montagne, pour m'écrier que je ne voulais pas être prêtre; mais je ne pus en venir à bout; ma langue resta clouée à mon palais, et il me fut impossible de traduire ma volonté par le plus léger mouvement négatif. J'étais, tout éveillé, dans un état pareil à celui du cauchemar, où l'on veut crier un mot dont votre vie dépend, sans en pouvoir venir à bout.

Elle parut sensible au martyre que j'éprouvais, et, comme pour m'encourager, elle me lança une œillade pleine de divines promesses. Ses yeux étaient un poëme dont chaque regard formait un chant.

Elle me disait :

« Si tu veux être à moi, je te ferai plus heureux que Dieu lui-même dans son paradis; les anges te jalouseront. Déchire ce funèbre linceul où tu vas t'envelopper; je suis la beauté, je suis la jeunesse, je suis la vie; viens à moi, nous serons l'amour. Que pourrait t'offrir Jéhovah pour compensation? Notre existence coulera comme un rêve et ne sera qu'un baiser éternel.

» Répands le vin de ce calice, et tu es libre. Je t'emmènerai vers les îles inconnues; tu dormiras sur mon sein, dans un lit d'or massif et sous un pavillon d'argent; car je t'aime et je veux te prendre à ton Dieu, devant qui tant de nobles cœurs répandent des flots d'amour qui n'arrivent pas jusqu'à lui. »

Il me semblait entendre ces paroles sur un rhythme d'une douceur infinie, car son regard avait presque de la sonorité, et les phrases que ses yeux m'envoyaient retentissaient au fond de mon cœur comme si une bouche invisible les eût soufflées dans mon âme. Je me sentais prêt à renoncer à Dieu, et cependant mon cœur accomplissait machinalement les formalités de la cérémonie. La belle me jeta un second coup d'œil si suppliant, si désespéré, que des lames acérées me traversèrent le cœur, que je me sentis plus de glaives dans la poitrine que la mère de douleurs.

C'en était fait, j'étais prêtre.

Jamais physionomie humaine ne peignit une angoisse aussi poignante; la jeune fille qui voit tomber son fiancé mort subitement à côté d'elle, la mère auprès du berceau vide de son enfant, Ève assise sur le seuil de la porte du paradis, l'avare qui trouve une pierre à la place de son trésor, le poëte qui a laissé rouler dans le feu le manuscrit unique de son plus bel ouvrage, n'ont point un air plus atterré et plus inconsolable. Le sang abandonna complétement sa charmante figure, et elle devint d'une blancheur de marbre; ses beaux bras tombèrent le long de son corps comme si les muscles en avaient été dénoués, et elle s'appuya contre un pilier, car ses jambes fléchissaient et se dérobaient sous elle. Pour moi, livide, le front inondé d'une sueur plus sanglante que celle du Calvaire, je me dirigeai en chancelant vers la porte de l'église; j'étouffais; les voûtes s'aplatissaient sur mes épaules, et il me semblait que ma tête soutenait seule tout le poids de la coupole.

Comme j'allais franchir le seuil, une main s'empara brusquement de la mienne; une main de femme! Je n'en avais jamais touché. Elle était froide comme la peau d'un serpent, et l'empreinte m'en resta brûlante comme la marque d'un fer rouge. C'était elle. « Malheureux! malheureux! qu'as-tu fait? » me dit-elle à voix basse; puis elle disparut dans la foule.

Le vieil évêque passa; il me regarda d'un air sévère. Je faisais la plus étrange contenance du monde; je pâlissais, je rougissais, j'avais des éblouissements. Un de mes camarades eut pitié de moi, il me prit et m'emmena; j'aurais été incapable de retrouver tout seul le chemin du séminaire. Au détour d'une rue, pendant que le jeune prêtre tournait la tête d'un autre côté, un page nègre, bizarrement vêtu, s'approcha de moi, et me remit, sans s'arrêter dans sa course, un petit portefeuille à coins d'or ciselés, en me faisant signe de le cacher; je le fis glisser dans ma manche et l'y tins jusqu'à ce que je fusse seul dans ma cellule. Je fis sauter le fermoir, il n'y avait que deux feuilles avec ces mots : « Clarimonde, au palais Concini. » J'étais alors si peu au courant des choses de la vie, que je ne connaissais pas Clarimonde, malgré sa célébrité, et que j'ignorais complétement où était situé le palais Concini. Je fis mille conjectures, plus extravagantes les unes que les autres; mais à la vérité, pourvu que je pusse la revoir, j'étais fort peu inquiet de ce qu'elle pouvait être, grande dame ou courtisane.

Cet amour né tout à l'heure s'était indestructiblement enraciné; je ne songeai même pas à essayer de l'arracher, tant je sentais que c'était là chose impossible. Cette femme s'était complétement emparée de moi, un seul regard avait suffi pour me changer; elle m'avait soufflé sa volonté; je ne vivais plus dans moi, mais dans elle et par elle. Je faisais mille extravagances, je baisais sur ma main la place qu'elle avait touchée, et je répétais son nom des heures entières. Je n'avais qu'à fermer les yeux pour la voir aussi distinctement que si elle eût été présente en réalité, et je me redisais ces mots, qu'elle m'avait dits sous le portail de l'église : « Malheureux! malheureux! qu'as-tu fait? » Je comprenais toute l'horreur de ma situation, et les côtés funèbres et terribles de l'état que je venais d'embrasser se révélaient clairement à moi. Être prêtre! c'est-à-dire chaste, ne pas aimer, ne distinguer ni le sexe ni l'âge, se détourner de toute beauté, se crever les yeux, ramper sous l'ombre glaciale d'un cloître ou d'une église, ne voir que des mourants, veiller auprès de cadavres inconnus et porter soi-même son deuil sur sa soutane noire, de sorte que l'on peut faire de votre habit un drap pour votre cercueil!

Et je sentais la vie monter en moi comme un lac intérieur qui s'enfle et qui déborde; mon sang battait avec force dans mes artères; ma jeunesse, si longtemps comprimée, éclatait tout d'un coup comme l'aloès qui met cent ans à fleurir et qui éclot avec un coup de tonnerre.

Comment faire pour revoir Clarimonde? Je n'avais aucun prétexte pour sortir du séminaire, ne connaissant personne dans la ville; je n'y devais même pas rester, et j'y attendais seulement que l'on me désignât la cure que je devais occuper. J'essayai de desceller les barreaux de la fenêtre; mais elle était à une hauteur effrayante, et n'ayant pas d'échelle il n'y fallait pas penser. Et d'ailleurs, je ne pouvais descendre que de nuit; et comment me serais-je conduit dans l'inextricable dédale des rues? Toutes ces difficultés, qui n'eussent rien été pour d'autres, étaient immenses pour moi, pauvre séminariste, amoureux d'hier, sans expérience, sans argent et sans habits.

Ah! si je n'eusse pas été prêtre, j'aurais pu la voir tous les jours; j'aurais été son amant, son époux, me disais-je dans mon aveuglement; au lieu d'être enveloppé dans mon triste suaire, j'aurais des habits de soie et de velours, des chaînes d'or, une épée et des plumes comme les beaux jeunes cavaliers. Mes cheveux, au lieu d'être déshonorés par une large tonsure, se joueraient autour de mon cou en boucles ondoyantes. J'aurais une belle moustache cirée, je serais un vaillant. Mais une heure passée devant un autel, quelques paroles à peine articulées, me retranchaient à tout jamais du nombre des vivants, et j'avais scellé moi-même la pierre de mon tombeau, j'avais poussé de ma main le verrou de ma prison!

Je me mis à la fenêtre. Le ciel était admirablement bleu, les arbres avaient mis leur robe de printemps; la nature faisait parade d'une joie ironique. La place était pleine de monde; les uns allaient, les autres venaient; de jeunes muguets et de jeunes beautés, couple par couple, se dirigeaient du côté du jardin et des tonnelles. Des compagnons passaient en chantant des refrains à boire; c'étaient un mouvement, une vie, un entrain, une gaîté qui faisaient péniblement ressortir mon deuil et ma solitude. Une jeune mère, sur le pas de la porte, jouait avec son enfant; elle baisait sa petite bouche rose, encore emperlée de gouttes de lait, et lui faisait, en l'agaçant, mille de ces divines puérilités que les mères seules savent trouver. Le père, qui se tenait debout à quelque distance, souriait doucement à ce charmant groupe, et ses bras croisés pressaient sa joie sur son cœur. Je ne pus supporter ce spectacle; je fermai la fenêtre, et je me jetai sur mon lit avec une haine et une jalousie effroyables dans le cœur, mordant mes doigts et ma couverture comme un tigre à jeun depuis trois jours.

Je ne sais pas combien de jours je restai ainsi; mais, en me retournant dans un mouvement de spasme furieux, j'aperçus l'abbé Sérapion qui se tenait debout au milieu de la chambre et qui me considérait attentivement. J'eus honte de moi-même, et, laissant tomber ma tête sur ma poitrine, je voilai mes yeux avec mes mains.

« Romuald, mon ami, il se passe quelque chose d'extraordinaire en vous, me dit Sérapion au bout de quelques minutes de silence; votre conduite est vraiment inexplicable! Vous, si pieux, si calme et si doux, vous vous agitez dans votre cellule comme une bête fauve. Prenez garde, mon frère, et n'écoutez pas les suggestions du diable; l'esprit malin, irrité de ce que vous vous êtes à tout jamais consacré au Seigneur, rôde autour de vous comme un loup ravissant et fait un dernier effort pour vous attirer à lui. Au lieu de vous laisser abattre, mon cher Romuald, faites-vous une cuirasse de prières, un bouclier de mortifications, et combattez vaillamment l'ennemi; vous le vaincrez. L'épreuve est nécessaire à la vertu et l'or sort plus fin de la coupelle. Ne vous effrayez ni ne vous découragez; les âmes les mieux gardées et les plus affermies ont eu de ces moments. Priez, jeûnez, méditez, et le mauvais esprit se retirera. »

Le discours de l'abbé Sérapion me fit rentrer en moi-même, et je devins un peu plus calme. « Je venais vous annoncer votre nomination à la cure de C***; le prêtre qui la possédait vient de mourir, et monseigneur l'évêque m'a chargé d'aller vous y installer ; soyez prêt pour demain. » Je répondis d'un signe de tête que je le serais, et l'abbé se retira. J'ouvris mon missel, et je commençai à lire des prières ; mais ces lignes se confondirent bientôt sous mes yeux ; le fil des idées s'enchevêtra dans mon cerveau, et le volume me glissa des mains sans que j'y prisse garde.

Partir demain sans l'avoir revue ! ajouter encore une impossibilité à toutes celles qui étaient déjà entre nous ! perdre à tout jamais l'espérance de la rencontrer, à moins d'un miracle ! Lui écrire ? par qui ferai-je parvenir ma lettre ? Avec le sacré caractère dont j'étais revêtu, à qui s'ouvrir, se fier ? J'éprouvais une anxiété terrible. Puis, ce que l'abbé Sérapion m'avait dit des artifices du diable me revenait en mémoire ; l'étrangeté de l'aventure, la beauté surnaturelle de Clarimonde, l'éclat phosphorique de ses yeux, l'impression brûlante de sa main, le trouble où elle m'avait jeté, le changement subit qui s'était opéré en moi, ma piété évanouie en un instant, tout cela prouvait clairement la présence du diable, et cette main satinée n'était peut-être que le gant dont il avait recouvert sa griffe. Ces idées me jetèrent dans une grande frayeur, et je ramassai le missel qui de mes genoux était roulé à terre, et je me remis en prières.

Le lendemain Sérapion me vint prendre ; deux mules nous attendaient à la porte, chargées de nos maigres valises ; il monta l'une et moi l'autre tant que bien que mal. Tout en parcourant les rues de la ville, je regardais à toutes les fenêtres et à tous les balcons si je ne verrais pas Clarimonde ; mais il était trop matin, et la ville n'avait pas encore ouvert les yeux. Mon regard tâchait de plonger derrière les stores et à travers les rideaux de tous les palais devant lesquels nous passions. Sérapion attribuait sans doute cette curiosité à l'admiration que me causait la beauté de l'architecture, car il ralentissait le pas de sa monture pour me donner le temps de voir. Enfin nous arrivâmes à la porte de la ville et nous commençâmes à gravir la colline. Quand je fus tout en haut, je me retournai pour regarder une fois encore les lieux où vivait Clarimonde. L'ombre d'un nuage couvrait entièrement la ville; ses toits bleus et rouges étaient confondus dans une demi-teinte générale, où surnageaient çà et là, comme de blancs flocons d'écume, les fumées du matin. Par un singulier effet d'optique, se dessinait, blond et doré sous un rayon unique de lumière, un édifice qui surpassait en hauteur les constructions voisines, complétement noyées dans la vapeur; quoiqu'il fût à plus d'une lieue, il paraissait tout proche. On en distinguait les moindres détails; les tourelles, les plates-formes, les croisées, et jusqu'aux girouettes en queue d'aronde.

« Quel est donc ce palais que je vois tout là-bas éclairé d'un rayon du soleil? » demandai-je à Sérapion. Il mit sa main au-dessus de ses yeux, et, ayant regardé, il me répondit: « C'est l'ancien palais que le prince Concini a donné à la courtisane Clarimonde; il s'y passe d'épouvantables choses. »

En ce moment, je ne sais encore si c'est une réalité ou une illusion, je crus voir y glisser sur la terrasse une forme svelte et blanche qui étincela une seconde et s'éteignit. C'était Clarimonde!

Oh! savait-elle qu'à cette heure, du haut de cet âpre chemin que m'éloignait d'elle, et que je ne devais plus redescendre, ardent et inquiet, je couvais de l'œil le palais qu'elle habitait, et qu'un jeu dérisoire de lumière semblait rapprocher de moi, comme pour m'inviter à y entrer en maître? Sans doute, elle le savait, car son âme était trop sympathiquement liée à la mienne pour n'en point ressentir les moindres ébranlements, et c'était ce sentiment qui l'avait poussée, encore enveloppée de ses voiles de nuit, à monter sur le haut de la terrasse, dans la glaciale rosée du matin.

L'ombre gagna le palais, et ce ne fut plus qu'un océan immobile de toits et de combles où l'on ne distinguait rien qu'une ondulation montueuse. Sérapion toucha sa mule, dont la mienne prit aussitôt l'allure, et un coude du chemin me déroba pour toujours la ville de S..., car je n'y devais pas revenir. Au bout de trois journées de route par des campagnes assez tristes, nous vîmes poindre à travers les arbres le coq du clocher de l'église que je devais desservir; et, après avoir suivi quelques rues tortueuses bordées de chaumières et de courtils, nous nous trouvâmes devant la façade, qui n'était pas d'une grande magnificence. Un porche orné de quelques nervures et de deux ou trois piliers de grès grossièrement taillés, un toit en tuiles et des contre-forts du même grès que les piliers, c'était tout : à gauche le cimetière tout plein de hautes herbes, avec une grande croix de fer au milieu ; à droite et dans l'ombre de l'église, le presbytère. C'était une maison d'une simplicité extrême et d'une propreté aride. Nous entrâmes; quelques poules picotaient sur la terre de rares grains d'avoine; accoutumées apparemment à l'habit noir des ecclésiastiques, elles ne s'effarouchèrent point de notre présence et se dérangèrent à peine pour nous laisser passer. Un aboi éraillé et enroué se fit entendre, et nous vîmes accourir un vieux chien.

C'était le chien de mon prédécesseur. Il avait l'œil terne, le poil gris et tous les symptômes de la plus haute vieillesse où puisse atteindre un chien. Je le flattai doucement de la main, et il se mit aussitôt à marcher à côté de moi avec un air de satisfaction inexprimable. Une femme assez âgée, et qui avait été la gouvernante de l'ancien curé, vint aussi à notre rencontre, et, après m'avoir fait entrer dans une salle basse, me demanda si mon intention était de la garder. Je lui répondis que je la garderais, elle et le chien, et aussi les poules, et tout le mobilier que son maître lui avait laissé à sa mort ; ce qui la fit entrer dans un transport de joie, l'abbé Sérapion lui ayant donné sur-le-champ le prix qu'elle en voulait.

Mon installation faite, l'abbé Sérapion retourna au séminaire. Je demeurai donc seul et sans autre appui que moi-même. La pensée de Clarimonde recommença à m'obséder, et, quelques efforts que je fisse pour la chasser, je n'y parvenais pas toujours. Un soir, en me promenant dans les allées bordées de buis de mon petit jardin, il me sembla voir à travers la charmille une forme de femme qui suivait tous mes mouvements, et entre les feuilles étinceler les deux prunelles vert de mer ; mais ce n'était qu'une illusion, et, ayant passé de l'autre côté de l'allée, je n'y trouvai rien qu'une trace de pied sur le sable, si petit qu'on eût dit un pied d'enfant. Le jardin était entouré de murailles très-hautes ; j'en visitai tous les coins et recoins, il n'y avait personne. Je n'ai jamais pu m'expliquer cette circonstance qui, du reste, n'était rien à côté des étranges choses qui me devaient arriver. Je vivais ainsi depuis un an, remplissant avec exactitude tous les devoirs de mon état, priant, jeûnant, exhortant et secourant les malades, faisant l'aumône jusqu'à me retrancher les nécessités les plus indispensables. Mais je sentais au dedans de moi une aridité extrême, et les sources de la grâce m'étaient fermées. Je ne jouissais pas de ce bonheur que donne l'accomplissement d'une sainte mission ; mon idée était ailleurs, et les paroles de Clarimonde me revenaient souvent sur les lèvres comme une espèce de refrain involontaire. O frère, méditez bien ceci ! Pour avoir levé une seule fois le regard sur une femme, pour une faute en apparence si légère, j'ai éprouvé pendant plusieurs années les plus misérables agitations ; ma vie a été troublée à tout jamais.

Je ne vous retiendrai pas plus longtemps sur ces défaites et sur ces victoires antérieures toujours suivies de rechutes plus profondes, et je passerai sur-le-champ à une circonstance décisive. Une nuit l'on sonna violemment à ma porte. La vieille gouvernante fut ouvrir, et un homme au teint cuivré et richement vêtu, mais selon une mode étrangère, avec un long poignard, se dessina sous les rayons de la lanterne de Barbara. Son premier mouvement fut la frayeur ; mais l'homme la rassura, et lui dit qu'il avait besoin de me voir sur-le-champ pour quelque chose qui concernait mon ministère. Barbara le fit monter. J'allais me mettre au lit. L'homme me dit que sa maîtresse, une très-grande dame, était à l'article de la mort et désirait un prêtre. Je répondis que j'étais prêt à le suivre; je pris avec moi ce qu'il fallait pour l'extrême-onction et je descendis en toute hâte. A la porte piaffaient d'impatience deux chevaux noirs comme la nuit, et soufflant sur leur poitrail deux longs flots de fumée. Il me tint l'étrier et m'aida à monter sur l'un, puis il sauta sur l'autre en appuyant seulement une main sur le pommeau de la selle. Il serra les genoux et lâcha les guides à son cheval qui partit comme la flèche. Le mien, dont il tenait la bride, prit aussi le galop et se maintint dans une égalité parfaite. Nous dévorions le chemin; la terre filait sous nous grise et rayée, et les silhouettes noires des arbres s'enfuyaient comme une armée en déroute. Nous traversâmes une forêt d'un sombre si opaque et si glacial, que je me sentis courir sur la peau un frisson de superstitieuse terreur. Les aigrettes d'étincelles que les fers de nos chevaux arrachaient aux cailloux laissaient sur notre passage comme une traînée de feu, et si quelqu'un, à cette heure de nuit, nous eût vus, mon conducteur et moi, il nous eût pris pour deux spectres à cheval sur le cauchemar. Des feux follets traversaient de temps en temps le chemin, et les choucas piaulaient piteusement dans l'épaisseur du bois, où brillaient de loin en loin les yeux phosphoriques de quelques chats sauvages. La crinière des chevaux s'échevelait de plus en plus, la sueur ruisselait sur leurs flancs, et leur haleine sortait bruyante et pressée de leurs narines. Mais, quand il les voyait faiblir, l'écuyer pour les ranimer poussait un cri guttural qui n'avait rien d'humain, et la course recommençait avec furie. Enfin le tourbillon s'arrêta; une masse noire piquée de quelques points brillants se dressa subitement devant nous; les pas de nos montures sonnèrent plus bruyants sur un plancher ferré, et nous entrâmes sous une voûte qui ouvrait sa gueule sombre entre deux énormes tours. Une grande agitation régnait dans le château ; des domestiques avec des torches à la main traversaient les cours en tous sens, et des lumières montaient et descendaient de palier en palier. J'entrevis confusément d'immenses architectures, des colonnes, des arcades, des perrons et des rampes, un luxe de construction tout à fait royal et féerique. Un page nègre, le même qui m'avait donné les tablettes de Clarimonde et que je reconnus à l'instant, me vint aider à descendre, et un majordome, vêtu de velours noir avec une chaîne d'or au col et une canne d'ivoire à la main, s'avança au-devant de moi. De grosses larmes débordaient de ses yeux et coulaient le long de ses joues sur sa barbe blanche. « Trop tard! fit-il en hochant la tête, trop tard! seigneur prêtre; mais, si vous n'avez pu sauver l'âme, venez veiller le pauvre corps. » Il me prit par le bras et me conduisit à la salle funèbre; je pleurais aussi fort que lui, car j'avais compris que la morte n'était autre que cette Clarimonde tant et si follement aimée. Un prie-Dieu était disposé à côté du lit ; une flamme bleuâtre voltigeant sur une patère de bronze jetait par toute la chambre un jour faible et douteux, et çà et là faisait papilloter dans l'ombre quelque arête saillante de meuble ou de corniche. Sur la table, dans une urne ciselée, trempait une rose blanche fanée dont les feuilles, à l'exception d'une seule qui tenait encore, étaient toutes tombées au pied du vase comme des larmes odorantes; un masque noir brisé, un éventail, des déguisements de toute espèce, traînaient sur les fauteuils et faisaient voir que la mort était arrivée dans cette somptueuse demeure à l'improviste et sans se faire annoncer. Je m'agenouillai sans oser jeter les yeux sur le lit, et je me mis à réciter les psaumes avec une grande ferveur, remerciant Dieu qu'il eût mis la tombe entre l'idée de cette femme et moi, pour que je pusse ajouter à mes prières son nom désormais sanctifié. Mais peu à peu cet élan se ralentit, et je tombai en rêverie. Cette chambre n'avait rien d'une chambre de mort. Au lieu de l'air fétide et cadavéreux que j'étais accoutumé à respirer en ces veilles funèbres, une langoureuse fumée d'essences orientales, je ne sais quelle amoureuse odeur de femme, nageait doucement dans l'air attiédi. Cette pâle lueur avait plutôt l'air d'un demi-jour ménagé pour la volupté que de la veilleuse au reflet jaune qui tremblote près des cadavres. Je songeais au singulier hasard qui m'avait fait retrouver Clarimonde au moment où je la perdais pour toujours, et un soupir de regret s'échappa de ma poitrine. Il me sembla qu'on avait soupiré aussi derrière moi, et je me retournai involontairement. C'était l'écho. Dans ce mouvement mes yeux tombèrent sur le lit de parade qu'ils avaient jusqu'alors évité. Les rideaux de damas rouge à grandes fleurs, relevés par des torsades d'or, laissaient voir la morte couchée tout de son long et les mains jointes sur la poitrine. Elle était couverte d'un voile de lin d'une blancheur éblouissante, que le pourpre sombre de la tenture faisait encore mieux ressortir, et d'une telle finesse qu'il ne dérobait en rien la forme charmante de son corps et permettait de suivre ces belles lignes onduleuses comme le cou d'un cygne que la mort même n'avait pu roidir. On eût dit une statue d'albâtre faite par quelque sculpteur habile pour mettre sur un tombeau de reine, ou encore une jeune fille endormie sur qui il aurait neigé.

Je ne pouvais plus y tenir; cet air d'alcôve m'enivrait, cette fébrile senteur de rose à demi-fanée me montait au cerveau, et je marchais à grands pas dans la chambre, m'arrêtant à chaque tour devant l'estrade pour considérer la gracieuse trépassée sous la transparence de son linceul. D'étranges pensées me traversaient l'esprit; je me figurais qu'elle n'était point morte réellement, et que ce n'était qu'une feinte qu'elle avait employée pour m'attirer dans son château et me conter son amour. Un instant même je crus avoir vu bouger son pied dans la blancheur des voiles, et se déranger les plis droits du suaire.

Et puis je me disais : « Est-ce bien Clarimonde? quelle preuve en ai-je? Ce page noir ne peut-il être passé au service d'une autre femme? Je suis bien fou de me désoler et de m'agiter ainsi. » Mais mon cœur me répondit avec un battement : « C'est bien elle, c'est bien elle. » Je me rapprochai du lit, et je regardai avec un redoublement d'attention l'objet de mon incertitude. Vous l'avouerai-je? cette perfection de formes, quoique purifiée et sanctifiée par l'ombre de la mort, me troublait plus voluptueusement qu'il n'aurait fallu, et ce repos ressemblait tant à un sommeil que l'on s'y serait trompé. J'oubliais que j'étais venu là pour un office funèbre, et je m'imaginais que j'étais un jeune époux entrant dans la chambre de la fiancée qui cache sa figure par pudeur et qui ne se veut point laisser voir. Navré de douleur, éperdu de joie, frissonnant de crainte et de plaisir, je me penchai vers elle et je pris le coin du drap ; je le soulevai lentement en retenant mon souffle de peur de l'éveiller. Mes artères palpitaient avec une telle force, que je les sentais siffler dans mes tempes, et mon front ruisselait de sueur comme si j'eusse remué une dalle de marbre. C'était en effet la Clarimonde telle que je l'avais vue à l'église lors de mon ordination ; elle était aussi charmante, et la mort chez elle semblait une coquetterie de plus. La pâleur de ses joues, le rose moins vif de ses lèvres, ses longs cils baissés et découpant leur frange brune sur cette blancheur, lui donnaient une expression de chasteté mélancolique et de souffrance pensive d'une puissance de séduction inexprimable ; ses longs cheveux dénoués, où se trouvaient encore mêlées quelques petites fleurs bleues, faisaient un oreiller à sa tête et protégeaient de leurs boucles la nudité de ses épaules ; ses belles mains, plus pures, plus diaphanes que des hosties, étaient croisées dans une attitude de pieux repos et de tacite prière, qui corrigeait ce qu'auraient pu avoir de trop séduisant, même dans la mort, l'exquise rondeur et le poli d'ivoire de ses bras nus dont on n'avait pas ôté les bracelets de perles. Je restai longtemps absorbé dans une muette contemplation, et, plus je la regardais, moins je pouvais croire que la vie avait pour toujours abandonné ce beau corps. Je ne sais si cela était une illusion ou un reflet de la lampe, mais on eût dit que le sang recommençait à circuler sous cette mate pâleur; cependant elle était toujours de la plus parfaite immobilité. Je touchai légèrement son bras; il était froid, mais pas plus froid pourtant que sa main le jour qu'elle avait effleuré la mienne sous le portail de l'église. Je repris ma position, penchant ma figure sur la sienne et laissant pleuvoir sur ses joues la tiède rosée de mes larmes. Ah! quel sentiment amer de désespoir et d'impuissance! quelle agonie que cette veille! j'aurais voulu pouvoir ramasser ma vie en un monceau pour la lui donner et souffler sur sa dépouille glacée la flamme qui me dévorait. La nuit s'avançait, et, sentant approcher le moment de la séparation éternelle, je ne pus me refuser cette triste et suprême douceur de déposer un baiser sur les lèvres mortes de celle qui avait eu tout mon amour. O prodige! un léger souffle se mêla à mon souffle, et la bouche de Clarimonde répondit à la passion de la mienne; ses yeux s'ouvrirent et reprirent un peu d'éclat, elle fit un soupir, et, décroisant ses bras, elle les passa derrière mon cou avec un air de ravissement ineffable. « Ah! c'est toi, Romuald, dit-elle d'une voix languissante et douce comme les dernières vibrations d'une harpe; que fais-tu donc? Je t'ai attendu si longtemps, que je suis morte; mais maintenant nous sommes fiancés, je pourrai te voir et aller chez toi. Adieu, Romuald, adieu! je t'aime; c'est tout ce que je voulais te dire, et je te rends la vie que tu as rappelée sur moi une minute avec ton baiser; à bientôt. »

Sa tête retomba en arrière, mais elle m'entourait toujours de ses bras comme pour me retenir. Un tourbillon de vent furieux défonça la fenêtre et entra dans la chambre; la dernière feuille de la rose blanche palpita quelque temps comme une aile au bout de la tige, puis elle se détacha et s'envola par la croisée ouverte, emportant avec elle l'âme de Clarimonde. La lampe s'éteignit, et je tombai évanoui sur le sein de la belle morte.

Quand je revins à moi, j'étais couché sur mon lit, dans

ma petite chambre du presbytère, et le vieux chien de l'ancien curé léchait ma main allongée hors de la couverture. Barbara s'agitait dans la chambre avec un tremblement sénile, ouvrant et fermant des tiroirs, ou remuant des poudres dans des verres. En me voyant ouvrir les yeux, la vieille poussa un cri de joie, le chien jappa et frétilla de la queue; mais j'étais si faible, que je ne pus prononcer une seule parole ni faire aucun mouvement. J'ai su depuis que j'étais resté trois jours ainsi, ne donnant d'autre signe d'existence qu'une respiration presque insensible. Ces trois jours ne comptent pas dans ma vie, et je ne sais où mon esprit était allé pendant tout ce temps; je n'en ai gardé aucun souvenir. Barbara m'a conté que le même homme au teint cuivré, qui m'était venu chercher pendant la nuit, m'avait ramené le matin dans une litière fermée et s'en était retourné aussitôt. Dès que je pus rappeler mes idées, je repassai en moi-même toutes les circonstances de cette nuit fatale. D'abord je pensai que j'avais été le jouet d'une illusion magique; mais des circonstances réelles et palpables détruisirent bientôt cette supposition. Je ne pouvais croire que j'avais rêvé, puisque Barbara avait vu comme moi l'homme aux deux chevaux noirs et qu'elle en décrivait l'ajustement et la tournure avec exactitude. Cependant personne ne connaissait dans les environs un château à qui s'appliquât la description du château où j'avais retrouvé Clarimonde.

Un matin je vis entrer l'abbé Sérapion. Barbara lui avait mandé que j'étais malade, et il était accouru en toute hâte. Quoique cet empressement démontrât de l'affection et de l'intérêt pour ma personne, sa visite ne me fit pas le plaisir qu'elle m'aurait dû faire. L'abbé Sérapion avait dans le regard quelque chose de pénétrant et d'inquisiteur qui me gênait. Je me sentais embarrassé et coupable devant lui. Le premier il avait découvert mon trouble intérieur, et je lui en voulais de sa clairvoyance.

Tout en me demandant des nouvelles de ma santé d'un ton hypocritement mielleux, il fixait sur moi ses deux jaunes prunellés de lion et plongeait comme une sonde ses regards dans mon âme. Puis il me fit quelques questions sur la manière dont je dirigeais ma cure, si je m'y plaisais, à quoi je passais le temps que mon ministère me laissait libre, si j'avais fait quelques connaissances parmi les habitants du lieu, quelles étaient mes lectures favorites, et mille autres détails semblables. Je répondais à tout cela le plus brièvement possible, et lui-même, sans attendre que j'eusse achevé, passait à autre chose. Cette conversation n'avait évidemment aucun rapport avec ce qu'il voulait dire. Puis, sans préparation aucune, et comme une nouvelle dont il se souvenait à l'instant et qu'il eût craint d'oublier ensuite, il me dit d'une voix claire et vibrante qui résonna à mon oreille comme les trompettes du jugement dernier :

« La grande courtisane Clarimonde est morte dernièrement à la suite d'une orgie qui a duré huit jours et huit nuits. Ç'a été quelque chose d'infernalement splendide. On a renouvelé là les abominations des festins de Balthazar et de Cléopâtre. Dans quel siècle vivons-nous, bon Dieu! Les convives étaient servis par des esclaves basanés parlant un langage inconnu, et qui m'ont tout l'air de vrais démons ; la livrée du moindre d'entre eux eût pu servir d'habit de gala à un empereur. Il a couru de tout temps sur cette Clarimonde de bien étranges histoires, et tous ses amants ont fini d'une manière misérable ou violente. On a dit que c'était une goule, un vampire femelle ; mais je crois que c'était Belzebuth en personne. »

Il se tut et m'observa plus attentivement que jamais, pour voir l'effet que ses paroles avaient produit sur moi. Je n'avais pu me défendre d'un mouvement en entendant nommer Clarimonde, et cette nouvelle de sa mort, outre la douleur qu'elle me causait par son étrange coïncidence avec la scène nocturne dont j'avais été témoin, me jeta dans un trouble et un effroi qui parurent sur ma figure, quoi que je fisse pour m'en rendre maître. Sérapion me jeta un coup d'œil inquiet et sévère ; puis il me dit : « Mon fils, je dois vous en avertir, vous avez le pied levé sur un abîme; prenez garde d'y tomber. Satan a la griffe longue, et les tombeaux ne sont pas toujours fidèles. La pierre de Clarimonde devrait être scellée d'un triple sceau; car ce n'est pas, à ce qu'on dit, la première fois qu'elle est morte. Que Dieu veille sur vous, Romuald! »

Après avoir dit ces mots, Sérapion regagna la porte à pas lents, et je ne le revis plus; car il partit pour S*** presque aussitôt.

J'étais entièrement rétabli et j'avais repris mes fonctions habituelles. Le souvenir de Clarimonde et les paroles du vieil abbé étaient toujours présents à mon esprit; cependant aucun événement extraordinaire n'était venu confirmer les prévisions funèbres de Sérapion, et je commençais à croire que ses craintes et mes terreurs étaient trop exagérées; mais une nuit je fis un rêve. J'avais à peine bu les premières gorgées du sommeil que j'entendis ouvrir les rideaux de mon lit et glisser les anneaux sur les tringles avec un bruit éclatant; je me soulevai brusquement sur le coude, et je vis une ombre de femme qui se tenait debout devant moi. Je reconnus sur-le-champ Clarimonde. Elle portait à la main une petite lampe de la forme de celles qu'on met dans les tombeaux, dont la lueur donnait à ses doigts effilés une transparence rose qui se prolongeait par une dégradation insensible jusque dans la blancheur opaque et laiteuse de son bras nu. Elle avait pour tout vêtement le suaire de lin qui la recouvrait sur son lit de parade, dont elle retenait les plis sur sa poitrine, comme honteuse d'être si peu vêtue, mais sa petite main n'y suffisait pas; elle était si blanche, que la couleur de la draperie se confondait avec celle des chairs sous le pâle rayon de la lampe. Enveloppée de ce fin tissu qui trahissait tous les contours de son corps, elle ressemblait à une statue de marbre de baigneuse antique plutôt qu'à une femme douée de vie. Morte ou vivante, statue ou femme, ombre ou corps, sa beauté était toujours la même; seulement l'éclat vert de ses prunelles était un peu amorti, et sa bouche, si vermeille autrefois, n'était plus teintée que d'un rose faible et tendre presque semblable à celui de ses joues. Les petites fleurs bleues que j'avais remarquées dans ses cheveux étaient tout à fait sèches et avaient presque perdu toutes leurs feuilles; ce qui ne l'empêchait pas d'être charmante, si charmante que, malgré la singularité de l'aventure et la façon inexplicable dont elle était entrée dans la chambre, je n'eus pas un instant de frayeur.

Elle posa la lampe sur la table et s'assit sur le pied de mon lit, puis elle me dit en se penchant vers moi avec cette voix argentine et veloutée à la fois que je n'ai connue qu'à elle :

« Je me suis bien fait attendre, mon cher Romuald, et tu as dû croire que je t'avais oublié. Mais je viens de bien loin, et d'un endroit dont personne n'est encore revenu; il n'y a ni lune ni soleil au pays d'où j'arrive ; ce n'est que de l'espace et de l'ombre; ni chemin, ni sentier; point de terre pour le pied, point d'air pour l'aile ; et pourtant me voici, car l'amour est plus fort que la mort, et il finira par la vaincre. Ah! que de faces mornes et de choses terribles j'ai vues dans mon voyage! Que de peine mon âme, rentrée dans ce monde par la puissance de la volonté, a eue pour retrouver son corps et s'y réinstaller! Que d'efforts il m'a fallu faire avant de lever la dalle dont on m'avait couverte! Tiens! le dedans de mes pauvres mains en est tout meurtri. Baise-les pour les guérir, cher amour!» Elle m'appliqua l'une après l'autre les paumes froides de ses mains sur ma bouche; je les baisai en effet plusieurs fois, et elle me regardait faire avec un sourire d'ineffable complaisance.

Je l'avoue à ma honte, j'avais totalement oublié les avis de l'abbé Sérapion et le caractère dont j'étais revêtu. J'étais tombé sans résistance et au premier assaut. Je n'avais pas même essayé de repousser le tentateur; la fraîcheur de la peau de Clarimonde pénétrait la mienne, et je me sentais courir sur le corps de voluptueux frissons.

La pauvre enfant! malgré tout ce que j'en ai vu, j'ai peine à croire encore que ce fût un démon ; du moins elle n'en avait pas l'air, et jamais Satan n'a mieux caché ses griffes et ses cornes. Elle avait reployé ses talons sous elle et se tenait accroupie sur le bord de la couchette dans une position pleine de coquetterie nonchalante. De temps en temps elle passait sa petite main à travers mes cheveux et les roulait en boucles comme pour essayer à mon visage de nouvelles coiffures. Je me laissais faire avec la plus coupable complaisance, et elle accompagnait tout cela du plus charmant babil. Une chose remarquable, c'est que je n'éprouvais aucun étonnement d'une aventure aussi extraordinaire, et, avec cette facilité que l'on a dans la vision d'admettre comme fort simples les événements les plus bizarres, je ne voyais rien là que de parfaitement naturel.

« Je t'aimais bien longtemps avant de t'avoir vu, mon cher Romuald, et je te cherchais partout. Tu étais mon rêve, et je t'ai aperçu dans l'église au fatal moment ; j'ai dit tout de suite : « C'est lui! » Je te jetai un regard où je mis tout l'amour que j'avais eu, que j'avais et que je devais avoir pour toi ; un regard à damner un cardinal, à faire agenouiller un roi à mes pieds devant toute sa cour. Tu restas impassible et tu me préféras ton Dieu.

» Ah ! que je suis jalouse de Dieu, que tu as aimé et que tu aimes encore plus que moi !

» Malheureuse, malheureuse que je suis! je n'aurai jamais ton cœur à moi toute seule, moi que tu as ressuscitée d'un baiser, Clarimonde la morte, qui force à cause de toi les portes du tombeau et qui vient te consacrer une vie qu'elle n'a reprise que pour te rendre heureux ! »

Toutes ces paroles étaient entrecoupées de caresses délirantes qui étourdirent mes sens et ma raison au point que je ne craignis point pour la consoler de proférer un effroyable blasphème, et de lui dire que je l'aimais autant que Dieu.

Ses prunelles se ravivèrent et brillèrent comme des chrysoprases. « Vrai ! bien vrai ! autant que Dieu ! dit-elle en m'enlaçant dans ses beaux bras. Puisque c'est ainsi, tu viendras avec moi, tu me suivras où je voudrai. Tu laisseras tes vilains habits noirs. Tu seras le plus fier et le plus envié des cavaliers, tu seras mon amant. Être l'amant avoué de Clarimonde, qui a refusé un pape, c'est beau, cela ! Ah ! la bonne vie, bien heureuse, la belle existence dorée que nous mènerons ! Quand partons-nous, mon gentilhomme ?

— Demain ! demain ! m'écriai-je dans mon délire.

— Demain, soit ! reprit-elle. J'aurai le temps de changer de toilette, car celle-ci est un peu succincte et ne vaut rien pour le voyage. Il faut aussi que j'aille avertir mes gens qui me croient sérieusement morte et qui se désolent tant qu'ils peuvent. L'argent, les habits, les voitures, tout sera prêt ; je te viendrai prendre à cette heure-ci. Adieu, cher cœur. » Et elle effleura mon front du bout de ses lèvres. La lampe s'éteignit, les rideaux se refermèrent, et je ne vis plus rien ; un sommeil de plomb, un sommeil sans rêve s'appesantit sur moi et me tint engourdi jusqu'au lendemain matin. Je me réveillai plus tard que de coutume, et le souvenir de cette singulière vision m'agita toute la journée ; je finis par me persuader que c'était une pure vapeur de mon imagination échauffée. Cependant les sensations avaient été si vives, qu'il était difficile de croire qu'elles n'étaient pas réelles, et ce ne fut pas sans quelque appréhension de ce qui allait arriver que je me mis au lit, après avoir prié Dieu d'éloigner de moi les mauvaises pensées et de protéger la chasteté de mon sommeil.

Je m'endormis bientôt profondément, et mon rêve se continua. Les rideaux s'écartèrent, et je vis Clarimonde, non pas, comme la première fois, pâle dans son pâle suaire et les violettes de la mort sur les joues, mais gaie, leste et pimpante, avec un superbe habit de voyage en velours vert orné de ganses d'or et retroussé sur le côté pour laisser voir une jupe de satin. Ses cheveux blonds s'échappaient en grosses boucles de dessous un large chapeau de feutre noir chargé de plumes blanches capricieusement contournées ; elle tenait à la main une petite cravache terminée par un sifflet d'or. Elle m'en toucha légèrement et me dit : « Eh bien ! beau dormeur, est-ce ainsi que vous faites vos préparatifs ? Je comptais vous trouver debout. Levez-vous bien vite, nous n'avons pas de temps à perdre. » Je sautai à bas du lit.

« Allons, habillez-vous et partons, dit-elle en me montrant du doigt un petit paquet qu'elle avait apporté ; les chevaux s'ennuient et rongent leur frein à la porte. Nous devrions déjà être à dix lieues d'ici. »

Je m'habillai en hâte, et elle me tendait elle-même les pièces du vêtement, en riant aux éclats de ma gaucherie, et en m'indiquant leur usage quand je me trompais. Elle donna du tour à mes cheveux, et, quand ce fut fait, elle me tendit un petit miroir de poche en cristal de Venise, bordé d'un filagrane d'argent, et me dit : « Comment te trouves-tu ? veux-tu me prendre à ton service comme valet de chambre ? »

Je n'étais plus le même, et je ne me reconnus pas. Je ne me ressemblais pas plus qu'une statue achevée ne ressemble à un bloc de pierre. Mon ancienne figure avait l'air de n'être que l'ébauche grossière de celle que réfléchissait le miroir. J'étais beau, et ma vanité fut sensiblement chatouillée de cette métamorphose. Ces élégants habits, cette riche veste brodée, faisaient de moi un tout autre personnage, et j'admirai la puissance de quelques aunes d'étoffes taillées d'une certaine manière. L'esprit de mon costume me pénétrait la peau, et au bout de dix minutes j'étais passablement fat.

Je fis quelques tours par la chambre pour me donner de l'aisance. Clarimonde me regardait d'un air de complaisance maternelle et paraissait très-contente de son œuvre. « Voilà bien assez d'enfantillage ; en route, mon cher Romuald ! nous allons loin et nous n'arriverons pas. » Elle me prit la main et m'entraîna. Toutes les portes s'ouvraient devant elle aussitôt qu'elle les touchait, et nous passâmes devant le chien sans l'éveiller.

A la porte, nous trouvâmes Margheritone ; c'était l'écuyer qui m'avait déjà conduit ; il tenait en bride trois chevaux noirs comme les premiers, un pour moi, un pour lui, un pour Clarimonde. Il fallait que ces chevaux fussent des genets d'Espagne, nés de juments fécondées par le zéphyr ; car ils allaient aussi vite que le vent, et la lune, qui s'était levée à notre départ pour nous éclairer, roulait dans le ciel comme une roue détachée de son char ; nous la voyions à notre droite sauter d'arbre en arbre et s'essouffler pour courir après nous. Nous arrivâmes bientôt dans une plaine où, auprès d'un bouquet d'arbres, nous attendait une voiture attelée de quatre vigoureuses bêtes ; nous y montâmes, et les postillons leur firent prendre un galop insensé. J'avais un bras passé derrière la taille de Clarimonde et une de ses mains ployée dans la mienne ; elle appuyait sa tête à mon épaule, et je sentais sa gorge demi-nue frôler mon bras. Jamais je n'avais éprouvé un bonheur aussi vif. J'avais oublié tout en ce moment-là, et je ne me souvenais pas plus d'avoir été prêtre que de ce que j'avais fait dans le sein de ma mère, tant était grande la fascination que l'esprit malin exerçait sur moi. A dater de cette nuit, ma nature s'est en quelque sorte dédoublée, et il y eut en moi deux hommes dont l'un ne connaissait pas l'autre. Tantôt je me croyais un prêtre qui rêvait chaque soir qu'il était gentilhomme, tantôt un gentilhomme qui rêvait qu'il était prêtre. Je ne pouvais plus distinguer le songe de la veille, et je ne savais pas où commençait la réalité et où finissait l'illusion. Le jeune seigneur fat et libertin se raillait du prêtre, le prêtre détestait les dissolutions du jeune seigneur. Deux spirales enchevêtrées l'une dans l'autre et confondues sans se toucher jamais représentent très-bien cette vie bicéphale qui fut la mienne. Malgré l'étrangeté de cette position, je ne crois pas avoir un seul instant touché à la folie. J'ai toujours conservé très-nettes les perceptions de mes deux existences. Seulement, il y avait un fait absurde que je ne pouvais m'expliquer : c'est que le sentiment du même moi existât dans deux hommes si différents. C'était une anomalie dont je ne me rendais pas compte, soit que je crusse être le curé du petit village de ***, ou *il signor Romualdo*, amant en titre de la Clarimonde.

Toujours est-il que j'étais ou du moins que je croyais être à Venise ; je n'ai pu encore bien démêler ce qu'il y avait d'illusion et de réel dans cette bizarre aventure. Nous habitions un grand palais de marbre sur le Canaleio, plein de fresques et de statues, avec deux Titiens du meilleur temps dans la chambre à coucher de la Clarimonde, un palais digne d'un roi. Nous avions chacun notre gondole et nos barcarols à notre livrée, notre chambre de musique et notre poëte. Clarimonde entendait la vie d'une grande manière, et elle avait un peu de Cléopâtre dans sa nature. Quant à moi, je menais un train de fils de prince, et je faisais une poussière comme si j'eusse été de la famille de l'un des douze apôtres ou des quatre évangélistes de la sérénissime république ; je ne me serais pas détourné de mon chemin pour laisser passer le doge, et je ne crois pas que, depuis Satan qui tomba du ciel, personne ait été plus orgueilleux et plus insolent que moi. J'allais au Ridotto, et je jouais un jeu d'enfer. Je voyais la meilleure société du monde, des fils de famille ruinés, des femmes de théâtre, des escrocs, des parasites et des spadassins. Cependant, malgré la dissipation de cette vie, je restai fidèle à la Clarimonde. Je l'aimais éperdument. Elle eût réveillé la satiété même et fixé l'inconstance. Avoir Clarimonde, c'était avoir vingt maîtresses, c'était avoir toutes les femmes, tant elle était mobile, changeante et dissemblable d'elle-même ; un vrai caméléon ! Elle vous faisait commettre avec elle l'infidélité que vous eussiez commise avec d'autres, en prenant complétement le caractère, l'allure et le genre de beauté de la femme qui paraissait vous plaire. Elle me rendait mon amour au centuple, et c'est en vain que les jeunes patriciens et même les vieux du conseil des Dix lui firent les plus magnifiques propositions. Un Foscari alla même jusqu'à lui proposer de l'épouser ; elle refusa tout. Elle avait assez d'or ; elle ne voulait plus que de l'amour, un amour jeune, pur, éveillé par elle, et qui devait être le premier et le dernier. J'aurais été parfaitement heureux sans un maudit cauchemar qui revenait toutes les nuits, et où je me croyais un curé de village se macérant et faisant pénitence de mes excès du jour. Rassuré par l'habitude d'être avec elle, je ne songeais presque plus à la façon étrange dont j'avais fait connaissance avec Clarimonde. Cependant, ce qu'en avait dit l'abbé Sérapion me revenait quelquefois en mémoire et ne laissait pas que de me donner de l'inquiétude.

Depuis quelque temps la santé de Clarimonde n'était pas aussi bonne ; son teint s'amortissait de jour en jour. Les médecins qu'on fit venir n'entendaient rien à sa maladie, et ils ne savaient qu'y faire. Ils prescrivirent quelques remèdes insignifiants et ne revinrent plus. Cependant elle pâlissait à vue d'œil et devenait de plus en plus froide. Elle était presque aussi blanche et aussi morte que la fameuse nuit dans le château inconnu. Je me désolais de la voir ainsi lentement dépérir. Elle, touchée de ma douleur, me souriait doucement et tristement avec le sourire fatal des gens qui savent qu'ils vont mourir.

Un matin, j'étais assis auprès de son lit, et je déjeunais sur une petite table pour ne la pas quitter d'une minute. En coupant un fruit, je me fis par hasard au doigt une entaille assez profonde. Le sang partit aussitôt en filets pourpres, et quelques gouttes rejaillirent sur Clarimonde. Ses yeux s'éclairèrent, sa physionomie prit une expression de joie féroce et sauvage que je ne lui avais jamais vue. Elle sauta à bas du lit avec une agilité animale, une agilité de singe ou de chat, et se précipita sur ma blessure qu'elle se mit à sucer avec un air d'indicible volupté. Elle avalait le sang par petites gorgées, lentement et précieusement, comme un gourmet qui savoure un vin de Xérès ou de Syracuse ; elle clignait les yeux à demi, et la pupille de ses prunelles vertes était devenue oblongue au lieu de ronde. De temps à autre elle s'interrompait pour me baiser la main, puis elle recommençait à presser de ses lèvres les lèvres de la plaie pour en faire sortir encore quelques gouttes rouges. Quand elle vit que le sang ne venait plus, elle se releva l'œil humide et brillant, plus rose qu'une aurore de mai, la figure pleine, la main tiède et moite, enfin plus belle que jamais et dans un état parfait de santé.

« Je ne mourrai pas ! je ne mourrai pas ! dit-elle à moitié folle de joie et en se pendant à mon cou ; je pourrai t'aimer encore longtemps. Ma vie est dans la tienne, et tout ce qui est moi vient de toi. Quelques gouttes de ton riche et noble sang, plus précieux et plus efficace que tous les élixirs du monde, m'ont rendu l'existence. »

Cette scène me préoccupa longtemps et m'inspira d'étranges doutes à l'endroit de Clarimonde, et le soir même, lorsque le sommeil m'eut ramené à mon presbytère, je vis l'abbé Sérapion plus grave et plus soucieux que jamais. Il me regarda attentivement et me dit : « Non content de perdre votre âme, vous voulez aussi perdre votre corps. Infortuné jeune homme, dans quel piége êtes-vous tombé ! » Le ton dont il me dit ce peu de mots me frappa vivement ; mais, malgré sa vivacité, cette impression fut bientôt dissipée, et mille autres soins l'effacèrent de mon esprit. Cependant, un soir, je vis dans ma glace, dont elle n'avait pas calculé la perfide position, Clarimonde qui versait une poudre dans la coupe de vin épicé qu'elle avait coutume de préparer après le repas. Je pris la coupe, je feignis d'y porter mes lèvres, et je la posai sur quelque meuble comme pour l'achever plus tard à mon loisir ; et, profitant d'un instant où la belle avait le dos tourné, j'en jetai le contenu sous la table ; après quoi je me retirai dans ma chambre et je me couchai, bien déterminé à ne pas dormir et à voir ce que tout cela deviendrait. Je n'attendis pas longtemps ; Clarimonde entra en robe de nuit, et, s'étant débarrassée de ses voiles, s'allongea dans le lit auprès de moi. Quand elle se fut bien assurée que je dormais, elle découvrit mon bras et tira une épingle d'or de sa tête; puis elle se mit à murmurer à voix basse :

« Une goutte, rien qu'une petite goutte rouge, un rubis au bout de mon aiguille!... Puisque tu m'aimes encore, il ne faut pas que je meure... Ah! pauvre amour! son beau sang d'une couleur pourpre si éclatante, je vais le boire. Dors, mon seul bien; dors, mon dieu, mon enfant; je ne te ferai pas de mal, je ne prendrai de ta vie que ce qu'il faudra pour ne pas laisser éteindre la mienne. Si je ne t'aimais pas tant, je pourrais me résoudre à avoir d'autres amants dont je tarirais les veines; mais depuis que je te connais j'ai tout le monde en horreur... Ah! le beau bras! comme il est rond! comme il est blanc! je n'oserai jamais piquer cette jolie veine bleue. » Et, tout en disant cela, elle pleurait, et je sentais pleuvoir ses larmes sur mon bras qu'elle tenait entre ses mains. Enfin elle se décida, me fit une petite piqûre avec son aiguille et se mit à pomper le sang qui en coulait. Quoiqu'elle en eût bu à peine quelques gouttes, la crainte de m'épuiser la prenant, elle m'entoura avec soin le bras d'une petite bandelette après avoir frotté la plaie d'un onguent qui la cicatrisa sur-le-champ.

Je ne pouvais plus avoir de doutes, l'abbé Sérapion avait raison. Cependant, malgré cette certitude, je ne pouvais m'empêcher d'aimer Clarimonde, et je lui aurais volontiers donné tout le sang dont elle avait besoin pour soutenir son existence factice. D'ailleurs, je n'avais pas grand'peur; la femme me répondait du vampire, et ce que j'avais entendu et vu me rassurait complétement; j'avais alors des veines plantureuses qui ne se seraient pas de sitôt épuisées, et je ne marchandais pas ma vie goutte à goutte. Je me serais ouvert le bras moi-même et je lui aurais dit : « Bois! et que mon amour s'infiltre dans ton corps avec mon sang! » J'évitais de faire la moindre allusion au narcotique qu'elle m'avait versé et à la scène de l'aiguille, et nous vivions dans le plus parfait accord. Pourtant mes scrupules de prêtre me tourmentaient plus que jamais, et je ne savais quelle macération nouvelle inventer pour mater et mortifier ma chair. Quoique toutes ces visions fussent involontaires et que je n'y participasse en rien, je n'osais pas toucher le Christ avec des mains aussi impures et un esprit souillé par de pareilles débauches réelles ou rêvées. Pour éviter de tomber dans ces fatigantes hallucinations, j'essayais de m'empêcher de dormir, je tenais mes paupières ouvertes avec les doigts et je restais debout au long des murs, luttant contre le sommeil de toutes mes forces ; mais le sable de l'assoupissement me roulait bientôt dans les yeux, et, voyant que toute lutte était inutile, je laissais tomber les bras de découragement et de lassitude, et le courant me rentraînait vers les rives perfides. Sérapion me faisait les plus véhémentes exhortations, et me reprochait durement ma mollesse et mon peu de ferveur. Un jour que j'avais été plus agité qu'à l'ordinaire, il me dit : « Pour vous débarrasser de cette obsession, il n'y a qu'un moyen, et, quoiqu'il soit extrême, il le faut employer : aux grands maux les grands remèdes. Je sais où Clarimonde a été enterrée ; il faut que nous la déterrions et que vous voyiez dans quel état pitoyable est l'objet de votre amour ; vous ne serez plus tenté de perdre votre âme pour un cadavre immonde dévoré des vers et près de tomber en poudre ; cela vous fera assurément rentrer en vous-même. » Pour moi, j'étais si fatigué de cette double vie, que j'acceptai, voulant savoir, une fois pour toutes, qui du prêtre ou du gentilhomme était dupe d'une illusion, j'étais décidé à tuer au profit de l'un ou de l'autre un des deux hommes qui étaient en moi ou à les tuer tous deux, car une pareille vie ne pouvait durer. L'abbé Sérapion se munit d'une pioche, d'un levier et d'une lanterne, et à minuit nous nous dirigeâmes vers le cimetière de ***, dont il connaissait parfaitement le gisement et la disposition. Après avoir porté la lumière de la lanterne sourde sur les inscriptions de plusieurs tombeaux, nous arrivâmes enfin à une pierre à moitié cachée par les grandes herbes et dévorée de mousses et de plantes parasites, où nous déchiffrâmes ce commencement d'inscription :

> Ici gît Clarimonde
> Qui fut de son vivant
> La plus belle du monde.
> . . . .

« C'est bien ici, » dit Sérapion, et, posant à terre sa lanterne, il glissa la pince dans l'interstice de la pierre et commença à la soulever. La pierre céda, et il se mit à l'ouvrage avec la pioche. Moi, je le regardais faire, plus noir et plus silencieux que la nuit elle-même; quant à lui, courbé sur son œuvre funèbre, il ruisselait de sueur, il haletait, et son souffle pressé avait l'air du râle d'un agonisant. C'était un spectacle étrange, et qui nous eût vus du dehors nous eût plutôt pris pour des profanateurs et des voleurs de linceuls, que pour des prêtres de Dieu. Le zèle de Sérapion avait quelque chose de dur et de sauvage qui le faisait ressembler à un démon plutôt qu'à un apôtre ou à un ange, et sa figure aux grands traits austères et profondément découpés par le reflet de la lanterne n'avait rien de très-rassurant. Je me sentais perler sur les membres une sueur glaciale, et mes cheveux se redressaient douloureusement sur ma tête; je regardais au fond de moi-même l'action du sévère Sérapion comme un abominable sacrilége, et j'aurais voulu que du flanc des sombres nuages qui roulaient pesamment au-dessus de nous sortît un triangle de feu qui le réduisît en poudre. Les hiboux perchés sur les cyprès, inquiétés par l'éclat de la lanterne, en venaient fouetter lourdement la vitre avec leurs ailes poussiéreuses, en jetant des gémissements plaintifs; les renards glapissaient dans le lointain, et mille bruits sinistres se dégageaient du silence. Enfin la pioche de Sérapion heurta le cercueil dont les planches retentirent avec un bruit sourd et sonore, avec ce terrible bruit que rend le néant quand on y touche; il en renversa le couvercle, et j'aperçus Clarimonde pâle comme un marbre, les mains jointes; son blanc suaire ne faisait qu'un seul pli de sa tête à ses pieds. Une petite goutte brillait comme une rose au coin de sa bouche décolorée. Sérapion, à cette vue, entra en fureur : « Ah ! te voilà, démon, courtisane impudique, buveuse de sang et d'or ! » et il aspergea d'eau bénite le corps et le cercueil sur lequel il traça la forme d'une croix avec son goupillon. La pauvre Clarimonde n'eut pas été plutôt touchée par la sainte rosée que son beau corps tomba en poussière; ce ne fut plus qu'un mélange affreusement informe de cendres et d'os à demi calcinés. « Voilà votre maîtresse, seigneur Romuald, dit l'inexorable prêtre en me montrant ces tristes dépouilles; serez-vous encore tenté d'aller vous promener au Lido et à Fusine avec votre beauté? » Je baissai la tête; une grande ruine venait de se faire au dedans de moi. Je retournai à mon presbytère, et le seigneur Romuald, amant de Clarimonde, se sépara du pauvre prêtre, à qui il avait tenu pendant si longtemps une si étrange compagnie. Seulement, la nuit suivante, je vis Clarimonde; elle me dit, comme la première fois sous le portail de l'église : « Malheureux ! malheureux ! qu'as-tu fait ? Pourquoi as-tu écouté ce prêtre imbécile ? n'étais-tu pas heureux ? et que t'avais-je fait, pour violer ma pauvre tombe et mettre à nu les misères de mon néant ? Toute communication entre nos âmes et nos corps est rompue désormais. Adieu, tu me regretteras. » Elle se dissipa dans l'air comme une fumée, et je ne la revis plus.

Hélas ! elle a dit vrai : je l'ai regrettée plus d'une fois et je la regrette encore. La paix de mon âme a été bien chèrement achetée; l'amour de Dieu n'était pas de trop pour remplacer le sien. Voilà, frère, l'histoire de ma jeunesse. Ne regardez jamais une femme, et marchez toujours les yeux fixés en terre, car, si chaste et si calme que vous soyez, il suffit d'une minute pour vous faire perdre l'éternité.

FIN DE LA MORTE AMOUREUSE.

LA CHAINE D'OR,

OU L'AMANT PARTAGÉ.

Plangon la Milésienne fut en son temps une des femmes les plus à la mode d'Athènes. Il n'était bruit que d'elle dans la ville; pontifes, archontes, généraux, satrapes, petits-maîtres, jeunes patriciens, fils de famille, tout le monde en raffolait. Sa beauté, semblable à celle d'Hélène aimée de Pâris, excitait l'admiration et les désirs des vieillards moroses et regretteurs du temps passé. En effet, rien n'était plus beau que Plangon, et je ne sais pourquoi Vénus, qui fut jalouse de Psyché, ne l'a pas été de notre Milésienne. Peut-être les nombreuses couronnes de roses et de tilleul, les sacrifices de colombes et de moineaux, les libations de vin de Crète offerts par Plangon à la coquette déesse, ont-ils détourné son courroux et suspendu sa vengeance; toujours est-il que personne n'eut de plus heureuses amours que Plangon la Milésienne, surnommée Pasiphile.

Le ciseau de Cléomène ou le pinceau d'Apelles, fils d'Euphranor, pourraient seuls donner une idée de l'exquise perfection des formes de Plangon. Qui dira la belle ligne ovale de son visage, son front bas et poli comme l'ivoire, son nez droit, sa bouche ronde et petite, son menton bombé, ses joues aux pommettes aplaties, ses yeux aux coins allongés qui brillaient comme deux astres jumeaux entre deux étroites paupières, sous un sourcil délicatement effilé à ses pointes? A quoi comparer les ondes crespelées de ses cheveux, si ce n'est à l'or, roi des métaux, et au soleil, à l'heure ou le poitrail de ses coursiers plonge déjà dans l'humide litière de l'Océan? Quelle mortelle eut jamais des pieds aussi parfaits? Thétis elle-même, à qui le vieux Mélésigène a donné l'épithète des pieds d'argent, ne pourrait soutenir la comparaison pour la petitesse et la blancheur. Ses bras étaient ronds et purs comme ceux d'Hébé, la déesse aux bras de neige ; la coupe dans laquelle Hébé sert l'ambroisie aux dieux avait servi de moule pour sa gorge, et les mains si vantées de l'Aurore ressemblaient, à côté des siennes, aux mains de quelque esclave employée à des travaux pénibles.

Après cette description, vous ne serez pas surpris que le seuil de Plangon fût plus adoré qu'un autel de la grande déesse ; toutes les nuits des amants plaintifs venaient huiler les jambages de la porte et les degrés de marbres avec les essences et les parfums les plus précieux; ce n'étaient que guirlandes et couronnes tressées de bandelettes, rouleaux de papyrus et tablettes de cire avec des distiques, des élégies et des épigrammes. Il fallait tous les matins déblayer la porte pour l'ouvrir, comme l'on fait aux régions de la Scythie, quand la neige tombée la nuit a obstrué le seuil des maisons.

Plangon, dans toute cette foule, prenait les plus riches et les plus beaux, les plus beaux de préférence. Un archonte durait huit jours, un grand pontife quinze jours; il fallait être roi, satrape ou tyran pour aller jusqu'au bout du mois. Leur fortune bue, elle les faisait jeter dehors par les épaules, aussi dénués et mal en point que des philosophes cyniques ; car Plangon, nous avons oublié de le dire, n'était ni une noble et chaste matrone, ni une jeune vierge dansant la bibase aux fêtes de Diane, mais tout simplement une esclave affranchie exerçant le métier d'*hétaïre*.

Depuis quelque temps Plangon paraissait moins dans les théories, les fêtes publiques et les promenades. Elle ne se livrait pas à la ruine des satrapes avec le même acharnement, et les dariques de Pharnabaze, d'Artaban et de Tysapherne s'étonnaient de rester dans les coffres de leurs maîtres. Plangon ne sortait plus que pour aller au bain, en litière fermée, soigneusement voilée, comme une honnête femme; Plangon n'allait plus souper chez les jeunes débauchés et chanter des hymnes à Bacchus, le père de Joie, en s'accompagnant sur la lyre. Elle avait récemment refusée une invitation d'Alcibiade. L'alarme se répandait parmi les merveilleux d'Athènes. Quoi! Plangon, la belle Plangon, notre amour, notre idole, la reine des orgies; Plangon qui danse si bien au son des crotales, et qui tord ses flancs lascifs avec tant de grâce et de volupté sous le feu des lampes de fête; Plangon, au sourire étincelant, à la repartie brusque et mordante; l'œil, la fleur, la perle des bonnes filles; Plangon de Milet, Plangon se range, n'a plus que trois amants à la fois, reste chez elle et devient vertueuse comme une femme laide! Par Hercule! c'est étrange, et voilà qui déroute toutes les conjectures! Qui donnera le ton? qui décidera de la mode? Dieux immortels! qui pourra jamais remplacer Plangon la jeune, Plangon la folle, Plangon la charmante?

Les beaux seigneurs d'Athènes se disaient cela en se promenant le long des Propylées, ou accoudés nonchalamment sur la balustrade de marbre de l'Acropole.

« Ce qui vous étonne, mes beaux seigneurs athéniens, mes précieux satrapes à la barbe frisée, est une chose toute simple; c'est que vous ennuyez Plangon qui vous amuse; elle est lasse de vous donner de l'amour et de la joie pour de l'or; elle perd trop au marché; Plangon ne veut plus de vous. Quand vous lui apporteriez les dariques et les talents à pleins boisseaux, sa porte serait sourde à vos supplications. Alcibiade, Axiochus, Callimaque, les plus élégants, les plus renommés de la ville, n'y feraient que blanchir. Si vous voulez des courtisanes, allez chez Archenassa, chez Flore ou chez Lamie. Plangon n'est plus une courtisane; elle est amoureuse.

— Amoureuse! mais de qui? nous le saurions; nous sommes toujours informés huit jours d'avance de l'état du cœur de ces dames. N'avons-nous pas la tête sur tous les oreillers, les coudes sur toutes les tables?

— Mes chers seigneurs, ce n'est aucun de vous qu'elle aime, soyez-en sûrs ; elle vous connaît trop pour cela. Ce n'est pas vous, Cléon le dissipateur ; elle sait bien que vous n'avez de goût que pour les chiens de Laconie, les parasites, les joueurs de flûte, les eunuques, les nains et les perroquets des Indes ; ni vous, Hipparque, qui ne savez parler d'autre chose que de votre quadrige de chevaux blancs et des prix remportés par vos cochers aux jeux olympiques ; Plangon se plaît fort peu à tous ces détails d'écurie qui vous charment si fort. Ce n'est pas vous non plus, Thrasylle l'efféminé ; la peinture dont vous vous teignez les sourcils, le fard qui vous plâtre les joues, l'huile et les essences dont vous vous inondez impitoyablement, tous ces onguents, toutes ces pommades qui font douter si votre figure est un ulcère ou une face humaine, ravissent médiocrement Plangon ; elle n'est guère sensible à tous vos raffinements d'élégance, et c'est en vain que pour lui plaire vous semez votre barbe blonde de poudre d'or et de paillettes, que vous laissez démesurément pousser vos ongles, et que vous faites traîner jusqu'à terre les manches de votre robe à la persique. Ce n'est pas Timandre le patrice, à tournure de portefaix, ni Glaucion l'imbécile, qui ont ravi le cœur de Plangon. »

Aimables représentants de l'élégance et de l'atticisme d'Athènes, jeunes victorieux, charmants triomphateurs, je vous le jure, jamais vous n'avez été aimés de Plangon, et je vous certifie en outre que son amant n'est pas un athlète, un nain bossu, un philosophe ou un nègre, comme veut l'insinuer Axiochus.

Je comprends qu'il est douloureux de voir la plus belle fille d'Athènes vivre dans la retraite comme une vierge qui se prépare à l'initiation des mystères d'Éleusis, et qu'il est ennuyeux pour vous de ne plus aller dans cette maison, où vous passiez le temps d'une manière si agréable en jouant aux dés, aux osselets, en pariant l'un contre l'autre vos singes, vos maîtresses et vos maisons de campagne, vos grammairiens et vos poëtes. Il était charmant de voir danser les sveltes Africaines avec leurs grêles cymbales, d'entendre un jeune esclave jouant de la flûte à deux tuyaux sur le mode ionien, couronnés de lierre, renversés mollement sur des lits à pieds d'ivoire, tout en buvant à petits coups du vin de Chypre rafraîchi dans la neige de l'Hymette.

Il plaît à Plangon la Milésienne de n'être plus une femme à la mode, elle a résolu de vivre un peu pour son compte; elle veut être gaie ou triste, debout ou couchée selon sa fantaisie. Elle ne vous a que trop donné de sa vie. Si elle pouvait vous reprendre les sourires, les bons mots, les œillades, les baisers qu'elle vous a prodigués, l'insouciante hétaïre, elle le ferait; l'éclat de ses yeux, la blancheur de ses épaules, la rondeur de ses bras, ce sujet ordinaire de vos conversations, que ne donnerait-elle pas pour en effacer le souvenir de votre mémoire! comme ardemment elle a désiré vous être inconnue! qu'elle a envié le sort de ces pauvres filles obscures qui fleurissent timidement à l'ombre de leurs mères! Plaignez-la, c'est son premier amour. Dès ce jour-là elle a compris la virginité et la pudeur.

Elle a renvoyé Pharnabaze, le grand satrape, quoiqu'elle ne lui eût encore dévoré qu'une province, et refusé tout net Clearchus, un beau jeune homme qui venait d'hériter.

Toute la fashion athénienne est révoltée de cette vertu ignoble et monstrueuse. Axiochus demande ce que vont devenir les fils de famille et comment ils s'y prendront pour se ruiner; Alcibiade veut mettre le feu à la maison et enlever Plangon de vive force au dragon égoïste qui la garde pour lui seul, prétention exorbitante; Cléon appelle la colère de Vénus Pandemos sur son infidèle prêtresse; Thrasylle est si désespéré qu'il ne se fait plus friser que deux fois par jour.

L'amant de Plangon est un jeune enfant si beau qu'on le prendrait pour Hyacinthe, l'ami d'Apollon: une grâce divine accompagne tous ses mouvements, comme le son d'une lyre; ses cheveux noirs et bouclés roulent en ondes luisantes sur ses épaules lustrées et blanches comme le marbre de Paros, et pendent au long de sa charmante figure, pareils à des grappes de raisins mûrs; une robe du plus fin lin s'arrange autour de sa taille en plis souples et légers; des bandelettes blanches, tramées de fil d'or, montent en se croisant autour de ses jambes rondes et polies, si belles, que Diane, la svelte chasseresse, les eût jalousées; le pouce de son pied, légèrement écarté des autres doigts, rappelle les pieds d'ivoire des dieux, qui n'ont jamais foulé que l'azur du ciel ou la laine floconneuse des nuages.

Il est accoudé sur le dos du fauteuil de Plangon. Plangon est à sa toilettte; des esclaves moresques passent dans sa chevelure des peignes de buis finement denticulés, tandis que de jeunes enfants agenouillés lui polissent les talons avec de la pierre ponce, et brillantent ses ongles en les frottant à la dent de loup; une draperie de laine blanche, jetée négligemment sur son beau corps, boit les dernières perles que la naïade du bain a laissées suspendues à ses bras. Des boîtes d'or, des coupes et des fioles d'argent ciselées par Callimaque et Myron, posées sur des tables de porphyre africain, contiennent tous les ustensiles nécessaires à sa toilette: les odeurs, les essences, les pommades, les fers à friser, les épingles, les poudres à épiler et les petits ciseaux d'or. Au milieu de la salle, un dauphin de bronze, chevauché par un cupidon, souffle à travers ses narines barbelées deux jets, l'un d'eau froide, l'autre d'eau chaude, dans deux bassins d'albâtre oriental, où les femmes de service vont alternativement tremper leurs blondes éponges. Par les fenêtres, dont un léger zéphyr fait voltiger les rideaux de pourpre, on aperçoit un ciel d'un bleu lapis et les cimes des grands lauriersroses qui sont plantés au pied de la muraille.

Plangon, malgré les observations timides de ses femmes, au risque de renverser de fond en comble l'édifice déjà avancé de sa coiffure, se détourne de temps en temps et se penche en arrière pour embrasser l'enfant. C'est un groupe d'une grâce adorable, et qui appelle le ciseau du sculpteur.

Hélas! hélas! Plangon la belle, votre bonheur ne doit pas durer; vous croyez donc que vos amies Archenassa, Thaïs, Flora et les autres souffriront que vous soyez heureuse en dépit d'elles? Vous vous trompez, Plangon; cet enfant que vous voudriez dérober à tous les regards et que vous tenez prisonnier dans votre amour, on fera tous les efforts possibles pour vous l'enlever. Par le Styx! c'est insolent à vous, Plangon, d'avoir voulu être heureuse à votre manière et de donner à la ville le scandale d'une passion vraie.

Un esclave soulevant une portière de tapisserie s'avance timidement vers Plangon et lui chuchote à l'oreille que Lamie et Archenassa viennent lui rendre visite, et qu'il ne les précède que de quelques pas.

« Va-t'en, ami, dit Plangon à l'enfant, je ne veux pas que ces femmes te voient; je ne veux pas qu'on me vole rien de ta beauté, même la vue; je souffre horriblement quand une femme te regarde. »

L'enfant obéit; mais cependant il ne se retira pas si vite que Lamie, qui entrait au même moment avec Archenassa, lançant de côté son coup d'œil venimeux, n'eût le temps de le voir et de le reconnaître.

« Eh! bonjour, ma belle colombe; et cette chère santé, comment la menons-nous? Mais vous avez l'air parfaitement bien portante; qui donc disait que vous aviez fait une maladie qui vous avait défigurée, et que vous n'osiez plus sortir, tant vous étiez devenue laide? dit Lamie en embrassant Plangon avec des démonstrations de joie exagérée.

— C'est Thrasylle qui a dit cela, fit Archenassa, et je vous engage à le punir en le rendant encore plus amoureux de vous qu'il ne l'est, et en ne lui accordant jamais la moindre faveur. Mais que vais-je vous dire? vous vivez dans la solitude comme un sage qui cherche le système du monde. Vous ne vous souciez plus des choses de la terre.

— Qui aurait dit que Plangon devînt jamais philosophe ?

— Oh ! oh ! cela ne nous empêche guère de sacrifier à l'Amour et aux Grâces. Notre philosophie n'a pas de barbe, n'est-ce pas, Plangon ? et je viens de l'apercevoir qui se dérobait par cette porte sous la forme d'un joli garçon. C'était, si je ne me trompe, Ctésias de Colophon. Tu sais ce que je veux dire, Lamie, l'amant de Bacchide de Samos. »

Plangon changea de couleur, s'appuya sur le dos de sa chaise d'ivoire, et s'évanouit.

Les deux amies se retirèrent en riant, satisfaites d'avoir laissé tomber dans le bonheur de Plangon un caillou qui en troublait pour longtemps la claire surface.

Aux cris des femmes éplorées et qui se hâtaient autour de leur maîtresse, Ctésias rentra dans la chambre, et son étonnement fut grand de trouver évanouie une femme qu'il venait de laisser souriante et joyeuse ; il baigna ses tempes d'eau froide, lui frappa dans la paume des mains, lui brûla sous le nez une plume de faisan, et parvint enfin à lui faire ouvrir les yeux. Mais, aussitôt qu'elle l'aperçut, elle s'écria avec un geste de dégoût :

« Va-t'en, misérable, va-t'en, et que je ne te revoie jamais ! »

Ctésias, surpris au dernier point de si dures paroles, ne sachant à quoi les attribuer, se jeta à ses pieds, et, tenant ses genoux embrassés, lui demanda en quoi il avait pu lui déplaire.

Plangon, dont le visage de pâle était devenu pourpre, et dont les lèvres tremblaient de colère, se dégagea de l'étreinte passionnée de son amant, et lui répéta la cruelle injonction.

Voyant que Ctésias, abîmé dans sa douleur, ne changeait pas de posture et restait affaissé sur ses genoux, elle fit approcher deux esclaves scythes, colosses à cheveux roux et à prunelles glauques, et avec un geste impérieux : « Jetez-moi, dit-elle, cet homme à la porte. »

Les deux géants soulevèrent l'enfant sur leurs bras velus comme si c'eût été une plume, le portèrent par des couloirs obscurs jusqu'à l'enceinte extérieure, puis ils le posèrent délicatement sur ses pieds; et, quand Ctésias se retourna, il se trouva nez à nez avec une belle porte de cèdre semée de clous d'airain fort proprement taillés en pointe de diamant, et disposés de manière à former des symétries et des dessins.

L'étonnement de Ctésias avait fait place à la rage la plus violente ; il se lança contre la porte comme un fou ou comme une bête fauve ; mais il aurait fallu un bélier pour l'enfoncer, et sa blanche et délicate épaule, que faisait rougir un baiser de femme un peu trop ardemment appliqué, fut bien vite meurtrie par les clous à six facettes et la dureté du cèdre ; force lui fut de renoncer à sa tentative.

La conduite de Plangon lui paraissait monstrueuse, et l'avait exaspéré au point qu'il poussait des rugissements comme une panthère blessée, et s'arrachait avec ses mains meurtries de grandes poignées de cheveux. Pleurez, Cupidon et Vénus!

Enfin, dans le dernier paroxysme de la rage, il ramassa des cailloux et les jeta contre la maison de l'hétaïre, les dirigeant surtout vers les ouvertures des fenêtres, en promettant en lui-même cent vaches noires aux dieux infernaux si l'une de ces pierres rencontrait la tempe de Plangon.

Antéros avait traversé d'outre en outre son cœur avec une de ses flèches de plomb, et il haïssait plus que la mort celle qu'il avait tant aimée : effet ordinaire de l'injustice dans les cœurs généreux.

Cependant, voyant que la maison restait impassible et muette, et que les passants, étonnés de ces extravagances, commençaient à s'attrouper autour de lui, à lui tirer la langue et lui faire les oreilles de lièvre, il s'éloigna à pas lents et se fut loger dans une petite chambrette, à peu de distance du palais de Plangon.

Il se jeta sur un mauvais grabat composé d'un matelas fort mince et d'une méchante couverture, et se mit à pleurer amèrement.

Mille résolutions plus déraisonnables les unes que les autres lui passèrent par la cervelle; il voulait attendre Plangon au passage et la frapper de son poignard; un instant il eut l'idée de retourner à Colophon, d'armer ses esclaves et de l'enlever de vive force après avoir mis le feu à son palais.

Après une nuit d'agitations passée sans que Morphée, ce pâle frère de la Mort, fût venu toucher ses paupières du bout de son caducée, il reconnut ceci, à savoir qu'il était plus amoureux que jamais de Plangon, et qu'il lui était impossible de vivre sans elle. Il avait beau s'interroger en tous sens, avec les délicatesses et les scrupules de la conscience la plus timorée, il ne se trouvait pas en faute et ne savait quoi se reprocher qui excusât la conduite de Plangon.

Depuis le jour où il l'avait connue, il était resté attaché à ses pas comme une ombre, n'avait été ni au bain, ni au gymnase, ni à la chasse, ni aux orgies nocturnes avec les jeunes gens de son âge; ses yeux ne s'étaient pas arrêtés sur une femme, il n'avait vécu que pour son amour. Jamais vierge pure et sans tache n'avait été adorée comme Plangon l'hétaïre. A quoi donc attribuer ce revirement subit, ce changement si complet, opéré en si peu de temps? Venait-il de quelque perfidie d'Archenassa et de Lamie, ou du simple caprice de Plangon? Que pouvaient donc lui avoir dit ces femmes pour que l'amour le plus tendre se tournât en haine et en dégoût sans cause apparente? L'enfant se perdait dans un dédale de conjectures, et n'aboutissait à rien de satisfaisant. Mais dans tout ce chaos de pensées, au bout de tous ces carrefours et de ces chemins sans issues, s'élevait, comme une morne et pâle statue, cette idée : Il faut que Plangon me rende son amour ou que je me tue.

Plangon de son côté n'était pas moins malheureuse ; l'intérêt de sa vie était détruit ; avec Ctésias son âme s'en était allée, elle avait éteint le soleil de son ciel ; tout autour d'elle lui semblait mort et obscur. Elle s'était informée de Bacchide, et elle avait appris que Ctésias l'avait aimée, éperdument aimée, pendant l'année qu'il était resté à Samos.

Elle croyait être la première aimée de Ctésias et avoir été son initiatrice aux doux mystères. Ce qui l'avait charmée dans cet enfant, c'étaient son innocence et sa pureté ; elle retrouvait en lui la virginale candeur qu'elle n'avait plus. Il était pour elle quelque chose de séparé, de chaste et de saint, un autel inconnu où elle répandait les parfums de son âme. Un mot avait détruit cette joie ; le charme était rompu, cela devenait un amour comme tous les autres, un amour vulgaire et banal ; ces charmants propos, ces divines et pudiques caresses qu'elle croyait inventées pour elle, tout cela avait déjà servi pour une autre ; ce n'était qu'un écho sans doute affaibli d'autres discours de même sorte, un manége convenu, un rôle de perroquet appris par cœur. Plangon était tombée du haut de la seule illusion qu'elle eût jamais eue, et, comme une statue que l'on pousse du haut d'une colonne, elle s'était brisée dans sa chute. Dans sa colère elle avait mutilé une délicieuse figure d'Aphrodite, à qui elle avait fait bâtir un petit temple de marbre blanc au fond de son jardin, en souvenir de ses belles amours ; mais la déesse, touchée de son désespoir, ne lui en voulut pas de cette profanation, et ne lui infligea pas le châtiment qu'elle eût attiré de la part de toute autre divinité plus sévère.

Toutes les nuits Ctésias allait pleurer sur le seuil de Plangon, comme un chien fidèle qui a commis quelque faute et que le maître a chassé du logis et qui voudrait y rentrer ; il baisait cette dalle où Plangon avait posé son pied charmant. Il parlait à la porte et lui tenait les plus tendres discours pour l'attendrir; éloquence perdue : la porte était sourde et muette.

Enfin il parvint à corrompre un des portiers et à s'introduire dans la maison ; il courut à la chambre de Plangon, qu'il trouva étendue sur son lit de repos, le visage mat et blanc, les bras morts et pendants, dans une attitude de découragement complet.

Cela lui donna quelque espoir; il se dit : « Elle souffre, elle m'aime donc encore ? » Il s'avança vers elle et s'agenouilla à côté du lit. Plangon, qui ne l'avait pas entendu entrer, fit un geste de brusque surprise en le voyant, et se leva à demi comme pour sortir; mais, ses forces la trahissant, elle se recoucha, ferma les yeux et ne donna plus signe d'existence.

« O ma vie ! ô mes belles amours ! que vous ai-je donc fait pour que vous me repoussiez ainsi ? » Et en disant cela Ctésias baisait ses bras froids et ses belles mains, qu'il inondait de tièdes larmes. Plangon le laissait faire, comme si elle n'eût pas daigné s'apercevoir de sa présence.

« Plangon ! ma chère, ma belle Plangon ! si vous ne voulez pas que je meure, rendez-moi vos bonnes grâces, aimez-moi comme autrefois. Je te jure, ô Plangon ! que je me tuerai à tes pieds si tu ne me relèves pas avec une douce parole, un sourire ou un baiser. Comment faut-il acheter mon pardon, implacable? Je suis riche ; je te donnerai des vases ciselés, des robes de pourpre teintes deux fois, des esclaves noirs et blancs, des colliers d'or, des unions de perles. Parle; comment puis-je expier une faute que je n'ai pas commise ?

— Je ne veux rien de tout cela; apporte-moi la chaîne d'or de Bacchide de Samos, dit Plangon avec une amertume inexprimable, et je te rendrai mon amour. »

Ayant dit ces mots, elle se laissa glisser sur ses pieds, traversa la chambre et disparut derrière un rideau comme une blanche vision.

La chaîne de Bacchide samienne n'était pas, comme l'on pourrait se l'imaginer, un simple collier faisant deux ou trois fois le tour du cou, et précieux par l'élégance et la perfection du travail; c'était une véritable chaîne, aussi grosse que celle dont on attache les prisonniers condamnés au travail des mines, de plusieurs coudées de long et de l'or le plus pur.

Bacchide ajoutait tous les mois quelques anneaux à cette chaîne; quand elle avait dépouillé quelque roi de l'Asie Mineure, quelque grand seigneur persan, quelque riche propriétaire athénien, elle faisait fondre l'or qu'elle en avait reçu et allongeait sa précieuse chaîne.

Cette chaîne doit servir à la faire vivre quand elle sera devenue vieille, et que les amants, effrayés d'une ride naissante, d'un cheveu blanc mêlé dans une noire tresse, iront porter leurs vœux et leurs sesterces chez quelque hétaïre moins célèbre, mais plus jeune et plus fraîche. Prévoyante fourmi, Bacchide, à travers sa folle vie de courtisane, tout en chantant comme les rauques cigales, pense que l'hiver doit venir et se ramasse des grains d'or pour la mauvaise saison. Elle sait bien que les amants, qui récitent aujourd'hui des vers hexamètres et pentamètres devant son portique, la feraient jeter dehors et pelauder à grand renfort de coups de fourche par leurs esclaves si, vieillie et courbée par la misère, elle allait supplier leur seuil et embrasser le coin de leur autel domestique. Mais avec sa chaîne, dont elle détachera tous les ans un certain nombre d'anneaux, elle vivra libre, obscure et paisible dans quelque bourg ignoré, et s'éteindra doucement, en laissant de quoi payer d'honorables funérailles et fonder quelque chapelle à Vénus protectrice. Telles étaient les sages précautions que Bacchide l'hétaïre avait cru devoir prendre contre la misère future et le dénûment des dernières années; car une courtisane n'a pas d'enfants, pas de parents, pas d'amis, rien qui se rattache à elle, et il faut en quelque sorte qu'elle se ferme les yeux à elle-même.

Demander la chaîne de Bacchide, c'était demander quelque chose d'aussi impossible que d'apporter la mer dans un crible ; autant eût valu exiger une pomme d'or du jardin des Hespérides. La vindicative Plangon le savait bien ; comment, en effet, penser que Bacchide pût se dessaisir, en faveur d'une rivale, du fruit des épargnes de toute sa vie, de son trésor unique, de sa seule ressource pour les temps contraires ? Aussi était-ce bien un congé définitif que Plangon avait donné à notre enfant, et comptait-elle bien ne le revoir jamais.

Cependant Ctésias ne se consolait pas de la perte de Plangon. Toutes ses tentatives pour la rejoindre et lui parler avaient été inutiles, et il ne pouvait s'empêcher d'errer comme une ombre autour de la maison, malgré les quolibets dont les esclaves l'accablaient et les amphores d'eau sale qu'ils lui versaient sur la tête en manière de dérision.

Enfin il résolut de tenter un effort suprême ; il descendit vers le Pirée et vit une trirème qui appareillait pour Samos ; il appela le patron et lui demanda s'il ne pouvait le prendre à son bord. Le patron, touché de sa bonne mine et encore plus des trois pièces d'or qu'il lui glissa dans la main, accéda facilement à sa demande.

On leva l'ancre ; les rameurs, nus et frottés d'huile, se courbèrent sur leurs bancs, et la nef s'ébranla.

C'était une belle nef nommée *l'Argo* ; elle était construite en bois de cèdre, qui ne pourrit jamais. Le grand mât avait été taillé dans un pin du mont Ida ; il portait deux grandes voiles de lin d'Egypte, l'une carrée et l'autre triangulaire ; toute la coque était peinte à l'encaustique, et sur le bordage on avait représenté au vif des néréides et des tritons jouant ensemble. C'était l'ouvrage d'un peintre devenu bien célèbre depuis, et qui avait débuté par barbouiller des navires.

Les curieux venaient souvent examiner le bordage de *l'Argo* pour comparer les chefs-d'œuvre du maître à ses commencements ; mais, quoique Ctésias fût un grand amateur de peinture et qu'il se plût à former des cabinets, il ne jeta pas seulement ses yeux sur les peintures de *l'Argo*. Il n'ignorait pourtant pas cette particularité, mais il n'avait plus de place dans le cerveau que pour une idée, et tout ce qui n'était pas Plangon n'existait pas pour lui.

L'eau bleue, coupée et blanchie par les rames, filait écumeuse sur les flancs polis de la trirème. Les silhouettes vaporeuses de quelques îles se dessinaient dans le lointain et fuyaient bien vite derrière le navire ; le vent se leva, l'on haussa la voile, qui palpita incertaine quelques instants et finit par se gonfler et s'arrondir comme un sein plein de lait ; les rameurs haletants se mirent à l'ombre sous leurs bancs, et il ne resta sur le pont que deux matelots, le pilote et Ctésias, qui était assis au pied du mât, tenant sous son bras une petite cassette où il y avait trois bourses d'or et deux poignards affilés tout de neuf, sa seule ressource et son dernier recours s'il ne réussissait pas dans sa tentative désespérée.

Voici ce que l'enfant voulait faire : Il voulait aller se jeter aux pieds de Bacchide, baigner de larmes ses belles mains, et la supplier, par tous les dieux du ciel et de l'enfer, par l'amour qu'elle avait pour lui, par pitié pour sa vieille mère que sa mort pousserait au tombeau, par tout ce que l'éloquence de la passion pourrait évoquer de touchant et de persuasif, de lui donner la chaîne d'or que Plangon demandait comme une condition fatale de sa réconciliation avec lui.

Vous voyez bien que Ctésias de Colophon avait complétement perdu la tête. Cependant toute sa destinée pendait au fil fragile de cet espoir ; cette tentative manquée, il ne lui restait plus qu'à ouvrir, avec le plus aigu de ses deux poignards, une bouche vermeille sur sa blanche poitrine pour le froid baiser de la Parque.

Pendant que l'enfant colophonien pensait à toutes ces choses, le navire filait toujours, de plus en plus rapide, et les derniers reflets du soleil couchant jouaient encore sur l'airain poli des boucliers suspendus à la poupe, lorsque le pilote cria : « Terre! terre! »

L'on était arrivé à Samos.

Dès que l'aurore blonde eut soulevé du doigt les rideaux de son lit couleur de safran, l'enfant se dirigea vers la demeure de Bacchide le plus lentement possible ; car, singularité piquante, il avait maudit la nuit trop lente et aurait été pousser lui-même les roues de son char sur la courbe du ciel, et maintenant il avait peur d'arriver, prenait le chemin le plus long et marchait à petits pas. C'est qu'il hésitait à perdre son dernier espoir et reculait au moment de trancher lui-même le nœud de sa destinée ; il savait qu'il n'avait plus que ce coup de dé à jouer ; il tenait le cornet à la main, et n'osait pas lancer sur la table le cube fatal.

Il arriva cependant, et, en touchant le seuil, il promit vingt génisses blanches aux cornes dorées à Mercure, dieu de l'éloquence, et cent couples de tourterelles à Vénus, qui change les cœurs.

Une ancienne esclave de Bacchide le reconnut.

« Quoi! c'est vous, Ctésias? Pourquoi la pâleur des morts habite-t-elle sur votre visage? Vos cheveux s'éparpillent en désordre; vos épaules ne sont plus frottées d'essence; le pli de votre manteau pend au hasard ; vos bras ni vos jambes ne sont plus épilés. Vous êtes négligé dans votre toilette comme le fils d'un paysan ou comme un poëte lyrique. Dans quelle misère êtes-vous tombé? Quel malheur vous est-il arrivé? Vous étiez autrefois le modèle des élégants. Que les dieux me pardonnent! votre tunique est déchirée à deux endroits.

—Éryphile, je ne suis pas misérable, je suis malheureux. Prends cette bourse, et fais-moi parler sur-le-champ à ta maîtresse. »

La vieille esclave, qui avait été nourrice de Bacchide, et à cause de cela jouissait de la faveur de pénétrer librement dans sa chambre à toute heure du jour, alla trouver sa maîtresse, et pria Ctésias de l'attendre à la même place.

« Eh bien! Éryphile? dit Bacchide en la voyant entrer avec une mine compassée et ridée, pleine d'importance et de servilité à la fois.

— Quelqu'un qui vous a beaucoup aimée, demande à vous voir, et il est si impatient de jouir de l'éclat de vos yeux, qu'il m'a donné cette bourse pour hâter les négociations.

— Quelqu'un qui m'a beaucoup aimée? fit Bacchide un peu émue. Bah! ils disent tous cela. Il n'y a que Ctésias de Colophon qui m'ait véritablement aimée.

— Aussi est-ce le seigneur Ctésias de Colophon en personne.

— Ctésias, dis-tu? Ctésias, mon bien-aimé Ctésias, il est là qui demande à me voir? Va, cours aussi vite que tes jambes chancelantes pourront te le permettre, et amène-le sans plus tarder. »

Éryphile sortit avec plus de rapidité que l'on n'eût pu en attendre de son grand âge.

Bacchide de Samos est une beauté d'un genre tout différent de celui de Plangon; elle est grande, svelte, bien faite; elle a les yeux et les cheveux noirs, la bouche épanouie, le sourire étincelant, le regard humide et lustré, le son de voix charmant, les bras ronds et forts, terminés par des mains d'une délicatesse parfaite. Sa peau est d'un brun plein de feu et de vigueur, dorée de reflets blonds comme le cou de Cérès après la moisson; sa gorge, fière et pure, soulève deux beaux plis à sa tunique de byssus.

Plangon et Bacchide sont sans contredit les deux plus ravissantes hétaïres de toute la Grèce, et il faut convenir que Ctésias, lui qui a été amant de Bacchide et de Plangon, fut un mortel bien favorisé des dieux.

Éryphile revint avec Ctésias.

L'enfant s'avança jusqu'au petit lit de repos où Bacchide était assise, les pieds sur un escabeau d'ivoire. A la vue de ses anciennes amours, Ctésias sentit en lui-même un mouvement étrange; un flot d'émotions violentes tourbillonna dans son cœur, et, faible comme il était, épuisé par les pleurs, les insomnies, le regret du passé et l'inquiétude de l'avenir, il ne put résister à cette épreuve, et tomba affaissé sur ses genoux, la tête renversée en arrière, les cheveux pendants, les yeux fermés, les bras dénoués comme si son esprit eût été visiter la demeure des mânes.

Bacchide effrayée souleva l'enfant dans ses bras avec l'aide de sa nourrice, et le posa sur son lit.

Quand Ctésias rouvrit les yeux, il sentit à son front la chaleur humide des lèvres de Bacchide, qui se penchait sur lui avec l'expression d'une tendresse inquiète.

— Comment te trouves-tu, ma chère âme? dit Bacchide, qui avait attribué l'évanouissement de Ctésias à la seule émotion de la revoir.

— O Bacchide! il faut que je meure, dit l'enfant d'une voix faible, en enlaçant le col de l'hétaïre avec ses bras amaigris.

— Mourir! enfant, et pourquoi donc? N'es-tu pas beau, n'es-tu pas jeune, n'es-tu pas aimé? Quelle femme, hélas! ne t'aimerait pas? A quel propos parler de mourir? C'est un mot qui ne va pas dans une aussi belle bouche. Quelle espérance t'a menti? quel malheur t'est-il donc arrivé? Ta mère est-elle morte? Cérès a-t-elle détourné ses yeux d'or de tes moissons? Bacchus a-t-il foulé d'un pied dédaigneux les grappes non encore mûres de tes coteaux? Cela est impossible; la Fortune, qui est une femme, ne peut avoir de rigueurs pour toi.

— Bacchide, toi seule peux me sauver, toi, la meilleure et la plus généreuse des femmes; mais non, je n'oserais jamais te le dire; c'est quelque chose de si insensé, que tu me prendrais pour un fou échappé d'Anticyre.

— Parle, enfant; toi que j'ai tant aimé, que j'aime tant encore, bien que tu m'aies trahie pour une autre (que Vénus vengeresse l'accable de son courroux!), que pourrais-tu donc me demander qui ne te soit accordé sur-le-champ, quand ce serait ma vie?

— Bacchide, il me faut ta chaîne d'or, dit Ctésias d'une voix à peine intelligible.

— Tu veux ma chaîne, enfant, et pourquoi faire? est-ce pour cela que tu veux mourir? et que signifie ce sacrifice? répondit Bacchide surprise.

— Écoute, ô ma belle Bacchide! et sois bonne pour moi comme tu l'as toujours été. J'aime Plangon la Milésienne, je l'aime jusqu'à la frénésie, Bacchide. Un de ses regards vaut plus à mes yeux que l'or des rois, plus que le trône des dieux, plus que la vie; sans elle je meurs; il me la faut, elle est nécessaire à mon existence comme le sang de mes veines, comme la moelle de mes os; je ne puis respirer d'autre air que celui qui a passé sur ses lèvres. Pour moi tout est obscur où elle n'est pas; je n'ai d'autre soleil que ses yeux. Quelque magicienne de Thessalie m'a sans doute ensorcelé. Hélas! que dis-je? le seul charme magique, c'est sa beauté, qui n'a d'égale au monde que la tienne. Je la possédais, je la voyais tous les jours, je m'enivrais de sa présence adorée comme d'un nectar céleste; elle m'aimait comme tu m'as aimé, Bacchide; mais ce bonheur était trop grand pour durer. Les dieux furent jaloux de moi. Plangon m'a chassé de chez elle; j'y suis revenu à plat ventre comme un chien, et elle m'a encore chassé. Plangon, la flamme de ma vie, mon âme, mon bien, Plangon me hait, Plangon m'exècre; elle ferait passer les chevaux de son char sur mon corps couché en travers de sa porte. Ah! je suis bien malheureux!

Ctésias, suffoqué par des sanglots, s'appuya contre l'épaule de Bacchide, et se mit à pleurer amèrement.

— Ah! ce n'est pas moi qui aurais jamais eu le courage de te faire tant de chagrin, dit Bacchide en mêlant ses larmes à celles de son ancien amant; mais que puis-je pour toi, mon pauvre désolé, et qu'ai-je de commun avec cette affreuse Plangon?

— Je ne sais, reprit l'enfant, qui lui a appris notre liaison ; mais elle l'a sue. Ce doit être cette venimeuse Archenassa, qui cache sous ses paroles mielleuses un fiel plus âcre que celui des vipères et des aspics. Cette nouvelle a jeté Plangon dans un tel accès de rage, qu'elle n'a plus voulu seulement m'adresser la parole ; elle est horriblement jalouse de toi, Bacchide, et t'en veut pour m'avoir aimé avant elle ; elle se croyait la première dans mon cœur, et son orgueil blessé a tué son amour. Tout ce que j'ai pu faire pour l'attendrir a été inutile. Elle ne m'a jamais répondu que ces mots : « Apporte-moi la chaîne d'or de Bacchide de Samos, et je te rendrai mes bonnes grâces. Ne reviens pas sans elle, car je dirais à mes esclaves scythes de lancer sur toi mes molosses de Laconie, et je te ferais dévorer. » Voilà ce que répliquait à mes prières les plus vives, à mes adorations les plus prosternées, l'implacable Plangon. Moi, j'ai dit : Si je ne puis jouir de mes amours comme autrefois, je me tuerai.

Et, en disant ces mots, l'enfant tira du pli de sa tunique un poignard à manche d'agate dont il fit mine de se frapper. Bacchide pâlit et lui saisit le bras au moment où la pointe effilée de la lame allait atteindre la peau douce et polie de l'enfant.

Elle lui desserra la main et jeta le poignard dans la mer, sur laquelle s'ouvrait la fenêtre de sa chambre ; puis, entourant le corps de Ctésias avec ses beaux bras potelés, elle lui dit :

— Lumière de mes yeux, tu reverras ta Plangon ; quoique ton récit m'ait fait bien souffrir, je te pardonne ; Éros est plus fort que la volonté des simples mortels, et nul ne peut commander à son cœur. Je te donne ma chaîne, porte-la à ta maîtresse irritée ; sois heureux avec elle, et pense quelquefois à Bacchide de Samos, que tu avais juré d'aimer toujours.

Ctésias, éperdu de tant de générosité, couvrit l'hétaïre de baisers, résolut de rester avec elle et de ne revoir jamais Plangon ; mais il sentit bientôt qu'il n'aurait pas la force d'accomplir ce sacrifice, et, quoiqu'il se taxât intérieurement de la plus noire ingratitude, il partit, emportant la chaîne de Bacchide Samienne.

Dès qu'il eut mis le pied sur le Pirée, il prit deux porteurs, et, sans prendre le temps de changer de vêtement, il courut chez l'hétaïre Plangon.

En le voyant, les esclaves scythes firent le geste de délier les chaînes de leurs chiens monstrueux ; mais Ctésias les apaisa en leur assurant qu'il apportait avec lui la fameuse chaîne d'or de Bacchide de Samos.

« Menez-moi à votre maîtresse, » dit Ctésias à une servante de Plangon.

La servante l'introduisit avec ses deux porteurs.

« Plangon, dit Ctésias du seuil de la porte en voyant que la Milésienne fronçait les sourcils, ne vous mettez pas en colère, ne faites pas le geste de me chasser ; j'ai rempli vos ordres, et je vous apporte la chaîne d'or de Bacchide Samienne. »

Il ouvrit le coffre et en tira avec effort la chaîne d'or, qui était prodigieusement longue et lourde. « Me ferez-vous encore manger par vos chiens et battre par vos Scythes, ingrate et cruelle Plangon ? »

Plangon se leva, fut à lui, et, le serrant étroitement sur sa poitrine : « Ah ! j'ai été méchante, dure, impitoyable ; je t'ai fait souffrir, mon cher cœur. Je ne sais comment je me punirai de tant de cruautés. Tu aimais Bacchide, et tu avais raison, elle vaut mieux que moi. Ce qu'elle vient de faire, je n'aurais eu ni la force ni la générosité de le faire. C'est une grande âme, une grande âme dans un beau corps ! en effet, tu devais l'adorer ! » Et une légère rougeur, dernier éclair d'une jalousie qui s'éloignait, passa sur la figure de Plangon.

Dès ce jour, Ctésias, au comble de ses vœux, rentra en possession de ses priviléges, et continua à vivre avec Plangon, au grand désappointement de tous les merveilleux Athéniens.

Plangon était charmante pour lui, et semblait prendre

à tâche d'effacer jusqu'au souvenir de ses précédentes rigueurs. Elle ne parlait pas de Bacchide; cependant elle avait l'air plus rêveur qu'à l'ordinaire et paraissait agiter dans sa cervelle un projet important.

Un matin, elle prit de petites tablettes de sycomore enduites d'une légère couche de cire, écrivit quelques lignes avec la pointe d'un stylet, appela un messager, et lui remit les tablettes, en lui disant de les porter le plus promptement possible à Samos, chez Bacchide l'hétaïre.

A quelques jours de là, Bacchide reçut, des mains du fidèle messager qui avait fait diligence, les petites tablettes de sycomore dans une boîte de bois précieux, où étaient enfermées deux unions de perles parfaitement rondes et du plus bel orient.

Voici ce que contenait la lettre :

« Plangon de Milet à Bacchide de Samos, salut.

» Tu as donné à Ctésias de Colophon la chaîne d'or qui est toute ta richesse, et cela pour satisfaire le caprice d'une rivale; cette action m'a tellement touchée, qu'elle a changé en amitié la haine que j'éprouvais pour toi. Tu m'as fait un présent bien splendide, je veux t'en faire un plus précieux encore. Tu aimes Ctésias; vends ta maison, viens à Athènes; mon palais sera le tien, mes esclaves t'obéiront, nous partagerons tout, je n'en excepte pas même Ctésias. Il est à toi autant qu'à moi; ni l'une ni l'autre nous ne pouvons vivre sans lui : vivons donc toutes deux avec lui. Porte-toi bien, et sois belle; je t'attends. »

Un mois après, Bacchide de Samos entrait chez Plangon la Milésienne avec deux mulets chargés d'argent.

Plangon la baisa au front, la prit par la main et la mena à la chambre de Ctésias :

« Ctésias, dit-elle d'une voix douce comme un son de flûte, voilà une amie à vous que je vous amène. »

Ctésias se retourna; le plus grand étonnement se peignit sur ses traits à la vue de Bacchide.

« Eh bien ! dit Plangon, c'est Bacchide de Samos; ne la reconnaissez-vous pas? Êtes-vous donc aussi oublieux que cela? Embrasse-la donc; on dirait que tu ne l'as jamais vue. » Et elle le poussa dans les bras de Bacchide avec un geste impérieux et mutin d'une grâce charmante.

On expliqua tout à Ctésias, qui fut ravi comme vous pensez, car il n'avait jamais cessé d'aimer Bacchide, et son souvenir l'empêchait d'être parfaitement heureux; si belles que fussent ses amours présentes, il ne pouvait s'empêcher de regretter ses amours passées, et l'idée de faire le malheur d'une femme si accomplie le rendait quelquefois triste au delà de toute expression.

Ctésias, Bacchide et Plangon vécurent ainsi dans l'union la plus parfaite, et menèrent dans leur palais une vie élyséenne digne d'être enviée par les dieux. Personne n'eût pu distinguer laquelle des deux amies préférait Ctésias, et il eût été aussi difficile de dire si Plangon l'aimait mieux que Bacchide, ou Bacchide que Plangon.

La statue d'Aphrodite fut replacée dans la chapelle du jardin, peinte et redorée à neuf. Les vingt génisses blanches à cornes dorées furent religieusement sacrifiées à Mercure, dieu de l'éloquence, et les cent couples de colombes à Vénus, qui change les cœurs, selon le vœu fait par Ctésias.

Cette aventure fit du bruit, et les Grecs, émerveillés de la conduite de Plangon, joignirent à son nom celui de Pasiphile.

Voilà l'histoire de Plangon la Milésienne, comme on la contait dans les petits soupers d'Athènes au temps de Périclès. Excusez les fautes de l'auteur.

FIN DE LA CHAINE D'OR, OU L'AMANT PARTAGÉ.

UNE NUIT DE CLÉOPATRE.

CHAPITRE PREMIER.

Il y a, au moment où nous écrivons cette ligne, dix-neuf cents ans environ, qu'une cange magnifiquement dorée et peinte descendait le Nil avec toute la rapidité que pouvaient lui donner cinquante rames longues et plates rampant sur l'eau égratignée comme les pattes d'un scarabée gigantesque.

Cette cange était étroite, de forme allongée, relevée par les deux bouts en forme de corne de lune naissante, svelte de proportions et merveilleusement taillée pour la marche ; une tête de bélier surmontée d'une boule d'or armait la pointe de la proue, et montrait que l'embarcation appartenait à une personne de race royale.

Au milieu de la barque s'élevait une cabine à toit plat, une espèce de *naos* ou tente d'honneur, coloriée et dorée, avec une moulure à palmettes et quatre petites fenêtres carrées.

Deux chambres également couvertes d'hiéroglyphes occupaient les extrémités du croissant ; l'une d'elles, plus vaste que l'autre, avait un étage juxtaposé de moindre hauteur, comme les châteaux-gaillards de ces bizarres galères du seizième siècle dessinées par Della Bella ; la plus petite, qui servait de logement au pilote, se terminait en fronton triangulaire.

Le gouvernail était fait de deux immenses avirons ajustés sur des pieux bariolés, et s'allongeant dans l'eau derrière la barque comme les pieds palmés d'un cygne; des têtes coiffées du *pschent*, et portant au menton la corne allégorique, étaient sculptées à la poignée de ces grandes rames que faisait manœuvrer le pilote debout sur le toit de la cabine.

C'était un homme basané, fauve comme du bronze neuf, avec des luisants bleuâtres et miroitants, l'œil relevé par les coins, les cheveux très-noirs et tressés en cordelettes, la bouche épanouie, les pommettes saillantes, l'oreille détachée du crâne, le type égyptien dans toute sa pureté. Un pagne étroit bridant sur les cuisses et cinq ou six tours de verroteries et d'amulettes composaient tout son costume.

Il paraissait le seul habitant de la cange, car les rameurs, penchés sur leurs avirons et cachés par le plat-bord, ne se faisaient deviner que par le mouvement symétrique des rames ouvertes en côtes d'éventail à chaque flanc de la barque, et retombant dans le fleuve après un léger temps d'arrêt.

Aucun souffle d'air ne faisait trembler l'atmosphère, et la grande voile triangulaire de la cange, assujettie et ficelée avec une corde de soie autour du mât abattu, montrait que l'on avait renoncé à tout espoir de voir le vent s'élever.

Le soleil du midi décochait ses flèches de plomb; les vases cendrées des rives du fleuve lançaient de flamboyantes réverbérations; une lumière crue, éclatante et poussiéreuse à force d'intensité, ruisselait en torrents de flamme, l'azur du ciel blanchissait de chaleur comme un métal à la fournaise; une brume ardente et rousse fumait à l'horizon incendié. Pas un nuage ne tranchait sur ce ciel invariable et morne comme l'éternité.

L'eau du Nil, terne et mate, semblait s'endormir dans son cours et s'étaler en nappes d'étain fondu. Nulle haleine ne ridait sa surface et n'inclinait sur leurs tiges les calices de lotus, aussi roides que s'ils eussent été sculptés; à peine si de loin en loin le saut d'un bechir ou d'un fahaka, gonflant son ventre, y faisait miroiter une écaille d'argent, et les avirons de la cange semblaient avoir peine à déchirer la pellicule fuligineuse de cette eau figée. Les rives étaient désertes; une tristesse immense et solennelle pesait sur cette terre, qui ne fut jamais qu'un grand tombeau, et dont les vivants semblent ne pas avoir eu d'autre occupation que d'embaumer les morts. Tristesse aride, sèche comme la pierre ponce, sans mélancolie, sans rêverie, n'ayant point de nuage gris de perle à suivre à l'horizon, pas de source secrète où baigner ses pieds poudreux ; tristesse de sphinx ennuyé de regarder perpétuellement le désert, et qui ne peut se détacher du socle de granit où il aiguise ses griffes depuis vingt siècles.

Le silence était si profond, qu'on eût dit que le monde fût devenu muet, ou que l'air eût perdu la faculté de conduire le son. Le seul bruit qu'on entendît, c'était le chuchotement et les rires étouffés des crocodiles pâmés de chaleur qui se vautraient dans les joncs du fleuve, ou bien quelque ibis qui, fatigué de se tenir debout, une patte repliée sous le ventre et le cou entre les épaules, quittait sa pause immobile, et, fouettant brusquement l'air bleu de ses ailes blanches, allait se percher sur un obélisque ou sur un palmier.

La cange filait comme la flèche sur l'eau du fleuve, laissant derrière elle un sillage argenté qui se refermait bientôt ; et quelques globules écumeux, venant crever à la surface, témoignaient seuls du passage de la barque, déjà hors de vue.

Les berges du fleuve, couleur d'ocre et de saumon, se déroulaient rapidement comme des bandelettes de papyrus entre le double azur du ciel et de l'eau, si semblables de ton que la mince langue de terre qui les séparait semblait une chaussée jetée sur un immense lac, et qu'il eût été difficile de décider si le Nil réfléchissait le ciel, ou si le ciel réfléchissait le Nil.

Le spectacle changeait à chaque instant ; tantôt c'étaient

de gigantesques propylées qui venaient mirer au fleuve leurs murailles en talus, plaquées de larges panneaux de figures bizarres ; des pylônes aux chapiteaux évasés, des rampes côtoyées de grands sphinx accroupis, coiffés du bonnet à barbe cannelée, et croisant sous leurs mamelles aiguës leurs pattes de basalte noir ; des palais démesurés faisant saillir sur l'horizon les lignes horizontales et sévères de leur entablement, où le globe emblématique ouvrait ses ailes mystérieuses comme un aigle à l'envergure démesurée ; des temples aux colonnes énormes, grosses comme des tours, où se détachaient sur un fond d'éclatante blancheur des processions de figures hiéroglyphiques ; toutes les prodigiosités de cette architecture de Titans : tantôt des paysages d'une aridité désolante ; des collines formées par de petits éclats de pierre provenant des fouilles et des constructions, miettes de cette gigantesque débauche de granit qui dura plus de trente siècles ; des montagnes exfoliées de chaleur, déchiquetées et zébrées de rayures noires, semblables aux cautérisations d'un incendie ; des tertres bossus et difformes, accroupis comme le criocéphale des tombeaux, et découpant au bord du ciel leur attitude contrefaite ; des marnes verdâtres, des ocres roux, des tufs d'un blanc farineux, et de temps à autre quelque escarpement de marbre couleur rose-sèche, où bâillaient les bouches noires des carrières.

Cette aridité n'était tempérée par rien : aucune oasis de feuillage ne rafraîchissait le regard ; le vert semblait une couleur inconnue dans cette nature ; seulement de loin en loin un maigre palmier s'épanouissait à l'horizon, comme un crabe végétal ; un nopal épineux brandissait ses feuilles acérées comme des glaives de bronze ; un carthame, trouvant un peu d'humidité à l'ombre d'un tronçon de colonne, piquait d'un point rouge l'uniformité générale.

Après ce coup d'œil rapide sur l'aspect du paysage, revenons à la cange aux cinquante rameurs, et, sans nous faire annoncer, entrons de plain-pied dans la naos d'honneur.

L'intérieur était peint en blanc, avec des arabesques vertes, des filets de vermillon et des fleurs d'or de forme fantastique; une natte de joncs d'une finesse extrême recouvrait le plancher; au fond s'élevait un petit lit à pieds de griffon, avec un dossier garni comme un canapé ou une causeuse moderne, un escabeau à quatre marches pour y monter, et, recherche assez singulière dans nos idées confortables, une espèce d'hémicycle en bois de cèdre, monté sur un pied, destiné à embrasser le contour de la nuque et à soutenir la tête de la personne couchée.

Sur cet étrange oreiller reposait une tête bien charmante, dont un regard fit perdre la moitié du monde, une tête adorée et divine, la femme la plus complète qui ait jamais existé, la plus femme et la plus reine, un type admirable, auquel les poëtes n'ont pu rien ajouter, et que les songeurs trouvent toujours au bout de leurs rêves: il n'est pas besoin de nommer Cléopâtre.

Auprès d'elle Charmion, son esclave favorite, balançait un large éventail de plumes d'ibis; une jeune fille arrosait d'une pluie d'eau de senteur les petites jalousies de roseaux qui garnissaient les fenêtres de la naos, pour que l'air n'y arrivât qu'imprégné de fraîcheur et de parfums.

Près du lit de repos, dans un vase d'albâtre rubané, au goulet grêle, à la tournure effilée et svelte, rappelant vaguement un profil de héron, trempait un bouquet de fleurs de lotus, les unes d'un bleu céleste, les autres d'un rose tendre, comme le bout des doigts d'Isis, la grande déesse.

Cléopâtre, ce jour-là, par caprice ou politique, n'était pas habillée à la grecque; elle venait d'assister à une panégyrie, et elle retournait à son palais d'été dans la cange, avec le costume égyptien qu'elle portait à la fête.

Nos lectrices seront peut-être curieuses de savoir comment la reine Cléopâtre était habillée en revenant de la Mammisi d'Hermonthis où l'on adore la triade du dieu Mandou, de la déesse Ritho et de leur fils Harphré ; c'est une satisfaction que nous pouvons leur donner.

La reine Cléopâtre avait pour coiffure une espèce de casque d'or très-léger formé par le corps et les ailes de l'épervier sacré ; les ailes, rabattues en éventail de chaque côté de la tête, couvraient les tempes, s'allongeaient presque sur le cou, et dégageaient par une petite échancrure une oreille plus rose et plus délicatement enroulée que la coquille dont sortit Vénus que les Égyptiens nomment Hâthor ; la queue de l'oiseau occupait la place où sont posés les chignons de nos femmes ; son corps, couvert de plumes imbriquées et peintes de différents émaux, enveloppait le sommet du crâne, et son cou, gracieusement replié vers le front, composait avec la tête une manière de corne étincelante de pierreries ; un cimier symbolique en forme de tour complétait cette coiffure élégante, quoique bizarre. Des cheveux noirs comme ceux d'une nuit sans étoiles s'échappaient de ce casque et filaient en longues tresses sur de blondes épaules, dont une collerette ou hausse-col, orné de plusieurs rangs de serpentine, d'azerodrach et de chrysoberil, ne laissait, hélas ! apercevoir que le commencement ; une robe de lin à côtes diagonales, — un brouillard d'étoffe, de l'air tramé, *ventus textilis*, comme dit Pétrone, — ondulait en blanche vapeur autour d'un beau corps dont elle estompait mollement les contours. Cette robe avait des demi-manches justes sur l'épaule, mais évasées vers le coude comme nos manches à sabot, et permettait de voir un bras admirable et une main parfaite, le bras serré par six cercles d'or et la main ornée d'une bague représentant un scarabée. Une ceinture, dont les bouts noués retombaient par devant, marquait la taille de cette tunique flottante et libre ; un mantelet garni de franges achevait la parure, et, si quelques mots barbares n'effarouchent point des oreilles parisiennes, nous ajouterons que cette robe se nommait *schenti* et le mantelet *calasiris*.

Pour dernier détail, disons que la reine Cléopâtre portait de légères sandales fort minces, recourbées en pointe et rattachées sur le cou-de-pied comme les souliers à la poulaine des châtelaines du moyen âge.

La reine Cléopâtre n'avait cependant pas l'air de satisfaction d'une femme sûre d'être parfaitement belle et parfaitement parée; elle se retournait et s'agitait sur son petit lit, et ses mouvements assez brusques dérangeaient à chaque instant les plis de son *conopœum* de gaze que Charmion rajustait avec une patience inépuisable, sans cesser de balancer son éventail.

« L'on étouffe dans cette chambre, dit Cléopâtre; quand même Phta, dieu du feu, aurait établi ses forges ici, il ne ferait pas plus chaud; l'air est comme un fournaise. » Et elle passa sur ses lèvres le bout de sa petite langue, puis étendit la main comme un malade qui cherche une coupe absente.

Charmion, toujours attentive, frappa des mains; un esclave noir, vêtu d'un tonnelet plissé comme la jupe des Albanais et d'une peau de panthère jetée sur l'épaule, entra avec la rapidité d'une apparition, tenant en équilibre sur la main gauche un plateau chargé de tasses et de tranches de pastèques, et dans la droite un vase long muni d'un goulot comme une théière.

L'esclave remplit une des coupes en versant de haut avec une dextérité merveilleuse, et la plaça devant la reine. Cléopâtre toucha le breuvage du bout des lèvres, le reposa à côté d'elle, et, tournant vers Charmion ses beaux yeux noirs, onctueux et lustrés par une vive étincelle de lumière :

« O Charmion! dit-elle, je m'ennuie. »

CHAPITRE II.

Charmion, pressentant une confidence, fit une mine d'assentiment douloureux et se rapprocha de sa maîtresse.

« Je m'ennuie horriblement, reprit Cléopâtre en laissant pendre ses bras comme découragée et vaincue ; cette Égypte m'anéantit et m'écrase ; ce ciel, avec son azur implacable, est plus triste que la nuit profonde de l'Érèbe : jamais un nuage ! jamais une ombre, et toujours ce soleil rouge, sanglant, qui vous regarde comme l'œil d'un cyclope ! Tiens, Charmion, je donnerais une perle pour une goutte de pluie ! De la prunelle enflammée de ce ciel de bronze il n'est pas encore tombé une seule larme sur la désolation de cette terre ; c'est un grand couvercle de tombeau, un dôme de nécropole, un ciel mort et desséché comme les momies qu'il recouvre ; il pèse sur mes épaules comme un manteau trop lourd ; il me gêne et m'inquiète ; il me semble que je ne pourrais me lever toute droite sans m'y heurter le front ; et puis, ce pays est vraiment un pays effrayant ; tout y est sombre, énigmatique, incompréhensible ! L'imagination n'y produit que des chimères monstrueuses et des monuments démesurés ; cette architecture et cet art me font peur ; ces colosses, que leurs jambes engagées dans la pierre condamnent à rester éternellement assis les mains sur les genoux, me fatiguent de leur immobilité stupide ; ils obsèdent mes yeux et mon horizon. Quand viendra donc le géant qui doit les prendre par la main et les relever de leur faction de vingt siècles ? Le granit lui-même se lasse à la fin ! Quel maître attendent-ils donc pour quitter la montagne qui leur sert de siége et se lever en signe de respect ? de quel troupeau invisible ces grands sphinx accroupis comme des chiens qui guettent sont-ils les gardiens, pour ne fermer jamais la paupière et tenir toujours la griffe en arrêt? qu'ont-ils donc à fixer si opiniâtrément leurs yeux de pierre sur l'éternité et l'infini? quel secret étrange leurs lèvres serrées retiennent-elles dans leur poitrine? A droite, à gauche, de quelque côté que l'on se tourne, ce ne sont que des monstres affreux à voir, des chiens à têtes d'homme, des hommes à têtes de chien, des chimères nées d'accouplements hideux dans la profondeur ténébreuse des syringes, des Anubis, des Typhons, des Osiris, des éperviers aux yeux jaunes qui semblent vous traverser de leurs regards inquisiteurs et voir au delà de vous des choses que l'on ne peut redire ; — une famille d'animaux et de dieux horribles aux ailes écaillées, au bec crochu, aux griffes tranchantes, toujours prêts à vous dévorer et à vous saisir si vous franchissez le seuil du temple et si vous levez le coin du voile ! —

» Sur les murs, sur les colonnes, sur les plafonds, sur les planchers, sur les palais et sur les temples, dans les couloirs et les puits les plus profonds des nécropoles, jusqu'aux entrailles de la terre, où la lumière n'arrive pas, où les flambeaux s'éteignent faute d'air, et partout, et toujours, d'interminables hiéroglyphes sculptés et peints racontant en langage inintelligible des choses que l'on ne sait plus et qui appartiennent sans doute à des créations disparues; prodigieux travaux enfouis, où tout un peuple s'est usé à écrire l'épitaphe d'un roi ! Du mystère et du granit, voilà l'Egypte ; beau pays pour une jeune femme et une jeune reine !

» L'on ne voit que symboles menaçants et funèbres, des *pedum*, des tau, des globes allégoriques, des serpents enroulés, des balances où l'on pèse les âmes, — l'inconnu, la mort, le néant ! Pour toute végétation des stèles bariolées de caractères bizarres; pour allées d'arbres, des avenues d'obélisques de granit; pour sol, d'immenses pavés de granit dont chaque montagne ne peut fournir qu'une seule dalle; pour ciel, des plafonds de granit : — l'éternité palpable, un amer et perpétuel sarcasme contre la fragilité et la brièveté de la vie ! — des escaliers faits pour des enjambées de Titan, que le pied humain ne saurait franchir et qu'il faut monter avec des échelles ; des colonnes que cent bras ne pourraient entourer, des labyrinthes où l'on marcherait un an sans en trouver l'issue ! — le vertige de l'énormité, l'ivresse du gigantesque, l'effort désordonné de l'orgueil qui veut graver à tout prix son nom sur la surface du monde !

» Et puis, Charmion, je te le dis, j'ai une pensée qui me fait peur ; dans les autres contrées de la terre on brûle les cadavres, et leur cendre bientôt se confond avec le sol. Ici l'on dirait que les vivants n'ont d'autre occupation que de conserver les morts ; des baumes puissants les arrachent à la destruction ; ils gardent tous leur forme et leur aspect ; l'âme évaporée, la dépouille reste. Sous ce peuple il y a vingt peuples ; chaque ville a les pieds sur vingt étages de nécropoles ; chaque génération qui s'en va fait une population de momies à une cité ténébreuse : sous le père vous trouvez le grand-père et l'aïeul dans leur boîte peinte et dorée, tels qu'ils étaient pendant leur vie, et vous fouilleriez toujours que vous en trouveriez toujours !

» Quand je songe à ces multitudes emmaillottées de bandelettes, à ces myriades de spectres desséchés qui remplissent les puits funèbres et qui sont là depuis deux mille ans, face à face, dans leur silence que rien ne vient troubler, pas même le bruit que fait en rampant le ver du sépulcre, et qu'on retrouvera intacts après deux autres mille ans, avec leurs chats, leurs crocodiles, leurs ibis, tout ce qui a vécu en même temps qu'eux, il me prend des terreurs, et je me sens courir des frissons sur la peau. Que se disent-ils, puisqu'ils ont encore des lèvres, et que leur âme, si la fantaisie lui prenait de revenir, trouverait leur corps dans l'état où elle l'a quitté ?

» L'Égypte est vraiment un royaume sinistre, et bien peu fait pour moi, la rieuse et la folle ; tout y renferme une momie ; c'est le cœur et le noyau de toute chose. Après mille détours, c'est là que vous aboutissez ; les pyramides cachent un sarcophage. Néant et folie que tout cela. Éventrez le ciel avec de gigantesques triangles de pierre, vous n'allongerez pas votre cadavre d'un pouce. Comment se réjouir et vivre sur une terre pareille, où l'on ne respire pour parfum que l'odeur âcre du naphte et du bitume qui bout dans les chaudières des embaumeurs, où le plancher de votre chambre sonne creux parce que les corridors des hypogées et des puits mortuaires s'étendent jusque sous votre alcôve? Être la reine des momies, avoir pour causer ces statues à poses roides et contraintes, c'est gai ! Encore, si pour tempérer cette tristesse j'avais quelque passion au cœur, un intérêt à la vie, si j'aimais quelqu'un ou quelque chose, si j'étais aimée ! mais je ne le suis point.

» Voilà pourquoi je m'ennuie, Charmion ; avec l'amour, cette Égypte aride et renfrognée me paraîtrait plus charmante que la Grèce avec ses dieux d'ivoire, ses temples de marbre blanc, ses bois de lauriers-roses et ses fontaines d'eau vive. Je ne songerais pas à la physionomie baroque d'Anubis et aux épouvantements des villes souterraines. »

Charmion sourit d'un air incrédule. « Ce ne doit pas être là un grand sujet de chagrin pour vous ; car chacun de vos regards perce les cœurs comme les flèches d'or d'Éros lui-même.

— Une reine, reprit Cléopâtre, peut-elle savoir si c'est le diadème ou le front que l'on aime en elle? Les rayons de sa couronne sidérale éblouissent les yeux et le cœur ; descendue des hauteurs du trône, aurais-je la célébrité et la vogue de Bacchide ou d'Archenassa, de la première courtisane venue d'Athènes ou de Milet? Une reine, c'est quelque chose de si loin des hommes, de si élevé, de si séparé, de si impossible! Quelle présomption peut se flatter de réussir dans une pareille entreprise? Ce n'est plus une femme, c'est une figure auguste et sacrée qui n'a point de sexe, et que l'on adore à genoux sans l'aimer, comme la statue d'une déesse. Qui a jamais été sérieusement épris d'Héré aux bras de neige, de Pallas aux yeux vert de mer? qui a jamais essayé de baiser les pieds d'argent de Thétis et les doigts de rose de l'Aurore? quel amant des beautés divines a pris des ailes pour voler vers les palais d'or du ciel? Le respect et la terreur glacent les âmes en notre présence, et pour être aimée de nos pareils il faudrait descendre dans les nécropoles dont je parlais tout à l'heure. »

Quoiqu'elle n'élevât aucune objection contre les raisonnements de sa maîtresse, un vague sourire errant sur les lèvres de l'esclave grecque faisait voir qu'elle ne croyait pas beaucoup à cette inviolabilité de la personne royale.

« Ah! continua Cléopâtre, je voudrais qu'il m'arrivât quelque chose, une aventure étrange, inattendue! Le chant des poëtes, la danse des esclaves syriennes, les festins couronnés de roses et prolongés jusqu'au jour, les courses nocturnes, les chiens de Laconie, les lions privés, les nains bossus, les membres de la confrérie des inimitables, les combats du cirque, les parures nouvelles, les robes de byssus, les unions de perles, les parfums d'Asie, les recherches les plus exquises, les somptuosités les plus folles, rien ne m'amuse plus ; tout m'est indifférent, tout m'est insupportable !

— On voit bien, dit tout bas Charmion, que la reine n'a pas eu d'amant et n'a fait tuer personne depuis un mois. »

Fatiguée d'une aussi longue tirade, Cléopâtre prit encore une fois la coupe posée à côté d'elle, y trempa ses lèvres, et, mettant sa tête sous son bras avec un mouvement de colombe, s'arrangea de son mieux pour dormir. Charmion lui défit ses sandales et se mit à lui chatouiller doucement la plante des pieds avec la barbe d'une plume de paon ; le sommeil ne tarda pas à jeter sa poudre d'or sur les beaux yeux de la sœur de Ptolémée.

Maintenant que Cléopâtre dort, remontons sur le pont de la cange et jouissons de l'admirable spectacle du soleil couchant. Une large bande violette, fortement chauffée de tons roux vers l'occident, occupe toute la partie inférieure du ciel ; en rencontrant les zones d'azur, la teinte violette se fond en lilas clair et se noie dans le bleu par une demi-teinte rose ; du côté où le soleil, rouge comme un bouclier tombé des fournaises de Vulcain, jette ses ardents reflets, la nuance tourne au citron pâle, et produit des teintes pareilles à celles des turquoises. L'eau frisée par un rayon oblique a l'éclat mat d'une glace vue du côté du tain, ou d'une lame damasquinée ; les sinuosités de la rive, les joncs, et tous les accidents du bord s'y découpent en traits fermes et noirs qui en font vivement ressortir la réverbération blanchâtre. A la faveur de cette clarté crépusculaire vous apercevrez là-bas, comme un grain de poussière tombé sur du vif-argent, un petit point brun qui tremble dans un réseau de filets lumineux. Est-ce une sarcelle qui plonge, une tortue qui se laisse aller à la dérive, un crocodile levant, pour respirer l'air moins brûlant du soir, le bout de son rostre squammeux, le ventre d'un hippopotame qui s'épanouit à fleur d'eau ? ou bien encore quelque rocher laissé à découvert par la décroissance du fleuve ? car le vieil Hopi-Mou, père des eaux, a bien besoin de remplir son urne tarie aux pluies du solstice dans les montagnes de la Lune.

Ce n'est rien de tout cela. Par les morceaux d'Osiris si heureusement recousus ! c'est un homme qui paraît marcher et patiner sur l'eau... l'on peut voir maintenant la nacelle qui le soutient, une vraie coquille de noix, un poisson creusé, trois bandes d'écorce ajustées, une pour le fond et deux pour les plats-bords, le tout solidement relié aux deux pointes avec une corde engluée de bitume. Un homme se tient debout, un pied sur chaque bord de cette frêle machine, qu'il dirige avec un seul aviron qui sert en même temps de gouvernail, et, quoique la cange royale file rapidement sous l'effort de cinquante rameurs, la petite barque noire gagne visiblement sur elle.

Cléopâtre désirait un incident étrange, quelque chose d'inattendu ; cette petite nacelle effilée, aux allures mystérieuses, nous a tout l'air de porter sinon une aventure, du moins un aventurier. Peut-être contient-elle le héros de notre histoire : la chose n'est pas impossible.

C'était, en tout cas, un beau jeune homme de vingt ans, avec des cheveux si noirs qu'ils paraissaient bleus, une peau blonde comme de l'or, et de proportions si parfaites, qu'on eût dit un bronze de Lysippe ; bien qu'il ramât depuis longtemps, il ne trahissait aucune fatigue, et il n'avait pas sur le front une seule perle de sueur.

Le soleil plongeait sous l'horizon, et sur son disque échancré se dessinait la silhouette brune d'une ville lointaine que l'œil n'aurait pu discerner sans cet accident de lumière ; il s'éteignit bientôt tout à fait, et les étoiles, belles de nuit du ciel, ouvrirent leur calice d'or dans l'azur du firmament. La cange royale, suivie de près par la petite nacelle, s'arrêta près d'un escalier de marbre noir, dont chaque marche supportait un de ces sphinx haïs de Cléopâtre. C'était le débarcadère du palais d'été.

Cléopâtre, appuyée sur Charmion, passa rapidement comme une vision étincelante entre une double haie d'esclaves portant des fanaux.

Le jeune homme prit au fond de la barque une grande peau de lion, la jeta sur ses épaules, sauta légèrement à terre, tira la nacelle sur la berge et se dirigea vers le palais.

CHAPITRE III.

Qu'est-ce que ce jeune homme qui, debout sur un morceau d'écorce, se permet de suivre la cange royale, et qui peut lutter de vitesse contre cinquante rameurs du pays de Kousch, nus jusqu'à la ceinture et frottés d'huile de palmier ? Quel intérêt le pousse et le fait agir ? Voilà ce que nous sommes obligé de savoir en notre qualité de poëte doué du don d'intuition, et pour qui tous les hommes et même toutes les femmes, ce qui est plus difficile, doivent avoir au côté la fenêtre que réclamait Momus.

Il n'est peut-être pas très-aisé de retrouver ce que pensait, il y a tantôt deux mille ans, un jeune homme de la terre de Kémê qui suivait la barque de Cléopâtre, reine et déesse Évergète revenant de la Mammisi d'Hermonthis. Nous essayerons cependant.

Meïamoun, fils de Mandouschopsch, était un jeune homme d'un caractère étrange; rien de ce qui touche le commun des mortels ne faisait impression sur lui; il semblait d'une race plus haute, et l'on eût dit le produit de quelque adultère divin. Son regard avait l'éclat et la fixité d'un regard d'épervier, et la majesté sereine siégeait sur son front comme sur un piédestal de marbre; un noble dédain arquait sa lèvre supérieure et gonflait ses narines comme celles d'un cheval fougueux; quoiqu'il eût presque la grâce délicate d'une jeune fille, et que Dionysius, le dieu efféminé, n'eût pas une poitrine plus ronde et plus polie, il cachait sous cette molle apparence des nerfs d'acier et une force herculéenne; singulier privilège de certaines natures antiques de réunir la beauté de la femme à la force de l'homme.

Quant à son teint, nous sommes obligé d'avouer qu'il était fauve comme une orange, couleur contraire à l'idée blanche et rose que nous avons de la beauté; ce qui ne l'empêchait pas d'être un fort charmant jeune homme, très-recherché par toute sorte de femmes jaunes, rouges, cuivrées, bistrées, dorées, et même par plus d'une blanche Grecque.

D'après ceci, n'allez pas croire que Meïamoun fût un homme à bonne fortune: les cendres du vieux Priam, les neiges d'Hippolyte lui-même n'étaient pas plus insensibles et plus froides; le jeune néophyte en tunique blanche, qui se prépare à l'initiation des mystères d'Isis, ne mène pas une vie plus chaste; la jeune fille qui transit à l'ombre glaciale de sa mère n'a pas cette pureté craintive.

Les plaisirs de Meïamoun, pour un jeune homme de si farouche approche, étaient cependant d'une singulière nature : il partait tranquillement le matin avec son petit bouclier de cuir d'hippopotame, son *harpé* ou sabre à lame courbe, son arc triangulaire et son carquois de peau de serpent, rempli de flèches barbelées ; puis il s'enfonçait dans le désert, et faisait galoper sa cavale aux jambes sèches, à la tête étroite, à la crinière échevelée, jusqu'à ce qu'il trouvât une trace de lionne ; cela le divertissait beaucoup d'aller prendre les petits lionceaux sous le ventre de leur mère. En toutes choses il n'aimait que le périlleux ou l'impossible ; il se plaisait fort à marcher dans des sentiers impraticables, à nager dans une eau furieuse, et il eût choisi pour se baigner dans le Nil précisément l'endroit des cataractes : l'abîme l'appelait.

Tel était Meïamoun, fils de Mandouschopsch.

Depuis quelque temps son humeur était devenue encore plus sauvage ; il s'enfonçait des mois entiers dans l'océan de sables et ne reparaissait qu'à de rares intervalles. Sa mère inquiète se penchait vainement du haut de sa terrasse et interrogeait le chemin d'un œil infatigable. Après une longue attente, un petit nuage de poussière tourbillonnait à l'horizon ; bientôt le nuage crevait et laissait voir Meïamoun couvert de poussière sur sa cavale maigre comme une louve, l'œil rouge et sanglant, la narine frémissante, avec des cicatrices au flanc, cicatrices qui n'étaient pas des marques d'éperon.

Après avoir pendu dans sa chambre quelque peau d'hyène ou de lion, il repartait.

Et cependant personne n'eût pu être plus heureux que Meïamoun ; il était aimé de Nephté, la fille du prêtre Afomouthis, la plus belle personne du nome d'Arsinoïte. Il fallait être Meïamoun pour ne pas voir que Nephté avait des yeux charmants relevés par les coins avec une indéfinissable expression de volupté, une bouche où scintillait un rouge sourire, des dents blanches et limpides, des bras d'une rondeur exquise et des pieds plus parfaits que les pieds de jaspe de la statue d'Isis : assurément il n'y avait pas dans toute l'Égypte une main plus petite et des cheveux plus longs. Les charmes de Nephté n'eussent été effacés que par ceux de Cléopâtre. Mais qui pourrait songer à aimer Cléopâtre? Ixion, qui fut amoureux de Junon, ne serra dans ses bras qu'une nuée, et il tourne éternellement sa roue aux enfers.

C'était Cléopâtre qu'aimait Meïamoun!

Il avait d'abord essayé de dompter cette passion folle, il avait lutté corps à corps avec elle; mais on n'étouffe pas l'amour comme on étouffe un lion, et les plus vigoureux athlètes ne sauraient rien y faire. La flèche était restée dans la plaie et il la traînait partout avec lui; l'image de Cléopâtre radieuse et splendide sous son diadème à pointe d'or, seule debout dans sa pourpre impériale au milieu d'un peuple agenouillé, rayonnait dans sa veille et dans son rêve; comme l'imprudent qui a regardé le soleil et qui voit toujours une tache insaisissable voltiger devant lui, Meïamoun voyait toujours Cléopâtre. Les aigles peuvent contempler le soleil sans être éblouis, mais quelle prunelle de diamant pourrait se fixer impunément sur une belle femme, sur une belle reine?

Sa vie était d'errer autour des demeures royales pour respirer le même air que Cléopâtre, pour baiser sur le sable, bonheur, hélas! bien rare, l'empreinte à demi effacée de son pied; il suivait les fêtes sacrées et les panégyries, tâchant de saisir un rayon de ses yeux, de dérober au passage un des mille aspects de sa beauté. Quelquefois la honte le prenait de cette existence insensée; il se livrait à la chasse avec un redoublement de furie, et tâchait de mater par la fatigue l'ardeur de son sang et la fougue de ses désirs.

Il avait été à la panégyrie d'Hermonthis, et, dans le vague espoir de revoir la reine un instant lorsqu'elle débarquerait au palais d'été, il avait suivi la cange dans sa nacelle, sans s'inquiéter des âcres morsures du soleil par une chaleur à faire fondre en sueur de lave les sphinx haletants sur leurs piédestaux rougis.

Et puis, il comprenait qu'il touchait à un moment suprême, que sa vie allait se décider, et qu'il ne pouvait mourir avec son secret dans sa poitrine.

C'est une étrange situation que d'aimer une reine; c'est comme si l'on aimait une étoile, encore l'étoile vient-elle chaque nuit briller à sa place dans le ciel; c'est une espèce de rendez-vous mystérieux : vous la retrouvez, vous la voyez, elle ne s'offense pas de vos regards! O misère! être pauvre, inconnu, obscur, assis tout au bas de l'échelle, et se sentir le cœur plein d'amour pour quelque chose de solennel, d'étincelant et de splendide, pour une femme dont la dernière servante ne voudrait pas de vous! avoir l'œil fatalement fixé sur quelqu'un qui ne vous voit point, qui ne vous verra jamais, pour qui vous n'êtes qu'un flot de la foule pareil aux autres et qui vous rencontrerait cent fois sans vous reconnaître! n'avoir, si l'occasion de parler se présente, aucune raison à donner d'une si folle audace, ni talent de poëte, ni grand génie, ni qualité surhumaine, rien que de l'amour; et en échange de la beauté, de la noblesse, de la puissance, de toutes les splendeurs qu'on rêve, n'apporter que de la passion ou sa jeunesse, choses rares!

Ces idées accablaient Meïamoun; couché à plat ventre sur le sable, le menton dans ses mains, il se laissait emporter et soulever par le flot d'une intarissable rêverie; il ébauchait mille projets plus insensés les uns que les autres. Il sentait bien qu'il tendait à un but impossible, mais il n'avait pas le courage d'y renoncer franchement, et la perfide espérance venait chuchoter à son oreille quelque menteuse promesse.

« Hâthor, puissante déesse, disait-il à voix basse, que t'ai-je fait pour me rendre si malheureux? te venges-tu du dédain que j'ai eu pour Nephté, la fille du prêtre Afomouthis? m'en veux-tu d'avoir repoussé Lamia, l'hétaïre d'Athènes, ou Flora, la courtisane romaine? Est-ce ma faute, à moi, si mon cœur n'est sensible qu'à la seule beauté de Cléopâtre, ta rivale? Pourquoi as-tu enfoncé dans mon âme la flèche empoisonnée de l'amour impossible? Quel sacrifice et quelles offrandes demandes-tu? Faut-il t'élever une chapelle de marbre rose de Syène avec des colonnes à chapiteaux dorés, un plafond d'une seule pièce et des hiéroglyphes sculptés en creux par les meilleurs ouvriers de Memphis ou de Thèbes? Réponds-moi. »

Comme tous les dieux et les déesses que l'on invoque, Hâthor ne répondit rien. Meïamoun prit un parti désespéré.

Cléopâtre, de son côté, invoquait aussi la déesse Hâthor; elle lui demandait un plaisir nouveau, une sensation inconnue; languissamment couchée sur son lit, elle songeait que le nombre des sens est bien borné, que les plus exquis raffinements laissent bien vite venir le dégoût, et qu'une reine a réellement bien de la peine à occuper sa journée. Essayer des poisons sur des esclaves, faire battre des hommes avec des tigres ou des gladiateurs entre eux, boire des perles fondues, manger une province, tout cela est fade et commun!

Charmion était aux expédients et ne savait plus que faire de sa maîtresse.

Tout à coup un sifflement se fit entendre, une flèche vint se planter en tremblant dans le revêtement de cèdre de la muraille.

Cléopâtre faillit s'évanouir de frayeur. Charmion se pencha à la fenêtre et n'aperçut qu'un flocon d'écume sur le fleuve. Un rouleau de papyrus entourait le bois de la flèche; il contenait ces mots écrits en caractères phonétiques : « Je vous aime! »

CHAPITRE IV.

« Je vous aime, répéta Cléopâtre en faisant tourner entre ses doigts frêles et blancs le morceau de papyrus roulé à la façon des scytales, voilà le mot que je demandais : quelle âme intelligente, quel génie caché a donc si bien compris mon désir ? »

Et, tout à fait réveillée de sa langoureuse torpeur, elle sauta à bas de son lit avec l'agilité d'une chatte qui flaire une souris, mit ses petits pieds d'ivoire dans ses *tatbebs* brodés, jeta une tunique de byssus sur ses épaules, et courut à la fenêtre par laquelle Charmion regardait toujours.

La nuit était claire et sereine ; la lune déjà levée dessinait avec de grands angles d'ombre et de lumière les masses architecturales du palais, détachées en vigueur sur un fond de bleuâtre transparence, et glaçait de moires d'argent l'eau du fleuve où son reflet s'allongeait en colonne étincelante ; un léger souffle de brise, qu'on eût pris pour la respiration des sphinx endormis, faisait palpiter les roseaux et frissonner les clochettes d'azur des lotus ; les câbles des embarcations amarrées au bord du Nil gémissaient faiblement, et le flot se plaignait sur son rivage comme une colombe sans ramier. Un vague parfum de végétation, plus doux que celui des aromates qui brûlent dans l'*anschir* des prêtres d'Anubis, arrivait jusque dans la chambre. C'était une de ces nuits enchantées de l'Orient, plus splendides que nos plus beaux jours, car notre soleil ne vaut pas cette lune.

« Ne vois-tu pas là-bas, vers le milieu du fleuve, une tête d'homme qui nage ? Tiens, il traverse maintenant la traînée de lumière et va se perdre dans l'ombre ; on ne peut plus le distinguer. » Et, s'appuyant sur l'épaule de Charmion, elle sortait à demi son beau corps de la fenêtre pour tâcher de retrouver la trace du mystérieux nageur. Mais un bois d'acacias du Nil, de doums et de sayals, jetait à cet endroit son ombre sur la rivière et protégeait la fuite de l'audacieux. Si Meïamoun eût eu le bon esprit de se retourner, il aurait aperçu Cléopâtre, la reine sidérale, le cherchant avidement des yeux à travers la nuit, lui, pauvre Égyptien obscur, misérable chasseur de lions.

« Charmion, Charmion, fais venir Phrehipephbour, le

chef des rameurs, et qu'on lance sans retard deux barques à la poursuite de cet homme, » dit Cléopâtre, dont la curiosité était excitée au plus haut degré.

Phrehipephbour parut : c'était un homme de la race Nahasi, aux mains larges, aux bras musculeux, coiffé d'un bonnet de couleur rouge, assez semblable au casque phrygien, et vêtu d'un caleçon étroit, rayé diagonalement de blanc et de bleu. Son buste, entièrement nu, reluisait à la clarté de la lampe, noir et poli comme un globe de jais. Il prit les ordres de la reine et se retira sur-le-champ pour les exécuter.

Deux barques longues, étroites, si légères que le moindre oubli d'équilibre les eût fait chavirer, fendirent bientôt l'eau du Nil en sifflant sous l'effort de vingt rameurs vigoureux ; mais la recherche fut inutile. Après avoir battu la rivière en tous sens, après avoir fouillé la moindre touffe de roseaux, Phrehipephbour revint au palais sans autre résultat que d'avoir fait envoler quelque héron endormi debout sur une patte ou troublé quelque crocodile dans sa digestion.

Cléopâtre éprouva un dépit si vif de cette contrariété, qu'elle eut une forte envie de condamner Phrehipephbour à la meule ou aux bêtes. Heureusement Charmion intercéda pour le malheureux tout tremblant, qui pâlissait de frayeur sous sa peau noire. C'était la seule fois de sa vie qu'un de ses désirs n'avait pas été aussitôt accompli que formé ; aussi éprouvait-elle une surprise inquiète, comme un premier doute sur sa toute-puissance.

Elle, Cléopâtre, femme et sœur de Ptolémée, proclamée déesse Evergète, reine vivante des régions d'en bas et d'en haut, œil de lumière, préférée du soleil, comme on peut le voir dans les cartouches sculptés sur les murailles des temples, rencontrer un obstacle, vouloir une chose qui ne s'est pas faite, avoir parlé et n'avoir pas été obéie! Autant vaudrait être la femme de quelque pauvre paraschiste inciseur de cadavres et faire fondre du natron dans une chaudière ! C'est monstrueux, c'est exorbitant, et il faut être, en vérité, une reine très-douce et très-clémente pour ne pas faire mettre en croix ce misérable Phrehipephbour.

Vous vouliez une aventure, quelque chose d'étrange et d'inattendu ; vous êtes servie à souhait. Vous voyez que votre royaume n'est pas si mort que vous le prétendiez. Ce n'est pas le bras de pierre d'une statue qui a lancé cette flèche, ce n'est pas du cœur d'une momie que viennent ces trois mots qui vous ont émue, vous qui voyez avec un sourire sur les lèvres vos esclaves empoisonnés battre du talon et de la tête, dans les convulsions de l'agonie, vos beaux pavés de mosaïque et de porphyre, vous qui applaudissez le tigre lorsqu'il a bravement enfoncé son mufle dans le flanc du gladiateur vaincu !

Vous aurez tout ce que vous voudrez, des chars d'argent étoilés d'émeraudes, des quadriges de griffons, des tuniques de pourpre teintes trois fois, des miroirs d'acier fondu entourés de pierres précieuses, si clairs que vous vous y verrez aussi belle que vous l'êtes ; des robes venues du pays des Sériques, si fines, si déliées qu'elles passeraient par l'anneau de votre petit doigt ; des perles d'un orient parfait, des coupes de Lysippe ou de Myron, des perroquets de l'Inde qui parlent comme des poëtes ; vous obtiendrez tout, quand même vous demandriez le ceste de Vénus ou le pschent d'Isis ; mais, en vérité, vous n'aurez pas ce soir l'homme qui a lancé cette flèche qui tremble encore dans le bois de cèdre de votre lit.

Les esclaves qui vous habilleront demain n'auront pas beau jeu ; elles ne risquent rien d'avoir la main légère ; les épingles d'or de la toilette pourraient bien avoir pour pelote la gorge de la friseuse maladroite, et l'épileuse risque fort de se faire pendre au plafond par les pieds.

« Qui peut avoir eu l'audace de lancer cette déclaration emmanchée dans une flèche ? Est-ce le monarque Amoun-Ra qui se croit plus beau que l'Apollon des Grecs ? qu'en penses-tu, Charmion ? ou bien Chéapsiro, le commandant de l'Hermothybie, si fier de ses combats au pays de

Kousch ! Ne serait-ce pas plutôt le jeune Sextus, ce débauché romain, qui met du rouge, grasseye en parlant et porte des manches à la persique ?

— Reine, ce n'est aucun de ceux-là ; quoique vous soyez la plus belle du monde, ces gens-là vous flattent et ne vous aiment pas. Le monarque Amoun-Ra s'est choisi une idole à qui il sera toujours fidèle, et c'est sa propre personne ; le guerrier Chéapsiro ne pense qu'à raconter ses batailles ; quant à Sextus, il est si sérieusement occupé de la composition d'un nouveau cosmétique, qu'il ne peut songer à rien autre chose. D'ailleurs, il a reçu des surtouts de Laconie, des tuniques jaunes brochées d'or et des enfants asiatiques qui l'absorbent tout entier. Aucun de ces beaux seigneurs ne risquerait son cou dans une entreprise si hardie et si périlleuse ; ils ne vous aiment pas assez pour cela.

» Vous disiez hier dans votre cange que les yeux éblouis n'osaient s'élever jusqu'à vous, que l'on ne savait que pâlir et tomber à vos pieds en demandant grâce, et qu'il ne vous restait d'autre ressource que d'aller réveiller dans son cercueil doré quelque vieux pharaon parfumé de bitume. Il y a maintenant un cœur ardent et jeune qui vous aime : qu'en ferez-vous ? »

Cette nuit-là, Cléopâtre eut de la peine à s'endormir, elle se tourna dans son lit, elle appela longtemps en vain Morphée, frère de la Mort ; elle répéta plusieurs fois qu'elle était la plus malheureuse des reines, que l'on prenait à tâche de la contrarier, et que la vie lui était insupportable ; grandes doléances qui touchaient assez peu Charmion, quoiqu'elle fît mine d'y compatir.

Laissons un peu Cléopâtre chercher le sommeil qui la fuit et promener ses conjectures sur tous les grands de la cour ; revenons à Meïamoun : plus adroit que Phrehipephbour, le chef des rameurs, nous parviendrons bien à le trouver.

Effrayé de sa propre hardiesse, Meïamoun s'était jeté

dans le Nil, et avait gagné à la nage le petit bois de palmiers-doums avant que Phrehipephbour eût lancé les deux barques à sa poursuite.

Lorsqu'il eut repris haleine et repoussé derrière ses oreilles ses longs cheveux noirs trempés de l'écume du fleuve, il se sentit plus à l'aise et plus calme. Cléopâtre avait quelque chose qui venait de lui. Un rapport existait entre eux maintenant ; Cléopâtre pensait à lui, Meïamoun. Peut-être était-ce une pensée de courroux, mais au moins il était parvenu à faire naître en elle un mouvement quelconque, frayeur, colère ou pitié ; il lui avait fait sentir son existence. Il est vrai qu'il avait oublié de mettre son nom sur la bande de papyrus ; mais qu'eût appris de plus à la reine Meïamoun, fils de Mandouschopsch ! Un monarque ou un esclave sont égaux devant elle. Une déesse ne s'abaisse pas plus en prenant pour amoureux un homme du peuple qu'un patricien ou un roi ; de si haut l'on ne voit dans un homme que l'amour.

Le mot qui lui pesait sur la poitrine comme le genou d'un colosse de bronze en était enfin sorti ; il avait traversé les airs, il était parvenu jusqu'à la reine, pointe du triangle, sommet inaccessible ! Dans ce cœur blasé il avait mis une curiosité, — progrès immense !

Meïamoun ne se doutait pas d'avoir si bien réussi, mais il était plus tranquille, car il s'était juré à lui-même, par la barimystique qui conduit les âmes dans l'amenthi, par les oiseaux sacrés, Bennou et Gheughen, par Typhon et par Osiris, par tout ce que la mythologie égyptienne peut offrir de formidable, qu'il serait l'amant de Cléopâtre, ne fût-ce qu'un jour, ne fût-ce qu'une nuit, ne fût-ce qu'une heure, dût-il lui en coûter son corps et son âme.

Expliquer comment lui était venu cet amour pour une femme qu'il n'avait vue que de loin et sur laquelle il osait à peine lever ses yeux, lui qui ne les baissait pas devant les jaunes prunelles des lions, et comment cette petite graine tombée par hasard dans son âme y avait poussé si vite et jeté de si profondes racines, c'est un mystère que nous n'expliquerons pas; nous avons dit là-haut : L'abîme l'appelait.

Quand il fut bien sûr que Phrehipephbour était rentré avec les rameurs, il se jeta une seconde fois dans le Nil et se dirigea de nouveau vers le palais de Cléopâtre, dont la lampe brillait à travers un rideau de pourpre et semblait une étoile fardée. Léandre ne nageait pas vers la tour de Sestos avec plus de courage et de vigueur, et cependant Meïamoun n'était pas attendu par une Héro prête à lui verser sur la tête des fioles de parfums pour chasser l'odeur de la mer et des âcres baisers de la tempête.

Quelque bon coup de lance ou de *harpé* était tout ce qui pouvait lui arriver de mieux, et, à vrai dire, ce n'était guère de cela qu'il avait peur.

Il longea quelque temps la muraille du palais dont les pieds de marbre baignaient dans le fleuve, et s'arrêta devant une ouverture submergée, par où l'eau s'engouffrait en tourbillonnant. Il plongea deux ou trois fois sans succès ; enfin il fut plus heureux, rencontra le passage et disparut.

Cette arcade était un canal voûté qui conduisait l'eau du Nil aux bains de Cléopâtre.

CHAPITRE V.

Cléopâtre ne s'endormit que le matin, à l'heure où rentrent les songes envolés par la porte d'ivoire. L'illusion du sommeil lui fit voir toute sorte d'amants se jetant à la nage, escaladant les murs pour arriver jusqu'à elle, et, souvenir de la veille, ses rêves étaient criblés de flèches chargées de déclarations amoureuses. Ses petits talons agités de tressaillements nerveux frappaient la poitrine de Charmion, couchée en travers du lit pour lui servir de coussin.

Lorsqu'elle s'éveilla, un gai rayon jouait dans le rideau de la fenêtre dont il trouait la trame de mille points lumineux, et venait familièrement jusque sur le lit voltiger comme un papillon d'or autour de ses belles épaules qu'il effleurait en passant d'un baiser lumineux. Heureux rayon que les dieux eussent envié !

Cléopâtre demanda à se lever d'une voix mourante comme un enfant malade ; deux de ses femmes l'enlevèrent dans leurs bras et la posèrent précieusement à terre sur une grande peau de tigre dont les ongles étaient d'or et les yeux d'escarboucle. Charmion l'enveloppa d'une calasiris de lin plus blanche que le lait, lui entoura les cheveux d'une résille de fils d'argent, et lui plaça les pieds dans des *tatbebs* de liége sur la semelle desquels, en signe de mépris, l'on avait dessiné deux figures grotesques représentant deux hommes des races Nahasi et Nahmou, les mains et les pieds liés, en sorte que Cléopâtre méritait littéralement l'épithète de *conculcatrice des peuples*, que lui donnent les cartouches royaux.

C'était l'heure du bain ; Cléopâtre s'y rendit avec ses femmes.

Les bains de Cléopâtre étaient bâtis dans de vastes jardins remplis de mimosas, de caroubiers, d'aloès, de citronniers, de pommiers persiques, dont la fraîcheur luxuriante faisait un délicieux contraste avec l'aridité des environs ; d'immenses terrasses soutenaient des massifs de verdure et faisaient monter les fleurs jusqu'au ciel par de gigantesques escaliers de granit rose ; des vases de marbre pentélique s'épanouissaient comme de grands lis au bord de chaque rampe, et les plantes qu'ils contenaient ne semblaient que leurs pistils ; des chimères caressées par le ciseau des plus habiles sculpteurs grecs, et d'une physionomie moins rébarbative que les sphinx égyptiens avec leur mine renfrognée et leur attitude morose, étaient couchées mollement sur le gazon tout piqué de fleurs, comme de sveltes levrettes blanches sur un tapis de salon ; c'étaient de charmantes figures de femme, le nez droit, le front uni, la bouche petite, les bras délicatement potelés, la gorge ronde et pure, avec des boucles d'oreilles, des colliers et des ajustements d'un caprice adorable, se bifurquant en queue de poisson comme la femme dont parle Horace, se déployant en aile d'oiseau, s'arrondissant en croupe de lionne, se contournant en volute de feuillage, selon la fantaisie de l'artiste ou les convenances de la position architecturale : — une double rangée de ces délicieux monstres bordait l'allée qui conduisait du palais à la salle.

Au bout de cette allée, on trouvait un large bassin avec quatre escaliers de porphyre; à travers la transparence de l'eau diamantée on voyait les marches descendre jusqu'au fond sablé de poudre d'or; des femmes terminées en gaîne comme des cariatides faisaient jaillir de leurs mamelles un filet d'eau parfumée qui retombait dans le bassin en rosée d'argent, et en picotait le clair miroir de ses gouttelettes grésillantes. Outre cet emploi, ces cariatides avaient encore celui de porter sur leur tête un entablement orné de néréides et de tritons en bas-relief et muni d'anneaux de bronze pour attacher les cordes de soie du velarium. Au delà du portique l'on apercevait des verdures humides et bleuâtres, des fraîcheurs ombreuses, un morceau de la vallée de Tempé transporté en Égypte. Les fameux jardins de Sémiramis n'étaient rien auprès de cela.

Nous ne parlerons pas de sept ou huit autres salles de différentes températures, avec leur vapeur chaude ou froide, leurs boîtes de parfums, leurs cosmétiques, leurs huiles, leurs pierres ponces, leurs gantelets de crin, et tous les raffinements de l'art balnéatoire antique poussé à un si haut degré de volupté et de raffinement.

Cléopâtre arriva, la main sur l'épaule de Charmion; elle avait fait au moins trente pas toute seule! grand effort! fatigue énorme! Un léger nuage rose, se répandant sous la peau transparente de ses joues, en rafraîchissait la pâleur passionnée; ses tempes blondes comme l'ambre laissaient voir un réseau de veines bleues; son front uni, peu élevé comme les fronts antiques, mais d'une rondeur et d'une forme parfaites, s'unissait par une ligne irréprochable à un nez sévère et droit, en façon de camée, coupé de narines roses et palpitantes à la moindre émotion, comme les naseaux d'une tigresse amoureuse; la bouche petite, ronde, très-rapprochée du nez, avait la lèvre dédaigneusement arquée; mais une volupté effrénée, une ardeur de vie incroyable rayonnait dans le rouge éclat et le lustre humide de la lèvre inférieure. Ses yeux avaient des paupières étroites, des sourcils minces et presque sans inflexion. Nous n'essayerons pas d'en donner une idée; c'était un feu, une langueur, une limpidité étincelante à faire tourner la tête de chien d'Anubis lui-même; chaque regard de ses yeux était un poëme supérieur à ceux d'Homère ou de Mimnerme; un menton impérial, plein de force et de domination, terminait dignement ce charmant profil.

Elle se tenait debout sur la première marche du bassin, dans une attitude pleine de grâce et de fierté; légèrement cambrée en arrière, le pied suspendu comme une déesse qui va quitter son piédestal et dont le regard est encore au ciel; deux plis superbes partaient des pointes de sa gorge et filaient d'un seul jet jusqu'à terre. Phidias, s'il eût été son contemporain et s'il eût pu la voir, aurait brisé sa Vénus de dépit.

Avant d'entrer dans l'eau, par un nouveau caprice, elle dit à Charmion de lui changer sa coiffure à résilles d'argent; elle aimait mieux une couronne de fleurs de lotus avec des joncs, comme une divinité marine. Charmion obéit;—ses cheveux délivrés coulèrent en cascades noires sur ses épaules, et pendirent en grappes comme des raisins mûrs au long de ses belles joues.

Puis la tunique de lin, retenue seulement par une agrafe d'or, se détacha, glissa au long de son corps de marbre, et s'abattit en blanc nuage à ses pieds comme le cygne aux pieds de Léda.....

Et Meïamoun, où était-il?

O cruauté du sort! tant d'objets insensibles jouissent de faveurs qui raviraient un amant de joie. Le vent qui joue avec une chevelure parfumée ou qui donne à de belles lèvres des baisers qu'il ne peut apprécier, l'eau à qui cette volupté est bien indifférente et qui enveloppe d'une seule caresse un beau corps adoré, le miroir qui réfléchit tant d'images charmantes, le cothurne ou le tatbeb qui enferme un divin petit pied : oh! que de bonheurs perdus!

Cléopâtre trempa dans l'eau son talon vermeil et descendit quelques marches; l'onde frissonnante lui faisait une ceinture et des bracelets d'argent, et roulait en perles sur sa poitrine et ses épaules comme un collier défait; ses grands cheveux, soulevés par l'eau, s'étendaient derrière elle comme un manteau royal; elle était reine même au bain. Elle allait et venait, plongeait et rapportait du fond dans ses mains des poignées de poudre d'or qu'elle lançait en riant à quelqu'une de ses femmes; d'autres fois elle se suspendait à la balustrade du bassin, cachant et découvrant ses trésors, tantôt ne laissant voir que son dos poli et lustré, tantôt se montrant entière comme la Vénus Anadyomène, et variant sans cesse les aspects de sa beauté.

Tout à coup elle poussa un cri plus aigu que Diane surprise par Actéon; elle avait vu à travers le feuillage luire une prunelle ardente, jaune et phosphorique comme un œil de crocodile ou de lion.

C'était Meïamoun qui, tapi contre terre derrière une touffe de feuilles, plus palpitant qu'un faon dans les blés, s'enivrait du dangereux bonheur de regarder la reine dans son bain. Quoiqu'il fût courageux jusqu'à la témérité, le cri de Cléopâtre lui entra dans le cœur plus froid qu'une lame d'épée; une sueur mortelle lui couvrit tout le corps; ses artères sifflaient dans ses tempes avec un bruit strident, la main de fer de l'anxiété lui serrait la gorge et l'étouffait.

Les eunuques accoururent la lance au poing; Cléopâtre

leur désigna le groupe d'arbres, où ils trouvèrent Meïamoun blotti et pelotonné. La défense n'était pas possible, il ne l'essaya pas et se laissa prendre. Ils s'apprêtaient à le tuer avec l'impassibilité cruelle et stupide qui caractérise les eunuques; mais Cléopâtre, qui avait eu le temps de s'envelopper de sa calasiris, leur fit signe de la main de s'arrêter et de lui amener le prisonnier.

Meïamoun ne put que tomber à ses genoux en tendant vers elle des mains suppliantes comme vers l'autel des dieux.

« Es-tu quelque assassin gagé par Rome? et que venais-tu faire dans ces lieux sacrés dont les hommes sont bannis? dit Cléopâtre avec un geste d'interrogation impérieuse.

— Que mon âme soit trouvée légère dans la balance de l'Amenthi, et que Tmeï, fille du soleil et déesse de la vérité, me punisse si jamais j'eus contre vous, ô reine! une intention mauvaise, » répondit Meïamoun toujours à genoux.

La sincérité et la loyauté brillaient sur sa figure en caractères si transparents, que Cléopâtre abandonna sur-le-champ cette pensée, et fixa sur le jeune Égyptien des regards moins sévères et moins irrités; elle le trouvait beau.

« Alors, quelle raison te poussait dans un lieu où tu ne pouvais rencontrer que la mort?

— Je vous aime, » dit Meïamoun d'une voix basse, mais distincte; car son courage était revenu comme dans toutes les situations extrêmes et que rien ne peut empirer.

« Ah! fit Cléopâtre en se penchant vers lui et en lui saisissant le bras avec un mouvement brusque et soudain, c'est toi qui as lancé la flèche avec le rouleau de papyrus; par Oms, chien des enfers, tu es un misérable bien hardi!... Je te reconnais maintenant; il y a longtemps que je te vois errer comme une ombre plaintive autour des lieux que j'habite.... Tu étais à la procession d'Isis, à la panégyrie d'Hermonthis; tu as suivi la cange royale.

Ah ! il te faut une reine !... Tu n'as point des ambitions médiocres ; tu t'attendais sans doute à être payé de retour... Assurément je vais t'aimer... Pourquoi pas ?

— Reine, répondit Meïamoun avec un air de grave mélancolie, ne raillez pas. Je suis insensé, c'est vrai ; j'ai mérité la mort, c'est vrai encore ; soyez humaine, faites-moi tuer.

— Non, j'ai le caprice d'être clémente aujourd'hui ; je t'accorde la vie.

— Que voulez-vous que je fasse de la vie ? Je vous aime.

— Eh bien ! tu seras satisfait, tu mourras, répondit Cléopâtre ; tu as fait un rêve étrange, extravagant ; tes désirs ont dépassé en imagination un seuil infranchissable, — tu pensais que tu étais César ou Marc-Antoine, tu aimais la reine ! A certaines heures de délire, tu as pu croire qu'à la suite de circonstances qui n'arrivent qu'une fois tous les mille ans, Cléopâtre un jour t'aimerait. Eh bien ! ce que tu croyais impossible va s'accomplir, je vais faire une réalité de ton rêve ; cela me plaît, une fois, de combler une espérance folle. Je veux t'inonder de splendeurs, de rayons et d'éclairs ; je veux que ta fortune ait des éblouissements. Tu étais en bas de la roue, je vais te mettre en haut, brusquement, subitement, sans transition. Je te prends dans le néant, je fais de toi l'égal d'un dieu ; et je te replonge dans le néant : c'est tout ; mais ne viens pas m'appeler cruelle, implorer ma pitié, ne va pas faiblir quand l'heure arrivera. Je suis bonne, je me prête à ta folie ; j'aurais le droit de te faire tuer sur-le-champ ; mais tu me dis que tu m'aimes, je te ferai tuer demain : ta vie pour une nuit. Je suis généreuse, je te l'achète, je pourrais la prendre. Mais que fais-tu à mes pieds ? relève-toi, et donne-moi la main pour rentrer au palais.

CHAPITRE VI.

Notre monde est bien petit à côté du monde antique, nos fêtes sont mesquines auprès des effrayantes somptuosités des patriciens romains et des princes asiatiques ; leurs repas ordinaires passeraient aujourd'hui pour des orgies effrénées, et toute une ville moderne vivrait pendant huit jours de la desserte de Lucullus soupant avec quelques amis intimes. Nous avons peine à concevoir, avec nos habitudes misérables, ces existences énormes, réalisant tout ce que l'imagination peut inventer de hardi, d'étrange et de plus monstrueusement en dehors du possible. Nos palais sont des écuries où Caligula n'eût pas voulu mettre son cheval ; le plus riche des rois constitutionnels ne mène pas le train d'un petit satrape ou d'un proconsul romain. Les soleils radieux qui brillaient sur la terre sont à tout jamais éteints dans le néant de l'uniformité ; il ne se lève plus sur la noire fourmilière des hommes de ces colosses à formes de Titan, qui parcouraient le monde en trois pas, comme les chevaux d'Homère ; — plus de tour de Lylacq, plus de Babel géante escaladant le ciel de ses spirales infinies, plus de temples démesurés faits avec des quartiers de montagne, de terrasses royales que chaque siècle et chaque peuple n'ont pu élever que d'une assise, et d'où le prince accoudé et rêveur peut regarder la figure du monde comme une carte déployée ; plus de ces villes désordonnées faites d'un inextricable entassement d'édifices cyclopéens, avec leurs circonvallations profondes, leurs cirques rugissant nuit et jour, leurs réservoirs remplis d'eau de mer et peuplés de léviathans et de baleines, leurs rampes colossales, leurs superpositions de terrasses, leurs tours au faîte baigné de nuages, leurs palais géants, leurs aqueducs, leurs cités vomitoires et leurs nécropoles ténébreuses !

Hélas! plus rien que des ruches de plâtre sur un damier de pavés.

L'on s'étonne que les hommes ne se soient pas révoltés contre ces confiscations de toutes les richesses et de toutes les forces vivantes au profit de quelques rares privilégiés, et que de si exorbitantes fantaisies n'aient point rencontré d'obstacles sur leur chemin sanglant. C'est que ces existences prodigieuses étaient la réalisation au soleil du rêve que chacun faisait la nuit, — des personnifications de la pensée commune, et que les peuples se regardaient vivre symbolisés sous un de ces noms météoriques qui flamboient inextinguiblement dans la nuit des âges. Aujourd'hui, privé de ce spectacle éblouissant de la volonté toute-puissante, de cette haute contemplation d'une âme humaine dont le moindre désir se traduit en actions inouïes, en énormités de granit et d'airain, le monde s'ennuie éperdument et désespérément, l'homme n'est plus représenté dans sa fantaisie impériale.

L'histoire que nous écrivons et le grand nom de Cléopâtre qui s'y mêle nous ont jeté dans ces réflexions malsonnantes pour les oreilles civilisées. Mais le spectacle du monde antique est quelque chose de si écrasant, de si décourageant pour les imaginations qui se croient effrénées et les esprits qui pensent avoir atteint aux dernières limites de la magnificence féerique, que nous n'avons pu nous empêcher de consigner ici nos doléances et nos tristesses de n'avoir pas été contemporain de Sardanapale, de Teglath Phalazar, de Cléopâtre, reine d'Égypte, ou seulement d'Héliogabale, empereur de Rome et prêtre du Soleil.

Nous avons à décrire une orgie suprême, un festin à faire pâlir celui de Balthazar, une nuit de Cléopâtre. Comment, avec la langue française, si chaste, si glacialement prude, rendrons-nous cet emportement frénétique, cette large et puissante débauche qui ne craint pas de mêler le sang et le vin, ces deux pourpres, et ces furieux élans de la volupté inassouvie se ruant à l'impossible avec toute l'ardeur de sens que le long jeûne chrétien n'a pas encore matés ?

La nuit promise devait être splendide ; il fallait que toutes les joies possibles d'une existence humaine fussent concentrées en quelques heures ; il fallait faire de la vie de Meïamoun un élixir puissant qu'il pût boire en une seule coupe. Cléopâtre voulait éblouir sa victime volontaire, et la plonger dans un tourbillon de voluptés vertigineuses, l'enivrer, l'étourdir avec le vin de l'orgie, pour que la mort, bien qu'acceptée, arrivât sans être vue ni comprise.

Transportons nos lecteurs dans la salle du banquet.

Notre architecture actuelle offre peu de points de comparaison avec ces constructions immenses dont les ruines ressemblent plutôt à des éboulements de montagnes qu'à des restes d'édifices. Il fallait toute l'exagération de la vie antique pour animer et remplir ces prodigieux palais dont les salles étaient si vastes qu'elles ne pouvaient avoir d'autres plafonds que le ciel, magnifique plafond, et bien digne d'une pareille architecture !

La salle du festin avait des proportions énormes et babyloniennes ; l'œil ne pouvait en pénétrer la profondeur incommensurable ; de monstrueuses colonnes, courtes, trapues, solides à porter le pôle, épataient lourdement leur fût évasé sur un socle bigarré d'hiéroglyphes, et soutenaient de leurs chapiteaux ventrus de gigantesques arcades de granit s'avançant par assises comme des escaliers renversés. Entre chaque pilier un sphinx colossal de basalte, coiffé du pschent, allongeait sa tête à l'œil oblique, au menton cornu, et jetait dans la salle un regard fixe et mystérieux. Au second étage, en recul du premier, les chapiteaux des colonnes, plus sveltes de tournure, étaient remplacés par quatre têtes de femmes adossées avec les barbes cannelées et les enroulements de la coiffure égyptienne ; au lieu de sphinx, des idoles à tête de taureau, spectateurs impassibles des délires nocturnes et des fureurs orgiaques, étaient assis dans des siéges de pierre comme des hôtes patients qui attendent que le festin commence.

Un troisième étage d'un ordre différent, avec des éléphants de bronze lançant de l'eau de senteur par la trompe, couronnait l'édifice ; par-dessus, le ciel s'ouvrait comme un gouffre bleu, et les étoiles curieuses s'accoudaient sur la frise.

De prodigieux escaliers de porphyre, si polis qu'ils réfléchissaient les corps comme des miroirs, montaient et descendaient de tous côtés et liaient entre elles ces grandes masses d'architecture.

Nous ne traçons ici qu'une ébauche rapide pour faire comprendre l'ordonnance de cette construction formidable avec ses proportions hors de toute mesure humaine. Il faudrait le pinceau de Martinn, le grand peintre des énormités disparues, et nous n'avons qu'un maigre trait de plume au lieu de la profondeur apocalyptique de la manière noire ; mais l'imagination y suppléera. Moins heureux que le peintre et le musicien, nous ne pouvons présenter les objets que les uns après les autres. Nous n'avons parlé que de la salle du festin, laissant de côté les convives ; encore ne l'avons-nous qu'indiquée. Cléopâtre et Meïamoun nous attendent ; les voici qui s'avancent.

Meïamoun était vêtu d'une tunique de lin constellée d'étoiles avec un manteau de pourpre et des bandelettes dans les cheveux comme un roi oriental. Cléopâtre portait une robe glauque, fendue sur le côté et retenue par des abeilles d'or ; autour de ses bras nus jouaient deux rangs de grosses perles ; sur sa tête rayonnait la couronne à pointes d'or. Malgré le sourire de sa bouche, un nuage de préoccupation ombrait légèrement son beau front, et ses sourcils se rapprochaient quelquefois avec un mouvement fébrile. Quel sujet peut donc contrarier la grande reine ? Quant à Meïamoun, il avait le teint ardent et lumineux d'un homme dans l'extase ou dans la vision ; des effluves rayonnantes, partant de ses tempes et de son front, lui faisaient un nimbe d'or, comme à un des douze grands dieux de l'Olympe.

Une joie grave et profonde brillait dans tous ses traits; il avait embrassé sa chimère aux ailes inquiètes sans qu'elle s'envolât; il avait touché le but de sa vie. Il vivrait l'âge de Nestor et de Priam ; il verrait ses tempes veinées se couvrir de cheveux blancs comme ceux du grand prêtre d'Ammon, il n'éprouverait rien de nouveau, il n'apprendrait rien de plus. Il a obtenu tellement au delà de ses plus folles espérances, que le monde n'a plus rien à lui donner.

Cléopâtre le fit asseoir à côté d'elle sur un trône côtoyé de griffons d'or et frappa ses petites mains l'une contre l'autre. Tout à coup des lignes de feux, des cordons scintillants, dessinèrent toutes les saillies de l'architecture; les yeux des sphinx lancèrent des éclairs phosphoriques, une haleine enflammée sortit du mufle des idoles; les éléphants, au lieu d'eau parfumée, soufflèrent une colonne rougeâtre; des bras de bronze jaillirent des murailles avec des torches au poing : dans le cœur sculpté des lotus s'épanouirent des aigrettes éclatantes.

De larges flammes bleuâtres palpitaient dans les trépieds d'airain, des candélabres géants secouaient leur lumière échevelée dans une ardente vapeur; tout scintillait et rayonnait. Les iris prismatiques se croisaient et se brisaient en l'air; les facettes des coupes, les angles des marbres et des jaspes, les ciselures des vases, tout prenait une paillette, un luisant ou un éclair. La clarté ruisselait par torrents et tombait de marche en marche comme une cascade sur un escalier de porphyre; l'on aurait dit la réverbération d'un incendie dans une rivière; si la reine de Saba y eût monté, elle eût relevé le pli de sa robe croyant marcher dans l'eau comme sur le parquet de glace de Salomon. A travers ce brouillard étincelant, les figures monstrueuses des colosses, les animaux, les hiéroglyphes semblaient s'animer et vivre d'une vie factice; les béliers de granit noir ricanaient ironiquement et choquaient leurs cornes dorées, les idoles respiraient avec bruit par leurs naseaux haletants.

L'orgie était à son plus haut degré ; les plats de langue de phénicoptères et de foie de scarrus, les murènes engraissées de chair humaine et préparées au garum, les cervelles de paon, les sangliers pleins d'oiseaux vivants, et toutes les merveilles des festins antiques décuplées et centuplées, s'entassaient sur les trois pans du gigantesque triclinium. Les vins de Crète, de Massique et de Falerne écumaient dans des cratères d'or couronnés de roses, remplis par des pages asiatiques dont les belles chevelures flottantes servaient à essuyer les mains des convives. Des musiciens jouant du sistre, du tympanon, de la sambucque et de la harpe à vingt et une cordes, remplissaient les travées supérieures et jetaient leur bruissement harmonieux dans la tempête de bruit qui planait sur la fête : la foudre n'aurait pas eu la voix assez haute pour se faire entendre.

Meïamoun, la tête penchée sur l'épaule de Cléopâtre, sentait sa raison lui échapper ; la salle du festin tourbillonnait autour de lui comme un immense cauchemar architectural ; il voyait, à travers ses éblouissements, des perspectives et des colonnades sans fin ; de nouvelles zones de portiques se superposaient aux véritables, et s'enfonçaient dans les cieux à des hauteurs où les Babels ne sont jamais parvenues. S'il n'eût senti dans sa main la main douce et froide de Cléopâtre, il eût cru être transporté dans le monde des enchantements par un sorcier de Thessalie ou un mage de Perse.

Vers la fin du repas, des nains bossus et des morions exécutèrent des danses et des combats grotesques ; puis des jeunes filles égyptiennes et grecques, représentant les heures noires et blanches, dansèrent sur le mode ionien une danse voluptueuse avec une perfection inimitable.

Cléopâtre elle-même se leva de son trône, rejeta son

manteau royal, remplaça son diadème sidéral par une couronne de fleurs, ajusta des crotales d'or à ses mains d'albâtre, et se mit à danser devant Meïamoun éperdu de ravissement. Ses beaux bras, arrondis comme les anses d'un vase de marbre, secouaient au-dessus de sa tête des grappes de notes étincelantes, et ses crotales babillaient avec une volubilité toujours croissante. Debout sur la pointe vermeille de ses petits pieds, elle avançait rapidement et venait effleurer d'un baiser le front de Meïamoun, puis elle recommençait son manége et voltigeait autour de lui, tantôt se cambrant en arrière, la tête renversée, l'œil demi-clos, les bras pâmés et morts, les cheveux débouclés et pendants comme une bacchante du mont Ménale agitée par son dieu; tantôt leste, vive, rieuse, papillonnante, infatigable et plus capricieuse en ces méandres que l'abeille qui butine. L'amour du cœur, la volupté des sens, la passion ardente, la jeunesse inépuisable et fraîche, la promesse du bonheur prochain, elle exprimait tout.

Les pudiques étoiles ne regardaient plus, leurs chastes prunelles d'or n'auraient pu supporter un tel spectacle; le ciel même s'était effacé, et un dôme de vapeur enflammée couvrait la salle.

Cléopâtre revint s'asseoir près de Meïamoun. La nuit s'avançait, la dernière des heures noires allait s'envoler; une lueur bleuâtre entra d'un pied déconcerté dans ce tumulte de lumières rouges, comme un rayon de lune qui tombe dans une fournaise; les arcades supérieures s'azurèrent doucement, le jour paraissait.

Meïamoun prit le vase de corne que lui tendit un esclave éthiopien à physionomie sinistre, et qui contenait un poison tellement violent qu'il eût fait éclater tout autre vase. Après avoir jeté sa vie à sa maîtresse dans un dernier regard, il porta à ses lèvres la coupe funeste où la liqueur empoisonnée bouillonnait et sifflait.

Cléopâtre pâlit et posa sa main sur le bras de Meïamoun pour le retenir. Son courage la touchait; elle allait lui dire : « Vis encore pour m'aimer, je le veux... » quand un bruit de clairon se fit entendre. Quatre hérauts d'armes entrèrent à cheval dans la salle du festin ; c'étaient des officiers de Marc-Antoine qui ne précédaient leur maître que de quelques pas. Elle lâcha silencieusement le bras de Meïamoun. Un rayon de soleil vint jouer sur le front de Cléopâtre comme pour remplacer son diadème absent.

« Vous voyez bien que le moment est arrivé ; il fait jour, c'est l'heure où les beaux rêves s'envolent, » dit Maïamoun. Puis il vida d'un trait le vase fatal et tomba comme frappé de la foudre. Cléopâtre baissa la tête, et dans sa coupe une larme brûlante, la seule qu'elle ait versée de sa vie, alla rejoindre la perle fondue.

« Par Hercule ! ma belle reine, j'ai eu beau faire diligence, je vois que j'arrive trop tard, dit Marc-Antoine en entrant dans la salle du festin ; le souper est fini. Mais que signifie ce cadavre renversé sur les dalles ?

— Oh ! rien, fit Cléopâtre en souriant ; c'est un poison que j'essayais pour m'en servir si Auguste me faisait prisonnière. Vous plairait-il, mon cher seigneur, de vous asseoir à côté de moi et de voir danser ces bouffons grecs ?... »

FIN DE LA NUIT DE CLÉOPATRE.

LE ROI CANDAULE.

CHAPITRE PREMIER.

Cinq cents ans après la guerre de Troie, et sept cent quinze ans avant notre ère, c'était grande fête à Sardes. — Le roi Candaule se mariait. — Le peuple éprouvait cette espèce d'inquiétude joyeuse et d'émotion sans but qu'inspire aux masses tout événement, quoiqu'il ne les touche en rien et se passe dans des sphères supérieures dont elles n'approcheront jamais.

Depuis que Phœbus-Apollon, debout sur son quadrige, dorait de ses rayons les cimes du mont Tmolus, fertile en safran, les braves Sardiens allaient et venaient, montant et descendant les rampes de marbre qui reliaient la cité au Pactole, cette opulente rivière dont Midas, en s'y baignant, a rempli le sable de paillettes d'or. On eût dit que chacun de ces honnêtes citoyens se mariait lui-même, tant ils avaient l'air important et solennel.

Des groupes se formaient dans l'agora, sur les degrés des temples, le long des portiques. A chaque angle de rue, l'on rencontrait des femmes traînant par la main de pauvres enfants dont les pas inégaux s'accordaient mal avec l'impatience et la curiosité maternelles. Les jeunes filles se hâtaient vers les fontaines, leur urne en équilibre sur la tête ou soutenue de leurs bras blancs comme par deux anses naturelles, pour faire la provision d'eau de la maison, et pouvoir être libres à l'heure où passerait le cortége nuptial. Les lavandières repliaient avec précipitation les tuniques et les chlamydes à peine sèches, et les empilaient sur des chariots attelés de mules. Les esclaves tournaient la meule sans que le fouet de l'intendant eût besoin de chatouiller leurs épaules nues et couturées de cicatrices. — Sardes se dépêchait d'en finir avec ces soins de chaque jour dont aucune fête ne dispense.

Le chemin que le cortége devait parcourir avait été semé d'un sable fin et blond. D'espace en espace, des trépieds d'airain envoyaient au ciel des fumées odorantes de cinnamome et de nard. — C'étaient, du reste, les seules vapeurs qui troublassent la pureté de l'azur. — Les nuages d'une journée d'hymen ne doivent provenir que des parfums brûlés. — Des branches de myrtes et de lauriers-roses jonchaient le sol, et sur les murs des palais se déployaient, suspendues à des anneaux de bronze, des tapisseries où l'aiguille des captives industrieuses, entremêlant la laine, l'argent et l'or, avait représenté diverses scènes de l'histoire des dieux et des héros : Ixion embrassant la nue ; — Diane surprise au bain par Actéon ; — le berger Pâris, juge du combat de beauté qui eut lieu sur le mont Ida, entre Héré aux bras de neige, Athéné aux yeux vert-de-mer, et Aphrodite, parée du ceste magique; — les vieillards troyens se levant sur le passage d'Hélène auprès des portes Scées, sujet tiré d'un poëme de l'aveugle du Mélès. — Plusieurs avaient exposé de préférence des scènes tirées de la vie d'Héraclès le Thébain, par flatterie pour Candaule, qui était un Héraclide, descendant de ce héros par Alcée. Les autres s'étaient contentés d'orner de guirlandes et de couronnes le seuil de leurs demeures en signe de réjouissance.

Parmi les rassemblements échelonnés depuis l'entrée de la maison royale jusqu'à la porte de la ville par où devait arriver la jeune reine, les conversations roulaient naturellement sur la beauté de l'épouse, dont la renommée remplissait toute l'Asie, et sur le caractère de l'époux, qui, sans être tout à fait bizarre, semblait néanmoins difficilement appréciable au point de vue ordinaire.

Nyssia, la fille du satrape Mégabaze, était douée d'une pureté de traits et d'une perfection de formes merveilleuses, — c'était du moins le bruit qu'avaient répandu les esclaves qui la servaient, et les amies qui l'accompagnaient au bain ; car aucun homme ne pouvait se vanter de connaître de Nyssia autre chose que la couleur de son voile et les plis élégants qu'elle imprimait, malgré elle, aux étoffes moelleuses qui recouvraient son corps de statue.

Les barbares ne partagent pas les idées des Grecs sur la pudeur : — tandis que les jeunes gens de l'Achaïe ne se font aucun scrupule de faire luire au soleil du stade leurs torses frottés d'huile, et que les jeunes Spartiates dansent sans voiles devant l'autel de Diane, ceux de Persépolis, d'Ecbatane et de Bactres, attachant plus de prix à la pudicité du corps qu'à celle de l'âme, regardent comme impures et répréhensibles ces libertés que les mœurs grecques donnent au plaisir des yeux, et pensent qu'une femme n'est pas honnête qui laisse entrevoir aux hommes plus que le bout de son pied, repoussant à peine en marchant les plis discrets d'une longue tunique.

Malgré ce mystère, ou plutôt à cause de ce mystère, la réputation de Nyssia n'avait pas tardé à se répandre dans toute la Lydie et à y devenir populaire, à ce point qu'elle était parvenue jusqu'à Candaule, bien que les rois soient ordinairement les gens les plus mal informés de leur royaume, et vivent comme les dieux dans une espèce de nuages qui leur dérobe la connaissance des choses terrestres.

Les Eupatrides de Sardes qui espéraient que le jeune roi pourrait peut-être prendre femme dans leur famille, les hétaïres d'Athènes, de Samos, de Milet et de Chypre, les belles esclaves venues des bords de l'Indus, les blondes filles amenées à grands frais du fond des brouillards cimmériens, n'avaient garde de prononcer devant Candaule un seul mot qui, de près ou de loin, pût avoir rapport à Nyssia. Les plus braves, en fait de beauté, reculaient à l'idée d'un combat qu'elles pressentaient devoir être inégal.

Et cependant personne à Sardes, et même en Lydie, n'avait vu cette redoutable adversaire; personne, excepté un seul être, qui depuis cette rencontre avait tenu sur ce sujet ses lèvres aussi fermées que si Harpocrate, le dieu du silence, les eût scellées de son doigt : — c'était Gygès, chef des gardes de Candaule. Un jour, Gygès, plein de projets et d'ambitions vagues, errait sur les collines de Bactres, où son maître l'avait envoyé pour une mission importante et secrète ; il songeait aux enivrements de la toute-puissance, au bonheur de fouler la pourpre sous une sandale d'or, de poser le diadème sur la tête de la plus belle ; ces pensées faisaient bouillonner son sang dans ses veines, et, comme pour suivre l'essor de ses rêves, il frappait d'un talon nerveux les flancs blanchis d'écume de son cheval numide.

Le temps, de calme qu'il était d'abord, était devenu orageux comme l'âme du guerrier, et Borée, les cheveux hérissés par les frimas de la Thrace, les joues gonflées, les bras croisées sur la poitrine, fouettait à grands coups d'aile les nuages gros de pluie.

Une troupe de jeunes filles qui cueillaient des fleurs dans la campagne, effrayées de la tempête, regagnaient la ville en toute hâte, remportant leur moisson parfumée dans le pan de leur tunique. Voyant de loin venir un étranger à cheval, elles avaient, suivant l'usage des barbares, ramené leur manteau sur leur visage ; mais, au moment où Gygès passait auprès de celle que sa fière attitude et ses vêtements plus riches semblaient désigner comme maîtresse de la troupe, un coup de vent plus fort avait emporté le voile de l'inconnue, et, le faisant tournoyer en l'air comme une plume, l'avait chassé si loin qu'il était impossible de le reprendre. —C'était Nyssia, la fille de Mégabaze, qui se trouva ainsi, le visage découvert, devant Gygès, simple capitaine des gardes du roi Candaule. Était-ce seulement le souffle de Borée qui avait causé cet accident, ou bien Éros, qui se plaît à troubler les âmes, s'était-il amusé à couper le lien qui retenait le tissu protecteur? Toujours est-il que Gygès resta immobile à l'aspect de cette Méduse de beauté, et il y avait longtemps que le pli de la robe de Nyssia avait disparu sous la porte de la ville, que Gygès ne songeait pas à reprendre son chemin. Bien que rien ne justifiât cette conjecture, il avait eu le sentiment qu'il venait de voir la fille du satrape, et cette rencontre, qui avait presque le caractère d'une apparition, concordait si bien avec la pensée qui l'occupait dans ce moment, qu'il ne put s'empêcher d'y voir quelque chose de fatal et d'arrangé par les dieux. — En effet, c'était bien sur ce front qu'il eût voulu poser le diadème : quel autre en eût été plus digne ? Mais quelle probabilité y avait-il que Gygès eût jamais un trône à faire partager ? Il n'avait pas essayé de donner suite à cette aventure et de s'assurer si c'était vraiment la fille de Mégabaze dont le hasard, ce grand escamoteur, lui avait révélé le visage mystérieux. Nyssia s'était dérobée si promptement qu'il lui eût été impossible de la retrouver, et d'ailleurs il avait été plutôt ébloui, fasciné, foudroyé en quelque sorte, que charmé par cette apparition surhumaine, par ce monstre de beauté.

Cependant, cette image, à peine entrevue un moment, s'était gravée dans son cœur en traits profonds comme ceux que les sculpteurs tracent sur l'ivoire avec un poinçon rougi au feu. Il avait fait, sans pouvoir en venir à bout, tous ses efforts pour l'effacer, car l'amour qu'il éprouvait pour Nyssia lui causait une secrète terreur. — La perfection portée à ce point est toujours inquiétante, et les femmes si semblables aux déesses ne peuvent qu'être fatales aux faibles mortels ; elles sont créées pour les adultères célestes, et les hommes, même les plus courageux, ne se hasardent qu'en tremblant dans de pareilles amours. — Aussi aucun espoir n'avait germé dans l'âme de Gygès, accablé et découragé d'avance par le sentiment de l'impossible. Avant d'adresser la parole à Nyssia, il eût voulu dépouiller le ciel de sa robe d'étoiles, ôter à Phœbus sa couronne de rayons, oubliant que les femmes ne se donnent qu'à ceux qui ne les méritent pas, et que le moyen de s'en faire aimer, c'est d'agir avec elles comme si l'on désirait en être haï.

Depuis ce temps, les roses de la joie ne fleurirent plus sur ses joues : le jour, il était triste et morne, et semblait marcher seul dans son rêve, comme un mortel qui a vu une divinité; la nuit, il était obsédé de songes qui lui montraient Nyssia assise à côté de lui, sur des coussins de pourpre, entre les griffons d'or de l'estrade royale.

Donc Gygès, le seul qui pût parler de Nyssia en connaissance de cause, n'en ayant rien dit, les Sardiens en étaient réduits aux conjectures, et il faut convenir qu'ils en faisaient de bizarres et tout à fait fabuleuses. La beauté de Nyssia, grâce aux voiles dont elle était entourée, devenait comme une espèce de mythe, de cannevas, de poëme que chacun brodait à sa guise.

— Si ce que l'on rapporte n'est pas faux, disait en grasseyant un jeune débauché d'Athènes, la main appuyée sur l'épaule d'un enfant asiatique, ni Plangon, ni Archenassa, ni Thaïs ne peuvent supporter la comparaison avec cette merveille barbare; pourtant j'ai peine à croire qu'elle vaille Théano de Colophon, dont j'ai acheté une nuit au prix de ce qu'elle a pu emporter d'or, en plongeant jusqu'aux épaules ses bras blancs dans mon coffre de cèdre.

— Près d'elle, ajouta un Eupatride qui avait la prétention d'être mieux informé que personne sur toutes choses, près d'elle, la fille de Cœlus et de la Mer paraîtrait comme une servante éthiopienne.

— Ce que vous dites là est un blasphème, et, quoique Aphrodite soit une bonne et indulgente déesse, prenez garde de vous attirer sa colère.

— Par Hercule! — ce qui est un serment de valeur dans une ville gouvernée par ses descendants, — je n'en puis rabattre d'un mot.

— Vous l'avez donc vue?

— Non, mais j'ai à mon service un esclave qui a jadis appartenu à Nyssia et qui m'en a fait cent récits.

— Est-il vrai, demanda d'un air enfantin une femme équivoque dont la tunique rose tendre, les joues fardées et les cheveux luisants d'essence annonçaient de malheureuses prétentions à une jeunesse dès longtemps disparue, est-il vrai que Nyssia ait deux prunelles dans chaque œil? — Cela doit être fort laid à ce qu'il me semble, et je ne sais pas comment Candaule a pu s'éprendre d'une pareille monstruosité, tandis qu'il ne manque pas à Sardes et dans la Lydie de femmes dont le regard est irréprochable.

Et en disant ces mots avec toute sorte de mignardises et d'afféteries, Lamia jetait un petit coup d'œil significatif sur un petit miroir de métal fondu qu'elle tira de son sein et qui lui servit à remener au devoir quelques boucles dérangées par l'impertinence du vent.

— Quant à ce qui est de la prunelle double, cela m'a tout l'air d'un conte de nourrice, dit le patricien bien informé; mais il est sûr que Nyssia a le regard si perçant, qu'elle voit à travers les murs; à côté d'elle, les lynx sont myopes.

— Comment un homme grave peut-il débiter de sang-froid une absurdité pareille? interrompit un bourgeois à qui son crâne chauve, et le flot de barbe blanche où il plongeait ses doigts tout en parlant, donnaient un aspect de prépondérance et de sagacité philosophique. La vérité est que la fille de Mégabaze n'y voit naturellement pas plus clair que vous et moi; seulement le prêtre égyptien Thoutmosis, qui sait tant de secrets merveilleux, lui a donné la pierre mystérieuse qui se trouve dans la tête des dragons, et dont la propriété, comme chacun le sait, est de rendre pénétrables au regard, pour ceux qui la possèdent, les ombres et les corps les plus opaques. Nyssia porte toujours cette pierre dans sa ceinture ou sur son bracelet, et c'est ce qui explique sa clairvoyance.

L'interprétation du bourgeois parut la plus naturelle aux personnages du groupe dont nous essayons de rendre la conversation, et l'opinion de Lamia et du patricien fut abandonnée comme invraisemblable.

— En tout cas, reprit l'amant de Théano, nous allons pouvoir en juger, car il me semble que j'ai entendu résonner les clairons dans le lointain, et, sans avoir la vue de Nyssia, j'aperçois là-bas le héraut qui s'avance des palmes dans les mains, annonçant l'arrivée du cortége nuptial et faisant ranger la foule.

A cette nouvelle qui se propagea rapidement, les hommes robustes jouèrent des coudes pour arriver au premier rang; les garçons agiles, embrassant le fût des colonnes, tâchèrent de se hisser jusqu'aux chapiteaux et de s'y asseoir; d'autres, non sans avoir excorié leurs genoux à l'écorce, parvinrent à se percher assez commodément dans l'Y de quelque branche d'arbre; les femmes posèrent leurs petits enfants sur le coin de leur épaule en leur recommandant bien de se retenir à leur cou. Ceux qui avaient le bonheur de demeurer dans la rue où devaient passer Candaule et Nyssia penchèrent la tête du haut de leurs toits, ou, se soulevant sur le coude, quittèrent un moment les coussins qui les soutenaient.

Un murmure de satisfaction et de soulagement parcourut la foule qui attendait déjà depuis de longues heures, car les flèches du soleil de midi commençaient à être piquantes.

Les guerriers pesamment armés, avec des cuirasses de buffle recouvertes de lames de métal, des casques ornés d'aigrettes de crin de cheval teint en rouge, des knémides garnies d'étain, des baudriers étoilés de clous, des boucliers *blasonnés* et des épées d'airain, marchaient derrière un rang de trompettes qui soufflaient à pleine bouche dans leurs longs tubes étincelants au soleil. Les chevaux de ces guerriers, blancs comme les pieds de Thétis, pour la noblesse de leurs allures et la pureté de leur race, auraient pu servir de modèle à ceux que Phidias sculpta plus tard sur les métopes du Parthénon.

A la tête de cette troupe marchait Gygès, le bien nommé, — car son nom en lydien signifie *beau*. Ses traits, de la plus parfaite régularité, paraissaient taillés dans le marbre, tant il était pâle, car il venait de reconnaître dans Nyssia, quoiqu'elle fût couverte du voile des jeunes épousées, la femme dont la trahison du vent avait livré la figure à ses regards auprès des murs de Bactres.

— Le beau Gygès paraît bien triste, se disaient les jeunes filles. Quelque fière beauté a-t-elle dédaigné son amour, — ou quelque délaissée lui a-t-elle fait jeter un sort par une magicienne de Thessalie? L'anneau cabalistique qu'il a trouvé, à ce qu'on dit, au milieu d'une forêt dans les flancs d'un cheval de bronze, aurait-il perdu sa vertu, — et, cessant de rendre son maître invisible, l'aurait-il trahi tout à coup aux regards étonnés de quelque honnête mari qui se croyait seul dans sa chambre conjugale?

— Peut-être a-t-il perdu ses talents et ses drachmes au jeu de Palamède, ou bien est-ce le dépit de n'avoir pas gagné le prix aux jeux olympiques? Il comptait beaucoup sur son cheval Hypérion.

Aucune de ces conjectures n'était vraie. Jamais l'on ne suppose ce qui est.

Après le bataillon commandé par Gygès, venaient de jeunes garçons couronnés de myrtes qui accompagnaient sur des lyres d'ivoire, en se servant d'un archet, des hymnes d'épithalame sur le mode lydien; ils étaient vêtus de tuniques roses brodées d'une grecque d'argent, et leurs cheveux flottaient sur leurs épaules en boucles épaisses.

Ils précédaient les porteurs de présents, esclaves robustes dont les corps demi-nus laissaient voir des entrelacements de muscles à faire envie au plus vigoureux athlète.

Sur les brancards, soutenus par deux ou quatre hommes, ou davantage, suivant la pesanteur des objets, étaient posés des cratères d'airain de Corinthe, ciselés par les plus fameux artistes; — des vases d'or et d'argent aux flancs ornés de bas-reliefs, aux anses gracieusement entremêlées de chimères, de feuillages et de femmes nues ; — des aiguières magnifiques pour laver les pieds des hôtes illustres ; — des buires incrustées de pierres précieuses et contenant les parfums les plus rares, myrrhe d'Arabie, cinnamome des Indes, nard de Perse, essence de roses de Smyrne ; — des kamklins ou cassolettes avec des couvercles percés de trous ; — des coffres de cèdre et d'ivoire d'un travail merveilleux s'ouvrant avec des secrets introuvables pour tout autre que l'inventeur, et contenant des bracelets d'or d'Ophir, des colliers de perles du plus bel orient, des agrafes de manteau constellées de rubis et d'escarboucles ; — des toilettes renfermant les éponges blondes, les fers à friser, les dents de loup marin qui servent à polir les ongles, le fard vert d'Égypte, qui devient du plus beau rouge en touchant la peau, les poudres qui noircissent les paupières et les sourcils, et tout ce que la coquetterie féminine peut inventer de raffinements. — D'autres civières étaient couvertes de robes de pourpre de la laine la plus fine et de toutes les nuances, depuis l'incarnat de la rose jusqu'au rouge sombre du sang de la grappe ; — de calasiris en toile de Canope qu'on jette blanche dans la chaudière du teinturier, et qui, grâce aux divers mordants dont elle est empreinte, en sort diaprée des couleurs les plus vives ; — de tuniques apportées du pays fabuleux des Sères, à l'extrémité du monde, faites avec la bave filée d'un ver qui vit sur les feuilles, et si fines qu'elles auraient pu passer par une bague.

Des Éthiopiens luisants comme le jais, la tête serrée par une cordelette pour que les veines de leur front ne se rompissent pas dans les efforts qu'ils faisaient pour soutenir leur fardeau, portaient en grande pompe une statue d'Hercule, aïeul de Candaule, de grandeur colossale, faite d'ivoire et d'or, avec la massue, la peau du lion de Némée, les trois pommes du jardin des Hespérides, et tous les attributs consacrés.

Les statues de la Vénus céleste et de la Vénus Genitrix, taillées par les meilleurs élèves de l'école de Sicyone dans ce marbre de Paros dont l'étincelante transparence semble faite toute exprès pour représenter la chair toujours jeune des immortelles, suivaient l'effigie d'Hercule dont les contours épais et les formes renflées faisaient encore ressortir l'harmonie et l'élégance de leurs proportions.

Un tableau de Bularque, payé au poids de l'or par Candaule, peint sur le bois du laryx femelle, et représentant la défaite des Magnètes, excitait l'admiration générale pour la perfection du dessin, la vérité des attitudes et l'harmonie des couleurs, quoique l'artiste n'y eût employé que les quatre teintes primitives : le blanc, l'ocre attique, la sinopis pontique et l'atrament. — Le jeune roi aimait la peinture et la sculpture plus peut-être qu'il ne convient à un monarque, et il lui était arrivé souvent d'acheter un tableau au prix du revenu annuel d'une ville.

Des chameaux et des dromadaires splendidement caparaçonnés, le col chargé de musiciens jouant des cymbales et du tympanon, portaient les pieux dorés, les cordes et les étoffes de la tente destinée à la jeune reine pour des voyages et des parties de chasse.

Ces magnificences, en toute autre occasion, auraient ravi le peuple de Sardes ; mais sa curiosité avait un autre but, et ce n'est pas sans quelque impatience qu'il vit défiler cette portion du cortége. Les jeunes filles et les beaux garçons, agitant des torches enflammées, et semant à pleines mains la fleur du crocus, n'obtinrent même pas son attention. L'idée de voir Nyssia préoccupait toutes les têtes.

Enfin Candaule apparut monté sur un char attelé de quatre chevaux aussi beaux, aussi fougueux que ceux du Soleil, inondant de mousse blanche leur frein d'or, secouant leur crinière tressée de pourpre et contenus à grand'peine par le cocher, debout à côté du prince et renversé en arrière pour avoir plus de force.

Candaule était un jeune homme plein de vigueur, justifiant bien son origine herculéenne : sa tête se joignait à ses épaules par un cou de taureau presque sans inflexion ; ses cheveux, noirs et lustrés, se tordaient en petites boucles rebelles et couvraient par places la bandelette du diadème ; ses oreilles, petites et droites, étaient vivement colorées ; mais son front s'étendait large et plein, quoiqu'un peu bas, comme tous les fronts antiques ; son œil plein de douceur et de mélancolie, ses joues ovales, son menton aux courbes douces et ménagées, sa bouche aux lèvres légèrement entr'ouvertes, son bras d'athlète terminé par une main de femme, indiquaient plutôt une nature de poëte que de guerrier. En effet, quoiqu'il fût brave, adroit à tous les exercices du corps, domptant un cheval aussi bien qu'un Lapithe, coupant à la nage le courant des fleuves qui descendent des montagnes grossis par les fontes de neige, en état de tendre l'arc d'Odyssée et de porter le bouclier d'Achille, il ne paraissait pas avoir l'esprit préoccupé de conquêtes, et la guerre, si entraînante pour les jeunes rois, n'avait pour lui qu'un attrait médiocre ; il se contentait de repousser les attaques des voisins ambitieux sans chercher à étendre ses États.— Il préférait bâtir des palais pour lesquels ses conseils ne manquaient pas aux architectes, faire des collections de statues et de tableaux des anciens et nouveaux peintres ; il avait des ouvrages de Telephanes de Sicyone, de Cléanthes et d'Ardices de Corinthe, d'Hygiemon, de Dinias, de Charmade, d'Eumarus et de Cimon, les uns au simple trait, les autres coloriés ou monochromes. — On disait même que Candaule, chose peu décente pour un prince, n'avait pas dédaigné de manier de ses mains royales le ciseau du sculpteur et l'éponge du peintre encaustique.

Mais pourquoi nous arrêter à Candaule ? Le lecteur est sans doute comme le peuple de Sardes, et c'est Nyssia qu'il veut connaître.

La fille de Mégabaze était montée sur un éléphant à la peau rugueuse, aux immenses oreilles semblables à des drapeaux, qui s'avançait d'un pas lourd, mais rapide, comme un vaisseau parmi des vagues. Ses défenses et sa trompe étaient cerclées d'anneaux d'argent; des colliers de perles énormes entouraient les piliers de ses jambes. Sur son dos, que recouvrait un magnifique tapis de Perse aux dessins bariolés, s'élevait une espèce d'estrade écaillée de ciselure d'or, constellée d'onyx, de sardoines, de chrysolithes, de lapis-lazuli, de girasols; sur cette estrade était assise la jeune reine si couverte de pierreries qu'elle éblouissait les yeux. Une mitre en forme de casque, où des perles formaient des ramages et des lettres à la mode orientale, enveloppait sa tête; ses oreilles, percées aux lobes sur l'ourlet, étaient chargées d'ornements en façon de coupes, de croissants et de grelots; des colliers de boules d'or et d'argent, découpés à jour, entouraient son cou au triple rang et descendaient sur sa poitrine avec un frisson métallique; des serpents d'émeraude aux yeux de rubis et de topazes, après avoir décrit plusieurs spirales, s'agrafaient à ses bras en se mordant la queue : ces bracelets se rejoignaient par des chaînes de pierreries, et leur poids était si considérable, que deux suivantes se tenaient agenouillées à côté de Nyssia et lui soutenaient les coudes. Elle était revêtue d'une robe brodée par les ouvriers de Tyr de dessins étincelants de feuillages d'or aux fruits de diamants, et par-dessus elle portait la tunique courte de Persépolis qui descend à peine au genou et dont la manche fendue est rattachée par une agrafe de saphir; sa taille était entourée de la hanche jusqu'aux reids par une ceinture faite d'une étoffe étroite, bigarrée de zébrures et de ramages qui formaient des symétries et des dessins, suivant qu'ils se trouvaient rapprochés par l'arrangement des plis que les filles de l'Inde savent seules disposer. Son pantalon de byssus, que les Phéniciens nomment syndon, se fermait au-dessus des chevilles par des cercles ornés de clochettes d'or et d'argent, et complétait cette toilette d'une richesse bizarre et tout à fait contraire au goût grec. Mais, hélas! un *flammeum* couleur de safran masquait impitoyablement le visage de Nyssia qui paraissait gênée, bien qu'elle eût un voile, de voir tant de regards fixés sur elle, et faisait souvent signe à un esclave placé derrière d'abaisser le parasol de plumes d'autruche pour la mieux dérober à l'empressement de la foule.

Candaule avait eu beau la supplier, il n'avait pu la déterminer à quitter son voile, même pour cette occasion solennelle. La jeune barbare avait refusé de payer à son peuple sa bienvenue de beauté. — Le désappointement fut grand; Lamia prétendit que Nyssia n'osait se découvrir de peur de montrer sa double prunelle; le jeune débauché resta convaincu que Théano de Colophon était plus belle que la reine de Sardes, et Gygès poussa un soupir, lorsqu'il vit Nyssia, après avoir fait agenouiller son éléphant, descendre sur les têtes inclinées des esclaves damascènes comme par un escalier vivant jusque sur le seuil de la demeure royale, où l'élégance de l'architecture grecque se mêlait aux fantaisies et aux énormités du goût asiatique.

CHAPITRE II.

En notre qualité de poëte, nous avons le droit de relever le *flammeum* couleur de safran qui enveloppait la jeune épouse, — plus heureux en cela que les Sardiens qui, après toute une journée d'attente, furent obligés de s'en retourner chez eux, réduits, comme avant, aux simples conjectures.

Nyssia était réellement au-dessus de sa réputation, quelque grande qu'elle fût; il semblait que la nature se fût proposé, en la créant, d'aller jusqu'aux limites de sa puissance et de se faire absoudre de tous ses tâtonnements et de tous ses essais manqués. On eût dit qu'émue d'un sentiment de jalousie à l'endroit des merveilles futures des sculpteurs grecs, elle avait voulu, elle aussi, modeler une statue et faire voir qu'elle était encore la souveraine maîtresse en fait de plastique.

Le grain de la neige, l'éclat micacé du marbre de Paros, la pulpe brillantée des fleurs de la balsamine, donneraient une faible idée de la substance idéale dont était formée Nyssia. Cette chair si fine, si délicate, se laissait pénétrer par le jour, et se modelait en contours transparents, en lignes suaves, harmonieuses comme de la musique. Selon la différence des aspects, elle se colorait de soleil ou de pourpre comme le corps aromal d'une divinité, et semblait rayonner la lumière et la vie. Le monde de perfections que renfermait l'ovale noblement allongé de sa chaste figure, nul ne pourra le redire, ni le statuaire avec son ciseau, ni le peintre avec son pinceau, ni le poëte avec son style, fût-il Praxitèle, Apelles ou Mimnerme. Sur son front uni, baigné par des ondes de cheveux rutilants semblables à l'électrum en fusion et saupoudrés de limaille d'or, suivant la coutume babylonienne, siégeait, comme sur un trône de jaspe, l'inaltérable sérénité de la beauté parfaite.

Pour ses yeux, s'ils ne justifiaient pas entièrement ce qu'en disait la crédulité populaire, ils étaient au moins d'une étrangeté admirable; des sourcils bruns dont les extrémités s'effilaient gracieusement comme les pointes de l'arc d'Éros, et que rejoignait une ligne de henné, à la mode asiatique, de longues franges de cils aux ombres soyeuses, contrastaient vivement avec les deux étoiles de saphir roulant sur un ciel d'argent bruni qui leur servaient de prunelles. Ces prunelles, dont la pupille était plus noire que l'atrament, avaient dans l'iris de singulières variations de nuances; du saphir elles passaient à la turquoise, de la turquoise à l'aigue-marine, de l'aigue-marine à l'ambre jaune, et quelquefois, comme un lac limpide dont le fond serait semé de pierreries, laissaient entrevoir, à des profondeurs incalculables, des sables d'or et de diamant, sur lesquels des fibrilles vertes frétillaient et se tordaient en serpents d'émeraudes. Dans ces orbes aux éclairs phosphoriques, les rayons des soleils éteints, les splendeurs des mondes évanouis, les gloires des olympes éclipsés, semblaient avoir concentré leurs reflets ; en les contemplant, on se souvenait de l'éternité, et l'on se sentait pris de vertige, comme en se penchant sur le bord de l'infini.

L'expression de ces yeux extraordinaires n'était pas moins variable que leurs teintes. Tantôt, leurs paupières s'entr'ouvrant comme les portes des demeures célestes, ils vous appelaient dans des élysées de lumière, d'azur et de félicité ineffables, ils vous promettaient la réalisation de tous vos rêves de bonheur décuplés, centuplés, comme s'ils avaient deviné les secrètes pensées de votre âme ; tantôt, impénétrables comme des boucliers composés de sept lames superposées des plus durs métaux, ils faisaient tomber vos regards, flèches émoussées et sans force : d'une simple inflexion de sourcil, d'un seul tour de prunelle, plus forts que la foudre de Zeus, ils vous précipitaient, du haut de vos escalades les plus ambitieuses, dans des néants si profonds qu'il était impossibles de s'en relever. Typhon lui-même, qui se retourne sous l'Etna, n'eût pu soulever les montagnes de dédain dont ils vous accablaient ; l'on comprenait que, vécût-on mille olympiades, avec la beauté du blond fils de Létô, le génie d'Orphéus, la puissance sans bornes des rois assyriens, les trésors des Kabyres, des Telchines et des Dactyles, dieux des richesses souterraines, on ne pourrait les ramener à une expression plus douce.

D'autres fois ils avaient des langueurs si onctueuses et si persuasives, des effluves et des irradiations si pénétrantes, que les glaces de Nestor et de Priam se seraient fondues à leur aspect, comme la cire des ailes d'Icare en approchant des zones enflammées. Pour un de ces regards on eût trempé ses mains dans le sang de son hôte, dispersé aux quatre vents les cendres de son père, renversé les saintes images des dieux et volé le feu du ciel comme Prométhée, le sublime larron.

Cependant leur expression la plus ordinaire, il faut le dire, était une chasteté désespérante, une froideur sublime, une ignorance de toute possibilité de passion humaine, à faire paraître les yeux de clair de lune de Phœbé et les yeux vert-de-mer d'Athéné plus lubriques et plus provoquants que ceux d'une jeune fille de Babylone sacrifiant à la déesse Mylitta dans l'enceinte de cordes de Succoth-Benolh. — Leur virginité invincible paraissait défier l'amour.

Les joues de Nyssia, que nul regard humain n'avait profanées, excepté celui de Gygès, le jour du voile enlevé, avaient une fleur de jeunesse, une pâleur tendre, une délicatesse de grain et de duvet dont le visage de nos femmes, toujours exposées à l'air et au soleil, ne peut donner l'idée la plus lointaine; la pudeur y faisait courir des nuages roses comme ceux que produirait une goutte d'essence vermeille dans une coupe pleine de lait, et, quand nulle émotion ne les colorait, elles prenaient des reflets argentés, de tièdes lueurs, comme un albâtre éclairé par dedans. La lampe était son âme charmante, que laissait apercevoir la transparence de sa chair.

Une abeille se fût trompée à sa bouche, dont la forme était si parfaite, les coins si purement arqués, la pourpre si vivace et si riche, que les dieux seraient descendus des maisons olympiennes pour l'effleurer de leurs lèvres humides d'immortalité, si la jalousie des déesses n'y eût mis bon ordre. Heureux l'air qui passait par cette pourpre et ces perles, qui dilatait ces jolies narines si finement coupées et nuancées de tons roses, comme la nacre des coquillages poussés par la mer sur les rives de Chypre aux pieds de la Vénus Anadyomène. Mais il y a comme cela une foule de bonheurs accordés à des choses qui ne peuvent les comprendre. — Quel amant ne voudrait être la tunique de sa bien-aimée ou l'eau de son bain?

Telle était Nyssia, si l'on peut se servir de ces mots après une description si vague de sa figure. — Si nos brumeux idiomes du Nord avaient cette chaude liberté, cet enthousiasme brûlant du Sir-Hasirim, peut-être par des comparaisons, en suscitant dans l'esprit du lecteur des souvenirs de fleurs, de parfums, de musique et de soleil, en évoquant par la magie des mots tout ce que la création peut contenir d'images gracieuses et charmantes, nous eussions pu donner quelque idée de la physionomie de Nyssia; mais il n'est permis qu'à Salomon de comparer le nez d'une belle femme à la tour du Liban qui regarde vers Damas. Et pourtant qu'y a-t-il de plus important au monde que le nez d'une belle femme? Si Hélène, la blanche Tyndaride, eût été camarde, la guerre de Troie eût-elle eu lieu? Et si Sem Rami n'avait eu le profil d'une régularité parfaite, eût-elle séduit le vieux monarque de Nin-Nevet, et ceint son front de la mitre de perles, signe du pouvoir suprême?

Candaule, bien qu'il eût fait amener dans ses palais les plus belles esclaves de Sour, d'Ascalon, de Sogd, de Sakkes, de Ratsaf, les plus célèbres courtisanes d'Éphèse, de Pergame, de Smyrne et de Chypre, fut complétement fasciné par les charmes de Nyssia... Il n'avait pas même soupçonné jusque-là l'existence d'une pareille perfection.

Libre, en sa qualité d'époux, de se plonger dans la contemplation de cette beauté, il se sentit pris d'éblouissements et de vertige, comme quelqu'un qui se penche sur l'abîme ou fixe ses yeux sur le soleil; il éprouva une espèce de délire de possession, comme un prêtre ivre du dieu qui le remplit. Toute autre pensée disparut de son âme, et l'univers ne lui apparut plus que comme un brouillard vague où rayonnait le fantôme étincelant de Nyssia. Son bonheur tournait à l'extase, et son amour à la folie. Parfois sa félicité l'effrayait. N'être qu'un misérable roi, que le descendant lointain d'un héros devenu dieu à force de fatigues, qu'un homme vulgaire fait de chair et d'os, et, sans avoir rien fait pour le mériter, sans même avoir, comme son aïeul, étouffé quelque hydre et déchiré quelque lion, jouir d'un bonheur dont Zeus, à la chevelure ambrosienne, serait à peine digne, tout maître de l'Olympe qu'il est! Il avait, en quelque sorte, honte d'accaparer un si riche trésor pour lui seul, de faire au monde le vol de cette merveille, et d'être le dragon écaillé et griffu qui gardait le type vivant de l'idéal des amoureux, des sculpteurs et des poëtes. Tout ce qu'ils avaient rêvé dans leurs aspirations, leurs mélancolies et leurs désespoirs, il le possédait, lui, Candaule, pauvre tyran de Sardes, ayant à peine quelques misérables coffres pleins de perles, quelques citernes remplies de pièces d'or et trente ou quarante mille esclaves achetés ou enlevés à la guerre!

La félicité était trop grande pour Candaule, et la force qu'il eût sans doute trouvée pour supporter l'infortune lui manqua pour le bonheur. — Sa joie débordait de son âme, comme l'eau d'un vase sur le feu, et, dans l'exaspération de son enthousiasme pour Nyssia, il en était venu à la désirer moins timide et moins pudique, car il lui en coûtait de garder pour lui seul le secret d'une telle beauté.

— Oh! se disait-il pendant les rêveries profondes qui occupaient tout le temps qu'il ne passait pas auprès de la reine, — l'étrange sort que le mien! Je suis malheureux de ce qui ferait le bonheur de tout autre époux. Nyssia ne veut pas sortir de l'ombre du gynécée, et refuse, dans sa pudeur barbare, de relever son voile devant d'autres que moi. Pourtant, avec quel enivrement d'orgueil mon amour la verrait rayonnante et sublime, debout sur le haut de l'escalier royal, dominer mon peuple à genoux, et faire évanouir, comme l'aurore qui se lève, toutes les pâles étoiles qui pendant la nuit s'étaient crues des soleils! — Orgueilleuses Lydiennes, qui pensez être belles, vous ne devez qu'à la réserve de Nyssia de ne pas paraître, même à vos amants, aussi laides que les esclaves de Nahasi et de Kusch aux yeux obliques, aux lèvres épatées. Si une seule fois elle traversait les rues de Sardes le visage découvert, vous auriez beau tirer vos adorateurs par le pan de leur tunique, aucun d'eux ne retournerait la tête, ou, s'il le faisait, il vous demanderait votre nom, tant il vous aurait profondément oubliées. Ils iraient se précipiter sous les roues d'argent de son char pour avoir la volupté d'être écrasés par elle, comme ces dévots de l'Indus qui pavent de leurs corps le chemin de leur idole. Et vous, déesses qu'a jugées Pâris-Alexandre, si Nyssia avait concouru, aucune de vous n'eût emporté la pomme, pas même Aphrodite, malgré son ceste et la promesse de faire aimer le berger-arbitre par la plus belle femme du monde!...

—Penser qu'une semblable beauté n'est pas immortelle, hélas! et que les ans altéreront ces lignes divines, cet admirable hymne de formes, ce poëme dont les strophes sont des contours, et que nul au monde n'a lu et ne doit lire que moi; être seul dépositaire d'un si splendide trésor! — Au moins, si je savais, à l'aide des lignes et des couleurs, imitant le jeu de l'ombre et de la lumière, fixer sur le bois un reflet de ce visage céleste; si le marbre n'était pas rebelle à mon ciseau, dans la veine la plus pure du Paros ou du pentélique, je taillerais un simulacre de ce corps charmant qui ferait tomber de leurs autels les vaines effigies de leurs déesses! Et plus tard, lorsque sous le limon des déluges, sous la poussière des villes dissoutes, les hommes des âges futurs rencontreraient quelque morceau de cette ombre pétrifiée de Nyssia, ils se diraient: Voilà donc comme étaient faites les femmes de ce monde disparu! Et ils élèveraient un temple pour loger le divin fragment. Mais je n'ai rien qu'une admiration stupide et qu'un amour insensé! Adorateur unique d'une divinité inconnue, je ne possède aucun moyen de répandre son culte sur la terre!

Ainsi, dans Candaule, l'enthousiasme de l'artiste avait éteint la jalousie de l'amant; l'admiration était plus forte que l'amour. — Si, au lieu de Nyssia, fille du satrape Mégabaze, tout imbue d'idées orientales, il eût épousé quelque Grecque d'Athènes ou de Corinthe, nul doute qu'il n'eût fait venir à sa cour les plus habiles d'entre les peintres et les sculpteurs, et ne leur eût donné la reine pour modèle, comme plus tard le fit Alexandre le Grand pour Campaspe, sa favorite, qui posa nue devant Apelles.

Cette fantaisie n'eût rencontré aucune résistance dans une femme d'un pays où les plus chastes se glorifiaient d'avoir contribué, celles-là pour le dos, celles-ci pour le sein, à la perfection d'une statue célèbre. Mais c'était à peine si la farouche Nyssia consentait à déposer ses voiles dans l'ombre discrète du thalamus, et les empressements du roi la choquaient, à vrai dire, plus qu'ils ne la charmaient. L'idée du devoir et de la soumission qu'une femme doit à son mari la faisait seule céder quelquefois à ce qu'elle appelait les caprices de Candaule.

Souvent il la priait de laisser couler sur ses épaules les flots de ses cheveux, fleuve d'or plus opulent que le Pactole, de poser sur son front une couronne de lierre et de tilleul, comme une bacchante du Ménale, de se coucher sur une peau de tigre aux dents d'argent, aux yeux de rubis, à peine couverte d'un nuage de tissu plus fin que du vent tramé, ou de se tenir debout dans une conque de nacre, faisant pleuvoir de ses tresses une rosée de perles au lieu de gouttes d'eau de mer.

Quand il avait trouvé la place la plus favorable, il s'absorbait dans une muette contemplation; sa main, traçant en l'air de vagues contours, semblait esquisser quelque projet de tableau, et il serait resté ainsi des heures entières, si Nyssia, bientôt lasse de son rôle de modèle, ne lui eût rappelé d'un ton froid et dédaigneux que de pareils amusements étaient indignes de la majesté royale et contraires aux saintes lois du mariage. — C'est ainsi, disait-elle en se retirant, drapée jusqu'aux yeux, dans les plus mystérieuses retraites de son appartement, que l'on traite une maîtresse et non une femme honnête et de race noble.

Ces sages remontrances ne corrigeaient pas Candaule, dont la passion s'augmentait en raison inverse de la froideur que lui montrait la reine. Et il en vint à ce point de ne plus pouvoir garder pour lui les chastes secrets de la couche nuptiale. Il lui fallut un confident comme à un prince de tragédie moderne. Il n'alla pas, comme vous le pensez bien, choisir un philosophe rébarbatif, à la mine renfrognée, laissant tomber un flot de barbe grise et blanche sur un manteau percé de trous orgueilleux, ni un guerrier ne parlant que de balistes, de catapultes et de chars armés de faux, ni un Eupatride sentencieux plein de conseils et de maximes politiques; mais bien Gygès, — que sa renommée galante devait faire passer pour un connaisseur en matière de femme.

Un soir il lui posa la main sur l'épaule d'un air plus familier et plus cordial que de coutume, et, lui jetant un coup d'œil significatif, il fit quelques pas et se sépara du groupe de courtisans en disant à haute voix :

— Gygès, viens donc me donner ton avis sur mon effigie que les sculpteurs de Sicyone ont achevé tout récemment de tailler dans le bas-relief généalogique où sont inscrits mes aïeux.

— O roi! tes connaissances sont supérieures à celles de ton humble sujet, et je ne sais comment reconnaître l'honneur que tu me fais en me daignant consulter, répondit Gygès avec un signe d'assentiment.

Candaule et son favori parcoururent plusieurs salles décorées dans le goût hellénique, où l'acanthe de Corinthe, la volute d'Ionie, fleurissaient et se contournaient au chapiteau des colonnes, où les frises étaient peuplées de figurines en ouvrage de plastique polychrome représentant des processions et des sacrifices, et arrivèrent enfin dans une partie reculée de l'ancien palais dont les murailles étaient formées de pierres à angles irréguliers et jointes sans ciment à la manière cyclopéenne. Cette vieille architecture avait des proportions colossales et un caractère formidable. Le génie démesuré des anciennes civilisations de l'Orient y était lisiblement écrit, et rappelait les débauches de granit et de briques de l'Égypte et de l'Assyrie. — Quelque chose de l'esprit des anciens architectes de la tour de Lylacq survivait dans ces piliers trapus, aux profondes cannelures torses, dont le chapiteau était composé de quatre têtes de taureaux affrontées et reliées entre elles par des nœuds de serpents qui semblaient vouloir les dévorer, obscur emblème cosmogonique dont le sens n'était déjà plus intelligible et qui était descendu dans la tombe avec les hiérophantes des siècles précédents. — Les portes n'avaient ni la forme carrée ni la forme ronde : elles décrivaient une espèce d'ogive assez semblable à la mitre des mages et augmentant encore par cette bizarrerie le caractère de la construction.

Cette portion du palais formait comme une espèce de cour entourée d'un portique dont le bas-relief généalogique auquel Candaule avait fait allusion ornait l'architrave.

Au milieu, l'on voyait Héraclès, le haut du corps découvert, assis sur un trône, les pieds sur un escabeau, selon le rite pour la représentation des personnes divines. Ses proportions colossales n'eussent d'ailleurs laissé aucun doute sur son apothéose; la rudesse et la grossièreté archaïques du travail, dû au ciseau de quelque artiste primitif, lui donnaient un air de majesté barbare, une grandeur sauvage plus analogue peut-être au caractère de ce héros tueur de monstres, que ne l'eût été l'ouvrage d'un sculpteur consommé dans son art.

A la droite du trône, se tenait Alcée, fils du héros et d'Omphale, Ninus, Bélus, Argon, premiers rois de la dynastie des Héraclides, puis toute la suite des rois intermédiaires, dont les derniers étaient Ardys, Alyatte, Mélès ou Myrsus, père de Candaule, et enfin Candaule lui-même.

Tous ces personnages, à la chevelure tressée en cordelettes, à la barbe tournée en spirale, aux yeux obliques, à l'attitude anguleuse, aux gestes gênés et contraints, semblaient avoir une espèce de vie factice due aux rayons du soleil couchant et à la couleur rougeâtre dont le temps revêt les marbres dans les climats chauds. — Les inscriptions en caractères antiques gravées auprès d'eux, en manière de légendes, ajoutaient encore à la singularité mystérieuse de cette longue procession de figures aux accoutrements étranges et barbares.

Par un hasard que Gygès ne put s'empêcher de remarquer, la statue de Candaule se trouvait précisément occuper la dernière place disponible à la gauche d'Héraclès. — Le cycle dynastique était fermé, et, pour loger les descendants de Candaule, il eût fallu de toute nécessité élever un nouveau portique et recommencer un nouveau bas-relief.

Candaule, dont le bras reposait toujours sur l'épaule de Gygès, fit en silence le tour du portique; il semblait hésiter à entrer en matière et avoir tout à fait oublié le prétexte sous lequel il avait amené son capitaine des gardes dans cet endroit solitaire.

— Que ferais-tu, Gygès, dit enfin Candaule, rompant ce silence pénible pour tous deux, si tu étais plongeur et que du sein verdâtre de l'Océan tu eusses retiré une perle parfaite, d'un éclat et d'une pureté incomparables, d'un prix à épuiser les plus riches trésors?

— Je l'enfermerais, répondit Gygès, un peu surpris de cette brusque question, dans une boîte de cèdre revêtue de lames de bronze, et je l'enfouirais dans un lieu désert, sous une roche déplacée, et de temps à autre, lorsque je serais sûr de n'être vu de personne, j'irais contempler mon précieux joyau et admirer les couleurs du ciel se mêlant à ses teintes nacrées.

— Et moi, reprit Candaule, l'œil illuminé d'enthousiasme, si je possédais un si riche bijou, je voudrais l'enchâsser dans mon diadème, l'offrir librement à tous les regards, à la pure lumière du soleil, me parer de son éclat et sourire d'orgueil en entendant dire: Jamais roi d'Assyrie ou de Babylone, jamais tyran grec ou trinacrien n'a possédé une perle d'un si bel orient que Candaule, fils de Myrsus et descendant d'Héraclès, roi de Sardes et de Lydie! A côté de Candaule, Midas, qui changeait tout en or, n'est qu'un mendiant aussi pauvre qu'Irus.

Gygès écoutait avec étonnement les discours de Candaule et cherchait à pénétrer le sens caché de ces divagations lyriques. Le roi semblait être dans un état d'excitation extraordinaire : ses yeux étincelaient d'enthousiasme, une teinte d'un rose fébrile couvrait ses joues, ses narines enflées aspiraient l'air fortement.

— Eh bien ! Gygès, continua Candaule sans paraître remarquer l'air inquiet de son favori, je suis ce plongeur. Dans ce sombre océan humain où s'agitent confusément tant d'êtres manqués et mal venus, tant de formes incomplètes ou dégradées, tant de types d'une laideur bestiale, ébauches malheureuses de la nature qui s'essaye, j'ai trouvé la beauté pure, radieuse, sans tache, sans défaut, l'idéal réel, le rêve accompli, une forme que jamais peintre ni sculpteur n'ont pu traduire sur la toile ou dans le marbre : — j'ai trouvé Nyssia !

— Bien que la reine ait la pudeur craintive des femmes de l'Orient, et que nul homme, excepté son époux, n'ait vu les traits de son visage, la renommée aux cent langues et aux cent oreilles, a publié partout ses louanges, dit Gygès en s'inclinant avec respect.

— Des bruits vagues, insignifiants. On dit d'elle, comme de toutes les femmes qui ne sont pas précisément laides, qu'elle est plus belle qu'Aphrodite ou qu'Hélène ; mais personne ne peut soupçonner, même lointainement, une pareille perfection. En vain j'ai supplié Nyssia de paraître sans voile dans quelque fête publique, dans quelque sacrifice solennel, ou de se montrer un instant accoudée sur la terrasse royale, donnant à son peuple l'immense bienfait d'un de ses aspects, lui faisant la prodigalité d'un de ses profils, plus généreuse en cela que les déesses, qui ne laissent voir à leurs adorateurs que de pâles simulacres d'albâtre et d'ivoire. Elle n'a jamais voulu y consentir. — Chose étrange, et que je rougirais de t'avouer, cher Gygès : autrefois j'ai été jaloux ; j'aurais voulu cacher mes amours à tous les yeux ; nulle ombre n'était assez épaisse, nul mystère assez impénétrable. Maintenant je ne me reconnais plus, je n'ai ni les idées de l'amant ni celles de l'époux ; mon amour s'est fondu dans l'adoration comme une cire légère dans un brasier ardent. Tous les sentiments mesquins de jalousie ou de possession se sont évanouis. Non, l'œuvre la plus achevée que le ciel ait donnée à la terre depuis le jour où Prométhée appliqua la flamme sous la mamelle gauche de la statue d'argile, ne peut être tenue ainsi dans l'ombre glaciale du gynécée ! — Si je mourais, le secret de cette beauté demeurerait donc à jamais enseveli sous les sombres draperies du veuvage ! — Je me trouve coupable en la cachant comme si j'avais le soleil chez moi et que je l'empêchasse d'éclairer le monde. — Et quand je pense à ces lignes harmonieuses, à ces divins contours que j'ose à peine effleurer d'un baiser timide, je sens mon cœur près d'éclater, je voudrais qu'un œil ami pût partager mon bonheur, et, comme un juge sévère à qui l'on fait voir un tableau, reconnaître après un examen attentif qu'il est irréprochable et que le possesseur n'a pas été trompé par son enthousiasme. — Oui, souvent, je me suis senti tenté d'écarter d'une main téméraire ces tissus odieux; mais Nyssia, dans sa chasteté farouche, ne me le pardonnerait pas. Et cependant, je ne puis porter seul une si grande félicité, il me faut un confident de mes extases, un écho qui réponde à mes cris d'admiration, — et ce sera toi !

Ayant dit ces mots, Candaule disparut brusquement par un passage secret. Gygès, resté seul, ne put s'empêcher de faire la remarque du concours d'événements qui semblaient le mettre toujours sur le chemin de Nyssia. Un hasard lui avait fait connaître sa beauté murée à tous les yeux. Entre tant de princes et de satrapes, elle avait épousé précisément Candaule, le roi qu'il servait, et, par un caprice étrange qu'il ne pouvait s'empêcher de trouver presque fatal, ce roi venait faire, à lui Gygès, des confidences sur cette créature mystérieuse que personne n'approchait, et voulait absolument achever l'ouvrage de Borée dans la plaine de Bactres. La main des dieux n'était-elle pas visible dans toutes ces circonstances ? — Ce spectre de beauté, dont le voile se soulevait peu à peu comme pour l'enflammer, ne le conduisait-il pas sans qu'il s'en doutât vers l'accomplissement de quelque grand destin? — Telles étaient les questions que se posait Gygès; mais, ne pouvant percer l'avenir obscur, il résolut d'attendre les événements et sortit de la cour des portraits, où l'ombre commençait à s'entasser dans les angles et à rendre de plus en plus bizarres et menaçantes les effigies des ancêtres de Candaule.

Était-ce un simple jeu de lumière ou une illusion produite par cette inquiétude vague que cause aux cœurs les plus fermes l'arrivée de la nuit dans les monuments antiques? Gygès, au moment de dépasser le seuil, crut avoir entendu de sourds gémissements sortir des lèvres de pierre du bas-relief, et il lui sembla qu'Héraclès faisait d'énormes efforts pour dégager sa massue du granit.

CHAPITRE III.

Le jour suivant, Candaule, prenant Gygès à part, continua l'entretien commencé sous le portique des Héraclides. Délivré de l'embarras d'entrer en matière, il s'ouvrit sans réserve à son confident, et, si Nyssia avait pu l'entendre, peut-être lui eût-elle pardonné ses indiscrétions conjugales en faveur des éloges passionnés qu'il accordait à ses charmes.

Gygès écoutait toutes ces louanges avec l'air un peu contraint d'un homme qui ne sait pas encore si son interlocuteur ne feint pas un enthousiasme plus vif qu'il ne l'éprouve réellement, afin de provoquer une confiance lente à se décider. Aussi Candaule lui dit, d'un ton dépité : — Je vois, Gygès, que tu ne me crois pas. Tu penses que je me vante ou que je me suis laissé fasciner comme un épais laboureur par quelque robuste campagnarde à laquelle Hygie a écrasé sur les joues les grossières couleurs de la santé; non, de part tous les dieux! — j'ai réuni chez moi, comme un bouquet vivant, les plus belles fleurs de l'Asie et de la Grèce; depuis Dédale, dont les statues parlaient et marchaient, je connais tout ce qu'a produit l'art des sculpteurs et des peintres. Linus, Orphée, Homère, m'ont appris l'harmonie et le rhythme; — ce n'est pas avec le bandeau de l'amour sur les yeux que je regarde. Je juge de sang-froid. La fougue de la jeunesse n'est pour rien dans mon admiration, et, quand je serais aussi caduc, aussi décrépit, aussi rayé de rides que Tithon dans son maillot, mon avis serait toujours le même; mais je te pardonne ton incrédulité et ton manque d'enthousiasme. Pour me comprendre, il faut que tu contemples Nyssia dans l'éclat radieux de sa blancheur étincelante, sans ombre importune, sans draperie jalouse, telle que la nature l'a modelée de ses mains dans un moment d'inspiration qui ne reviendra plus. Ce soir, je te cacherai dans un coin de l'appartement nuptial... tu la verras!

— Seigneur, que me demandez-vous? répondit le jeune guerrier avec une fermeté respectueuse. Comment du fond de ma poussière, de l'abîme de mon néant, oserai-je lever les yeux vers ce soleil de perfections, au risque de rester aveugle le reste de ma vie ou de ne pouvoir plus distinguer dans les ténèbres qu'un spectre éblouissant? — Ayez pitié de votre humble esclave. Ne le forcez point à une action si contraire aux maximes de la vertu; chacun ne doit regarder que ce qui lui appartient. Vous le savez, les immortelles punissent toujours les imprudents ou les audacieux qui les surprennent dans leur divine nudité. Je vous crois, Nyssia est la plus belle des femmes, vous êtes le plus heureux des époux et des amants; Héraclès, votre aïeul, dans ses nombreuses conquêtes, n'a rien trouvé qui approchât de votre reine. Si vous, le prince que les artistes les plus vantés prennent pour juge et pour conseil, vous la trouvez incomparable, que vous importe l'avis d'un soldat obscur comme moi? Renoncez donc à votre fantaisie qui, j'ose le dire, n'est pas digne de la majesté royale, et dont vous vous repentirez dès qu'elle sera satisfaite.

— Écoute, Gygès, reprit Candaule, je vois que tu te défies de moi, tu penses que je veux t'éprouver ; mais, je te le jure par les cendres du bûcher d'où mon aïeul est sorti dieu, je parle franchement et sans arrière-pensée !

— O Candaule ! je ne doute pas de votre bonne foi, votre passion est sincère ; mais peut-être, lorsque je vous aurai obéi, concevrez-vous pour moi une aversion profonde, et me haïrez-vous de ne pas vous avoir résisté davantage. Vous voudrez reprendre à ces yeux, indiscrets par force, l'image que vous leur aurez laissé entrevoir dans un moment de délire, et qui sait si vous ne les condamnerez pas à la nuit éternelle du tombeau, pour les punir de s'être ouverts lorsqu'ils devaient se fermer.

— Ne crains rien, je te donne ma parole royale qu'il ne te sera fait aucun mal.

— Pardonnez à votre esclave s'il ose encore, après une telle assurance, élever quelque objection. Avez-vous réfléchi que ce que vous me proposez est une profanation de la sainteté du mariage, une espèce d'adultère visuel ? Souvent la femme dépose la pudeur avec ses vêtements, et, une fois violée par le regard, sans avoir cessé d'être vertueuse, elle peut croire qu'elle a perdu sa fleur de pureté. Vous me promettez de n'avoir aucun ressentiment ; mais qui m'assurera contre le courroux de Nyssia, elle si réservée, si chaste, d'une pudeur si inquiète, si farouche et si virginale, qu'on la dirait encore ignorante des lois de l'hymen ? Si elle vient à apprendre le sacrilège dont je vais me rendre coupable par déférence pour les volontés de mon maître, à quel supplice me condamnera-t-elle pour me faire expier un tel crime ? Qui pourra me mettre à l'abri de sa colère vengeresse ?

— Je ne te savais pas si sage et si prudent, dit Candaule avec un sourire légèrement ironique ; mais tous ces dangers sont imaginaires, et je te cacherai de façon à ce que Nyssia ignore à tout jamais qu'elle a été vue par un autre que par son royal époux.

Gygès, ne pouvant se défendre davantage, fit un signe d'assentiment pour montrer qu'il donnait les mains aux volontés du roi. — Il avait résisté autant qu'il avait pu, et sa conscience était désormais en repos sur ce qui devait arriver ; il eût craint d'ailleurs, en se refusant plus longtemps au désir de Candaule, de contrarier le destin, qui paraissait vouloir le rapprocher de Nyssia pour quelque raison formidable et suprême qu'il ne lui était pas donné de pénétrer.

Sans pressentir aucun dénoûment, il voyait vaguement passer devant lui mille images tumultueuses et vagues. Cet amour souterrain, accroupi au bas de l'escalier de son âme, avait remonté quelques marches, guidé par une incertaine lueur d'espérance ; le poids de l'impossible ne pesait plus si lourdement sur sa poitrine, maintenant qu'il se croyait aidé par les dieux. En effet, qui eût pu penser que pour Gygès les charmes tant vantés de la fille de Mégabaze n'auraient bientôt plus de mystère !

— Viens, Gygès, dit Candaule en le prenant par la main, profitons du moment. Nyssia se promène avec ses femmes dans les jardins ; allons étudier la place et dresser nos stratagèmes pour ce soir.

Le roi prit son confident par la main et le guida à travers les détours qui conduisaient à l'appartement nuptial. Les portes de la chambre à coucher étaient faites d'ais de cèdre si exactement unis, qu'il était impossible d'en deviner les jointures. A force de les frotter avec de la laine imbibée d'huile, les esclaves avaient rendu le bois aussi luisant que le marbre ; les clous d'airain aux têtes taillées à facettes, dont elles étaient étoilées, avaient tout le brillant de l'or le plus pur. — Un système compliqué de courroies et d'anneaux de métal, dont Candaule et sa femme connaissaient les entrelacements, servait de fermeture ; car en ces temps héroïques la serrurerie était encore à l'état d'enfance.

Candaule défit les nœuds, fit glisser les anneaux sur les courroies, souleva, avec un manche qu'il introduisit dans une mortaise, la barre qui fermait la porte à l'intérieur, et, ordonnant à Gygès de se placer contre le mur, il renversa sur lui un des battants de manière à le cacher tout à fait; mais la porte ne se joignait pas si exactement à son cadre de poutres de chêne, soigneusement polies et dressées au cordeau par un ouvrier habile, que le jeune guerrier ne pût, à travers l'interstice laissé libre pour le jeu des gonds, apercevoir d'une façon distincte tout l'intérieur de la chambre.

En face de la porte, le lit royal s'élevait sur une estrade de plusieurs degrés, recouverte d'un tapis de pourpre : des colonnes d'argent ciselé en soutenaient l'entablement, orné de feuillages en relief, à travers lesquels des amours se jouaient avec des dauphins; d'épaisses courtines brodées d'or l'entouraient comme les pans d'une tente.

Sur l'autel des dieux protecteurs du foyer étaient posés des vases en métal précieux, des patères émaillées de fleurs, des coupes à deux anses, et tout ce qui sert aux libations.

Le long des murs, garnis de planches de cèdre merveilleusement travaillées, s'adossaient de distance en distance des statues de basalte noir, conservant les poses contraintes de l'art égyptien et tenant au poing une torche de bronze où s'adaptait un éclat de bois résineux.

Une lampe d'onyx, suspendue par une chaîne d'argent, descendait de cette poutre du plafond qu'on appelle la noire, parce qu'elle est plus exposée que les autres à être brunie par la fumée. Chaque soir une esclave avait soin de la remplir d'une huile odoriférante.

Près de la tête du lit était accroché à une petite colonne un trophée d'armes, composé d'un casque à visière, d'un bouclier doublé de quatre cuirs de taureau, garni de lames d'étain et de cuivre, d'une épée à deux tranchants et de javelots de frêne aux pointes d'airain.

A des chevilles de bois pendaient les tuniques et les manteaux de Candaule : il y en avait de simples et de doubles, c'est-à-dire pouvant entourer le corps deux fois ; on remarquait surtout un manteau trempé trois fois dans la pourpre et orné d'une broderie représentant une chasse où des molosses de Laconie poursuivaient et déchiraient des cerfs, et une tunique dont l'étoffe, fine et délicate comme la pellicule qui enveloppe l'oignon, avait tout l'éclat de rayons de soleil tramés. Vis-à-vis le trophée d'armes était placé un fauteuil incrusté d'ivoire et d'argent, avec un siége recouvert d'une peau de léopard, tachetée de plus d'yeux que le corps d'Argus, et un marchepied découpé à jour, sur lequel Nyssia déposait ses vêtements.

— Je me retire d'ordinaire le premier, dit Candaule à Gygès, et je laisse la porte ouverte comme elle l'est maintenant ; Nyssia, qui a toujours quelque fleur de tapisserie à terminer, quelque ordre à donner à ses femmes, tarde quelquefois un peu à me rejoindre ; mais enfin elle vient ; et, comme si cet effort lui coûtait beaucoup, lentement, une à une, elle laisse tomber sur ce fauteuil d'ivoire les draperies et les tuniques qui l'enveloppent tout le jour, comme les bandelettes d'une momie. Du fond de ta retraite, tu pourras suivre ses mouvements gracieux, admirer ses attraits sans rivaux, et juger par toi-même si Candaule est un jeune fou qui se vante à tort, et s'il ne possède pas réellement la plus riche perle de beauté qui jamais ait orné un diadème !

— O roi, je vous croirais même sans cette épreuve, répondit Gygès en sortant de sa cachette.

— Quand elle a quitté ses vêtements, continua Candaule sans faire attention à ce que disait son confident, elle vient prendre place à mes côtés ; c'est ce moment qu'il faut saisir pour l'esquiver ; car, dans le trajet du fauteuil au lit, elle tourne le dos à la porte. Suspends tes pas comme si tu marchais sur la pointe des blés mûrs, prends garde qu'un grain de sable ne crie sous ta sandale, retiens ton haleine et retire-toi le plus légèrement possible. — Le vestibule est baigné d'ombre, et les faibles rayons de la seule lampe qui reste allumée ne dépassent pas le seuil de la chambre. Il est donc certain que Nyssia ne pourra t'apercevoir, et demain il y aura quelqu'un dans le monde qui comprendra mes extases et ne s'étonnera plus de mes emportements admiratifs. Mais voici le jour qui baisse ; le soleil va bientôt faire boire ses coursiers dans les flots hespériens, à l'extrémité du monde, au delà des colonnes posées par mon ancêtre ; rentre dans ta cachette, Gygès, et, bien que les heures de l'attente soient longues, j'en adjure Éros aux flèches d'or, tu ne regretteras pas d'avoir attendu !

Après cette assurance, Candaule quitta Gygès, tapi de nouveau derrière la porte. L'inaction forcée où se trouvait le jeune confident du roi laissait un libre cours à ses pensées. Certes, la situation était des plus bizarres. Il aimait Nyssia comme on aime une étoile, sans espoir de retour ; convaincu de l'inutilité de toute tentative, il n'avait fait aucun effort pour se rapprocher d'elle. Et cependant, par un concours de circonstances extraordinaires, il allait connaître des trésors réservés aux amants et aux époux seuls ; pas une parole, pas une œillade n'avaient été échangées entre lui et Nyssia, qui probablement ignorait jusqu'à l'existence de celui pour lequel sa beauté serait bientôt sans mystère. Être inconnu à celle dont la pudeur n'aurait rien à vous sacrifier, quelle étrange position ! aimer en secret une femme et se voir conduit par l'époux jusque sur le seuil de la chambre nuptiale, avoir pour guide vers ce trésor le dragon qui devrait en défendre l'approche, n'y avait-il pas vraiment de quoi s'étonner et admirer les singulières combinaisons du destin ?

Il en était là de ses réflexions, lorsqu'il entendit résonner des pas sur les dalles. — C'étaient les esclaves qui venaient renouveler l'huile de la lampe, jeter des parfums sur les charbons des kamklins et remuer les toisons de brebis teintes en pourpre et en safran qui composaient la couche royale.

L'heure approchait, et Gygès sentait s'accélérer le battement de son cœur et de ses artères. Il eut même envie de se retirer avant l'arrivée de la reine, sauf à dire à Candaule qu'il était resté, et à se livrer de confiance aux éloges les plus excessifs. — Il lui répugnait, car Gygès, malgré sa conduite un peu légère, ne manquait pas de délicatesse, — de dérober une faveur qu'accordée librement il eût payée de sa vie. La complicité du mari rendait en quelque sorte ce larcin plus odieux, et il aurait préféré devoir à toute autre circonstance le bonheur de voir la merveille de l'Asie dans sa toilette nocturne. Peut-être bien aussi, avouons-le en historien véridique, l'approche du danger était-elle pour quelque chose dans ces scrupules vertueux. Gygès ne manquait pas de bravoure, sans doute; monté sur son char de guerre, son carquois sonnant sur l'épaule, son arc à la main, il eût défié les plus fiers combattants; à la chasse, il eût attaqué sans pâlir le sanglier de Calydon ou le lion de Némée; mais, explique qui voudra cette énigme, il frémissait à l'idée de regarder une belle femme à travers une porte. — Personne n'a toutes les sortes de courages. — Il sentait aussi que ce n'était pas impunément qu'il verrait Nyssia. — Ce devait être une époque décisive dans sa vie; pour l'avoir entrevue un instant il avait perdu le repos de son cœur; que serait-ce donc après ce qui allait se passer? L'existence lui serait-elle possible lorsqu'à cette tête divine, qui incendiait ses rêves, s'ajouterait un corps charmant fait pour les baisers des immortels? Que deviendrait-il si désormais il ne pouvait contenir sa passion dans l'ombre et le silence, comme il l'avait fait jusqu'alors? Donnerait-il à la cour de Lydie le spectacle ridicule d'un amour insensé, et tâcherait-il d'attirer sur lui, par des extravagances, la pitié dédaigneuse de la reine? Un pareil résultat était fort probable, puisque la raison de Candaule, possesseur légitime de Nyssia, n'avait pu résister au vertige causé par cette beauté surhumaine, lui, le jeune roi insouciant qui, jusque-là, avait ri de l'amour et préféré à toutes choses les tableaux et les statues. — Ces raisonnements étaient fort sages, mais fort inutiles; car, au même moment, Candaule entra dans la chambre et dit à voix basse, mais distincte, en passant près de la porte : — Patience, mon pauvre Gygès, Nyssia va bientôt venir !

Quand il vit qu'il ne pouvait plus reculer, Gygès, qui après tout était un jeune homme, oublia toute autre considération, et ne pensa plus qu'au bonheur de repaître ses yeux du charmant spectacle que Candaule lui donnait. — On ne peut exiger d'un capitaine de vingt-cinq ans l'austérité d'un philosophe blanchi par l'âge.

Enfin un léger susurrement d'étoffes frôlées et traînant sur le marbre, que le silence profond de la nuit permettait de discerner, annonça que la reine arrivait. En effet, c'était elle ; d'un pas cadencé et rhythmé comme une ode, elle franchit le seuil du thalamus, et le vent de son voile aux plis flottants effleura presque la joue brûlante de Gygès, qui faillit se trouver mal et fut forcé de s'appuyer à la muraille, tant son émotion était violente ; il se remit pourtant, et, s'approchant de l'interstice de la porte, il prit la position la plus favorable pour ne rien perdre de la scène dont il allait être l'invisible témoin.

Nyssia fit quelques pas vers l'escabeau d'ivoire et commença à détacher les aiguilles terminées par des boules d'or creuses qui retenaient son voile sur le sommet de sa tête, et Gygès, du fond de l'angle plein d'ombre où il était tapi, put examiner à son aise cette physionomie fière et charmante qu'il n'avait fait qu'entrevoir ; ce col arrondi, délicat et puissant à la fois, sur lequel Aphrodite avait tracé de l'ongle de son petit doigt les trois légères raies que l'on appelle encore aujourd'hui le collier de Vénus ; cette nuque où se tordaient dans l'albâtre de petites boucles folles et rebelles ; ces épaules argentées qui sortaient à demi de l'échancrure de la chlamyde comme le disque de la lune émergeant d'un nuage opaque. — Candaule, à demi soulevé sur ses coussins, regardait sa femme avec une affectation distraite et se disait à part lui : — Maintenant Gygès, qui a un air si froid, si difficile et si dédaigneux, doit être à moitié convaincu.

Ouvrant un coffret placé sur une table dont le pied était formé par des griffes de lion, la reine délivra du poids des bracelets et des chaînes de pierreries, dont ils étaient surchargés, ses beaux bras, qui auraient pu le disputer pour la forme et la blancheur à ceux d'Héré, la sœur et la femme de Zeus, roi de l'Olympe. Quelque précieux que fussent ses joyaux, ils ne valaient assurément pas la place qu'ils couvraient; et, si Nyssia eût été coquette, on eût pu croire qu'elle ne les mettait que pour se faire prier de les ôter; les anneaux et les ciselures avaient laissé sur sa peau fine et tendre comme la pulpe intérieure d'un lis, de légères empreintes roses, qu'elle eut bientôt dissipées en les frottant de sa petite main aux phalanges effilées, aux extrémités rondes et menues.

Puis, avec un mouvement de colombe qui frissonne dans la neige de ses plumes, elle secoua ses cheveux, qui, n'étant plus retenus par les épingles, roulèrent en spirales alanguies sur son dos et sur sa poitrine semblables à des fleurs d'hyacinthe; elle resta quelques instants avant d'en rassembler les boucles éparses, qu'elle réunit ensuite en une seule masse. C'était merveille de voir les boucles blondes ruisseler comme des jets d'or entre l'argent de ses doigts, et ses bras onduleux comme des cols de cygne s'arrondir au-dessus de sa tête pour enrouler et fixer la torsade.
— Si par hasard vous avez jeté un coup d'œil sur un de ces beaux vases étrusques, à fond noir et à figures rouges, orné d'un de ces sujets qu'on désigne sous le nom de toilette grecque, vous aurez une idée de la grâce de Nyssia dans cette pose, qui depuis l'antiquité jusqu'à nos jours a fourni tant d'heureux motifs aux peintres et aux statuaires.

Sa coiffure arrangée, elle s'assit sur le bord de l'escabeau d'ivoire et se mit à défaire les bandelettes qui retenaient ses cothurnes.—Nous autres modernes, grâce à notre horrible système de chaussure, presque aussi absurde que le brodequin chinois, nous ne savons plus ce que c'est qu'un pied. — Celui de Nyssia était d'une perfection rare, même pour la Grèce et l'Asie antiques. L'orteil légèrement écarté, comme un pouce d'oiseau, les autres doigts un peu longs, rangés avec une symétrie charmante, les ongles bien formés et brillants comme des agates, les chevilles fines et dégagées, le talon imperceptiblement teinté de rose ; rien n'y manquait. — La jambe qui s'attachait à ce pied et prenait, au reflet de la lampe, des luisants de marbre poli, était d'une pureté et d'un tour irréprochables.

Gygès, absorbé dans sa contemplation, tout en comprenant la folie de Candaule, se disait que, si les dieux lui eussent accordé un pareil trésor, il aurait su le garder pour lui.

— Eh bien ! Nyssia, vous ne venez pas dormir près de moi, fit Candaule voyant que la reine ne se hâtait en aucune manière et désirant abréger la faction de Gygès.

— Si, mon cher seigneur, je vais avoir fini, répondit Nyssia.

Et elle détacha le camée qui agrafait son péplum sur son épaule, — il ne restait plus que la tunique à laisser tomber. — Gygès, derrière la porte, sentait ses veines siffler dans ses tempes ; son cœur battait si fort qu'il lui semblait qu'on dût l'entendre de la chambre, et, pour en comprimer les pulsations, il appuyait sa main sur sa poitrine, et quand Nyssia, avec un mouvement d'une grâce nonchalante, dénoua la ceinture de sa tunique, il crut que ses genoux allaient se dérober sous lui.

Nyssia, — était-ce un pressentiment instinctif, ou son épiderme entièrement vierge de regards profanes avait-il une susceptibilité magnétique si vive, qu'il pût sentir le rayon d'un œil passionné, quoique invisible ? — Nyssia parut hésiter à dépouiller cette tunique, dernier rempart de sa pudeur. — Deux ou trois fois ses épaules, son sein et ses bras nus frémirent avec une contraction nerveuse, comme s'ils eussent été effleurés par l'aile d'un papillon nocturne, ou comme si une lèvre insolente eût osé s'en approcher dans l'ombre.

Enfin, paraissant prendre sa résolution, elle jeta à son tour la tunique, et le blanc poëme de son corps divin apparut tout à coup dans sa splendeur, tel que la statue d'une déesse qu'on débarrasse de ses toiles le jour de l'inauguration d'un temple. La lumière glissa en frissonnant de plaisir sur ses formes exquises et les enveloppa d'un baiser timide, profitant d'une occasion, hélas! bien rare : les rayons éparpillés dans la chambre, dédaignant d'illuminer des urnes d'or, des agrafes de pierreries et des trépieds d'airain, se concentrèrent tous sur Nyssia, laissant les autres objets dans l'obscurité. — Si nous étions un Grec du temps de Périclès, nous pourrions vanter tout à notre aise ces belles lignes serpentines, ces courbures élégantes, ces flancs polis, ces seins à servir de moule à la coupe d'Hébé; mais la pruderie moderne ne nous permet pas de pareilles descriptions, car on ne pardonnerait pas à la plume ce qu'on permet au ciseau, et d'ailleurs il est des choses qui ne peuvent s'écrire qu'en marbre.

Candaule souriait d'un air de satisfaction orgueilleuse. D'un pas rapide, comme toute honteuse d'être si belle, n'étant que la fille d'un homme et d'une femme, Nyssia se dirigea vers le lit, les bras croisés sur la poitrine; mais, par un mouvement subit, elle se retourna avant de prendre place sur la couche à côté de son royal époux, et vit, à travers l'interstice de la porte, flamboyer un œil étincelant comme l'escarboucle des légendes orientales; car, s'il était faux qu'elle eût la prunelle double et qu'elle possédât la pierre qui se trouve dans la tête des dragons, il était vrai que son regard vert pénétrait l'ombre comme le regard glauque du chat et du tigre.

Un cri pareil à celui d'une biche qui reçoit une flèche dans le flanc, au moment où elle rêve tranquille sous la feuillée, fut sur le point de lui jaillir du gosier; pourtant elle eut la force de se contenir et s'allongea auprès de Candaule, froide comme un serpent, les violettes de la mort sur les joues et sur les lèvres; pas un de ses muscles ne tressaillit, pas une de ses fibres ne palpita, et bientôt sa respiration lente et régulière dut faire croire que Morphée avait distillé sur ses paupières le suc de ses pavots.

Elle avait tout deviné et tout compris!

CHAPITRE IV.

Gygès, tremblant, éperdu, s'était retiré en suivant exactement les instructions de Candaule, et si Nyssia, par un hasard fatal, n'eût pas retourné la tête en mettant le pied sur le lit, et ne l'avait pas vu s'enfuir, nul doute qu'elle eût ignoré à jamais l'outrage fait à ses charmes par un mari plus passionné que scrupuleux.

Le jeune guerrier, qui avait l'habitude des détours du palais, n'eut pas de peine à trouver une issue. Il traversa la ville d'un pas désordonné, comme un fou échappé d'Anticyre, et, s'étant fait reconnaître de la sentinelle qui veillait près des remparts, il se fit ouvrir la porte et gagna la campagne. — Sa tête brûlait, ses joues étaient enflammées comme par le feu de la fièvre; ses lèvres sèches laissaient échapper un souffle haletant; il se coucha, pour trouver un peu de fraîcheur, sur le gazon humide des pleurs de la nuit, et, ayant entendu dans l'ombre, à travers l'herbe drue et le cresson, la respiration argentine d'une naïade, il se traîna vers la source, plongea ses mains et ses bras dans le cristal du bassin, y baigna sa figure et but quelques gorgées d'eau, afin de calmer l'ardeur qui le dévorait. Qui l'eût vu, aux faibles lueurs des étoiles, ainsi penché désespérément sur cette fontaine, l'eût pris pour Narcisse poursuivant son reflet; mais ce n'était pas de lui-même assurément qu'était amoureux Gygès.

La rapide apparition de Nyssia avait ébloui ses yeux comme l'angle aigu d'un éclair; il la voyait flotter devant lui dans un tourbillon lumineux, et il comprenait que jamais de sa vie il ne pourrait chasser cette image. Son amour avait grandi subitement; la fleur en avait éclaté comme ces plantes qui s'ouvrent avec un coup de tonnerre. Chercher à dominer sa passion était désormais une chose impossible. Autant eût valu conseiller aux vagues empourprées que Poseïdon soulève de son trident de se tenir tranquilles dans leur lit de sable et de ne pas écumer contre les rochers du rivage. — Gygès n'était plus maître de lui, et il éprouvait ce désespoir morne d'un homme monté sur un char qui voit ses chevaux, effarés, insensibles au frein, courir avec l'essor d'un galop furieux vers un précipice hérissé de rocs. — Cent mille projets plus extravagants les uns que les autres roulaient confusément dans sa cervelle : il accusait le destin, il maudissait sa mère de lui avoir donné le jour, et les dieux de ne pas l'avoir fait naître sur un trône, car alors il eût pu épouser la fille du satrape.

Une douleur affreuse lui mordait le cœur, — il était jaloux du roi. — Dès l'instant où la tunique, comme un vol de colombe blanche qui se pose sur le gazon, s'était abattue aux pieds de Nyssia, il lui avait semblé qu'elle lui appartenait. Il se trouvait frustré de son bien par Candaule. — Dans ses rêveries amoureuses, il ne s'était guère jusqu'alors occupé du mari; il pensait à la reine comme à une pure abstraction, sans se représenter d'une manière nette tous ces détails intimes de familiarité conjugale, si amers et si poignants pour ceux qui aiment une femme au pouvoir d'un autre. Maintenant il avait vu la tête blonde de Nyssia se pencher comme une fleur près de la tête brune de Candaule, et cette pensée excitait au plus haut degré sa colère, comme si une minute de réflexion n'eût pas dû le convaincre que les choses ne pouvaient se passer autrement, et il se sentait naître dans l'âme contre son maître une haine des plus injustes. L'action de l'avoir fait assister au déshabillé de la reine lui paraissait une ironie sanglante, un odieux raffinement de cruauté; car il oubliait que son amour pour elle ne pouvait être connu du roi, qui n'avait cherché en lui qu'un confident connaisseur en beauté et de morale facile. Ce qu'il eût dû considérer comme une haute faveur lui produisait l'effet d'une injure mortelle dont il méditait de se venger. En pensant que demain la scène dont il venait d'être le témoin invisible et muet se renouvellerait immanquablement, sa langue s'attachait à son palais, son front s'emperlait de gouttes de sueur froide, et sa main convulsive cherchait le pommeau de sa large épée à double tranchant.

Cependant, grâce à la fraîcheur de la nuit, cette bonne conseillère, il reprit un peu de calme, et rentra dans Sardes avant que le jour fût assez clair pour permettre aux rares habitants et aux esclaves matineux de distinguer la pâleur qui couvrait son front et le désordre de ses vêtements ; il se rendit au poste qu'il occupait habituellement au palais, se doutant bien que Candaule ne tarderait pas à le faire appeler, et, quels que fussent les sentiments qui l'agitassent, il n'était pas assez puissant pour braver la colère du roi, et ne pouvait pas s'empêcher de subir encore ce rôle de confident qui ne lui inspirait plus que de l'horreur. Arrivé au palais, il s'assit sur les marches du vestibule lambrissé de bois de cyprès, s'adossa contre une colonne, et, prétextant la fatigue d'avoir veillé sous les armes, il s'enveloppa la tête de son manteau, et feignit de s'endormir pour éviter de répondre aux questions des autres gardes.

Si la nuit fut terrible pour Gygès, elle ne le fut pas moins pour Nyssia, car elle ne douta pas un instant qu'il n'eût été caché là par Candaule. L'insistance avec laquelle le roi lui avait demandé de ne pas voiler si sévèrement un visage fait par les dieux pour l'admiration des hommes; le dépit qu'il avait conçu de ses refus de paraître vêtue à la grecque dans les sacrifices et les solennités publiques; les railleries qu'il ne lui avait point épargnées sur ce qu'il appelait sa sauvagerie barbare, tout lui démontrait que le jeune Héraclide, insouciant de la pudeur comme un statuaire d'Athènes ou de Corinthe, avait voulu admettre quelqu'un dans ces mystères que tous doivent ignorer; car nul n'eût été assez audacieux pour se risquer, sans être favorisé par lui, dans une telle entreprise, dont une prompte mort eût puni la découverte.

Que les heures noires passèrent lentement pour elle! avec quelle anxiété elle attendit que le matin vînt mêler ses teintes bleuâtres aux jaunes reflets de la lampe presque épuisée! Il lui semblait que jamais Apollon ne dût remonter sur son char, et qu'une main invisible retînt en l'air la poudre du sablier. Cette nuit, aussi courte qu'une autre, lui parut avoir six mois, comme les nuits cimmériennes.

Tant qu'elle dura, elle se tint blottie, immobile et droite sur le bord de sa couche, de peur d'être effleurée par Candaule. Si elle n'avait pas jusque-là senti pour le fils de Myrsus un amour bien vif, elle lui portait du moins cette tendresse grave et sereine qu'a toute honnête femme pour son mari, bien que la liberté toute grecque de ses mœurs lui déplût fréquemment, et qu'il eût sur la pudeur des idées entièrement opposées aux siennes; mais, après un tel affront, elle n'éprouvait plus à son endroit qu'une haine froide et qu'un mépris glacé : elle eût préféré la mort à une de ses caresses. Un tel outrage était impossible à pardonner, car c'est, chez les barbares et surtout chez les Perses et les Bactriens, un grand déshonneur que d'être vu sans vêtements, non-seulement pour les femmes, mais encore pour les hommes.

Enfin Candaule se leva, et Nyssia, se réveillant de son sommeil simulé, sortit à la hâte de cette chambre profanée à ses yeux, comme si elle eût servi aux veillées orgiaques des bacchantes et des courtisanes. Il lui tardait de ne plus respirer cet air impur, et, pour se livrer librement à son chagrin, elle courut se réfugier dans l'appartement supérieur réservé aux femmes, appela ses esclaves en frappant des mains et se fit renverser sur les bras, sur les épaules, sur la poitrine et sur tout le corps, des aiguières pleines d'eau, comme si, au moyen de cette espèce d'ablution lustrale, elle eût espéré effacer la souillure imprimée par les yeux de Gygès. Elle aurait voulu en quelque sorte s'arracher cette peau où les rayons partis d'une prunelle ardente lui paraissaient avoir laissé des traces. Prenant des mains des servantes les étoffes au long duvet qui servent à boire les dernières perles du bain, elle s'essuyait avec tant de force, qu'un léger nuage pourpre s'élevait aux places qu'elle avait frottées.

—J'aurais beau, dit-elle en laissant tomber les tissus humides et en renvoyant ses suivantes, verser sur moi toute l'eau des sources et des fleuves, l'Océan avec ses gouffres amers ne pourrait me purifier. Une pareille tache ne se lave qu'avec du sang. Oh! ce regard, ce regard, il s'est incrusté à moi, il m'étreint, m'enveloppe et me brûle comme la tunique imprégnée de la sanie de Nessus; je le sens sous mes draperies, tel qu'un tissu empoisonné que rien ne peut détacher de mon corps. J'aurai beau maintenant entasser vêtements sur vêtements, choisir les étoffes les moins transparentes, les manteaux les plus épais, je n'en porte pas moins sur ma chair nue cette robe infâme faite d'une œillade adultère et impudique. En vain, depuis l'heure où je suis sortie du chaste sein de ma mère, ai-je été élevée dans la retraite, enveloppée, comme Isis la déesse égyptienne, d'un voile dont nul n'eût soulevé le bord sans payer cette audace de sa vie; en vain suis-je restée séparée de tout désir mauvais, de toute idée profane, inconnue des hommes, vierge comme la neige où l'aigle même n'a pu imprimer le cachet de ses serres, tant la montagne qu'elle revêt élève haut la tête dans l'air pur et glacial, il suffit du caprice dépravé d'un Grec-Lydien pour me faire perdre en un instant, sans que je sois coupable, le fruit de longues années de précautions et de réserve. Innocente et déshonorée, cachée à tous et pourtant publique... voilà le sort que Candaule m'a fait!... Qui me dit que Gygès, à l'heure qu'il est, n'est pas en train de discourir de mes charmes avec quelques soldats sur le seuil du palais. O honte! ô infamie! deux hommes m'ont vue nue et jouissent en même temps de la douce lumière du soleil! — En quoi Nyssia diffère-t-elle à présent de l'hétaïre la plus effrontée, de la courtisane la plus vile? — Ce corps que j'avais tâché de rendre digne d'être la demeure d'une âme pure et noble, sert de sujet de conversation ; on en parle comme de quelque idole lascive venue de Sicyone ou de Corinthe ; on l'approuve ou on le blâme : l'épaule est parfaite, le bras est charmant, peut-être un peu mince, que sais-je ? Tout le sang de mon cœur monte à mes joues à une pareille pensée. O beauté, don funeste des dieux ! que ne suis-je la femme de quelque pauvre chevrier des montagnes, de mœurs naïves et simples ! il n'eût pas aposté au seuil de sa cabane un chevrier comme lui pour profaner son humble bonheur ! Mes formes amaigries, ma chevelure inculte, mon teint flétri par le hâle, m'eussent mise à couvert d'une si grossière insulte, et ma laideur honnête n'eût pas eu à rougir. Comment oserai-je, après la scène de cette nuit, passer à côté de ces hommes, droite et fière sous les plis d'une tunique qui n'a rien à dérober ni à l'un ni à l'autre ; j'en tomberai morte de honte sur le pavé ! — Candaule, Candaule, j'avais pourtant droit à plus de respect de ta part, et rien dans ma conduite n'a pu provoquer un tel outrage. Étais-je une de ces épouses dont les bras s'enlacent comme le lierre au col de l'époux, et qui ressemblent plus à des esclaves achetées à prix d'argent pour le plaisir du maître, qu'à des femmes ingénues et de race noble ? ai-je jamais chanté après le repas des hymnes amoureux en m'accompagnant de la lyre, les lèvres humides de vin, l'épaule nue, la tête couronnée de roses, et donné lieu, par quelque action immodeste, à me traiter comme une maîtresse qu'on montre après un festin à ses compagnons de débauche ?

Pendant que Nyssia s'abîmait ainsi dans sa douleur, de grosses larmes débordaient de ses yeux comme les gouttes de pluie du calice d'azur d'un lotus à la suite de quelque orage, et, après avoir coulé le long de ses joues pâles, tombaient sur ses belles mains abandonnées, languissamment ouvertes, semblables à des roses à moitié effeuillées, car aucun ordre parti du cerveau ne venait leur donner d'action. Niobé, voyant succomber son quatorzième enfant sous les flèches d'Apollon et de Diane, n'avait pas une attitude plus morne et plus désespérée ; mais bientôt, sortant de cet état de prostration, elle se roula sur le plancher, déchira ses habits, répandit de la cendre sur sa belle chevelure éparse, raya de ses ongles sa poitrine et ses joues en poussant des sanglots convulsifs, et se livra à tous les excès des douleurs orientales, avec d'autant plus de violence, qu'elle avait été forcée de contenir plus longtemps l'indignation, la honte, le sentiment de la dignité blessée et tous les mouvements qui agitaient son âme ; car l'orgueil de toute sa vie venait d'être brisé, et l'idée qu'elle n'avait rien à se reprocher ne la consolait pas. Comme l'a dit un poëte, l'innocent seul connaît le remords. Elle se repentait du crime commis par un autre.

Elle fit cependant un effort sur elle-même, ordonna d'apporter les corbeilles remplies de laines de différentes couleurs, les fuseaux garnis d'étoupe, et distribua le travail à ses femmes comme elle avait coutume de le faire ; mais elle crut remarquer que les esclaves la regardaient d'une façon toute particulière et n'avaient pas pour elle le même respect craintif qu'auparavant. Sa voix ne vibrait pas avec la même assurance, sa démarche avait quelque chose d'humble et de furtif ; elle se sentait intérieurement déchue.

Sans doute, ses scrupules étaient exagérés, et sa vertu n'avait reçu aucune atteinte de la folie de Candaule ; mais des idées sucées avec le lait ont un empire irrésistible, et la pudeur du corps est poussée par les nations orientales à un excès presque incompréhensible pour les peuples de l'Occident. Lorsqu'un homme voulait parler à Nyssia, en Bactriane, dans le palais de Mégabaze, il devait le faire les yeux baissés, et deux eunuques, le poignard à la main, se tenaient à ses côtés prêts à lui plonger leurs lames dans le cœur, s'il avait l'audace de relever la tête pour regarder la princesse, bien qu'elle n'eût pas le visage découvert.—Vous jugez aisément quelle injure mortelle devait être pour une femme élevée ainsi l'action de Candaule, qui n'eût sans doute été considérée par toute autre que comme une légèreté coupable. Aussi l'idée de la vengeance s'était-elle présentée instantanément à Nyssia, et lui avait-elle donné assez d'empire sur elle-même pour étouffer, avant qu'il arrivât à ses lèvres, le cri de sa pudeur offensée, lorsque, retournant la tête, elle avait vu flamboyer dans l'ombre la prunelle étincelante de Gygès. Il lui avait fallu le courage du guerrier en embuscade qui, frappé d'un dard égaré, ne pousse pas une seule plainte, de peur de se trahir derrière son abri de feuillage ou de roseaux, et laisse silencieusement son sang rayer sa chair de longs filets rouges. Si elle n'eût contenu cette première exclamation, Candaule, prévenu et alarmé, se serait tenu sur ses gardes, et il eût rendu plus difficile, si non impossible, l'exécution de ses projets.

Pourtant elle n'avait encore aucun plan bien arrêté; mais elle était résolue à faire expier chèrement l'insulte faite à son honneur. Elle avait eu d'abord la pensée de tuer elle-même Candaule pendant son sommeil avec l'épée suspendue auprès de son lit. Cependant il lui répugnait de baigner ses belles mains dans le sang; elle craignait de manquer son coup, et, quelque irritée qu'elle fût, elle hésitait devant cette action extrême et peu décente pour une femme.

Tout à coup elle parut s'être fixée à quelque projet; elle fit venir Statira, une de ses suivantes qu'elle avait amenée de Bactres, et en qui elle avait beaucoup de confiance; elle lui parla quelques minutes à voix basse et tout près de l'oreille, bien qu'il n'y eût personne dans l'appartement, et comme si elle eût craint d'être entendue par les murailles.

Statira s'inclina profondément et sortit aussitôt.

Comme tous les gens que menace quelque grand péril, Candaule nageait dans une sécurité parfaite. Il était certain que Gygès s'était esquivé sans être remarqué, et il ne pensait qu'au bonheur de parler avec lui des attraits sans rivaux de sa femme.

Aussi le fit-il appeler et l'emmena-t-il dans la cour des Héraclides.

— Eh bien! Gygès, lui dit-il d'un air riant, je ne t'avais pas trompé en t'assurant que tu ne regretterais pas d'avoir passé quelques heures derrière cette bienheureuse porte. Ai-je raison? Connais-tu une plus belle femme que la reine? Si tu en sais une qui l'emporte sur elle, dis-le-moi franchement, et va lui porter de ma part ce fil de perles, emblème de la puissance.

— Seigneur, répondit Gygès d'une voix tremblante d'émotion, nulle créature humaine n'est digne d'être comparée à Nyssia; ce n'est pas le fil de perles des reines qui conviendrait à son front, mais la couronne sidérale des immortelles.

— Je savais bien que ta glace finirait par se fondre aux feux de ce soleil! — Tu conçois maintenant ma passion, mon délire, mes désirs insensés. — N'est-ce pas, Gygès, que le cœur d'un homme n'est pas assez grand pour contenir un tel amour? Il faut qu'il déborde et s'épanche.

Une vive rougeur couvrit les joues de Gygès, qui ne comprenait que trop bien maintenant l'admiration de Candaule.

Le roi s'en aperçut, et dit d'un air moitié souriant, moitié sévère :

— Mon pauvre ami, ne va pas faire la folie d'être amoureux de Nyssia, tu perdrais tes peines ; c'est une statue que je t'ai fait voir et non une femme. Je t'ai permis de lire quelques strophes d'un beau poëme dont je possède seul le manuscrit, pour en avoir ton opinion, voilà tout.

— Vous n'avez pas besoin, sire, de me rappeler mon néant. Quelquefois le plus humble esclave est visité dans son sommeil par quelque apparition radieuse et charmante, aux formes idéales, à la chair nacrée, à la chevelure ambrosienne. Moi, j'ai rêvé les yeux ouverts; vous êtes le dieu qui m'avez envoyé ce songe.

— Maintenant, reprit le roi, je n'ai pas besoin de te recommander le silence : si tu ne mets pas un sceau sur ta bouche, tu pourrais apprendre à tes dépens que Nyssia n'est pas aussi bonne qu'elle est belle.

Le roi fit un geste d'adieu à son confident, et se retira pour aller voir un lit antique sculpté par Ikmalius, ouvrier célèbre, qu'on lui proposait d'acheter.

Candaule venait à peine de disparaître, qu'une femme, enveloppée dans un long manteau, de façon à ne montrer qu'un de ses yeux, à la manière des barbares, sortit de l'ombre d'une colonne derrière laquelle elle s'était tenue cachée pendant l'entretien du roi et de son favori, marcha droit à Gygès, lui posa le doigt sur l'épaule, et lui fit signe de la suivre.

CHAPITRE V.

Statira, suivie de Gygès, arriva devant une petite porte dont elle fit tomber le loquet en tirant un anneau d'argent attaché à une bande de cuir, et se mit à monter un escalier aux marches assez roides pratiqué dans l'épaisseur du mur. Au haut de l'escalier se trouvait une seconde porte qu'elle ouvrit au moyen d'une clef d'ivoire et de cuivre. Dès que Gygès fut entré, elle disparut sans lui expliquer autrement ce qu'on attendait de lui.

La curiosité de Gygès était mêlée d'inquiétude ; il ne savait trop ce que pouvait signifier ce message mystérieux. Il lui avait semblé vaguement reconnaître dans l'Iris silencieuse une des femmes de Nyssia, et le chemin qu'elle lui avait fait suivre conduisait aux appartements de la reine. — Il se demandait avec terreur s'il avait été aperçu dans sa cachette ou trahi par Candaule, car les deux suppositions étaient probables.

A l'idée que Nyssia savait tout, des sueurs brûlantes et

glacées lui montèrent à la figure ; il essaya de fuir, mais la porte avait été fermée sur lui par Statira, et toute retraite lui était coupée ; il s'avança donc dans la chambre assombrie par d'épaisses draperies de pourpre, et se trouva face à face avec Nyssia. Il crut voir une statue qui venait au-devant de lui, tant elle était pâle. Les couleurs de la vie avaient abandonné son visage, une faible teinte rose animait seulement ses lèvres ; sur ses tempes attendries quelques imperceptibles veines entre-croisaient leur réseau d'azur ; les larmes avaient meurtri ses paupières et tracé des sillons luisants sur le duvet de ses joues ; les teintes de chrysoprase de ses prunelles avaient perdu de leur intensité. Elle était ainsi plus belle et plus touchante.
— La douleur avait donné de l'âme à sa beauté marmoréenne.

Sa robe en désordre, à peine rattachée à son épaule, laissait voir ses bras nus, sa poitrine et le commencement de sa gorge d'une blancheur morte. Comme un guerrier vaincu dans un premier combat, sa pudeur avait mis bas les armes. A quoi lui eussent servi les draperies qui dérobent les formes, les tuniques aux plis précieusement fermés? Gygès ne la connaissait-il pas? Pourquoi défendre ce qui est perdu d'avance?

Elle alla droit à Gygès, et, fixant sur lui un regard impérial plein de clarté et de commandement, elle lui dit d'une voix brève et saccadée :

— Ne mens pas, ne cherche pas de vains subterfuges, aie du moins la dignité et le courage de ton crime ; je sais tout, je t'ai vu ! — Pas un mot d'excuse, je ne l'écouterai pas. — Candaule t'a caché lui-même derrière la porte. N'est-ce pas ainsi que les choses se sont passées? Et tu crois sans doute que tout est fini? Malheureusement, je ne suis pas une femme grecque facile aux fantaisies des artistes et des voluptueux. Nyssia ne veut servir de jouet à personne. Il est maintenant deux hommes dont l'un est de trop sur terre ; il faut qu'il en disparaisse! S'il ne meurt, je ne puis vivre. Ce sera toi ou Candaule, je te laisse maître du choix. Tue-le, venge-moi, et conquiers par ce meurtre et ma main et le trône de Lydie, ou qu'une prompte mort t'empêche désormais de voir, par une lâche complaisance, ce qu'il ne t'appartient pas de regarder. Celui qui a commandé est plus coupable que celui qui n'a fait qu'obéir; et d'ailleurs, si tu deviens mon époux, personne ne m'aura vue sans en avoir le droit. Mais décide-toi sur-le-champ, car deux des quatre prunelles où ma nudité s'est réfléchie doivent s'éteindre avant ce soir.

Cette alternative étrange, proposée avec un sang-froid terrible, avec une résolution immuable, surprit tellement Gygès, qui s'attendait à des reproches, à des menaces, à une scène violente, qu'il resta quelques minutes sans couleur et sans voix, livide comme une ombre sur le bord des fleuves noirs de l'enfer.

— Moi, tremper mes mains dans le sang de mon maître! Est-ce bien vous, ô reine! qui me demandez un si grand forfait? Je comprends toute votre indignation, je la trouve juste, et il n'a pas tenu à moi que ce sacrilége n'eût pas lieu; mais, vous le savez, les rois sont puissants, ils descendent d'une race divine. Nos destins reposent sur leurs genoux augustes, et ce n'est pas nous, faibles mortels, qui pouvons hésiter à leurs ordres. — Leur volonté renverse nos refus comme un torrent emporte une digue. — Par vos pieds que j'embrasse, par votre robe que je touche en suppliant, soyez clémente! oubliez cette injure qui n'est connue de personne et qui restera éternellement ensevelie dans l'ombre et le silence! Candaule vous chérit, vous admire, et sa faute ne vient que d'un excès d'amour...

— Si tu parlais à un sphinx de granit dans les sables arides de l'Égypte, tu aurais plus de chance de l'attendrir. Les paroles ailées s'envoleraient sans interruption de ta bouche pendant une olympiade entière, que tu ne pourrais rien changer à ma résolution. Un cœur d'airain habite ma poitrine de marbre... Meurs ou tue! — Quand le rayon de soleil qui s'est glissé à travers les rideaux aura atteint le pied de cette table, que ton choix soit fait... J'attends.

Et Nyssia mit ses bras en croix sur son sein, dans une attitude pleine d'une sombre majesté.

A la voir debout, immobile et pâle, l'œil fixe, les sourcils contractés, la tête échevelée, le pied fortement appuyé sur la dalle, on l'eût prise pour Némésis descendue de son griffon et guettant l'heure de frapper un coupable.

— Les profondeurs ténébreuses de l'Hadès ne sont visitées de personne avec plaisir, répondit Gygès ; il est doux de jouir de la pure lumière du jour, et les héros eux-mêmes, qui habitent les îles Fortunées, reviendraient volontiers dans leur patrie. Chacun a l'instinct de sa propre conservation, et, puisqu'il faut que le sang coule, que ce soit plutôt des veines de l'autre que des miennes.

A ces sentiments avoués par Gygès avec une franchise antique, il s'en joignait d'autres plus nobles dont il ne parlait pas : — il était éperdument amoureux de Nyssia et jaloux de Candaule. Ce ne fut donc pas la seule crainte de la mort qui lui fit accepter cette sanglante besogne. La pensée de laisser Candaule libre possesseur de Nyssia lui était insupportable, et puis le vertige de la fatalité le gagnait. Par une suite de circonstances singulières et terribles, il se voyait entraîné à l'accomplissement de ses rêves ; un flot puissant le soulevait malgré lui ; Nyssia elle-même lui tendait la main pour lui faire monter les degrés de l'estrade royale ; tout cela lui fit oublier que Candaule était son maître et son bienfaiteur ; car nul ne peut échapper à son sort, et la nécessité marche des clous dans une main, un fouet dans l'autre, pour vous arrêter ou vous faire avancer.

— C'est bien, répondit Nyssia, voici le moyen d'exécution. — Et elle tira de son sein un poignard bactrien au manche de jade enrichi de cercles d'or blanc. — Cette lame est faite non avec de l'airain, mais avec du fer difficile à travailler, trempé dans la flamme et dans l'onde, et telle qu'Éphaïstos ne pourrait en forger une plus aiguë et plus acérée. Elle percerait comme un mince papyrus les cuirasses de métal et les boucliers recouverts de peau de dragon.

— Le moment, continua-t-elle avec le même sang-froid de glace, sera celui de son sommeil. Qu'il s'endorme et ne se réveille plus !

Son complice Gygès l'écoutait avec stupeur, car il ne s'était pas attendu à voir une semblable résolution dans une femme qui ne pouvait prendre sur elle de relever son voile.

— Le lieu de l'embuscade sera l'endroit même où l'infâme t'avait caché pour m'exposer à tes regards. — A l'approche de la nuit, je renverserai le battant de la porte sur toi, je me déshabillerai, je me coucherai, et, quand il sera endormi, je te ferai signe... Surtout pas d'hésitation, pas de faiblesse, et que la main n'aille pas te trembler quand le moment sera venu ! — Maintenant, de peur que tu ne changes d'idée, je vais m'assurer de ta personne jusqu'à l'heure fatale; tu pourrais essayer de te sauver, de prévenir ton maître : ne l'espère pas !

Nyssia siffla d'une façon particulière, et aussitôt, soulevant un tapis de Perse ramagé de fleurs, parurent quatre monstres, basanés, vêtus de robes rayées de zébrures diagonales, qui laissaient voir des bras musclés et noueux comme des troncs de chêne ; leurs grosses lèvres bouffies, les anneaux d'or qui traversaient la cloison de leurs narines, leurs dents aiguës comme celles des loups, l'expression de servilité stupide de leur physionomie, les rendaient hideux à voir.

La reine prononça quelques mots dans une langue inconnue à Gygès, — en bactrien, sans doute, — et les quatre esclaves s'élancèrent sur le jeune homme, le saisirent et l'emportèrent, comme une nourrice un petit enfant dans le pan de sa robe.

Maintenant quelle était la vraie pensée de Nyssia ? Avait-elle, en effet, remarqué Gygès dans sa rencontre avec lui auprès de Bactres, et gardé du jeune capitaine quelque souvenir dans un de ces recoins secrets de l'âme où les plus honnêtes femmes ont toujours quelque chose d'enfoui? Le désir de venger sa pudeur était-il aiguillonné par quelque autre désir inavoué, et, si Gygès n'avait pas été le plus beau jeune homme de l'Asie, aurait-elle mis la même ardeur à punir Candaule d'avoir outragé la sainteté du mariage? C'est une question délicate à résoudre, surtout à près de trois mille ans de distance, et, quoique nous ayons consulté Hérodote, Ephestion, Platon, Dosithée, Archiloque de Paros, Hesychius de Milet, Ptolémée, Euphorion et tous ceux qui ont parlé longuement ou en peu de mots de Nyssia, de Candaule et de Gygès, nous n'avons pu arriver à un résultat certain. Retrouver à travers tant de siècles, sous les ruines de tant d'empires écroulés, sous la cendre des peuples disparus, une nuance si fugitive, est un travail fort difficile pour ne pas dire impossible.

Toujours est-il que la résolution de Nyssia était implacablement prise; ce meurtre lui semblait l'accomplissement d'un devoir sacré. Chez les nations barbares, tout homme qui a surpris une femme nue est mis à mort. La reine se croyait dans son droit; seulement, comme l'injure avait été secrète, elle se faisait justice comme elle le pouvait. Le complice passif devenait le bourreau de l'autre, et la punition jaillissait du crime même. La main châtiait la tête.

Les monstres au teint d'olive enfermèrent Gygès dans un recoin obscur du palais d'où il était impossible qu'il s'échappât, et d'où ses cris n'auraient pu être entendus.

Il passa là le reste de la journée dans une anxiété cruelle, accusant les heures d'être boiteuses et de marcher trop vite. Le crime qu'il allait commettre, bien qu'il n'en fût en quelque sorte que l'instrument, et qu'il cédât à un ascendant irrésistible, se présentait à son esprit sous les couleurs les plus sombres. Si le coup allait manquer par une de ces circonstances que nul ne peut prévoir, si le peuple de Sardes se révoltait et voulait venger la mort de son roi? Telles étaient les réflexions pleines de sens, quoique inutiles, que faisait Gygès en attendant qu'on vînt le tirer de sa prison pour le conduire à la place d'où il ne devait sortir que pour frapper son maître.

Enfin la nuit déploya dans le ciel sa robe étoilée, et l'ombre enveloppa la ville et le palais. Un pas léger se fit entendre, une femme voilée entra dans la chambre, prit Gygès par la main et le conduisit à travers les corridors obscurs et les détours multipliés de l'édifice royal avec autant de sûreté que si elle eût été précédée d'un esclave portant une lampe ou des torches.

La main qui tenait celle de Gygès était froide, douce et petite; cependant ces doigts déliés la serraient à la meurtrir comme eussent pu le faire les doigts d'une statue d'airain animée par un prodige; la roideur d'une volonté inflexible se traduisait dans cette pression toujours égale, semblable à une tenaille, que nulle hésitation partie de la tête ou du cœur ne venait faire varier. Gygès vaincu, subjugué, anéanti, cédait à cette traction impérieuse, comme s'il eût été entraîné par le bras puissant de la fatalité.

Hélas! ce n'était pas ainsi qu'il aurait voulu toucher la première fois cette belle main royale qui lui tendait le poignard et le guidait au meurtre, car c'était Nyssia elle-même qui était venue chercher Gygès pour le placer dans le lieu de l'embuscade.

Pas une parole ne fut échangée entre le couple sinistre dans le trajet de la prison à la chambre nuptiale.

La reine dénoua les courroies, souleva la barre de la porte, et plaça Gygès derrière le battant, comme Candaule l'avait fait la veille. Cette répétition des mêmes actes, dans une intention si différente, prenait un caractère lugubre et fatal. La vengeance, cette fois, posait son pied sur chaque trace de l'insulte; le châtiment et le crime passaient par le même chemin. Hier c'était le tour de Candaule, aujourd'hui c'était celui de Nyssia, et Gygès, complice de l'injure, l'était aussi de la peine. Il avait servi au roi pour déshonorer la reine, il servait à la reine pour tuer le roi, également exposé par les vices de l'un et les vertus de l'autre.

La fille de Mégabaze paraissait éprouver une joie sauvage, un plaisir féroce à n'employer que les moyens choisis par le roi lydien, et à faire tourner au profit du meurtre les précautions prises pour la fantaisie voluptueuse.

— Tu vas me voir encore ce soir ôter ces vêtements qui déplaisent si fort à Candaule. Ce spectacle doit te lasser, dit la reine avec un accent d'ironie amère, sur le seuil de la chambre; tu finiras par me trouver laide. Et un rire sardonique emprunté crispa un instant sa bouche pâle; puis, reprenant sa figure impassible et sévère : — Ne t'imagine pas l'esquiver cette fois comme l'autre; tu sais que j'ai la vue perçante. Au moindre mouvement de ta part, j'éveille Candaule, et tu comprends qu'il ne te serait pas facile d'expliquer ce que tu fais dans l'appartement du roi, derrière une porte, un poignard à la main. — D'ailleurs, mes esclaves bactriens, les muets cuivrés qui t'ont enfermé tantôt, — gardent les issues du palais, avec ordre de te massacrer si tu sors. Ainsi, que de vains scrupules de fidélité ne t'arrêtent pas. Pense que je te ferai roi de Sardes et que... je t'aimerai si tu me venges. Le sang de Candaule sera ta pourpre et sa mort te fera une place dans ce lit.

Les esclaves vinrent, selon leur habitude, changer la braise des trépieds, renouveler l'huile des lampes, étendre sur la couche royale des tapis et des peaux de bêtes, et Nyssia se hâta d'entrer dans la chambre dès qu'elle entendit leurs pas résonner au loin.

Au bout de quelque temps, Candaule arriva tout joyeux; il avait acheté le lit d'Ikmalius, et se proposait de le substituer au lit dans le goût oriental qui, disait-il, ne lui avait jamais beaucoup plu. — Il parut satisfait de trouver Nyssia déjà rendue dans la chambre conjugale.

— Le métier à broder, les fuseaux et les aiguilles n'ont donc pas pour toi les mêmes charmes aujourd'hui qu'autrefois ? — En effet, c'est un travail monotone de faire passer perpétuellement un fil entre d'autres fils, et je m'étonne du plaisir que tu sembles y prendre ordinairement. A dire vrai, j'avais peur qu'un beau jour, en te voyant si habile,

Pallas-Athéné ne te cassât de dépit sa navette sur la tête, comme elle l'a fait à la pauvre Arachné.

—Seigneur, je me suis sentie un peu lasse ce soir, et je suis descendue des appartements supérieurs plus tôt que de coutume. Vous plairait-il, avant de dormir, de boire une coupe de vin noir de Samos, mêlé de miel de l'Hymette? Et elle versa d'une urne d'or dans une coupe de même métal le breuvage aux sombres couleurs dans lequel elle avait exprimé les sucs assoupissants du népenthès.

Candaule prit la coupe par ses deux anses et but le vin jusqu'à la dernière goutte ; mais le jeune Héraclide avait la tête forte, et, le coude noyé dans les coussins de sa couche, il regardait Nyssia se déshabiller, sans que la poussière du sommeil ensablât encore ses yeux.

De même que la veille, Nyssia dénoua ses cheveux et laissa s'étaler sur ses épaules leurs opulentes nappes blondes. Gygès, dans sa cachette, crut les voir se colorer de teintes fauves, s'illuminer de reflets de flamme et de sang, et leurs boucles s'allonger avec des ondulations vipérines comme la chevelure des Gorgones et des Méduses.

Cette action si simple et si gracieuse prenait des choses terribles qui allaient se passer un caractère effrayant et fatal qui faisait frissonner de terreur l'assassin caché.

Nyssia défit ensuite ses bracelets, mais ses mains roidies par des contractions nerveuses servaient mal son impatience. Elle rompit le fil d'un bracelet de grains d'ambre incrustés d'or, qui roulèrent avec bruit sur le plancher, et firent rouvrir à Candaule des paupières qui commençaient à se fermer.

Chacun de ces grains pénétrait dans l'âme de Gygès comme une goutte de plomb fondu tombant dans l'eau.

Ses cothurnes délacés, la reine jeta sa première tunique sur le dos du fauteuil d'ivoire. —Cette draperie, ainsi posée, produisit sur Gygès l'effet d'un de ces linges aux plis sinistres, dont on enveloppe les morts pour les porter au bûcher. —Tout dans cette chambre, qu'il trouvait la veille si riante et si splendide, lui semblait livide, obscur et menaçant. Les statues de basalte remuaient les yeux et ricanaient hideusement. La lampe grésillait, et sa lueur s'échevelait en rayons rouges et sanglants comme les crins d'une comète; dans les coins mal éclairés s'ébauchaient vaguement des formes monstrueuses de larves et de lémures. Les manteaux suspendus aux chevilles s'animaient sur la muraille d'une vie factice, prenaient des apparences humaines, et quand Nyssia, quittant son dernier voile, s'avança vers le lit blanche et nue comme une ombre, il crut que la Mort avait rompu les liens de diamant dont Héraclès l'avait autrefois enchaînée aux portes de l'enfer lorsqu'il délivra Alceste, et venait en personne s'emparer de Candaule.

Le roi, vaincu par la force des sucs du népenthès, s'était endormi. Nyssia fit signe à Gygès de sortir de sa retraite, et, posant son doigt sur la poitrine de la victime, elle lança à son complice un regard si humide, si lustré, si chargé de langueurs, si plein d'enivrantes promesses, que Gygès éperdu, fasciné, s'élança de sa cachette, comme le tigre du haut du rocher où il s'est blotti, traversa la chambre d'un bond, et plongea jusqu'au manche le poignard bactrien dans le cœur du descendant d'Hercule. La pudeur de Nyssia était vengée, et le rêve de Gygès accompli.

Ainsi finit la dynastie des Héraclides après avoir duré cinq cent cinq ans, et commença celle des Mermnades dans la personne de Gygès, fils de Dascylus. — Les Sardiens, indignés de la mort de Candaule, firent mine de se soulever; mais l'oracle de Delphes s'étant déclaré pour Gygès, qui lui avait envoyé un grand nombre de vases d'argent et six cratères d'or du poids de trente talents, le nouveau roi se maintint sur le trône de Lydie, qu'il occupa pendant de longues années, vécut heureux et ne fit voir sa femme à personne, sachant trop ce qu'il en coûtait.

FIN.

TABLE

Fortunio.	5
La Toison d'Or.	153
Omphale.	203
Le petit chien de la marquise.	214
Chapitre 1er. Le lendemain du souper.	214
Chapitre II. Le bichon Fanfreluche.	215
Chapitre III. Un pastel de Latour.	217
Chapitre IV. Pompadour.	219
Chapitre V. Pourparler.	222
Chapitre VI. La ruelle d'Éliante.	223
Chapitre VII.	228
Chapitre VIII. Perplexité.	230
Chapitre IX. Le faux Fanfreluche.	235
Le Nid de Rossignols.	243
La Morte amoureuse.	250
La Chaine d'or, ou l'Amant partagé.	284
Une Nuit de Cléopatre.	307
Le roi Candaule.	346

FIN DE LA TABLE.

Poitiers. — Typ. de A. Dupré.

www.ingramcontent.com/pod-product-compliance
Lightning Source LLC
Chambersburg PA
CBHW052127230426
43671CB00009B/1145